뉴스타파, 포기하지 않는 눈

일러두기

1. 이 책에 실은 뉴스타파 탐사기획 시리즈의 보도 시기는 다음과 같습니다.

   1부   MB의 유산   2012년 8월 24일~2016년 10월 28일

   2부   국정원 대선 개입 사건   2013년 3월 1일~2016년 3월 11일

   3부   내 세금 어떻게 쓰이나   2013년 3월 1일~2015년 1월 27일

   4부   원전 묵시록   2012년 5월 26일~2015년 12월 3일

2. 본문에 언급된 인물의 소속 정당, 단체, 직위 등과 환율 같은 변동 수치들은 대부분 취재 당시를 기준으로 했음을 밝힙니다.

뉴스타파, 포기하지 않는 눈

ⓒ 한국탐사저널리즘센터(뉴스타파)

초판 1쇄 펴낸날 2017년 5월 4일

지은이 한국탐사저널리즘센터(뉴스타파)
펴낸이 최만영
편집장 김일수
책임편집 김민정
구성 송순진, 조형주
디자인 최성수, 이이환
마케팅 박영준, 신희용
영업관리 김효순
제작 김용학, 강명주

펴낸곳 주식회사 한솔수북
출판등록 제2013-000276호
주소 03996 서울시 마포구 월드컵로 96 영훈빌딩 5층
전화 02-2001-5819(편집) 02-2001-5828(영업)
팩스 02-2060-0108
전자우편 chaekdam@gmail.com
책담 블로그 http://chaekdam.tistory.com
책담 페이스북 https://www.facebook.com/chaekdam

ISBN 979-11-7028-154-2 03300

 책담 다른 내일을 만드는 상상

뉴스타파
포기하지 않는 눈

한국탐사저널리즘센터(뉴스타파) 지음

●REC

+

MB의 유산
국정원 대선 개입 사건
내 세금 어떻게 쓰이나
원전 묵시록

책담

특권과 반칙에 가려진 본질을 향해

2012년 12월 19일 저녁 6시, 우리는 가슴 졸이며 TV 화면을 지켜봤다. 방송사마다 출구조사 결과를 앞 다퉈 내놨다. 다들 별말이 없었다. 개표 방송을 두어 시간 더 보다가 더러 집으로 가고 나머지는 선술집으로 향했다. "우리로선 할 만큼 했다." 지난 1년이 주마등처럼 떠올랐다. 코에서 단내 나게 달려왔다. 4대강으로, 강정마을로, 쌍용차와 삼성 백혈병 투쟁 현장으로…. 가진 장비라고는 중고 캠코더와 영상 편집용 노트북뿐이었지만 그래도 거대 지상파와 메이저 신문들은 코빼기도 내밀지 않는 곳으로 달려가서 기록하고 또 기록했다. 권력자들에게 거침없이 마이크를 들이대며 묻고 또 물었다. 언론노조 회의실을 빌려 일주일에 2, 3일씩 밤을 새가며 기사 쓰고 그림 붙이고 녹음했다. 이렇게 만든 50분 안팎의 영상 리포트 패키지를 일주일에 한 번 유튜브와 팟캐스트 등에 올렸다. '뉴스타파'라는 '듣보

잡' 브랜드였지만 반응은 나쁘지 않았다. 유튜브 조회 수가 100만을 왔다 갔다 했고, 팟캐스트는 한국은 물론 세계 1위도 했다.

"그래, 나름대로 할 만큼 했어." 우리는 2008년 이후 켜켜이 쌓인 가슴속 응어리를 다시 더 깊은 곳으로 욱여넣고 애써 태연한 척 서로를 격려했다. "이제 각자 자리로 다시 돌아가자." 우리는 민주언론과 공정보도를 외치다 제도권 방송과 신문 등에서 해고되거나 그곳을 박차고 나온 외로운 늑대들이었다. 하지만 무너진 저널리즘과 짓밟힌 알권리를 보고만 있을 수 없었기에 뉴스타파라는 이름의 언론 게릴라 그룹으로 뭉쳤다. 2012년 1월 27일 첫 보도를 내보낼 때 우리는 뉴스타파를 한시적 프로젝트 팀이라고 생각했다. 언제까지 하겠다는 뚜렷한 계획은 없었다. 그리고 아무런 보수도 없었지만 한 해 동안 맨주먹으로 치열하게 현장을 누볐다. 18대 대선일 밤, 말은 없었지만 다들 비슷한 생각을 했다. '이제 마감할 시점이야. 우린 최선을 다했어.' 해고자들은 해고 이후에도 생활비를 지원해온 각 언론사 노동조합으로 가서 뭐라도 해야 한다. 현직에 있으면서도 암암리에 뉴스타파 활동을 한 사람들은 이제 부작위의 부역, 그 부끄러운 일상으로 다시 돌아가야 한다. 이제 각자 도생의 길로. 2012년 12월 19일은 그렇게 저물었다.

18대 대선이 끝나고 바로 그 다음 날, 놀라운 일이 벌어지기 시작했다. 트위터 등 SNS 공간을 통해 진짜 언론, 독립언론 뉴스타파를 살리자는 바람이 불기 시작했다. 그 바람은 곧 태풍이 됐다. 수많은 시민들이 뉴스타파 후원계좌에 등록하기 시작했다. 하루 1,000명이 넘을 때도 있었다. 우리는 아무런 보수 없이 자원봉사 형태로 일했다. 하지만 결국 취재비를 마련할 길이 없었고 2012년 8월경 후원을 받기 시작했다. 대선 직전까지 후원 회원은 7,000여 명으로 늘어났다. 적지 않은 숫자였다. 취재비를 충당하는 데는 그리 부족하지 않은 재원이 마련됐다. 그렇지만 그때까지만 해도 우리는 뉴스타파의 지속성을 논의할 겨를이 없었다. 계기는 예상치 못한 가운데 찾아왔다. 대선 직후 후원의 물결이 몰려오면서 정신을 차릴 수도 없는 사이, 후원 회원이 2만 5,000여 명까지 늘었다. 기성 언론을 향한 실망이 제대로 된 언론을 만들어보자는 열망으로 승화한 것이다. 이 갑작스런 '사태'에 우리는 일단 다시 만나지 않을 수 없었다. "이 일을 어떻게 해야 할까?" 논의에 논의를 거듭했다. 결국 우리는 제대로 된 언론을 지키고 키우자는 시민들의 뜨거운 성원을 외면하는 것은 이 시대 언론인으로서 또 다른 죄를 짓는 것이라는 결론을 내렸다. "그래, 본격적으로, 제대로 해보자."

2013년 1월, 우리는 한시적 프로젝트를 위해 모인 언론 게릴라 집단에서 정식 저널리즘 기관으로 새롭게 출발하기로 결의했다. 조직 이름은 '한국탐사저널리즘센터'로 지었다. 비영리, 비당파, 독립 탐사보도 매체임을 공식적으로 표방했다. 상업성, 정파성, 지나친 이윤 추구, 진영 논리가 한국 언론을 망가뜨린 주범이라는 인식하에 이런 질곡에서의 자유를 우리의 존재, 즉 독립언론의 당위로 삼았다. 기존의 게릴라 멤버에다 새로운 취재 인력과 제작 인력을 충원했다. 한국탐사저널리즘센터(뉴스타파) 공식 출범 후 첫 보도일을 고심 끝에 잡았다. 2013년 3월 1일. 90여 년 전 선조들이 독립 만세 운동을 펼쳤던 3·1절에 새롭게 태어난 독립언론의 제일성을 울리는 것은 여러모로 상징적이었다.

그렇다면 독립언론의 제일성에 무엇을 담아낼 것인가? 그리고 그 이후 어떤 보도를 해나가야 할 것인가? 우리는 2013년 1월 초부터 99% 시민들이 만든 독립 탐사언론 뉴스타파의 존재와 필요성을 널리 각인할 수 있는 리포트를 세상에 내놓기 위해 고심에 고심을 거듭했다. 그 시절의 기억을 명확히 하기 위해 노트북에 담겨 있는 당시의 논의 자료와 메모 등을 꺼내봤다. 기본 방향은 이랬다. "이명박 정권 때 소위 주류 매체들이 눈감았던 이슈, 박근혜 정권 때도 이들이 하지 못할 문제들을 집중적으로 파헤쳐 알리자." 이때 논의된 아이템이 국정원 여론 조작, 박근혜 내각 검증, 4대강, MB의 적폐, 재정 및 예산 문제 등이었다. 실제로 2013년 3월 1일 뉴스타파는 국정원의 선거 개입 관련 리포트 3꼭지, 박근혜 정부 장관 후보자의 반포 아파트 투기 의혹 등 내각 검증 리포트 2꼭지, 그리고 예산감시기획 '내 세금 어떻게 쓰이나' 시리즈 첫 편을 보도했다. 바로 이 책《뉴스타파, 포기하지 않는 눈》에 담긴 4가지 프로젝트 중 3건을 이때 시작해 길게는 1년 이상 계속 파헤친 것이다. '원전 묵시록' 프로젝트는 2014년 4월 16일 세월호 참사 이후 본격적으로 제기된 우리 사회의 안전과 재난 대응 관련 문제의식 속에서 기획됐다. 당면한, 그리고 현존하는 가장 위협적인 안전 문제가 원전이라고 봤기 때문이다.

미국의 비영리 독립 탐사기관 CPI(공공청렴센터) 설립자 찰스 루이스는 미국 최고의 탐사보도 프로그램으로 평가받던 CBS〈60분〉의 프로듀서 자리를 박차고 나와 CPI를 시작했다. 처음에는 혼자, 자기 집에서, 자기 돈으로 운영했다. 당시에는 누가 봐도 바보 같은 짓이었다. 왜 그랬느냐는 질문에 그는 이렇게 답했다. "나는 본질적인 것을 다루고 싶었다. 〈60분〉이 좋은 프로그램이긴 하지만 한계도 뚜렷했다." 그는 이 말대로 CPI를 미국의 정치 자금, 선거 자금, 정부 예산의 문제를 집중적으로 파헤치는, 즉 본질적인 것을 다루는 최고의 탐사기관으로 일궈냈다. 또 지금은 한국에서도 유명해진 ICIJ(국제탐사보도언론인협회)를 만들어 국경을 초월한 국제협업 탐사보도라는 새 지평을 열었다. 한국탐사저널리즘센터(뉴스타파)도 다르지 않다. 우리는 자본과 정치권력 감시, 1% 특권층의 반칙과 차별, 공적 시스템의 오작동 등 본질적인 것을 다루려고 노력하고 있다. 이를 통해 이 사회의 주인인 99% 시민들이 그 주권을 제대로 행사할 수 있는 정보를 제공하기 위해 온 힘을 쏟고 있다. 이 책에서 다루는 4가지 프로젝트 외에도 뉴스타파는 우리 사회 특권층의 조세도피처 탈세와 검은 돈 은닉, 국정원 간첩 조작 사건, 이건희 성매매와 그룹 차원 지원 의혹, 박근혜—최순실 체제의 부역자들 등을 지속적으로 파헤쳤다. 뉴스타파의 '포기하지 않는 눈'은 앞으로도 특권과 반칙을 지속적으로 밝혀내는 '매의 눈'이 되고자 한다.

마지막으로 뉴스타파의 탐사보도를 눈여겨보고 출판을 제안해 준 책담 출판사에 이 자리를 빌어 감사의 말씀을 전한다. 한정된 인력과 예산에도 불구하고 탁월한 탐사보도를 수행한 'MB의 유산', '국정원 대선 개입 사건', '내 세금 어떻게 쓰이나', '원전 묵시록' 프로젝트의 담당 취재진에게도 '비영리 독립 탐사보도'라는 같은 길을 가는 동료로서 경의를 보낸다. 그리고 무엇보다도 뉴스타파라는 존재를 가능케 한 4만여 '진실의 수호자' 뉴스타파 후원회원들에게 "여러분들이 세상을 바꾸고 있다"는 말씀을 올린다.

뉴스타파 대표
김용진

차례

Part 1 MB의 유산

청산되었어야 할 MB 시대의 유산은 지금 어떤 모습으로 남아 있을까?
이명박 정권이 불러낸 권위주의 시대의 유령이 우리 사회 곳곳에 깊숙이 침투해
제멋대로 활보하고 있는 것은 아닐까? MB의 행보를 쫓는 일은
지금 우리 사회가 찾아야 할 해답의 실마리이자 첫걸음이다.

Part 2 국정원 대선 개입 사건

"헌정 질서를 농락한 충격적 행위", "가장 노골적인 정치 개입",
"명백한 국기문란 행위"라고 비판받은 이 사건은 그동안 국정원 직원들이
온라인상에서 조직적으로 선거와 정치에 개입해왔음을 확인시켜주었다.
폭로와 수사, 국정감사, 전 국정원장의 구속과 판결에 이르기까지
이 엄중한 사건의 진실을 추적했다.

Part 3 내 세금 어떻게 쓰이나

정부는 꼭 필요한 곳에 예산을 쓰겠다고 하지만 그 말을 곧이곧대로 믿을 수가 없다.
국가 재정과 예산은 기본적으로 숫자놀음이다. 간단한 장난으로도 조작이 가능하고
정치적 의도가 수시로 개입된다. 이명박근혜 정부가 국민의 세금으로 된 예산을
어떻게 썼는지 그 실상을 파헤쳤다.

Part 4 원전 묵시록

2011년 일본 후쿠시마 원전 사고로 전 세계에 확산된 핵의 공포! 이에 유럽에서도
탈핵의 움직임이 하나둘 나타났다. 우리도 핵에너지에 대한 성찰을 더 이상 미룰 수 없다.
특히 고리 원전 1호기의 정전 사고 은폐와 허술한 방재 대책, 더 나아가
원전의 안전과 정책 변화에 가장 큰 걸림돌인 '핵피아' 카르텔을 고발한다.

1 MB의 유산

MB 시대가 우리에게 남긴 것은 무엇인지 되짚어보자는 취지 아래 기획했다. 우리가 눈으로 확인했거나 확인하지 못한 곳에서 청산되었어야 할 MB 시대의 유산은 지금 어떤 모습으로 남아 있을까? 이명박 정권이 불러낸 권위주의 시대의 유령이 우리 사회 곳곳에 깊숙이 침투해 제멋대로 활보하고 있는 것은 아닐까? 이명박 전 대통령의 행보를 쫓는 일은 어쩌면 우리 사회가 찾아야 할 해답의 실마리이자 첫걸음이었다.

01 MB의 거짓말

2013년 11월, 뉴스타파는 이명박 전 대통령의 고향인 포항시 흥해읍 덕실마을로 향했다. 김관용 경북도지사, 박명재 국회의원, 박승호 포항시장, 이칠구 포항시의회 의장 등 지역 정치인들이 총출동한 행사가 열리고 있었다. 행사 내내 낯간지러울 정도의 헌사가 쏟아졌고 이 전 대통령을 자랑스러워하는 사람들의 건배가 계속됐다. 이 전 대통령 역시 자화자찬에 인색하지 않았다.

"저는 항상 이렇게 생각합니다. 대한민국은 일을 하면 욕을 많이 먹어요. 일을 안 하면 아주 편안해요. 일을 안 하면 인정받을 수 있어요. 욕먹을 일이 없으니까."

그날의 화기애애한 풍경 속에서 이 전 대통령은 무척 행복해 보였다. 그렇다면 국민들도 그와 함께 보낸 5년의 시간이 행복했을까?

2007년, 야간상고 출신의 CEO로 성공신화를 쓴 그는 경제대통령의 이미지를 내세워 압도적 지지를 얻으며 17대 대통령에 당선됐다. 그러나 CEO 이명박이 대통령 이명박이 된 후, 그는 대대적으로 국토를 파헤치는 4대강 사업과 함께 '이명박표 경제 살리기'를 시작했다. 대운하 논쟁과 환경 파괴 주장에도 불구하고 22조 원이라는 거금이 4대강 사업에 속전속결로 쏟아졌다.

법과 질서, 원칙을 내세워 약자와 노동자, 서민을 압박하는 일도 비일비재했다. 개발에 저항하는 서민들이 죽음으로 내몰린 용산참사, 정리해고에 반대하는 노동자들이 공권력의 이름으로 무자비하게 진압당한 쌍용자동차 사태와 같은 일들이 벌어졌다. MB 정권은 선량한 시민을 감시하는 데도 주저하지 않았다. 민간인 불법 사찰을 감행해 한 국민의 삶을 송두리째 파괴했지만 권력은 뻔뻔하기만 했다. 비판은 허용되지 않았고 언론도 숨죽였다. YTN, MBC, KBS 등 각종 방송사에는 낙하산 사장이 투입됐고, 언론 독립과 공정방송을 요구하는 양심적인 언론인들이 해고됐다.

이것이 고향 방문 현장에서 "국가를 경제위기에서 건져내고 미래를 위한 반석을 깐 위대한 지도자"로 추앙된 이명박 전 대통령에 대한 국민들의 기억이다.

반성 없는 자화자찬

2015년 2월, 이명박 전 대통령의 회고록《대통령의 시간》이 출간됐다. 회고록 말미에는 "무엇보다 자화자찬을 경계"하면서 "사실에 근거할 것, 솔직할 것, 그럼으로써 후대에 실질적 참고가 될 것"이라는 세 가지 원칙을 가지고 책을 집필했다고 적혀 있었다. 그러나 800쪽에 달하는 지면을 하나하나 뜯어본 결과, 이 책은 자기 합리화와 자기 자랑을 위한 사실 왜곡, 짜깁기, 그리고 위선으로 가득 차 있다는 것을 확인할 수 있었다. 사실이나 성찰, 진솔한 자기 고백은 거의 찾아보기 힘들었다. 이 책을 분석하는 과정은 마치 MB 시대 5년의 트라우마를 되살려내는 일처럼 괴로웠다. 그의 거짓말이 여전히 계속되고 있었기 때문이다.

먼저 회고록에 적힌 '이명박 사건'을 들춰보자. 서울시 종로구 국회의원 선거에서 당선된 당시 이명박 후보가 선거 기간에 무려 7억 원을 뿌리고, 부정선거를 도운 자신의 비서관을 해외로 도피시킨 데다, 그 비서관이 국내로 소환되자 거짓 증언을 요구했던 전대미문의 선거법 위반 사건이다. 1999년 대법원은 그에게 범인 도피 및 공직선거법 위반으로 형을 확정했으며 이 일로 사회적으로도 큰 파장이 일었다. 1996년 동아일보는 "한마디로 저질 코미디를 보는 느낌"이라고 일갈하기도 했다. 그러나 회고록에서 이명박 전 대통령은 스스로를 마치 관행적인 사건에 연루됐으나 용감하게 의원직을 사퇴한 사람처럼 묘사했다. 자신의 범죄 행각을 반성하기보다는 마치 대단한 결단을 내리고 의원직을 사퇴한 것처럼 호도한 것이다.

의원직에 집착하고 연연할 이유가 없었다.
국회의원직 사직서를 들고 김수한 국회의장을 찾았다. 그는 깜짝 놀라며 만류했다.

"정치 경험이 짧아 잘 모르시는 것 같은데 그럴 필요 없습니다. 할 수 있는 데까지 시간을 끄세요. 다른 국회의원들도 다 그렇게 합니다."

"제가 여기 오면서 그런 생각을 안 했겠습니까? 처리해주십시오." 80쪽

자신의 어두운 과거를 미화한 셈인데, 이런 부분은 회고록에 수없이 등장했다. 먼저 서울시장 시절 그의 대표적인 업적으로 불리던 청계천 복원 사업에 관한 기록을 살펴보자.

나는 상인 문제를 풀어가기 위한 큰 원칙을 세우고 서울시 공직자들에게 지시했다. (중략) 공직자들은 4,000여 차례 상인들과 만나 의견을 수렴하고 대책을 마련했다. 설득 작업을 벌이는 동안 상인들과 신뢰도 쌓게 됐다. 이런 신뢰는 모두가 불가능하다고 한 청계천 복원이 성공적으로 이뤄지는 데 중요한 밑거름이 됐다. 96쪽

그러나 당시 상인들이 합심해 만든 '청계천 복원반대 비상대책위원회'가 있었지만 그쪽으로 찾아와 진행한 공식적인 협의가 4,000여 차례까지 이어진 것은 아니었다. 취재진이 만난 세운상가의 한 상인은 이명박 전 대통령이 서울시장 재임 시절 그곳을 방문한 것도 한두 번 정도였다고 기억했다.

또 다른 거짓말은 이명박 전 대통령의 노동정책을 다룬 글에서도 발견됐다. 그는 노조법 개정과 노사정 합의를 이끌어내 노사 관계를 선진화시켰다고 썼지만, 그의 재임 기간 동안 스위스 국제경영개발원IMD이 발표한 한국의 노사생산성지수는 조사 대상 58개국

가운데 56위 수준을 맴도는 등 줄곧 최하위였다. 국민과의 소통에 목말라 라디오 연설을 통해 국민들에게 있는 그대로를 전달했다고도 회고했지만 KBS 새노조 등의 반대에도 불구하고 100여 차례나 무리하게 진행시킨 것이었다. 특히 라디오 연설에서 주장한 "유성기업 노동자들의 평균 연봉이 7,000만 원인데 파업을 해서 국가 경제를 교란시킨다"는 말은 거짓으로 판명되어 언론중재위원회에 제소를 당하기도 했다(당시 유성기업 노동자들의 평균 연봉은 4,500만 원 수준이었다). 이 밖에도 평창동계올림픽, 녹색기후기금, 한·EU FTA 등도 모두 자신이 앞장서서 성사시킨 것으로 묘사했다.

거짓으로 얼룩진 경제성장

'7% 경제성장, 4만 불 국민소득, 7대 세계강국'을 내세웠던 일명 '747 공약'에 대한 부분도 거짓말로 점철됐다. 경제대통령 이미지를 내세운 그가 재임 5년 동안 기록한 평균 경제성장률은 7%는커녕 2.9%였다. 김대중 정부 때의 5.1%나 노무현 정부 때의 4.3%에도 턱없이 못 미친다. 이마저도 500조 원이 넘는 공공부채와 가계부채, 즉 국민의 부담으로 쥐어짜낸 결과물이다.

반면 경기부양을 꾀한다며 5년 동안 정부 추계로만 63조 원에 이르는 대기업과 부자 감세를 실시했다. 또 4대강 사업에 22조 원을 쏟아 부었으며 인위적인 고환율과 저금리 정책을 고수했다. 덕분에 삼성전자와 현대자동차 등 수출 대기업들은 한 해 수십조 원의 이

익을 올렸고 토지주택공사, 수자원공사 등의 공공부채는 244조 원
폭증했다. 가계부채도 300조 원 가까이 증가했다.

이처럼 공공 부문과 가계 부문의 천문학적인 부담으로 만들어
낸 성장률이 겨우 2.9%였던 것이다. 그러나 회고록에서 이명박 전
대통령은 2.9%라는 수치에 대해서는 일언반구도 하지 않았다. 대신
5년 중 경제성장률이 가장 높았던 2010년(6.1%)만 언급하며 자화자
찬했다. 하지만 이마저도 진실이 아니었다. 2010년 '아시아의 4마리
용'으로 함께 거론되던 싱가포르(14.8%), 대만(10.7%), 홍콩(7.1%)과 비
교해봤을 때 6.1% 경제성장률도 결코 자랑할 만한 수준이 아니었기
때문이다.

잘못된 미국 쇠고기 협상은 노무현 탓?

《대통령의 시간》에서 이명박 전 대통령의 임기 중 가장 큰 위기를
맞이했던 집권 1년차의 촛불집회 내용을 꼼꼼히 살펴봤다. 2008년
촛불집회는 굴욕적이고 불투명한 미국산 쇠고기 수입 협상 과정에
대한 국민적 분노를 상징한다. 그런데 회고록에서 그는 이 일이 노무
현 정권 때문에 벌어진 일이라고 탓했다. 책임을 벗기 위해서 교묘
한 거짓말을 하는 것도 모자라 일부 정치 세력에게 당했다는 피해
의식을 드러내고 있었다.

우리 축산업을 보호한다는 (노무현 정권) 농림부의 명분은 좋았지만,

국제 역학 관계 등을 두루 고려하지 못한 탓에 한·미 쇠고기 협상에 타협의 여지마저 없어진 셈이 됐다. 111쪽

또 2010년 11월 한·미 FTA 타결을 앞두고 오바마 대통령이 방한해 쇠고기 협상을 다시 하자는 압박을 가했을 때의 일화를 술회했다. 그러면서 심지어 노무현 전 대통령과 부시 전 대통령이 "이면 합의를 했다"고 못 박았다.

나는 김 본부장에게 물었다.

"그래서 미국은 보커스 의원을 설득할 수 있도록 이번 기회에 우리 측의 쇠고기 수입 조건 규제 완화 약속을 구체적으로 받아내겠다는 것입니까? 보커스의 요구는 뭡니까?"

김 본부장이 대답했다.

"노무현 대통령이 부시와 통화하면서 이면 합의를 했습니다. 그걸로 담화 발표까지 했습니다. 2007년 9월 APEC을 계기로 열린 한·미 정상회담에서 또 한 번 구두로 합의했습니다. 그 내용과 문서가 유출됐답니다. 특정위험부위SRM를 제외하고는 월령 제한 없이 전부 수입하겠다는 내용이라 합니다. 보커스는 한국 정부가 그 합의를 지키겠다는 약속을 하라는 것입니다." 228~229쪽

여기서 '김 본부장'은 김종훈 당시 통상교섭본부장을, '보커스 의원'은 당시 미국 상원 재무위원회 위원장이자 미국의 주요 쇠고기 생산지역인 몬태나 주의 상원의원 맥스 보커스Max Baucus를 뜻한다. 보

커스 의원은 한·미 FTA를 상정할 수 있는 막강한 권한을 갖고 있던 인물이기도 했다. 그런 그가 2010년 한·미 FTA 타결을 앞두고 한국의 미국산 쇠고기 수입 조건을 완화하라며 압박했고, 오바마 대통령은 이를 한국에 전달했다는 것이 회고록의 내용이다.

만약 이 말이 사실이라면 상당히 충격적인 일이다. 노무현 전 대통령이 국민들에게 합의 내용을 숨기고 부시 전 대통령에게 굴욕적인 개방을 약속했다는 뜻이기 때문이다. 그 내용이 월령 제한을 철폐하고 30개월 이상 된 쇠고기를 모두 수입하겠다는 약속이라면 더욱 심각한 문제다. 과연 진실은 무엇일까?

회고록 등장인물들, "그런 말 한 적 없다"

김종훈 전 본부장은 회고록이 출간되자마자 기자회견을 자청해 회고록에서 자기가 했다는 말을 부인하고 나섰다. 이면 합의란 없었고 다만 노무현 정부가 미국을 상대로 한 약속이 이명박 정부에 부담이 된 것만은 사실이라고 했다. 송민순 당시 외교통상부 장관은 이명박 전 대통령이 주장하는 이면 합의가 "완전히 틀린 얘기"라고 못박았다. 뉴스타파가 접촉한 쇠고기 협상의 핵심 관계자들이 모두 회고록의 사실관계를 부인한 것이다.

실제로 노무현 전 대통령이 부시 전 대통령에게 한 약속은 무엇이었을까? 2007년 3월 카타르를 방문한 노 전 대통령이 부시 전 대통령과 전화 통화로 쇠고기 문제에 대해 모종의 약속을 한 것은 사실이었다. 통화 당시 배석했던 송민순 전 장관은 CBS 라디오 〈박재홍의 뉴스쇼〉와의 인터뷰에서 이렇게 밝혔다. "아시아 여타 국가들과의 형평을 맞춰서 합리적 수준에서 합리적 기간 내에 타결하도록 최선을 다하겠다고 이야기했다." 여기서 아시아 국가들은 일본과 대만을 지칭한다. 당시 일본은 쇠고기를 20개월까지 살과 뼈를 다 수입하고 있었고, 대만은 30개월까지 수입하되 뼈는 빼고 수입하고 있었다. 개방 수준이 낮았던 셈이다. 그리고 4월 2일, 카타르에서 돌아온 직후 노무현 전 대통령은 대국민 특별담화에서 이 약속을 공개했다. "1) 한국은 성실히 협상에 임할 것이다. 2) 협상에 있어서 국제수역사무국OIE의 권고를 존중해 합리적인 수준으로 개방하겠다는 의향을 갖고 있다. 3) 합의에 따르는 절차를 합리적인 기간 안에 마무리할 것이다"라는 내용이었다. 이명박 전 대통령이 주장한 "월령 제한 없이 30개월 이상의 쇠고기도 모두 수입하기로 했다"는 이면 합의와는 완전히 다른 내용이었다.

송민순 전 장관은 회고록의 내용에 대해 "아마 당시 이명박 대통령이 전 정부의 기록이나 이야기는 듣지 않고, 다 해준다고 했다가 약속을 안 지켰다고 주장하는 미국의 이야기만 들은 것이 아닌가"라고 말하기도 했다. 결국 《대통령의 시간》이 기록한 '미국 쇠고기 협상 이면 합의'는 명백히 잘못된 표현임이 확인됐다.

회고록 집필을 총괄한 김두우 전 청와대 홍보수석도 "밝혀지지 않은 별도의 합의가 있었다는 의미가 아니고, 그런 과정을 통칭해서 이면 합의라고 했는데 그 용어에 문제가 있어 보인다. 그래서 오해의 소지가 생긴 것 같다"고 변명했다. 그러나 '이면 합의'라는 말을 김종훈 전 본부장이 실제로 했느냐는 기자의 질문에 대해서는 "표현에 문제가 있었을 뿐 나머지 얘기는 다 맞다"며 주장을 굽히지 않았다.

위키리크스가 드러낸 쇠고기 협상의 진실

진실은 공교롭게도 각국 정부나 기업의 비공개 문서를 폭로하는 위키리크스WikiLeaks를 통해 밝혀졌다. 위키리크스가 쇠고기 협상과 관련된 주한 미국 대사관의 외교전문을 공개했기 때문이다. 다음은 그 내용을 요약한 것이다.

장면1 노무현 정권 말기인 2007년 12월 13일, 송민순 장관은 버시바우 주한 미국 대사를 만났다. 버시바우 대사는 송민순 장관에게 한·미 FTA를 타결하려면 쇠고기 협상에 진전이 있어야 한다고 압박을 가했다. 그러나 송민순 장관은 국회 핑계를 대며 완곡하게 거절 의사를 나타냈다. 이듬해 4월 총선이 있는 만큼 국회의원들이 표를 의식해 찬성을 하지 않을 것이라고 송 장관은 말했다.

장면2 2007년 9월 16일, 한나라당 대선 후보였던 이명박 전 대통령은 버시바우 대사와 미국 상원의원 두 명을 면담했다. 그는 "여기에 기자들이 없기 때문에 프리하게 말할 수 있다. 나는 미국산 쇠고기가 품질 좋고 값싸기 때문에 좋아한다"면서 "쇠고기 시장을 개방

하는 것은 한국 소비자들에게도 좋은 일이고, 쌀 소비가 줄고 쇠고 기 소비는 늘어나고 있기 때문에 한국은 더 큰 미국산 쇠고기 시장 이 될 것이다"라고 말했다. 또 "남북통일이 되면 북한까지 미국산 쇠 고기의 또 다른 수출 시장이 될 것이다"라고도 했다.

장면 3 대통령 선거 뒤인 2008년 1월 17일, 이명박 당선자의 최측 근이었던 최시중(이후 방송통신위원장)과 현인택(이후 통일부 장관) 씨가 버시바우 대사를 만났다. 그 자리에서 현인택 씨는 "이명박 당선자 의 미국 방문이 이뤄지기 전에 한국 시장은 미국산 쇠고기에 개방 될 것이다"라고 말했다.

장면 4 이명박 당선자가 대통령 취임식을 며칠 앞둔 2008년 2월 21일, 버시바우 대사는 미국 국무부 등에 보고서를 보냈다. 보고서 에는 "이명박 당선자와 그의 팀은… 이 당선자가 4월 17일 워싱턴을 방문하기 전에 그 문제를 해결하겠다고 우리에게 확언했다. 그러나 쇠고기 문제의 정치적 민감성 때문에 4월 9일 총선 전까지는 우리 와 어떤 합의에도 사인은 할 수 없다고 했다"고 기록되어 있다.

이 기록들이 의미하는 바를 찬찬히 짚어보면 이명박 전 대통령 은 당선자 시절, 2008년 4월 9일 이후부터 4월 17일 전까지 미국 쇠 고기 개방 협상을 타결하겠다는 약속을 했다. 실제로 총선이 끝나 고 2008년 4월 11일, 한·미 협상단은 갑자기 미국산 쇠고기 수입 조 건 완화 협상을 시작했다. 그리고 한·미 정상회담을 하루 앞둔 4월

18일, 이명박 대통령이 미국 대통령의 전용 별장인 '캠프 데이비드'를 방문해 '극적으로' 협상이 타결됐다. 당시 한·미 대통령 부부의 저녁식사 메뉴는 32개월 된 몬태나 산 쇠고기였다.

타결된 협상 내용 역시 30개월 이상 된 미국산 쇠고기까지 한국이 모두 수입한다는 것이었다. 신임 대통령의 확고한 의지 아래 타결 일정까지 확정된 상황. 실제 협상에 나서야 할 우리나라 협상단은 제대로 된 협상을 할 수 있었을까? 정작 사전의 이면 합의로 협상의 여지를 좁힌 사람은 누구인가?

이명박 정부, 쇠고기 협상 재논의도 유명무실

협상 타결 이후인 2008년 4월 29일 방영된 MBC 〈PD수첩〉은 미국산 쇠고기의 광우병 위험을 다뤄 큰 반향을 일으켰다. 이명박 대통령은 여론에 밀려 미국과의 '재논의'를 선언했다. '재협상'도 '추가 협상'도 아닌 '재논의'에 대한 사회의 의견은 분분했지만 막상 그는 회고록에 이렇게 썼다.

미국 측과 협의해 한국에 수입되는 미국산 쇠고기가 국제 기준에 부합하며 미국 식탁에 오르는 쇠고기와 똑같다는 점을 문서로 보장받았다. 또한 광우병이 발생하면 바로 수입을 중단한다는 주권적 조치도 명문화했다. 117쪽

그러나 4월 18일에 타결된 조건은 전혀 바뀌지 않았다. 다만 부칙이 추가되었을 뿐이다.

⑦ 부칙 2항의 규정에도 불구하고, 민간 부문의 경과조치를 지원하기 위하여, 우리 소비자들의 미국산 쇠고기에 대한 신뢰가 회복될 때까지 미 농업부의 "30개월 미만 연령 검증 품질체계평가QSA 프로그램"에 따라 검증된 작업장에서 생산된 쇠고기 및 쇠고기 제품만 반입이 허용된다. 이 경과조치 기간 동안 30개월 이상 소에서 생산된 쇠고기가 발견될 경우, 해당 쇠고기 및 쇠고기 제품을 반송한다. 미국산 쇠고기 및 쇠고기 제품 수입위생조건(농림수산식품부 고시 제2008-15호)

현재 30개월 이상 된 미국산 쇠고기 수입을 막아주는 것이 바로 이 부칙이다. 즉 "우리 소비자들의 미국산 쇠고기에 대한 신뢰가 회복될 때까지" 30개월 이상 쇠고기 수입이 금지된다는 내용이다. 기본적인 협상 타결은 30개월 이상 쇠고기도 수입할 수 있도록 해놓고 한시적인 조건을 달아서 잠시 막아놓은 것이다. 이 전제가 바뀌었다고 판단되면 미국은 언제든지 한국에 30개월 이상의 쇠고기 수입을 요구할 수 있다.

광우병이 발생하면 바로 수입을 중단한다는 주권적 조치는 어떻게 되었을까? 많은 사람들이 기억하겠지만, 2012년 미국에서 광우병이 발생했을 때 이명박 정부는 건강상의 위해가 없다며 수입 중단 조치를 취하지 않았다.

촛불집회는 내부로부터의 도전?

거짓말로 가득한 회고록에는 "내부로부터의 도전, 광우병 사태"라는 제목의 촛불집회에 대한 기록이 있었다. 국민의 건강권을 침해하는 굴욕적인 협상에 관한 잘못은 전임 정부에 떠넘기고, 국민들의 분노는 도전으로 규정한 것이다.

일각에서는 17대 대선 결과에 승복하지 못한 '대선 불복 세력'이 집회를 주도한다는 분석도 나왔다. 대선 불복 세력이 건강을 염려하는 순수한 국민들의 뜻에 편승해 대통령과 정권을 무너뜨리려 한다는 것이었다. 정치 세력들이 집회에 개입한 것은 확실해 보였다. 116~117쪽

언론을 탓하는 것도 잊지 않았다. "당시 공영방송은 전임 정부가 임명한 경영진과 노조가 좌우하고 있었다. (중략) 대통령실장을 중심으로 모든 수석들이 분담해 언론사 간부들과 기자들을 만나 이 문제를 설명했지만 역부족이었다"117~118쪽는 대목에서는 오히려 언론에 압력을 넣은 것이 아니냐는 의심이 든다. 그러면서도 순수하게 시위에 참가한 시민들의 안전만큼은 진심으로 걱정했다고 말한다. 이른바 '명박산성'을 쌓았던 2008년 6월 10일에 관한 기록이다.

나는 어청수 경찰청장에게 당부했다.
"시위대가 청와대에 들어오는 일이 있더라도 인명 피해가 있으면 절대 안 됩니다. 국민의 안전을 최우선으로 하면서 대처해주세요." 119쪽

이날만큼은 큰 부상자가 나오지 않았으니 일말의 진심이 있었을 가능성은 있다. 그러나 다른 날에는 경찰의 폭력적 진압이 부지기수로 일어났다. 특히 5월 31일부터 6월 1일 집회에서 가장 심한 폭력적 진압이 발생했고, 6월 10일 이후에는 물대포와 경찰봉 진압이 일상화됐다. 촛불집회에 참석했다가 부상을 당한 시민은 2,500여 명(광우병국민대책회의 집계자료), 촛불집회에 참석했다는 이유로 기소를 당한 시민은 180여 명(민주사회를 위한 변호사모임 집계자료)이나 됐다.

4대강 사업에 관한 거짓말

4대강 사업과 관련해서는 거짓보다 사실을 찾아내기 힘들 정도로 왜곡이 심했다. 4대강 사업 관련 부분의 검증을 함께 해준 대한하천학회 부회장 박창근 교수는 "논리가 잘못된 것, 당초 MB 정부가 내세웠던 주장들이 바뀐 것, 사실관계가 잘못된 것들이 한 페이지당 평균적으로 5개나 나온다"고 평가했다.

그동안 이명박 정부는 홍수 예방과 가뭄 극복, 생태계 복원 등을 위해 4대강 사업을 했다고 주장해왔다. 그러나 이명박 전 대통령이 애초 추진하던 대운하 사업을 이름만 바꾼 것이 아니냐 하는 의혹은 사라지지 않았다. 그리고 2013년, 4대강 사업의 진실은 감사원에 의해 서서히 그 몸통을 드러냈다.

감사원은 4대강 사업에 총체적인 부실이 있었을 뿐만 아니라 "대운하 사업을 염두에 두고 시행된 것"이라고 발표했다. "사회적 여

건 변화에 따라 대운하가 재추진될 수도 있으므로 대비가 필요하다"며 당시 청와대가 운하 건설에 필요한 최소 수심 6m를 밀어붙였다는 것, 그리고 "계속 (이명박) 대통령에게 보고가 되고 그 과정에서 청와대와 협의가 계속되어 결정된 사항"이라는 것이 감사원이 내린 결론이다.

그런데 2년 뒤 회고록에서 이명박 전 대통령은 "2008년 당시 금융위기를 극복하기 위해 4대강 살리기를 선택했다"는 엉뚱한 주장을 펼쳤다. 금융위기를 극복하기 위해서 재정을 투입할 사업이 필요했고, 마침 국가균형발전위원회가 4대강 살리기 사업을 보고해 이를 추진하게 됐다는 것이다.

2008년 11월 14일 세계 20개국 정상들이 미국 워싱턴에 모였다. 두 달 전 발생한 세계 금융위기 진화를 위한 긴급 회동이었다. (중략)

나는 세 가지 원칙을 들어 관계부처에 경기 부양책을 마련할 것을 지시했다.

"경기를 부양하고 일자리를 창출함과 동시에 전 국민에게 혜택이 골고루 돌아가 국가발전에 장기적으로 기여할 수 있는 방안을 찾아봅시다."

2008년 12월 국가균형발전위원회는 11조 원 규모의 4대강 살리기 사업을 보고했다. 559~560쪽

사실관계의 앞뒤가 맞지 않았다. 이명박 정부가 4대강 사업을 위한 태스크 포스 팀을 만든 것은 금융위기 전인 2008년 9월이었기

때문이다.

회고록에는 또 "갈수기에 영산강이 바닥을 드러내기 때문에 4대강 사업이 필요했다"562쪽고 썼지만 이 역시 사실과 달랐다. 전라남도 하천 담당 공무원은 "갈수기에 영산강의 가뭄이 심각하느냐"는 취재진의 질문에 "영산강 상류 쪽에 국지적으로 그런 일이 있었는지는 모르지만 영산강이 바닥을 드러내는 일은 특별히 없었다"고 말했다. 4대강 사업의 필요성을 강조하기 위해 건기의 낙동강 하구가 바닥이 드러날 정도로 말랐었다고 회고한 부분도 사실이 아니었다. 경상남도의 관련 공무원은 "낙동강 하구 쪽에는 하구언 댐이 있고 수심도 바다와 비슷해서 바닥이 드러나는 일은 없다"고 말했다. 박창근 교수도 "낙동강 하구나 영산강 하구는 해수면보다 바닥이 더 낮기 때문에 바닷물이 마르지 않는 이상 바닥을 드러낼 수 없는 곳"이라고 했다.

이명박 전 대통령은 자신의 업적이라 자부하는 4대강 사업을 합리화하기 위해 농민들을 매도하기도 했다. 4대강 사업 반대에 나섰던 경기도 양평의 '두물머리' 농민들을 겨냥해 그들이 '반대를 위한 반대'를 하고 있으며 오히려 농민들이 화학비료와 농약으로 하천을 오염시키고 있다는 주장을 펼친 것이다.

4대강 살리기 사업 이전, 북한강과 남한강이 만나는 경기도 양평의 두물머리에는 제외지 농경지가 한강을 오염시키고 있었다.

제외지란 한강 고수부지처럼 강물이 불면 물에 잠기는 제방 내의 지역을 말한다. 이곳에서 농사를 지을 경우 물이 불어 농지가 잠기면

화학비료와 퇴비, 농약 등이 강물에 쓸려 들어가 하천 오염의 원인이 된다. 570쪽

그러나 두물머리 지역은 팔당 상수원을 보호하기 위한 유기농 단지로 화학비료나 농약은 일체 쓰지 않는 곳이었다. 농민들이 먼저 나서서 유기농 농사를 고집했고 그 뜻을 지지한 서울시가 지원에 나서며 20여 년의 역사를 만들어냈다. 취재진이 만난 두물머리 농민들은 분노하고 있었다. 환경운동연합 염형철 사무총장은 "어떻게 대통령이란 사람이 자신의 국민들을 적으로 인식하고, 무찌르지 못해 안달이 난 것처럼 책을 쓸 수 있는가"라고 일갈했다.

4대강 사업의 태국 수출 건을 거론한 부분에서는 자화자찬이 두드러졌다. 회고록에는 "2013년 6월 태국 정부가 발표한 태국 통합물관리 사업 우선협상자 중 전체 사업비(11조 원)의 절반이 넘는 6조 1,000억 원을 수주하며 경쟁국인 중국과 일본을 크게 따돌리는 성과를 거뒀다"573쪽고 썼지만 수주가 아니라 우선협상대상자로 선정됐을 뿐이었다. 게다가 2015년 태국 정부는 이 사업을 원점에서 재검토하겠다고 선언하기도 했다.

회고록으로 유출된 대통령지정기록물

이명박 전 대통령의 회고록을 검증하는 가운데 심각한 문제가 드러났다. 상당 기간 비밀로 보호되었어야 할 내용들이 무분별하게 노

출되어 있었던 것이다.

이 전 대통령은 퇴임 당시 단 한 건의 비밀 기록도 국가기록원에 넘기지 않고 기록 대부분을 대통령지정기록물로 봉인했다. 이렇게 되면 최장 30년 동안 이 전 대통령 본인과 그의 대리인 외에는 기록물을 볼 수 없다. 그런데 이 대통령지정기록물을 토대로 한 내용들을 회고록에 다수 담은 것이다. 미국, 중국, 일본 등 주요 국가 정상과의 회담과 전화 통화, 북한과의 비밀 접촉, 청와대 수석비서관회의의 내용에 이르기까지 국익과 관련된 것들이었다. 회고록 전체를 분석해보니 이처럼 민감한 사안은 최소 28군데에 달했다.

정상회담 및 정상 간 대화가 13건, 북측과의 접촉 관련 발언도 2건이나 됐다. 외국 정상과 북측 인사의 발언을 직접 인용했고 당시 상황도 상세히 묘사했다. 회고록 후기를 통해 이명박 전 대통령은 2013년 5월 회고록 작성을 위한 회의체가 구성됐고 1년 반 동안 매주 열 명 이상이 모여 집단 기억을 통해 회고록을 작성했다고 밝혔다. 또 이명박 정부 5년을 함께한 참모들과 관련 인사들이 회의에 참석하거나 수시로 연락을 하며 증언하고 기억을 보태주었으며 이 모와 김 모 국장이 회의에 배석해 기록을 찾아내고 자료를 보완했다고 했다.

그러나 대통령지정기록물을 열람할 수 있는 사람은 지정 당사자인 전임 대통령 자신과 그가 지정한 대리인뿐이다. 회고록 집필을 진두지휘한 김두우 전 청와대 홍보수석은 "구체적으로 답할 순 없지만 합법적 절차에 따랐다"고 답했다. 그러나 "이명박 전 대통령의 대통령지정기록물을 직접 열람한 사람이 누구냐"는 질문에는 대답을 피했다. 대통령기록물 관리를 담당하는 기관인 대통령기록관 측 역시 취재진에게 아무런 대답을 내놓지 않았다.

대통령기록물관리에 관한 법률 제17조 제5항에 따르면 "비밀이 아닌 내용을 출판물 또는 언론 매체 등을 통하여 공표함으로 인하여 사실상 보호의 필요성이 없어졌다고 인정되는 대통령지정기록물에 대하여는 전문위원회의 심의를 거쳐 보호 조치를 해제할 수 있다"고 명시하고 있다. 뉴스타파는 회고록에 노출된 28건의 회담 및 통화 등과 관련된 대통령지정기록물에 대해 국가기록원을 상대로 정보공개를 청구했다. 전임 대통령이 봉인했다가 스스로 회고록에 풀어놓았으니 국가기록원에서도 이를 공개하지 않을 명분이 사라진 셈이다. 관련법 역시 그런 취지로 마련된 것이기도 하다. 다음은 회고록에 실린 문제의 내용들을 정리한 것이다.

28건의 대통령지정기록 유출물 목록과 관련 회고록 내용

해당 페이지	일시	출처	주요 내용
121~123	2008. 6. 11	청와대 수석비서관회의	한·미 쇠고기 관련 추가 협상 관련 발언
132~141	2008. 10. 1	거시경제정책협의회 회의	경제 상황 등에 대한 발언
147~148	2008. 10. 11	경제 상황 점검회의	한·중·일 통화스와프 관련 발언
197	2008. 4. 18	한·미 정상회담	부시 대통령과의 미국 비자면제 프로그램 가입 수락 관련 대화
208~209	2008. 11. 7	오바마 대통령 당선인과의 전화 통화	당선 축하 인사, 금융위기, 북한, 한미동맹 등에 대한 대화
218~232	2009. 11. 19	한·미 정상회담	오바마 대통령과의 한·미 FTA 관련 대화
280~288	2010. 11. 28	중국 다이빙궈 국무위원과의 대화	북한 천안함 관련 대화
290~298	2012. 1. 9	한·중 정상회담	후진타오 주석과의 한·중 FTA, 중국 어선 불법조업, 탈북자 관련 대화

327~330	2009. 8. 23	김기남 북한 노동당 비서와의 대화	김대중 전 대통령 조문단 접견 시 남북정상회담, 북핵, 경제협력 등 관련 대화
331~332	2009. 10. 10	베이징 한·중·일 정상회의	원자바오 총리와의 남북정상회담 관련 대화
334~335	2009. 10. 24	태국 후아인 아세안+3 정상회의	원자바오 총리와의 남북정상회담 관련 대화
335	2009. 11. 7	임태희 장관과의 대화	북측이 제시한 남북정상회담 합의서 관련 대화
346~350	2010. 11. 23	긴급 안보관계장관회의	연평도 피격 관련 발언
357~359	2011. 5. 22	도쿄 한·중·일 정상회의	원자바오 총리와의 남북정상회담 관련 대화
364~365	2010. 2. 8	한·독 정상회담	독일 호르스트 쾰러 대통령과의 통일 비용 관련 대화
388~390	2010. 8. 10	일본 간 총리와의 전화 통화	조선왕조의 궤 반환 관련 대화
398~401	2011. 12. 17	한·일 정상회담	교토 영빈관에서 일본 노다 요시히코 총리와의 위안부 관련 대화
421~422	2008. 9. 29	한·러 정상회담	메드베데프 대통령과의 가스나 석유를 북한을 경유하여 한국에 수출하는 사업에 대한 대화
430~431	2009. 5. 11	한·우즈베키스탄 정상회담	카리모프 대통령과의 나보이 자유산업경제특구에 대한민국 이동통신 사업 제안 관련 대화
436~437	2009. 5. 12	카자흐스탄 나자르바예프 대통령과의 만찬	발하쉬 석탄화력발전소 수주 관련 대화
443	2010. 12. 9	한·인도네시아 정상회담	유도요노 대통령과의 경제개발 관련 대화
454~456	2012. 5. 14	한·미얀마 정상회담	떼인 세인 대통령과의 북한 관계에 대한 대화
471~473	2011. 11. 15	국회 여야 지도부와의 만남	손학규 당시 대표와의 한·미 FTA 재협상 관련 대화
486~487	2008. 10. 21	부시 대통령과의 전화 통화	새로운 국제 공조체제에 대한 의견 수렴 및 제안
493~494	2009. 9. 6	호주 케빈 러드 총리와의 전화 통화	G20 한국 개최 관련 대화
517~518	2009. 11. 6	UAE 모하메드와 왕세제와의 전화 통화	원전 수출과 안보 협력 제안 등에 대한 대화
609~611	2012. 9. 9	그린란드 자치정부 쿠피크 클라이스트 총리와의 대화	북극이사회 결성과 한국의 역할 당부
665~668	2010. 7. 28	부동산 문제 논의를 위한 회의	경제 관련 장관 및 청와대 수석들의 부동산 대책 관련 발언

02 MB 시대는
아직 끝나지 않았다

2016년 박근혜 정부는 사전 논의도 없었던 아프가니스탄 지원 사업에 4년간 2억 5,500만 달러의 예산을 책정했다. 그리고 이 내용은 2016년 10월 26일, 국회 외교통일위원회에 제출된 외교부의 '2017년 예산안'을 통해서 알려졌다. 이른바 국제기구 사업 분담금 명목의 '대아프간 지원 강화' 사업에 343억 2,000만 원의 예산이 책정되어 있었다.

외교부가 이 예산을 요구한 이유는 2016년 아프가니스탄 관련 국제회의에 참가했을 당시 지원금을 내겠다고 한 공약 때문이다. 국제회의에는 두 번 참석했는데, 2016년 7월 8일 폴란드 바르샤바에서 열린 아프간지원회의와 같은 해 10월 6일 유럽연합의 주관 아래 벨기에 브뤼셀에서 75개국 대표가 모인 아프간지원회의다.

첫 회의에서 아프간 군과 경찰을 지원하는 데 1억 3,500만 달러

(2018년부터 2020년까지)를 내겠다고 약속한 박근혜 정부는 두 번째 회의에서 아프간 경제사회개발 사업에 1억 2,000만 달러(2017년부터 2020년까지)를 지원하겠다고 약속했다. 이렇게 해서 총 2억 5,500만 달러, 당시 환율로 따지면 우리 돈 2,800억 원의 지원 약속이 이뤄진 것이다.

MB의 유산, 대아프간 지원 사업은 어떻게 시작됐나

박근혜 정부의 아프가니스탄 지원 사업은 사실 이명박 정권 때부터 시작됐다. 이전 정권이 진행한 사업을 별다른 재논의나 비판 없이 그대로 계승한 셈인데, 문제는 이전 정권이 사업을 추진한 배경과 이유에 대해 제대로 알려진 바가 거의 없다는 점이다. 공개된 자료는 이명박 정부 4년차이던 2011년 4월 15일 외교부가 배포한 한 쪽짜리 보도자료뿐이었다. 이 보도자료는 한국이 2011년부터 5년간 아프간에 매년 1억 달러씩 모두 5억 달러를 지원한다는 내용이었다. 당시 외교부는 하루 전 베를린에서 개최된 국제안보지원군 지원국 회의에서 우리 정부 대표가 이 같은 사실을 발표했다고 했다. 그게 전부였다.

전후 사정은 무엇일까? 이 역시 위키리크스가 공개한 미국 외교전문 속에서 찾을 수 있었다. 외교부가 한 쪽짜리 보도자료를 발표하기 6개월 전인 2010년 1월에 공개된 미국 외교전문에는 우리 정부가 어떤 과정을 통해 이 같은 결정을 하게 되었는지가 고스란히 드러나 있었다.

외교전문에 따르면 부시 정부 말기와 오바마 정부 초반에 걸쳐 미국 정부는 한국 정부를 상대로 아프간 지원에 대한 압박을 계속했다. 이명박 후보가 대통령 당선자가 된 일주일 뒤인 2007년 12월 26일자 외교전문에 따르면, 당시 알렉산더 버시바우 주한 미국 대사는 이명박 캠프의 외교 라인 핵심인물들을 만나 "4·9 총선이 끝나면 한국이 다시 아프간에서의 역할 확대를 검토할 수 있을 것이며, 탈레반을 통제하기 위해 나토와 밀접하게 일할 수 있을 것"이라고 말했다. 버시바우 대사가 4·9 총선 이후를 언급한 것은 총선에서 한나라당이 다수 의석을 차지할 경우 군대와 재정 분야 지원에 대한 국회의 승인이 용이해질 것이라고 예측했기 때문이다.

이명박 정부가 정식 출범한 2008년 3월 25일, 미국 대사관은 라이스 국무장관에게 한국 관련 우선순위 목록에 관한 외교전문을 보냈다. 여기에 "훈련 및 장비 지원을 위한 한국군의 아프간 파병, 자이툰 부대 주둔 연장" 등이 적혀 있었다. 미국이 한국의 아프간 파병 문제를 거론하기 시작한 것이다.

이어 4월 8일자 외교전문에서는 버시바우 대사가 김병국 청와대 외교안보수석을 만나 "한국 정부가 아프간에 대한 기여를 확실하게 결정하는 것이 아직 너무 이를지는 모르지만, 만약 이명박 대통령이 그런 문제들을 실제로 검토하고 있다는 신호를 부시 대통령에게 줄 수 있다면 아마도 (정상회담에) 도움이 될 것"이라고 말하고 있었다. 4월 19일로 예정되어 있던 한·미 정상회담에 아프간 지원을 슬쩍 연계시킨 압박이었다.

7월 18일과 9월 17일의 외교전문에서는 미국이 요구의 강도를 높이고 있음이 확인됐다. 10월 2일에는 미국 대사관이 "아프간 군 확충과 관련한 명확한 요구를 한국에 전달"이라는 제목의 2급 비밀 문서를 보냈다. 이 문서에 따르면 9월 30일 미국 대사관 정무담당관이 외교통상부 한미안보협력과 일등서기관을 만나 미 국무부의 아프간 관련 지원요청서를 전달하고 관련 내용에 대해 의견을 나눴다고 되어 있다. 부시 정부는 구체적으로 2010년부터 2014년까지 매년 1억 달러씩 모두 5억 달러를 제공하기를 요청하면서 한국 정부의 부처 간 협의 결정이 언제 어떻게 내려질 것이냐고 질문했다. 이에 대해 이명박 정부는 "외교통상부가 이 건을 주도하겠지만 한국 정부의 결정에 따라 바뀔 수도 있으며 국회의 예산 동의 절차가 험난할 것"이라고 대답했다. 미국이 5억 달러라는 한국의 아프간 지원 액수를 구체화한 2008년 10월은 그해 여름의 촛불정국 위기에서 이명박 전 대통령이 서서히 운신의 폭을 넓히던 시기였고, 8월 부시 대통령의 서울 방문 직후이기도 했다.

속속 드러나는 밀실 외교, 굴욕 외교

2008년 말 오바마 대통령이 당선된 후에도 미국의 압박은 계속됐다. 위키리크스가 공개한 2009년 3월 20일의 미국 대사관 외교전문에는 당시 데이비드 세드니 미 국방부 부차관보가 "한국 정부는 (아프간 지원에 대한) 대규모의 즉각적인 기여를 고려해주길 바란다. 한국이 5년간 매년 1억 달러씩을 내면 아프간 군대 유지 문제를 크게 개선할 수 있을 것이다"라고 말한 내용이 있다. 그리고 일주일 뒤, 오바마 대통령은 아프간 병력 증파, 민간 지원 확대, 동맹국들의 기여 확대 등을 골자로 한 '새 아프간 전략'을 발표했다. 이와 함께 이전까지 국가별로 전개하던 '수금 전략'을 전 지구적 통합시스템으로 전환해 종합적으로 관리하기로 결정했다.

이에 따라 미 국무부는 2009년 4월 1일 전 세계의 미국 해외 공관에 "아프간 특별기여 요청"이라는 제목의 2급 비밀 전문을 보냈다. 그것은 61개국에 대한 아프간 군 신탁기금 할당액과 군사 및 민간 차원의 지원 요구 내역을 일목요연하게 적은 A4 용지 40쪽에 달하는 문서였다. 바로 여기에 한국에 대한 요구액 5억 달러가 기재되어 있었다. 주요 10개국(영국, 독일, 프랑스, 캐나다, 일본, 이탈리아, 네덜란드, 스페인, 터키, 호주)을 제외한 51개 '일반국가' 가운데 가장 큰 액수이자 영국, 독일, 프랑스, 캐나다, 이탈리아와 함께 공동 2위에 해당하는 수준의 금액이었다.

2009년 4월 16일 미국의 리처드 홀부르크 아프가니스탄 및 파키스탄 특사가 한국을 방문해 당시 이명박 대통령과 유명환 외교부장관, 김성환 외교안보수석 등을 만나 압박에 나서기도 했다. 4월 20일자 미국 대사관 외교전문에 따르면, 홀부르크 특사는 "미국 정부는 한국이 아프간에 병력을 보내기를 요구하는 것은 아니다. 대신에 아프간과 파키스탄에 보다 많은 경제적 지원을 해줄 것을 원한다. 특히 한국이 아프간 군 신탁기금에 기여한다면 크게 도움이 될 것이다"라고 말했다.

이로부터 5개월 뒤인 9월 24일, 캐슬린 스티븐스 당시 주한 미국 대사는 제임스 스타인버그 국무부 부장관에게 정세보고서를 보냈고, 바로 이 문서에 "마침내 한국 정부가 5억 달러 지원을 약속했다"는 문장이 등장했다. 그리고 석 달 뒤인 12월 30일, 스티븐스 대사와 만난 유명환 장관은 1차분 1억 달러를 재경부 장관과의 협의를 통해 '특별예산' 형태로 확보했다고 미국 측에 통보했다.

이 복잡한 과정과 결과를 요약하자면 이렇다. 미국은 한국에 아프간 파병과 재정 지원을 동시에 요구했고, 이명박 정부는 계속해서 눈치를 보며 결정을 미뤄왔다. 미국의 5억 달러 지원 요구에 1년 넘게 질질 끌려다니던 이명박 정부는 결국 돈을 다 내겠다고 미국 측에 약속하고 말았다. 달라는 대로 돈을 다 주면서도 또 다른 요구 사항이었던 파병을 막아내지도 못했다. 2009년 말, 우리 정부는 민간인 100여 명과 경찰 40여 명으로 구성된 PRT(재건지원팀)와 특전사 및 해병대원 320여 명으로 구성된 경호부대를 아프간에 보내는 안을 확정하고 압도적인 과반을 확보한 당시 한나라당의 주도 아래 파병동의안을 의결했던 것이다. 이후 2011년 4월, 유명환 장관은 5억 달러 지원 계획을 갑자기 발표했다. 그리고 2011년 하반기 5,000만 달러를 시작으로 2016년 상반기까지 5억 달러가 아프간 지원 사업 예산으로 에누리 없이 집행됐다.

눈 가리고 아웅 하며 2,800억 원 더?

문제는 당시 미국의 5억 달러 요구가 현실화되기까지 이 사안이 단한 번도 우리 국민이나 국회, 언론의 시야에 제대로 노출된 적이 없었다는 점이다. 실제로 2012년 8월 국회 외교통일위원회 수석전문위원실이 2011년 외교통상부 결산과 예비비 지출을 검토한 보고서를 보면 "국제사회에서 우리나라의 영향력 증대 등을 고려한 아프간 지원금 분담의 필요성에는 공감하나, 지원을 결정하는 과정에는 문제가 있다"는 지적이 있다. 5억 달러의 대규모 재정 소요가 발생하는 사업인 만큼 지원 여부와 지원액 결정에 있어 국회 차원의 충분한 심의와 국민적 합의가 반드시 필요했다는 것이다.

그런데 이런 과정이 박근혜 정부에서도 반복됐다. 2017년도 예산 343억여 원을 신청한 것이 첫 단계였다. 물론 이전과 달리 두 차례 국제회의에 참석해 지원액을 약속하고 이에 대한 보도자료를 배포한 것은 사실이다. 뉴스타파의 취재가 시작되자, 외교부는 2015년 12월 말 미국 측으로부터 아프간 지원금을 추가로 지원해달라는 요구를 받기 시작했으며, 내부 논의를 거쳐 나름대로 1차 지원액 5억 달러보다 적은 2억 5,500만 달러 지원안을 확정해 2016년 6월 말 국가안전보장회의NSC에서 최종 승인을 받았다고 밝혔다.

그러나 국회에서 지적된 '국민적 공론화 절차'는 이번에도 없었다. 취재진은 적어도 국회 외교통일위원회에 보고하고 논의하는 절차를 밟아야 했던 게 아니냐고 외교부에 물었다. 외교부 관계자는 "7월 초 외교부 아프간 특별대사가 외교통일위원장과 여야 간사를 직접 방문해 해당 내용에 대해 충분히 설명했다"면서 "간사단을 통해 외교통일위원회 위원들에게도 설명이 됐을 것으로 안다"고 대답했다. 그러나 취재 결과 그의 해명은 일종의 '꼼수'에 가까웠다. 일일이 확인해보니 국회 외교통일위원장인 더불어민주당 심재권 의원은 아프간 특별대사가 찾아온 적은 있지만 직접 만나진 못했고, 외교통일위원회 더불어민주당 간사인 김경협 의원실에도 제대로 된 사전 설명이 전달되지 않았다.

그나마 새누리당 간사인 윤영석 의원 측이 "7월 8일에 아프간 특별대사가 방문해 아프간 지원금 추가 지출의 취지에 대해 설명을 했고, 이에 협조하겠다고 말한 기억이 있다"고 했을 뿐이다. 반면 국민의당 간사 이태규 의원은 "이 사안과 관련해 외교부 관계자를 만난 기억이 전혀 없다"고 했다. 종합해보면 외교부는 국회 외교통일위원장, 더불어민주당과 새누리당 간사 측에게만 수박 겉핥기 식 브리핑을 해놓고 "국회 논의 절차를 밟았다"고 변명한 것이다.

오히려 외교부는 이 문제가 최대한 공론화되지 않도록 조심하는 것처럼 보였다. 2016년 10월 17일, 외교부는 2017년도 예산안 심의를 앞두고 가진 국회 보좌진 상대 설명회에서 아프간 추가 지원금 부분을 사실상 언급하지 않고 넘어가려다 일부 보좌관의 질의가 나오자 간단한 설명에 나섰다. 외교통일위원회 소속 국민의당 박주선 의원실의 한 보좌관은 이렇게 말했다. "설명회 당시 외교부 측은 2017년 예산 가운데 국제기구 분담금 항목을 쭉 읽어 내려가는 수준으로 설명했다. 우리 측에서 기존과 달리 새로 편성된 항목이 무엇이냐고 묻자, 그제야 아프간 지원 분담금이 앞으로 4년간 2,800

억 원 수준으로 지출될 것이라고 설명했다." 박주선 의원은 "2012년
에 국회로부터 국회의 심의 없이 행정부 독단으로 수천억 원의 혈세
를 지원하는 일을 하지 말라고 지적받았음에도 불구하고 또다시 2
억 2,800만 원 수준의 아프간 지원을 사실상 일방적으로 결정한 것"
이라고 비판하면서 "외교부가 국제회의에서 아프간 지원금을 약속
한 것은 공식적인 조약이 아닌 만큼 법적 구속력이 없기 때문에" 해
당 예산 전액을 삭감하도록 요구하겠다고 밝혔다.

취재 그 후 •••
그러나 반전은 없었다. 국회의 2017년 예산안 심의가 이뤄지던 2016년 11월은 온 나
라가 박근혜—최순실 게이트로 발칵 뒤집힌 시기였고, 자연히 야당도 아프간 지원금
과 같은 문제적 예산에 대한 '싸움'에 집중하지 못했다. 결국 외교부의 아프간 지원금
은 원안대로 통과되어 2017년 하반기 집행 예정으로 345억 원(3,000만 달러)이 책
정됐다. MB의 대미 굴욕외교의 산물인 아프간 지원금 문제를 이제라도 바로잡으려는
적극적인 노력이 없다면 앞으로 적어도 2020년까지는 매년 700억 원 씩의 혈세가
빠져나가는 일을 눈뜨고 지켜볼 수밖에 없다.

03 4대강은 지금

이명박 정부의 최대 국정과제 중 하나였던 4대강 사업. 낙동강, 영산강, 한강, 금강에 낙원이라도 건설할 듯했던 달콤한 약속이었다. 여의도 전체 면적의 40배에 이르는 하천 부지를 강수욕장, 생태공원, 습지공원 등으로 개발하겠다는 계획이었다.

말 그대로 단군 이래 최대 토목 사업이 시작되면서 전광석화처럼 3년간 22조 원이라는 거액이 투입됐다. 2009년 7월 본격적으로 공사에 착수한 4대강 사업이 완료된 것은 2013년 초, 뉴스타파가 4대강 사업의 뒤를 쫓은 것은 2012년 8월부터다. 공사 완료를 코앞에 둔 시점에 4대강 사업의 현재를 진단해보자는 취지에서였다. 그 결과 불행하게도 소중한 우리 자연 곳곳에서 드러난 4대강 사업의 폐해를 직접 눈으로 목격할 수 있었다.

'녹조라떼' 가득한 4대강, 환경부는 발뺌

4대강 주변의 생태 문제는 정말로 심각한 상황이다. 이명박 정부는 4대강 사업을 통해 물의 양이 많아지고 수질이 개선된다고 홍보했다. 그러나 취재진이 2012년 8월에 찾은 낙동강 중류 구미보 주변은 녹조로 빼곡했다. '대통령이 직접 만든 녹차라떼'라는 말로 희화화되기엔 현장의 모습은 너무나 참혹했다. 강물 위를 떠다니는 녹조를 아무리 헤집어봐도 맑은 물은 드러나지 않았다. 이런 현상이 낙동강 전역으로 이어지고 있었다. 지역 주민들은 "평생을 낙동강 주변에서 살면서 한여름에 이렇게 녹조 현상이 나타나는 건 한 번도 보지 못했다"며 입을 모아 한탄했다.

정부는 녹조 현상을 두고 "폭염으로 인한 일시적인 현상"이라고 규정하며 4대강 사업과의 연관성을 부인했다. 그러나 다른 주변 하천에서는 피지 않는 녹조가 유독 4대강 사업 이후 낙동강에만 나타나는 이유를 설명하지는 못했다. 사실 녹조 현상의 원인은 명확했다. 서울대 환경대학원 김정욱 명예교수는 이렇게 지적했다. "4대강에 16개나 댐을 더 지어서 물을 흐르지 않게 해놓았다. 낙동강에는 8개나 더 지어놨는데, 안동에서 바다까지 20일 안에 흘러갈 물을 거의 반년 가까이 묶어놓은 셈이다."

물이 흐르지 않아 자연히 생기는 현상이라는 것이다. 녹조를 발생시키는 가장 큰 변수는 수온, 물의 속도, 주변 오염원이다. 낙동강의 수온은 주변 하천과 비슷하고 수질개선 사업으로 주변 오염원은 오히려 통제되고 있는 상황이니 4대강 사업으로 물의 속도가 느려진 게 녹조 현상의 가장 유력한 원인이라는 해석이 설득력을 얻는다. 게다가 2011년에 작성된 환경부 내부 문건 〈함안보 수역 조류발생 대응방안(2011. 7. 28)〉에서도 이미 이런 상황을 우려했다. "4대강 사업 이후 하천 형상이 호소형湖沼型으로 변형되"고 "정체될 경우, 국지적으로 조류 증식이 전망"된다고 지적했던 것이다. 또 "정체수역이 생길 경우, 남조류 발생 가능성도 상존한다"고 되어 있다.

그러나 정부의 대답은 달랐다. '4대강 사업과 녹조의 관련성'을 주제로 한 토론회에서 환경부 물환경정책국 이영기 과장은 "우리가 현재까지 분석하기로는 기온과 일조량의 문제가 녹조를 촉발시킨 가장 중요한 요인이 아니었나 생각한다"라고만 대답했다. 그는 취재진이 2011년의 환경부 내부 문건에 대해 질문하자 "어느 보고서인지 잘 모르겠다"고 대답한 뒤 멋쩍게 웃으며 자리를 떠났다.

4대강 사업은 홍수와 가뭄을 예방할 수 있을까

부실 관리, 이례적인 녹조 현상과 같은 부작용에도 불구하고 4대강 사업의 본래 목적인 홍수 예방과 가뭄 해소만큼은 제대로 되고 있었을까? 2012년 6월, 이명박 전 대통령은 리우 회의에서 이렇게 말했다. "200년 빈도의 기상이변에 대비해 추진된 수자원과 농업 인프라 개선 사업(4대강 사업)으로 홍수와 가뭄을 성공적으로 극복하고 있다."

4대강 사업의 가장 큰 목적은 바로 홍수 예방이다. 정부는 4대강 사업으로 이 목적이 이미 달성됐다고 주장하며, 그 근거로 수해 피해액에 관한 정부 통계자료를 보여주었다. 이 자료에 따르면 4대강 사업이전인 2002년(2조 8,727억 원), 2003년(2조 209억 원), 2006년(1조 5,259억 원)과 비교했을 때 4대강 사업 이후인 2010년(1,951억 원)과 2011년(980억 원)의 수해 피해액이 현격히 줄었다는 것이다. 그런데 뭔가 이상했다. 2007년, 2008년, 2009년의 수해 피해액 수치는 빠져 있었다. 왜 중간의 3년 치 자료는 넣지 않았을까?

〈소방방재청 2011 재해연보〉에서 사라진 3년간의 수해 피해액을 확인해보니 그 이유를 알 수 있었다. 이 자료를 보니 4대강 사업을 시작하기 전인 2007년(812억 원), 2008년(537억 원), 2009년(1,523억원)에 이미 피해액이 감소해 있었던 것이다. 4대강 사업 이후와 비교해도 3년간의 피해액은 비슷하거나 오히려 더 적을 때도 있었다.

상지대 홍성태 교수는 "4대강 사업 이전의 10년 동안 진행된 하천정비 사업을 통해서 4대강 본류의 홍수 대책이 완료된 것"이라고이 통계의 의미를 분석했다. 홍수 예방을 위해서 4대강 사업을 진행할 필요는 없었다는 말이다. 홍 교수는 또 "통계자료를 자기 입맛에맞게 이용하는 것은 그야말로 통계 조작이고 통계 사기라고까지 이야기할 수 있다"고 비판했다.

가뭄은 해결됐을까? 취재진은 가뭄으로 상당한 타격을 입었던충청남도 부여군 지토리를 찾아갔다. 금강에서 직선거리로 4km, 차로는 13km 거리에 위치해 있는 마을이다. 2012년 여름, 이곳은 군인들을 동원해 물을 끌어와 갈라진 논밭에 뿌려야 할 정도로 극심한가뭄에 시달렸다. 한 농민은 "5월에는 모심기를 포기할 정도로 고

통을 당했다"고 당시를 기억했다. 하지만 금강에서 물을 끌어다 쓸 수는 없었다. 오히려 말라가는 근처 냇물을 끌어다 써야 했다.

지척에 금강을 두고서 천수답에 의존할 수밖에 없었던 이유는 무엇일까? 시민경제사회연구소 홍현호 소장은 "4대강 사업 마스터 플랜에 가뭄 대책이 없다"고 말했다. 가뭄 해소가 4대강 사업의 목적 중 하나라면, 가뭄 취약 지역으로 물을 공수하는 대책을 세웠어야 했는데 그런 대책이 전혀 없다는 것이다. 결과적으로 4대강 사업이 홍수는 물론 가뭄의 대책이라는 이명박 정부의 주장은 거짓임이 드러난 것이다.

4대강으로 낙원 만든다더니

취재진은 서울에서 가장 가까운 남한강의 이포보를 찾았다. 이명박 전 대통령이 개방 행사에 참석할 만큼 4대강 사업의 상징과도 같은 곳인 이포보는 시민들에게 개방되는 물놀이 공간인 '수중광장'을 자랑하던 곳이다. 과연 이명박 전 대통령의 이상은 현실이 되어 있었을까?

이포보 수중광장은 인적 없이 텅 비어 있었다. 오히려 관할 여주군에서 내건 '물놀이 금지' 경고문이 눈에 띄었다. 한눈에 봐도 물살이 거세어 단숨에 빨려 들어갈 듯 아찔했다. 이곳을 관리하고 있는 수자원공사 관계자는 "여주군에서 행사할 때 딱 한 번 수중광장을 개장했다"며 "어떻게 활용할 것인가를 계속 고민하고 있다"고 했다.

굳게 닫힌 수중광장뿐만 아니라, 상류에서 내려온 퇴적물이 이포보 주변에 쌓여 있는가 하면, 심지어 보를 지탱하던 하상보호공이 떠밀려와 카메라에 포착되기도 했다.

다른 곳이라고 사정이 다를까? 4대강 사업의 핵심이었던 낙동강 구간에는 거대한 강수욕장이 계획되어 있었다. 조감도에는 해운대를 연상케 하는 풍경 속에서 물놀이를 즐기는 시민들이 가득했다. 그러나 완공을 2주 앞둔 시기의 그 모습은 처참했다. 쓰레기와 잡초가 즐비했고 강수욕장의 나무들은 대부분 살아 있지 않았다. 4대강 사업 구간에 수십만 그루의 나무를 심었지만 절반 이상이 집단 고사했다.

취재진과 함께 낙동강 25공구를 찾은 대구환경운동연합 정수근 씨의 말이다. "이곳 강변은 주로 버드나무들이 군락을 이루고 있었다. 그런데 그 나무들은 다 베어내고 공원을 조성한다고 메타세콰이어를 심었다. 강변하고는 참 안 어울리는 나무인데 말이다." 이런 곳에서 물놀이가 가능할까? 이곳의 공사 관계자는 "강 주변에 녹조가 많이 발생해서 수영하는 사람이 드나들기 힘든 환경"이라고 말했다. "지자체가 관리 인수인계를 받고 1~2년 안에 추가로 시설을 보강해야 사람들이 드나들지 않겠느냐"라고도 했다.

심지어 금강 사업 구간에서는 폐골재 선박이 곳곳에서 발견되기도 했다. 선주들과의 협상이 제대로 이뤄지지 않아 20척 이상의 폐골재 선박이 방치되고 있었다.

4대강 공원, 관리비용도 수천억 원?

이용할 사람도, 관리할 주체도 없어 황폐화되고 있는 이런 공원들은 수백 개에 이른다. 4대강 사업에서 추진된 공원은 전부 234개로 조성비용으로 2조 원이 들었다. 여기에 더해 공원 관리비로 약 400억 원 정도가 책정됐다. 전문가들은 4대강 공원의 효용에 대해 의문을 제기했다. 동국대 생태학과 오충현 교수는 이렇게 지적했다. "그 공간을 지나다니는 사람이 하루에 불과 100명 미만인 경우가 흔하다. 그런 공간을 서울의 한강 고수부지처럼 공원으로 만들고 나무를 심어서 관리한다는 말인가? 그러려면 어마어마한 비용을 투입해야 한다. 또 실제로 그렇게 비용을 투입해서 관리를 한다고 하더라도 효용이 별로 없다. 이용하는 시민이 별로 없기 때문이다." 홍현호 소장도 이렇게 주장했다. "유지관리를 하려면 유지관리 비용에 비해서 유지관리 편익이 커야 하지 않겠는가? 그런데 지금 상황에서는 비용보다 편익이 클 가능성이 전혀 없다."

그럼에도 불구하고 유지관리를 해야 한다면 400억 원으로 가능할까? 김정욱 교수는 실제 단가로 계산한 자료에 근거해 "시설 관리에만 5,000억 원이 넘는 돈이 든다"고 말했다. 4대강 홍보 보도자료에 적힌 유지관리비 400억 원은 터무니없다는 것이다. 취재진은 심명필 4대강살리기 추진본부장을 찾아가 이에 대한 입장을 물었으나 그는 카메라를 피하며 "나중에 답변하겠다"고 대답했다.

또 다른 부작용, 하천 수위 상승

4대강 사업의 부작용은 예상치 못한 곳에서도 발생했다. 낙동강 구간 칠곡보에서 7km 떨어진 구미 제1산업공단 도로 한편에서 지하에 매설되어 있던 고압 증기 파이프가 터진 것이다. 대구환경운동연합 이석우 하천조사팀장은 이 사건이 4대강 사업의 부작용이라고 주장했다. 4대강으로 지하수의 수위가 높아져 지하 7m에 매설되어 있던 파이프에 압력이 가해졌고, 그 때문에 파이프에 균열이 생겼다는 것이다. 이 고압 증기는 파이프를 통해 구미 산업단지에 공급되고 있었으니, 자칫 공급에 차질이 생겨 공단에 큰 피해를 주었을 만한 사건이었다. 그러나 업체와 정부는 파이프가 터진 구체적 원인을 조사하지 않고 '노후에 따른 단순한 파이프 균열'로 결론지었다.

하천의 수위 상승으로 인한 피해는 도심뿐만 아니라 농가에서도 발견됐다. 2012년 8월, 취재진은 낙동강 주변의 유명 수박단지인 고령군 객기리를 찾았다. 그곳은 150여 가구가 지은 20만 평 규모의 수박 농사를 망칠 위기에 처해 있었다. 2011년 인근 합천보를 통해 낙동강의 물을 가두기 시작하면서부터였다. 질벅질벅한 흙 때문에 트랙터가 빠지기 일쑤였고, 50cm만 땅을 파도 물이 마구 흘러나왔다. 빗물이 빠져나가지 못하는 것은 물론이고 지하수까지 올라왔다. 농토는 진흙탕으로 변했다.

배수가 안 되니 농사가 잘될 리 없었다. 1.5~2m까지 내려가는 작물의 뿌리는 40~50cm 아래 고인 물에 갇혀 썩기 일쑤였다. 농민들은 "수박 농사 30년 동안 처음 있는 일"이라고 입을 모았다. "4대강 사업으로 낙동강 수위가 높아졌고, 낙동강으로 빠져나가야 할 물이 높아진 낙동강 수위로 인해 토지에서 빠져나가지 못하면서 이 같은 피해가 일어났다"고 주장했다. 한 농민은 "수박이 계속 시들어 합천보에서 수위를 낮췄더니 다시 수박이 깨어나더라"라고 말했다.

흐르지 않는 강에는 생명이 없다

4대강 사업의 다양한 부작용을 확인하던 취재진은 다시 파헤쳐진 강으로 시선을 돌려야 했다. 보를 만들고 물을 막아서 거대한 호수처럼 되어버린 4대강, 이대로 괜찮은 걸까?

금강에 가보니 보를 만들어 물의 흐름을 막아놓은 강의 모습은 예전과 확연히 달라져 있었다. 주민들이 기억하던 곱고 아름다운 모래 백사장은 더 이상 찾아볼 수 없었고, 생태의 보고 역할을 하던 하천 중간의 커다란 섬들도 강 수위가 높아지면서 자취를 감췄다.

취재진과 함께 금강을 찾은 대전환경운동연합 이경호 국장은 4대강 사업으로 달라진 금강이 "생태계에 치명적인 영향을 미치고 있다"고 말했다. 2012년 10월 14일부터 29일까지 보름 동안 금강에서 물고기가 매일 아침마다 떠오르는 현상이 있었다는 것이다. 당시 시민단체가 추산한 죽은 물고기는 30만 마리에 달했다. 어류학자들이 금강의 물고기가 전부 폐사했다고 봐도 된다고 말할 정도였다.

충청남도와 시민단체는 민관합동조사단을 구성해 집단 폐사의 원인을 조사했다. 폐사의 원인은 무엇이었을까? 민관합동조사단에 참여한 대전대 토목공학과 허재영 교수는 그 원인을 '용존산소의 급감'이라고 지적했다. 용존산소란 물에 녹아 있는 분자 상태의 산소인데 수중 생물의 생존에 필수적인 요소다. 만약 물속에 오염물질인 유기물이 많아지면 산소가 소비되어 용존산소가 감소한다. 이런 특징 때문에 용존산소는 수질 오염의 지표로 사용되고 있다.

허재영 교수는 물고기가 폐사한 시점과 용존산소가 급격하게 떨어진 시점이 일치한다고 말했다. 허 교수는 "4대강 사업에 의해 수심이 깊어지고 여울도 없어졌다. 백제보 때문에 물의 흐름이 정체되다 보니 산소가 녹아들 가능성이 줄어들었다. 이로 인해 유기물이 퇴적되고 유기물이 분해되는 과정에서 용존산소의 소모가 급격히 일어나 전반적으로 양이 줄어들었을 것이다"라고 설명했다. 이는 민관합동조사단의 최종 결론이기도 하다. 민관합동조사단은 물고기 집단 폐사의 원인이 4대강 사업이라고 결론지은 것이다.

비슷한 시기에 낙동강에서도 유사한 일이 벌어졌다. 2012년 10월 즈음 낙동강 구미 구간에서 물고기 수천 마리가 떼죽음을 당했는데, 그 이유에 대해서도 전문가들은 "4대강 사업 후 유속이 느려져 산소가 부족해진 것이 주요 원인"이라고 추정했다.

낙동강 유속, 4대강 사업 전보다 8배 느려졌다

4대강 사업 이후 강의 유속이 얼마나 느려졌기에 이런 일이 곳곳에서 벌어진 걸까? 4대강의 유속 변화를 구체적으로 확인할 필요가 있어 보였다. 취재진은 대한하천학회와 함께 유속 관찰 실험에 나섰다. 부표에 GPS 장치를 장착해 일정한 거리를 이동하는 데 걸리는 시간이 실제로 어느 정도 되는지를 측정했는데, 이전에 감사원과 환경부 등에서 실시한 컴퓨터 시뮬레이션 방법과는 다른 것이었다. 바람의 영향을 받지 않고 실제 유속 흐름에만 영향을 받을 수 있도록 하기 위해 부표 아래 13kg의 추를 매달았다. 그 안에 설치된 GPS 장치가 무선으로 전송한 데이터를 스마트폰이나 컴퓨터로 받아 분석한 이 실험은 어떤 방식보다 정밀한 자료를 구할 수 있다는 점에서 의미가 남달랐다.

낙동강 합천보에서 7.5km 떨어진 적포교에서 모두 5개의 부표를 띄웠다. 4일 뒤, 부표는 34.5km 떨어진 함안보에도 도착하지 못했다. 30km 정도를 이동하기 위해 총 3일 19시간, 즉 91시간이 걸렸다. 하루 24시간으로 계산하면 8km, 한 시간에 겨우 330m 정도를 움직인 셈이다. 따라서 측정 구간의 유속은 9cm/s로 계산됐다.

이 유속은 4대강 사업을 시작하기 전에는 어땠을까? 대한하천학회가 같은 구간에서 측정한 시뮬레이션의 결과는 약 70cm/s이었다. 유속이 약 8배 느려진 것이다. 게다가 9cm/s라는 수치는 댐이나 호수의 유속과 비슷한 수준에 불과했다. 대한하천학회 박창근 부회장은 "지금 합천보에 있는 물 덩어리는 강물의 개념이 아니다. 호수에 갇힌 물로 해석하는 게 바람직하다"고 실험 결과를 설명했다.

실험으로 확인된 강의 호수화는 물고기의 떼죽음이라는 참혹한 결과를 초래했다. 그런데 비극은 여기서 멈추지 않았다. 유속이 변화하자 낙동강의 서식 어종에도 변화가 일어났다. 강물 속 생태계는

낙동강 측정 구간 유속

4대강 사업 전 70cm/s

약 **8**배 감소

4대강 사업 후 9cm/s

완전히 뒤바뀌어 있었다. 강 하류나 정수 유역에 주로 서식하는 정수성 어종, 즉 고여 있는 깊은 물에 사는 물고기들이 호수가 된 강의 주인이 된 것이다. 생명그물 김정오 생태조사실장은 이런 어종의 변화를 "서식 환경 자체가 단순화된 것"이라고 해석했다. 4대강 사업으로 고인 물이 된 강은 다양한 어종이 살 수 있는 환경이 아닌 정수성 어종만 살 수 있는 단순화된 서식 환경으로 변했다는 말이다.

수조 원을 들인 사업이지만 강의 생명을 위해서라면 보의 존폐 여부를 근본적으로 고민해야 한다는 목소리가 이어지는 것이 당연했다. 박창근 부회장은 "4대강 사업에 대한 공학적, 환경적, 경제적, 그리고 사회적 평가를 해서 과연 우리 사회가 어느 안을 받아들일수 있을지 깊이 고민해야 할 시점이 됐다"고 지적했다. 초록별생명평화연구소 소장인 최병성 목사 역시 강을 살리려면 무엇보다도 강이 흘러야 한다고 주장했다. 그는 오랜 기간 전국을 돌며 강을 관찰했는데 강원도 영월에서 파괴된 강이 되살아나는 것을 목격했다고 했다. "10년 전에 영월 서강을 준설해 강이 엉망이 됐다. 자갈밖에 없는 황폐한 곳이 됐는데, 얼마 전 가보니 단 10년 만에 버드나무가 울창하게 자라 있었다. 강이 흐르면서 스스로 치유하고 '강다움'을 만들었다. 희망이 있는 거다. 이명박 씨가 파괴했지만 흐르게만 해주면 4대강은 스스로 치유하며 살아난다. 중요한 것은 많은 물이 아니라 다양한 환경이다. 옛날처럼 다양한 환경으로 강을 회복시켜주는 게 우리에게 주어진 사명이다."

NEWS TAPA | **"강은 반드시 흘러야 한다"**
독일 하천 전문가 베른하르트 교수 인터뷰

2014년 3월, 뉴스타파는 4대강 국민검증단, 그리고 독일 칼스루에 공대 베른하르트 교수와 함께 낙동강을 찾았다. 베른하르트 교수는 세계적인 하천 전문가로 4대강 사업이 진행될 때마다 경고의 메시지를 보냈던 인물이다.

현장을 찾았을 때 낙동강은 여전히 상처로 신음하고 있었다. 물이 새던 칠곡보의 보강 공사도 한창이었다. 1급수인 내성천의 물을 가뒀다가 낙동강으로 보내 수질을 개선하겠다고 건설한 영주댐은 담수를 코앞에 두고 있었다. 영주댐에서 불과 1km 떨어진 곳은 1년 전만 해도 모래로 가득했지만, 댐 건설 이후 자갈밭으로 변해 있었다. 베른하르트 교수는 "왜 이렇게 효율적이지 않은 사업이 진행됐는지 묻고 싶다"면서 "다시는 이런 일이 일어나선 안 된다"고 안타까워했다.

Q. 4대강 사업 현장을 다시 둘러보니 어떤가?

첫 번째 방문 때 본 것들은 정말 끔찍했고 충격적이었다. 지금 바로 그 결과를 고스란히 보았는데, 역시 충격적이다. 하지만 나로서는 뻔한 장면이다. 건설 초기부터 본 데다 공사 계획도 알고 있었고, 자연스러운 결과가 나온 셈이니까.

Q. 4대강 사업의 가장 큰 문제는 무엇이라고 생각하나?

강은 원래 흘러야 하는데 여기서는 흐르지 않는다. 여긴 이제 호수다. 호수화는 많은 문제를 일으키고 있다. 우리가 보고 있는 바로 이곳 낙동강에는 예전에 환상적인 강 생태계가 있었다. 그 중요한 가치를 지닌 강 생태계가 더는 존재하지 않는다.

Q. 파괴된 강 생태계를 되찾기 위해서 어떻게 해야 하나?

방법은 하나뿐이다. 강을 흐르게 하는 것이다. 만약 강을 보수하거나 재자연화할 의지가 있다면 수문을 열어야 한다. 강은 반드시 흘러야 한다. 그게 강을 구하는 유일한 방법이다. 보와 댐으로는 결코 강을 복원할 수 없다.

Q. 4대강 사업의 모델로 선전됐던 독일 뮌헨의 이자르 강이 재자연화를 통해 본래 모습을 되찾았다고 하던데? (100여 년 전 독일은 이자르 강을 파서 직선으로 만들고 양쪽에 인공 제방을 쌓았다. 그러나 독일 국민들 사이에 강 생태계를 복원하자는 여론이 들끓어 결국 2011년 9월 이자르 강은 재자연화를 통해 본래 모습을 되찾았다.)

이자르 강을 되살린 데는 시민들의 역할이 컸다. 독일 사람들은 자연의 가치를 높이 평가한다. 한국은 인공 시스템 속에서 살고 싶어 할지 모르겠지만, 독일은 자연을 삶의 일부라고 여긴다. 독일 역시 자연에 많은 해악을 끼쳤지만 상황이 나아지도록 보살피고 있다.

Q. 이자르 강의 재자연화 성공으로 독일에서는 다른 강들을 복원하는 움직임도 탄력을 받고 있다고 들었다.

아주 멋진 일이다. 모두가 만족해하고 있고, 거기에 반대한다는 말은 들어본 적 없다. 뮌헨뿐만 아니라 하류 지역인 다뉴브 강, 엘베 강 일대 등 전역에서 비슷한 종류의 새로운 프로젝트가 속속 나오고 있다. 모두 이자르 강 복원 프로젝트의 성공으로 얻은 결과물이다.

Q. 홍수와 가뭄에 대비해 강을 관리하는 일은 필요하지 않은가?

물 관리는 반드시 해야 한다. 특히 가뭄과 홍수 때는 꼭 해야 하는 일이다. 그러나 방법이 중요하다. 4대강 사업이 훌륭한 강 생태계에 미친 손해는 거대한 재앙의 수준이다. 이는 자연에 대한 범죄라는 게 내 생각이다. '개발'에 대한 한국식 정의는 잘못됐다. 자연을 개발할 수는 없다. 강은 자연 생태계이고, 생태계란 자연만의 법칙이다. 개발을 위해 자연에 뭔가를 하려 하면 자연을 바꾸게 되고 우리가 모르는 무언가를 파괴하게 된다. 강 개발의 유일한 의미는 강 생태계를 보호하기 위한 강 바깥 지역의 개발뿐이다.

베른하르트 교수의 경고에도 불구하고, 이 무렵 부산 지방국토관리청은 이른바 4대강 사업의 축소판이라는 내성천 하천환경정비 사업을 공개했다. 770억 원의 예산을 들여 27km에 달하는 구간에 제방과 자전거도로 등을 만들겠다는 것이다. 하지만 낙동강에 모래를 공급하는 내성천은 생태적 보존 가치가 높기 때문에 사업을 백지화해야 한다는 여론이 높다. 이에 대해 베른하르트 교수는 이렇게 말했다. "강 생태계에 남아 있는 이 마지막 보물(내성천)을 보호하는 것은 여러분의 과업이다. 여기를 제대로 관리하지 않아 잃게 된다면 너무나 큰 비극이다."

취재 그 후 •••

영주댐이 들어서고 2016년 여름부터 시험 담수로 물을 가두기 시작한 이후 모래강 내성천은 고운 모래와 맑은 물이 사라지고 녹조가 발생했다는 보도가 잇따랐다. 고운 모래에서만 서식한다는 멸종 위기종 1급인 흰수마자도 사라질 위기에 있다. 국민의당 이상돈 의원은 2016년에 발표한 정책보고서 〈영주댐 건설과 내성천 경관 생태보전 문제〉에서 "사람과 자연이 공존하는 내성천의 가치는 단순한 경제적 수치로 환산할 수 없다"며 "내성천의 생태 경관을 잘 보전해 후대에 넘겨주려면 흰수마자 서식지 문제를 포함해 영주댐이 내성천 경관 생태계에 미치는 영향에 대해 공정하고 전문성 있는 조사가 시급하다"고 제안했다.

04 4대강과 MB의 커넥션

4대강의 오늘을 돌아보던 중 다시 이명박 전 대통령에게 질문을 던지지 않을 수 없었다. 22조라는 천문학적인 혈세를 쏟아 부으면서까지 강을 망치는 4대강 사업을 밀어붙인 이유는 무엇일까? 그 이유를 누구도 분명히 알 수는 없겠지만 이명박 전 대통령의 주변 인물들이 막대한 이득을 얻었을 것이라는 루머가 계속 떠돌았다. 뉴스타파는 이 의혹을 확인할 필요가 있다고 판단했다.

의혹의 중심에 선 것은 이명박 전 대통령의 모교인 포항 동지상업고등학교(이하 '동지상고')였다. 이명박 정부 집권 2년차에 접어들던 2009년 2월 7일, 대통령을 배출한 동지상고에서 성대한 행사가 열렸다. 이날 행사에서 이명박 전 대통령은 제1회 '자랑스러운 동지인 상'을 수상해 화제가 되기도 했다. 그는 동지상고 7회 졸업생이다. 행사에는 김백준 당시 청와대 총무비서관이 참석해 대통령을 대신해 상을 받았고, 이명박 전 대통령은 "동지상고가 있어 현재의 제가 있고, 특히 제1회 수상은 무엇보다 값진 것"이라고 수상 소감을 밝혔다.

이 전 대통령 외에도 행사에 참석한 동지상고 졸업생들의 면면은 화려했다. '상왕'이라 불리던 이 전 대통령의 형이자 18대 새누리당 국회의원이었던 이상득 씨는 4회, 당시 건설정책을 총괄한 국회 국토해양위원회 위원장이자 19대 새누리당 국회의원 이병석 씨는 19회, 박승호 당시 포항시장은 동지중학교 23회, 최형만 당시 포항시의회 의장은 18회 졸업생이다. 또 행사에서 동문회관 건립을 위해 1억 원을 쾌척한 대아그룹 황대봉 명예회장은 1회 졸업생이다. 지금은 고인이 된 황 회장은 4대강 공사에 참여한 동대건설과 지역 언론사인 경북일보의 소유주였다. 최고 권력자인 대통령부터 의회, 지방자치단체, 건설업체 관련자들과 언론사 사주까지 고등학교 동문회에 함께 모인 셈이다.

이 때문에 동지상고는 이명박 정권 시절에 파워 인맥의 한 축을 형성하면서 여러 차례 구설수에 올랐다. 4대강 사업 이권을 둘러싼 동지상고의 독식 의혹도 이런 맥락에서 시작됐다. 2009년 11월에 열린 국회 대정부 질문에서 민주당 이석현 의원은 정운찬 국무총리를 향해 동지상고의 이권 독식 의혹을 공개적으로 제기했다. "4대강 사업 중 낙동강 공구는 동지상고의 동문 잔치"라고 주장한 이석현 의원은 "포항이 10개 공구이고, 포항 기업 중 9곳이 동지상고 출신이다. 권력 실세의 개입이 있었는지 조사해야 하지 않겠느냐"고 질문했다. 그러나 정운찬 국무총리는 "아직까지 파악하지 못하고 있으며 앞으로 파악하겠다"고만 대답했다.

동지상고의 수주액, 울산광역시의 10배

동지상고 출신들의 낙동강 사업 독식 의혹이 어디까지 사실인지를 확인하기 위해 구체적인 자료들을 수집해봤다. 먼저 4대강 공사 당시의 하도급 계약 서류를 전부 입수해 분석했다. 낙동강 사업에 참여한 모든 건설업체의 법인등기부등본과 동지상고 졸업생 명부를 일일이 대조했다. 그 결과 4대강 사업이 진행된 공구별로 동지상고 출신의 건설회사가 관여한 공사 현장을 찾아낼 수 있었다.

동지상고와 연결된 업체 수는 낙동강 공구에서만 모두 28개였다. 이들 업체는 동지상고 출신이 이사급 이상의 직책을 갖고 있던 회사들로 총 8개 공구에 분포되어 있었다. 더 자세히 따져보니 원청업체가 9개, 하청업체가 18개, 설계감리업체는 1개로 나타났다. 주요 공구로 따져보면 낙동강 전체 48개 중 12개, 25%에 해당했다. 낙동강 공사 현장 네 군데 가운데 한 곳에서 동지상고 출신 건설회사가 공사를 했다는 얘기다.

동지상고와 관련된 28개 건설사의 낙동강 사업 수주액은 모두 4,286억 원에 달했다. 포항보다 인구가 2배 이상 많고 낙동강에서 더 가까운 울산광역시에서는 7개 업체가 440억 원을 수주한 것에 그쳤다. 결론적으로 일개 고등학교와 관련된 건설사의 수주 규모가 광역시 전체보다 업체 수로는 4배, 액수로는 10배가 많은 것이다.

낙동강 사업에 참여한 28개의 동지상고 출신 업체의 매출액을 집계해봤다. 먼저 해당 업체들은 다음과 같다.

동대건설, 진영종합건설, 삼진건설, 포스코플랜택, 태창건영, 한동산전, 형주건설, 삼안건설, 명도산업개발, 삼표건설, 동양종합건설, 노경종건, 한동건설, 일경산업개발, 세호건설, 명제산업, 진승개발, 젠트로, 세원조경, 보현, 광경토건, 태강건설, 덕보건설, 동원건설산업, 일경개발, 포스코, 현대엠코, 극동엔지니어링

이 중에서 포스코, 현대엠코, 극동엔지니어링 등 대기업 3곳을 제외하고 기업정보 회사에서 파악할 수 있는 17개 업체의 매출액을 조사했더니 이명박 정부가 들어선 이후 모두 매출액이 가파르게 상승했다. 이명박 정부가 들어서기 전인 2007년과 4대강 사업이 막바지에 접어들었던 2011년을 비교하니 매출액은 2배가 넘게 급증했다. 같은 기간에 우리나라 전체 건설업 성장률은 -7.86%였다. 산업 전체가 마이너스 성장을 하는 동안 동지상고 출신들이 소속된 포항의 건설업체들은 2배 이상의 성장을 맛보았던 것이다.

동지상고 출신 업체의 총 매출액 (자료 : 나이스평가정보)

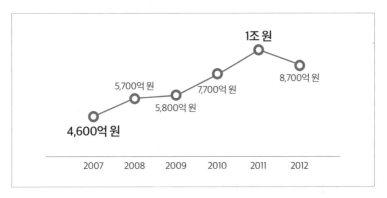

대표적인 회사가 낙동강 사업 4개 공구에 공동도급사로 참여한 진영종합건설이다. 사업 수주 당시 동지상고 28회 출신이 대표이사로 재직했다. 업체 관계자는 "동지상고라고 해서 수주한 건 아니다. 전부 적자를 봤다"고 항변했지만 그 말은 사실과 달랐다. 진영종합건설은 4대강 사업 이후 매출액이 크게 상승했다. 2008년 167억 원이던 매출액은 4대강 사업을 따낸 이후부터 크게 늘어나 2011년에는 498억 원으로 3배가량 늘었다. 당기순이익도 25억 원으로 2008년에 비해 역시 3배가량 증가했다. 낙동강 30공구에 공동도급사로 참여한 동대건설의 매출 역시 2008년 129억 원에서 2011년 395억 원으로 3년 사이에 250억 원 이상 급증했다.

낙동강 30공구와 동지상고 카르텔

총 사업비 1,900억 원이 투입된 낙동강 30공구는 포스코건설과 5개 건설사가 공동으로 공사를 진행했다. 이 가운데 동지상고 출신 임원이 속한 건설사는 4개였다. 포스코건설은 낙동강 30공구의 상징인 구미보 건설을 담당했다. 입찰 당시 임원이었던 이태구 부사장은 동지상고 18회 출신으로, 이명박 정부 출범 직후 전무에서 부사장으로 승진했고 이후 영업 수주를 총괄하는 역할을 맡았다.

포스코건설과 함께 원청업체로 참여한 진영종합건설은 4대강 사업 공사를 수주했던 2009년 당시, 동지상고 28회 출신 김호동 씨가 대표이사를 맡고 있었다. 김호동 씨는 사업을 수주하고 한 달 뒤인 2009년 11월 대표직에서 물러났다. 또 다른 원청업체인 동대건설 역시 동지상고 출신 대표이사가 4대강 사업 공사가 끝난 뒤 회사를 떠났다. 4대강 사업 수주를 따내기 위해 동지상고 출신 대표를 선임한 게 아니냐는 의혹이 제기되는 대목이다.

동지상고 출신의 독식은 하도급에서도 마찬가지였다. 낙동강 30공구 원청업체들이 동지상고 출신이 경영하는 하청 건설업체에 대거 하도급을 준 것이다. 구미보 수문 공사는 동지상고 33회, 강변 도로 공사는 동지상고 24회, 전기 공사는 동지상고 24회와 19회 출신이 속한 하도급 업체가 맡았다. 이 가운데 한동산전의 동지상고 출신 이사는 하도급 공사가 끝난 지 3개월 뒤인 2012년 3월 말에 등기이사에서 퇴임했다.

취재 결과 낙동강 30공구에서만 원청업체를 포함해 모두 7개 업체에서 13명의 동지상고 출신 인사들이 임원으로 재직했던 사실이 확인됐다. 특히 30공구 전체 공사비의 90%인 1,700억 원가량을 이 7개 업체가 차지했다.

이 가운데는 지역 언론사를 계열사로 거느린 건설사도 다수 있었다. 2013년 11월 취재 당시, 포항의 유명 건설업체인 동대건설은 동지상고 1회 출신이자 전 국회의원인 고故 황대봉 대아그룹 명예회장이 지분의 70% 이상을 소유하고 있던 회사였다. 동대건설은 포항 지역 최대 신문사인 경북일보를 계열사로 두고 있었다. 당시 경북일보 대표 역시 동지상고 16회 출신인 정정화 씨였다. 4대강 사업이 한창 추진되던 2009년 초, 경북일보는 4대강 사업에 찬성하거나 긍정적인 기사를 대거 내보냈다. 2012년부터는 아예 '낙동강 사랑 시민

4대강 사업을 홍보하는 경북일보 기사들.

탐사대회'와 같은 낙동강 관련 행사를 직접 개최하며 4대강 홍보에 열의를 보이기도 했다.

영남일보를 소유한 동양종합건설 역시 마찬가지였다. 4대강 사업 기간인 2009년부터 2012년까지 동지상고 출신 인사들이 등기이사와 계열사 대표를 맡았는데, 같은 기간에 영남일보에 실린 4대강 관련 사설을 보니 사실상 4대강을 홍보하는 내용들이 대부분을 차지했다. 모기업인 건설사는 4대강 사업을 수주하고, 계열 언론사는 4대강 홍보에 나선 셈이다.

심지어 포항시의원이 임원으로 있는 건설사도 4대강 사업에 참여한 사실이 드러났다. 낙동강 30공구에서 10억 원 규모의 도로 공사를 따낸 태창건영은 동지상고 24회 출신인 장복덕 포항시의원이 2002년부터 2011년까지 등기이사로 있었던 곳이다. 취재가 시작되

1부 MB의 유산

자 장복덕 시의원은 등기이사로 이름만 빌려줬을 뿐 월급도 받지 않았다고 말했다. 그러나 정작 태창건영 측의 한 이사는 그가 실질적인 영업 활동을 했다고 전했다.

결국 22조 원의 혈세가 투입된 4대강 사업은 온갖 이권과 탐욕이 판친 돈 잔치에 불과했다. 그리고 그 돈 잔치의 중심에 이명박 전 대통령의 모교인 동지상고가 있었음을 낙동강 30공구는 생생히 보여주고 있었다.

4대강 수주업체의 고액 정치후원금

일부 4대강 건설업체들이 주로 국회의원 등 정치인에게 거액의 정치후원금을 준 사실도 파악됐다. 얼마나 많은 4대강 건설업체가 어떤 정치인에게 얼마의 기부금을 냈는지 정확하게 알아보기로 했다. 4대강 사업에 참여한 주요 건설업체 1,204개의 대표이사와 임원을 대상으로 300만 원 이상의 고액 정치후원금 기부 내역을 조사하고, 중앙선거관리위원회의 고액 정치후원금 기부 내역과 건설업체 임원 명단을 하나하나 대조했다. 자료를 분석한 결과 4대강 사업에 참여한 건설업체의 대표나 등기이사 가운데 2008년부터 2012년까지 정치인에게 300만 원 이상의 고액 후원금을 낸 사람은 모두 102명으로 집계됐다. 건설업체로는 96개, 이들이 낸 정치후원금은 적게는 320만 원, 많게는 8,500만 원에 달했다. 이들 건설업체를 권역별로 분류해보니 낙동강 122건, 한강 20건, 금강 30건, 영산강 12건의 공사를 따낸 것으로 파악됐다. 낙동강이 60%를 차지했다. 2개 이상의 공구에서 4대강 사업을 따낸 업체는 45개나 됐다. 하나를 따기도 어려운 4대강 공사를 복수로 수주한 것이다.

여권에 쏠린 4대강 건설업체의 후원금

이들 건설업체로부터 후원금을 받은 정치인은 누구일까? 분석 결과 전체 93명 가운데 당시 한나라당 소속 정치인이 67명, 민주당과 자유선진당 등 야권 정치인이 26명이었다. 4대강 사업을 밀어붙인 집권여당 의원들이 72%를 차지했다. 특히 4대강 사업을 적극 찬동했던 정치인에게 고액 후원금이 대거 몰렸다. 그들은 환경단체로부터 4대강 사업의 찬동 인사로 지목된 20명의 인사들이었다. 실제로 그들은 4대강 사업이 반대 여론에 부딪힐 때마다 때로는 말로, 때로는 행동으로 적극 옹호했다.

취재진은 정치인들에게 후원금이 오간 정황을 되짚어보고 관련자들의 말을 직접 들어보기로 했다. 먼저 이명박 전 대통령은 4개 건설업체로부터 각각 1,000만 원씩 모두 4,000만 원을 받았다. 그 중 한 곳인 태아건설 김태원 회장도 2007년 8월 한나라당 대선 후보 경선에서 박근혜 후보와 치열한 경쟁을 벌이던 이명박 후보에게 1,000만 원을 기부했다. 김태원 회장은 이명박 전 대통령과 고려대 경영학과 61학번 동기이자 현대건설에서 함께 근무한 사이다. MB 정권 5년 동안 태아건설은 5,000억 원이 넘는 관급 공사를 수주했고, 낙동강 공사로만 140억 원을 하청받았다. 이 전 대통령 집권 이후 매출액은 2배 이상 껑충 뛰었다.

이명박 정부 시절 국토해양부 4대강살리기 추진본부 부본부장과 국토해양부 2차관을 지낸 김희국 19대 새누리당 의원에게도 4대강 사업 관련 기업들의 정치후원금이 집중됐다. 그는 2012년 새누리당 후보로 총선에 나선 직후와 당선 이후, 4대강 사업 참여업체 4곳으로부터 모두 2,500만 원을 받았다.

4대강 사업의 예산 처리를 위해 야당과 몸싸움도 불사했던 김성회 전 한나라당 의원은 2009년부터 2011년까지 4대강 사업 참여업체 2곳으로부터 1,500만 원을 받았다.

2009년 국회 국토해양위원장이었던 이병석 의원은 4대강 사업의 예산을 강행 처리해 야당으로부터 날치기 통과라는 비난을 들었다. 이 전 대통령의 포항 동지상고 후배이기도 한 그는 2010년부터 2012년까지, 동지상고 출신이 임원으로 있는 4대강 참여업체 4곳으로부터 2,400만 원을 받았다.

2010년 국회 국토해양위원장을 지낸 송광호 전 새누리당 의원도 4대강 사업에 앞장서며, 4대강 사업을 반대하는 지역은 관련 예산을 삭감해야 한다고 했다. 송 전 의원은 4대강 사업 참여업체인 남광토건 감사 황 모 씨로부터 500만 원의 기부금을 받았다. 남광토건은 특히 송 전 의원에게 임직원 54명의 명의로 모두 2,700만 원을 이른바 쪼개기 수법으로 후원해 검찰 조사를 받기도 했다. 송 전 의원은 17대 총선에서 낙선한 이후 남광토건의 사외이사까지 역임했다.

4대강 사업의 중국 수출을 추진한 임태희 전 대통령실장은 한나라당 정책위원장을 지낸 2008년과 2009년에 4대강 참여업체 2곳으로부터 1,500만 원을 받았다.

2010년 4월 5일자 한겨레신문에 "4대강은 왜 생명을 살리는 일인가"라는 제목의 기고문을 발표한 새누리당 정두언 의원은 4대강 사업 참여업체 2곳으로부터 1,500만 원을 받았다.

감사원 감사를 통해 4대강 사업의 입찰 담합과 보 부실 문제 등이 드러났음에도 4대강 사업을 극찬하던 새누리당 김무성 의원 역시 4대강 참여업체로부터 500만 원을 받았다.

시민단체가 선정한 4대강 찬동 인사 중에서 유일한 야당 의원이었던 최인기 전 민주당 의원도 명단에 포함됐다. 광주와 전남의 환경단체들은 최인기 전 의원의 출당을 요구하며 거세게 반발했다. 최인기 전 의원은 2010년부터 2011년까지 4대강 참여업체 한 곳으로부터 1,000만 원을 받았다.

4대강 건설업체와 집권여당의 끊이지 않는 연결고리

4대강 사업에 참여한 건설업체 중 2013년 당시 현역 국회의원과 관련이 있는 업체도 4개나 됐다. 전부 여당이었다.

이노근 당시 새누리당 의원은 2013년 10월 24일 수자원공사 국정감사에서 "시민 운동권 단체들이 토목 건설 인프라 사업이 나타났다 하면 아주 직업적인 반대를 하고 있다. 반애국적이고 국가에 손해를 끼치는 사람들이니 계속 그 사람들의 행동을 감시해달라.

만일 못 하면 직을 버려라"라는 강경한 발언을 해 논란을 샀다. 그런 그가 2011년 5,000억 원 규모의 4대강 공사를 따낸 대우건설에 사외이사로 들어갔다. 대우건설의 사업보고서에 따르면 이노근 전 의원은 사외이사로 일하며 1년에 4,500만 원을 받았다.

18대 총선에서 한나라당 후보로 출마했던 이규민 전 동아일보 편집국장, 김세호 전 건설교통부 차관도 대우건설 사외이사를 역임했다. 2013년 8월, 대우건설은 4대강 공사 현장에서 거액의 비자금을 조성한 혐의로 본부장급 임원이 검찰에 구속된 바 있다.

새누리당 박덕흠 의원은 용일토건과 연결되어 있었다. 2008년 이명박 대통령 취임준비위원회 자문위원이었던 그는 부인과 함께 용일토건의 최대 주주였다. 용일토건은 낙동강 고아지구에서 210억 원을 수주했다.

2015년 '성완종 리스트' 파문을 남기고 세상을 떠난 고 성완종 전 새누리당 의원은 23%의 최대 지분을 소유한 자신의 회사 경남기업에서 한강 3공구와 낙동강 20공구에 참여해 530억 원을 수주했다. 고 성완종 의원은 4대강 사업 당시 법제처 정부입법자문위원을 담당하기도 했다.

또 낙동강 43공구에서 310억 원을 수주한 신화건설은 새누리당 권성동 의원의 사촌이 운영하는 회사였다.

낙동강을 따라 부산으로 내려가며 취재를 계속했다. 4대강 사업 중 대저 1지구와 대저 2지구에서는 대구의 유성종합건설과 홍국건설이 110억 원짜리 공사를 진행했다. 유성종합건설 제종모 대표는 4대강 공사 당시 부산시의회 의장이었고, 홍국건설 권영적 대표는 전

부산시의회 의장이었다. 공직에 몸담으면서 국가사업을 수주한 것에 대해 묻자 제종모 당시 부산시의원은 "공교롭게 타이밍이 그렇게 됐다"면서 의심을 살 만한 일이 아니라고 답변했다.

대기업과 중소기업을 가리지 않고 사외이사, 감사, 고문 등의 이름으로 집권여당에 한 다리씩 걸친 인사들은 허다했다. MB 정권이 들어선 이후, 매출액이 800억 원에서 1,600억 원으로 2배 이상 급증한 태흥건설산업은 4대강 사업에서 낙동강 3개 공구, 750억 원을 수주했다. 이 회사의 고문으로 알려진 심 모 씨는 이명박 대통령 인수위원회 자문위원이었으며 뉴라이트 부산연합 공동대표를 지냈다. 또 회사 대표인 신우섭 씨는 2008년 18대 총선에서 한나라당에 공천 신청을 했다.

금강과 낙동강 등 3개 공구에 참여한 쌍용건설에서는 4대강 사업 직전에 당시 한나라당 정책위원회 수석전문위원 출신인 최용호 씨가 감사로 선임됐다. 경북 경산의 학산건설도 마찬가지였다. 4대강 사업 직전, 육영수 여사 기념사업회의 이사이자 박근혜 대통령이 이사장으로 있던 한국문화재단에서 감사를 역임한 조용생 씨가 학산건설 감사로 이름을 올렸다. 학산건설은 4대강 사업에서 460억 원짜리 낙동강 37공구 수주를 따냈다.

이렇게 당시 한나라당의 국회의원, 지방자치단체장, 지방의회 의원, 공천 신청자 등이 직접적으로 관여한 4대강 참여업체는 모두 17개로 확인됐다. 수주액은 총 1조 270억 원에 달했다. MB 집권 이후 4대 건설사 CEO를 장악할 정도로 위상을 떨친 고려대 출신 계열, 이명박 전 대통령의 친정 격인 현대건설 출신 계열, 소망교회와 청와대, 국정원 출신과 4대강 사업의 찬동 인사 등이 진출한 이 전 대통령의 각종 인맥 그룹을 기준으로 따져보니 관련 업체는 모두 38개, 수주액은 4조 8,420억 원에 달했다. 4대강 사업의 주인공은 다름 아닌 한나라당과 이명박 전 대통령의 인맥들이었던 것이다. 포항 환경운동연합 정침귀 사무국장은 "돈 되는 건설 사업에 물불을 가리지 않고 다 덤벼든 거다. 씁쓸하지만 지금의 세태, 지역의 현실을 반영하는 것 같다"고 말했다.

건설회사 대신 주유소?

명단을 짚어나가며 취재를 진행하는 동안 황당한 일도 있었다. 취재진이 세창건설이라는 건설사를 찾기 위해 경북 구미시를 방문했을 때다. 법인등기부등본의 주소를 찾아갔지만 건설사는 보이지 않고 허허벌판에 주유소 하나가 덜렁 있었다. 주유소 직원에게 확인했더니 "주유소인데 건설회사 사무실로 쓰고 있다가 짐을 옮겨났다"는 알 수 없는 대답이 돌아왔다. 건설회사 직원들은 다 철수한 상태라고 했다. 짐을 옮겨났다는 사무실은 주유소 사무실 안쪽의 빈 공간이었다. 책상도 사람도 하나 찾아볼 수 없었다.

바로 이곳이 4대강 낙동강 사업에서 40억 원을 수주한 세창건설의 사무실이었다. 이 건설사의 대표는 5대, 6대 구미시의회 의원을 지낸 황경환 전 새누리당 시의원이었다. 4대강 공사 당시에는 시의회 의장을 맡아 4대강 사업 홍보를 위해 발로 뛰기도 했다. 세창건설

낙동강 사업에서 40억 원을 수주했던 세창건설의 현재 모습.

은 2010년에 기술 인력 부족으로 영업정지 처분을 받을 정도로 부실한 상태였는데도 이듬해인 2011년에 4대강 공사를 수주했다. 시의원 직책을 유지하면서 4대강을 홍보하고 관급 공사를 수주한 것에 대해 묻자 황경환 전 시의원은 "그렇게 물으면 할 말이 없다"고만 답했다.

05 4대강 사업에
기여한(?) 대가

그동안 이명박 전 대통령은 4대강 사업에 대한 반대 여론이 제기될 때마다 대국민 홍보 부족을 탓하는 경우가 많았다. "정치적으로 반대하는 사람들도 국민이기 때문에 받아들이든 안 받아들이든 설명을 해야 할 책임이 있다"고까지 말하면서 국민들이 자신의 뜻을 제대로 알아주지 않는다고 했다. 2013년 2월 퇴임 연설에서는 "퇴임 후 꽃 피는 계절이 오면 4대강변을 따라 자전거를 타고 우리 강산을 둘러보고 싶다"고도 말했다. 그리고 8개월 뒤 이명박 전 대통령은 실제로 자전거를 타는 모습을 공개했다. 4대강 사업이 사실상의 대운하 사업이었고 부실 투성이라는 사실이 드러난 지금, 그의 입장은 무엇일까?

취재진은 서울 강남에 있는 이명박 전 대통령의 개인 사무실을 찾아갔다. 그러나 그는 잠시 고개를 돌렸을 뿐 취재진에게 아무런

부실 투성이 4대강 사업에 대한 이명박 전 대통령의 입장을 들어보려고 강남에 있는 그의 개인 사무실을 찾았다. 그는 카메라를 향해 잠시 고개를 돌렸을 뿐 인터뷰에는 응하지 않았다.

반응을 보이지 않았다. 결국 한마디도 듣지 못하고 발길을 돌려야 했다. 그러던 중 한 제보자가 건넨 문서를 통해 이명박 전 대통령이 퇴임 이후 4대강 사업 관련 의혹들을 어떻게 차단할 것인지 고심한 흔적을 발견할 수 있었다.

2013년 11월에 입수한 이 문서는 〈4대강 현안 사항 및 대책〉이라는 보고서다. 13쪽짜리 이 보고서는 19대 총선을 20일 앞둔 2012년 3월 20일에 작성된 것으로, 정부의 공식 홍보 수단을 총동원해 4대강 사업을 옹호했던 당시 이명박 정부가 민간단체까지 설립해 선전 활동을 하려 했다는 의혹을 담고 있었다.

보고서는 4대강 사업이 공격받는 이유를 "전 국민이 강에 대해 자세히 모르고, 선동성 목소리가 큰 세력의 구호에 쉽게 경도되는 국민성" 때문이라고 진단했다. 또 총선과 대선을 앞두고 "야권과 좌파 언론, 시민단체의 공격이 예상된다"며 "4대강 사업에 우호적인 시민단체와 언론을 활용해 세력화해야 한다"고 했다. 포털 사이트와 SNS를 적극 활용할 것도 제안했다. 결론으로는 '4대강지키기 사단법인'이라는 조직을 만들겠다며 그 비용으로 38억 원을 예상하고 있었다.

보고서는 김철문 전 4대강살리기 추진본부 국장과 관련된 한 형사소송에서 법원 증거물로 제출된 것이었다. 이 보고서를 법원에 제출한 제보자는 보고서의 작성 배경에 대해 "누가 대통령이 되든 4대강은 한 번쯤 도마 위에 오를 텐데, 그렇게 됐을 때 정부에서 대응하는 것보다 민간에서 대응하는 방식이 낫지 않겠느냐는 의도 아래 내가 직접 작성했다"고 설명했다. 그러면서 김철문 전 국장이 문건의 작성을 지시했다고 말했다.

김철문 전 국장은 동지상고 출신으로 청와대 행정관을 지냈으며 4대강 사업의 핵심 실무책임자로 알려져 있다. 2008년 4대강 사업의 실행 계획을 논의하는 자리에서 최소 수심 6m를 요구한 장본인이기도 하다. 김철문 전 국장은 2011년 대통령으로부터 홍조근정훈장을 받았다. 하지만 그 자신은 보고서와 아무런 관련이 없다고 부인했다. 그는 취재진과의 전화 통화에서 "듣도 보도 못한 소리를 하고 있다. 말을 만들어가지고 한다"면서 대답을 거부했다. 반면 제보자는 이 문건이 청와대 대통령 비서실 산하 민정까지는 보고된 것으로 안다고 주장했다.

4대강 사업의 훈장과 포상

그러나 4대강 사업을 둘러싼 입막음 또는 부풀리기 전략은 이미 다
각도로 진행되고 있었다. 이명박 정권이 쓴 방법 중 하나는 훈장과
포상이었다. 4대강 사업과 관련한 포상자는 1,953명이다. 명단조차
제대로 공개되지 않았다. 안전행정부 담당자는 "그 안에 그 사람이
살아온 길이 쭉 들어가 있어서 원칙적으로 공개되지 않는 것이 맞
다"고 말했다. 누가 어떤 이유로 국가의 훈장과 포상을 받는지 국민
들은 정말 알 필요가 없을까?

  뉴스타파는 국토교통부에 정보공개를 청구하고, 이를 통해 입수
한 4대강 관련 훈포장자 255명의 명단과 공적 사유를 홈페이지에
게시했다(newstapa.org/4042). 그리고 4대강 관련 대통령·국무총리 표
창자 897명, 국토부장관상 포상자 801명의 명단을 추가로 공개했다.
최종 명단을 확인해보니 지금까지 관련 포상자가 가장 많은 것으로
알려진 2002년 월드컵(1,615명) 때보다 300명 이상 많은 1,953명이 4
대강 사업으로 포상을 받은 것으로 드러났다.

  2,000여 명에 달하는 이 명단을 공개하는 일은 국민의 알권리를
지키는 것뿐만 아니라 4대강 사업의 책임 소재를 분명히 하고 훗날
진상 규명을 철저히 하기 위해 반드시 필요하다. 게다가 막대한 세
금 낭비라는 비난 속에서도 정부가 보이지 않는 곳에서 자기들만의
포상 잔치를 벌였다는 점을 밝힐 필요도 있었다.

4대강 방패막이의 대가

취재진은 공개된 명단에서 특히 대학교수 54명에 주목했다. 이들이 야말로 4대강 사업에 이론적 기반과 정당성을 제공한 장본인이기 때문이다. 전공별로 살펴보면 환경공학과 토목 분야 전공자가 각각 12명으로 가장 많았고 건축 5명, 경제학 4명, 호텔관광 3명, 체육 2명 등이었다. 면면을 살펴보니 교수들 대부분은 4대강 사업의 정당성을 알리는 언론 활동을 활발하게 펼쳤고, 4대강 사업의 부실 논란과 비판 여론이 생길 때마다 이른바 '4대강 사업의 방패막이' 역할을 해온 인물들이었다. 2012년 4대강 16개 보에 대한 민관합동점검단의 책임교수들이 대표적이다. 또 관련 학회 등에서 임원을 지낸 사람들이 80% 이상이었다.

그렇다면 해당 교수들은 무슨 공적을 남겼기에 포상자가 될 수 있었던 걸까? 취재팀은 이들 한 명 한 명과 접촉을 시도했다. 먼저 경기대 윤세의 교수를 찾았다. 윤 교수는 2011년 10월 4대강 사업으로 국무총리 표창을 받았다. 그는 4대강 사업 당시 추진본부 수자원 분과위원장을 지낸 뒤, 2012년 뉴스타파의 4대강 사업 보도를 통해 하만보 등에서 쇄골 현상과 균열 등의 안전 문제가 드러나자 정부가 만든 민관합동점검단에서 총괄단장을 맡기도 했다.

두 달 뒤인 2012년 3월 28일, 윤 교수가 총지휘한 점검단은 보에서 구조적 하자가 발견되지 않았다는 결론을 내렸다. "보 본체의 설계 및 시공 자료, 각종 실험 결과 등을 종합적으로 분석한 결과 구조적 안전에 전혀 문제가 없는 것으로 나타났다"는 것이 민관합동

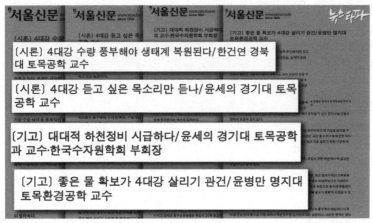

4대강 사업의 정당성을 알리는 교수들의 신문 기고글.

점검단의 최종 결론이었다. 그러나 이는 사실과 달랐다. 16개의 보에서는 끊임없이 문제가 발생했고, 준공 이후 58회나 보수 공사가 진행됐다. 2013년 10월에 열린 국정감사에서는 감사원이 9월에 촬영한 동영상에 보의 균열 및 하자가 고스란히 담긴 채 공개되기도 했다. 민관합동점검단의 결론을 정면에서 반박할 수 있는 자료였다. 게다가 그 동영상은 윤세의 교수가 이끈 점검단이 부실점검을 했다는 의혹을 뒷받침하는 증거가 되기도 했다. 취재진은 다시 윤 교수를 찾아가 부실점검에 대한 해명을 요구했지만 그는 "다른 데 가서 물어보라"고 대답하며 끝내 카메라를 피했다.

윤세의 교수 외에 당시 한강, 낙동강, 금강, 영산강 권역의 점검을 책임진 5명 중 4명의 교수는 4대강 관련 훈포장을 받았다. 한강을 담당한 명지대 윤병만 교수, 낙동강을 담당한 부산대 신현석 교수와 경북대 한건연 교수, 그리고 영산강을 담당한 호남대 김철 교수다.

신현석 교수는 2011년 이명박 대통령으로부터 홍조근정훈장을 받았다. 신 교수는 2012년 부실점검 논란이 제기된 4대강 보 안전 특별점검단의 낙동강 지역 책임자로, 4대강 국민소송단이 제기한 소송에서 정부 측 증인으로 참석한 바 있다. 당시 그는 4대강 사업의 수질 향상 효과를 주장했다. 또 '2011년 물의 날 및 수도권 본부 창립 기념' 세미나에서 열린 '4대강 살리기 다음 과제' 세미나에서 "4대강 사업은 또 다른 시작이기 때문에 포스트 4대강 사업에 대한 준비가 필요하다"며 이를 위해 저영향 개발의 중요성을 역설했다. 그 후 2013년 6월, 신 교수 연구팀은 국토교통부로부터 국가연구단을 유치해 5년 동안 180억 원의 국고를 지원받았다. 취재팀은 이 같은 국고 지원이 4대강 사업 옹호 활동과 연관이 있는지 물었지만 신 교수는 전화 통화조차 거부했다.

포상을 받은 몇몇 교수들이 정부의 용역과제를 대거 수주한 것도 확인됐다. 2008년부터 2013년까지 국토부와 환경부가 발주한 연구과제 중 수질과 4대강, 생태계 등의 연구 분야 과제는 모두 108건, 연구지원비는 총 213억 원에 달했다. 이 중 4대강 관련 표창을 받은 교수 4명이 12건의 연구과제를 따냈는데, 수주 금액이 88억 원이 넘었다. 불과 4명의 교수가 전체 금액의 40% 이상을 차지한 것이다.

서울에 위치한 한 대학 교수의 경우 모두 6건, 83억 원의 연구용역을 따낸 것도 모자라 2011년에는 근정포장을 받기도 했다. 취재진을 만난 그 교수는 포상과 연구용역은 별개의 문제라며 "내가 열심히 했다고 국가에서 주는 상인데 무슨 문제냐"고 말했다. 관련 학회장을 지낸 그의 연구실 벽에는 이명박 전 대통령의 이름이 새겨진 포장증서가 표구 처리되어 걸려 있었다.

문제는 연구비와 표창까지 받았지만 제대로 된 연구를 진행하지도 못했다는 점에 있었다. 대통령 표창을 받은 한 교수는 '보 설치 전후 생태계의 변화에 대한 연구'를 수주받았지만 연구가 제대로 진행되지 못했다고 말했다. 1970년대, 1980년대 등의 옛날 자료 외에 보 설치 이전 자료가 없는 상태에서 연구가 진행됐기 때문에 2010년 보 설치 이후에 어떻게 변화되고 있는지에만 중점을 둔 모니터링 연구였다는 것이다. 이처럼 부실한 자료로 진행된 연구용역에 대해 지금까지 공식적으로 문제 제기가 된 적은 없었다.

훈포장을 받은 54명의 교수 중 44명은 토목과 하천 등에 관련된 중진 학자이자 학회 임원으로 이후 정부기관과 국책연구기관의 기관장으로 임명되기도 했다. 여기에 더해 2007년 이명박 전 대통령이 대선 후보로 나설 당시 대운하연구회 소속 운하정책환경자문교수단에 참여한 교수 6명도 훈포장을 받았다.

교수들이 앞 다퉈 4대강 사업의 홍보에 나서고 그 대가로 훈포장과 연구용역, 그리고 국가기관장 자리를 받아낸 것 아니냐는 비판이 나올 법한 상황이다. 이에 대해 학자적 양심을 거스른 것은 아니냐는 비판이 당연히 나왔다. 계명대 생물학과 김종원 교수는 이런 상황을 두고 "지도위매知盜爲賣, 지도우매知盜憂賣"라고 비판했다. '지식을 훔쳐서 못된 짓을 하며 먹고살고, 지식을 훔쳐서 백성들에게 걱정거리를 준다'는 뜻이다. 김 교수는 이에 덧붙여 "지도원매知盜怨賣, 즉 지식을 훔쳐서 세상 생물들에게 원한을 사는 일을 한다"며

"백성이 지식인들의 연습볼 대상인가"라고 꼬집었다. "학계 주류의 많은 사람들이 무조건 동의하지 않으면 이렇게 될 수가 없다. 무언의 동의도 동의다. 현장에 가서 말하는 것도 동의이고 사인을 하는 것도 동의다."

4대강과 관련 없는 교수도 포상?

어처구니없는 이유로 정부 포상을 받은 경우도 적지 않았다. 그중 동아대 생활체육과 박 모 교수는 당뇨병과 비만증 치료를 위한 운동 처방이 전공이다. 그런데 박 교수는 취재진에게 "4대강에 체육시설을 만들면 주민 건강이 좋아진다"는 매우 상식적인 자문을 했다고 설명했다. 계명대 호텔경영학과 강 모 교수도 마찬가지였다. 강 교수는 낙동강살리기 문화관광 분과위원장을 하면서 레저 공간의 활용 방안을 자문했다는 이유로 국무총리 표창을 받았다. 그러나 그의 자문 내용과 달리 달성보의 자전거도로는 텅 비어 있었고 자전거 대여소도 잠겨 있었다. 자문 내용이 정부의 포상 선정 기준에 부합되는 것인지, 공적서에 실린 내용이 제대로 실현됐는지 여부는 그리 중요하지 않았던 것이다. 이렇게 4대강 사업 분과별 자문위원회에 위촉된 교수들은 손쉽게 표창을 받았다. 심지어 국무총리 표창을 받은 김 모 교수는 "왜 추천했는지 물어봐도 그냥 받으면 된다고 하기에 받았다. 분과위원장들을 일괄적으로 처리한 게 아닌가 싶다"라고 말했다.

일부 학자들은 '들러리'로 상을 받았다고 털어놓았다. 환경과 생태 분야의 자문에 참여한 어떤 교수들은 자신들이 4대강 사업과 관련해 낸 의견이 무시된 적도 많았는데 포상을 받았다고 말했다. 국무총리 표창을 받은 한 미학미술사 교수 역시 "자문한 내용이 4대강 사업에 제대로 반영이 안 됐다"고 말했는데, 요식행위의 들러리에 말려든 것 아니냐는 기자의 질문에 "그렇게 볼 수 있다. 문화 사업을 한다고 해야 전체 사업의 구색이 맞지 않았겠느냐"고 대답했다.

심지어 4대강 사업과 전혀 관련 없는 교수가 4대강 포상자에 포함되기도 했다. 2011년, 중앙선 폐철도를 재활용한 북한강변 자전거도로 조성 사업에 자문을 했던 성균관대 건축학과 김형석 교수는 당시 행정안전부 공무원으로부터 북한강 자전거도로 조성에 대한 공로로 포상을 하겠다는 말을 듣고 간단한 공적서를 적어 보냈다고 했다. 그런데 정작 온 것은 전혀 관련이 없는 4대강 사업 공로 포상이었다. 김 교수는 취재진에게 "상장이 어디에 있는지도 잘 모르는 사람한테는 그 상이 가슴에 안 와 닿는다"고 말했다.

또 다른 교수는 정부 용역과제에 참여해 연구비를 받기 위해 어쩔 수 없이 4대강 사업에 참여했고, 그 결과로 훈포장도 받았다고 고백했다. 그는 당시 이명박 정부의 정책에 협조하지 않고서는 각종 정부 용역과제 등에 참여하는 게 불가능한 상황이었다고 털어났다. "이명박 정권 초기는 공산당 시절이나 다름없었다. 반대하면 다 잘라버리는 상황이었다. 2008년도 환경부는 청와대가 저 친구를 반대한다, 저 사람은 운하를 반대했으니 국책과제를 줄 수 없다, 이런 식이었다." 해당 교수는 2007년부터 5년 동안 진행하던 정부 용역 프로젝트를 계속 지원받기 위해서 여러 해 동안 활동했던 환경시민단체를 떠나야 했다고도 말했다. 이후 그는 4대강 사업의 자문위원으로 활동했고 이명박 전 대통령으로부터 표창까지 받았다. "이명박 정부는 정치가 모든 걸 좌우한 시기였다. 학술적인 것, 전문적인 것도 다 포함됐다. 그래서 전문적인 연구를 하는 사람이 소신을 이야기하지 못했다. 내가 연구비 때문에 변절한 것이 아니냐고 생각할 수도 있겠는데, 요만큼도 아니라고 얘기는 못 하겠다." 그는 씁쓸하게 말했다.

4대강 지지 단체, 정부 돈도 받고 상도 받고

이번에는 시민단체 관계자 103명의 이름에 주목했다. 이 중 25%는 정부 보조금을 지원받는 단체에 소속되어 있었다.

2011년 국토부장관상을 받은 '전국자연보호중앙회'를 보자. 이곳은 이명박 정부 때인 2009년과 2011년 두 번에 걸쳐 행정안전부로부터 국고 1억 8,000만 원을 지원받았다. 4대강 사업이 한창이던 2010년 8월, 전국자연보호중앙회는 경기도 양평에서 4대강 사업의 성공을 기원하는 제사를 정부 지원금으로 올렸고, 이 일을 치하하는 의미로 국토해양부장관상을 받았다.

취재진은 정부에 등록된 주소를 바탕으로 사무실을 찾아가 이야기를 들어보기로 했다. 그런데 주소가 적힌 곳은 일반 가정집이었다. 전국자연보호중앙회 대표는 전화상으로 "월세로 살다 보니 자꾸 옮겨 다니고 있다"고 대답했다. 현재 주소가 어디냐고 묻자 "뭘 자꾸 알려고 하느냐"고 되물었다. 정체가 불분명한 전국자연보호중앙회는 정부 보조금을 부당하게 사용한 이유로 결국 국고 환수 조치를 받았다.

'이그린연대'도 비슷한 경우였다. 이그린연대는 2011년 12월 운영위원장 신 모 씨 등 두 명이 4대강 유공자로 국토부장관상을 받았다. 공적서에는 "4대강 살리기의 당위성을 확신시키고, 현재도 각종 단체와 모임에서 꾸준하게 활동하고 있다"고 적혀 있었다. 이명박 정권 출범 직후인 2008년 7월 비영리 민간 단체로 등록한 이 단체는 2011년부터 2013년까지 총 1억 8,300만 원의 정부 보조금을 받았다. 그런데 취재진이 정부에 등록된 주소를 확인한 결과 현재는 존재하지 않는 것으로 파악됐다. 해당 부처 관계자는 이 단체가 정부 보조금 횡령 건으로 경찰 조사를 받고 있다면서 "이명박 정부 당시 만들어진 환경단체 가운데 문제가 있는 곳이 많다"고 귀띔하기도 했다. 경찰 수사를 받을 정도로 문제가 있는 단체를 국토교통부는 4대강 유공자로 대접한 것이다.

비슷한 이름의 '이클린연대' 역시 이명박 정부 출범 이후인 2009년 2월 비영리 민간 단체로 등록해 2009년과 2010년 총 1억 300만 원을 정부로부터 지원받았다. "건전한 댓글 문화 조성을 위해" 설립됐다는 이 단체는 2011년 4월 한 공동대표가 "청와대의 지시로 여론 조작을 했다"는 양심고백을 해 논란이 됐지만, 2012년 6월에는 4대강 사업에 기여한 공로로 공동대표 이 모 씨가 국토부장관상을 받았다.

환경운동연합 염형철 사무총장은 이 단체들에 대해 "대부분 환경단체라고 보기 어렵다. 4대강 사업을 찬성하기 위해 만들어졌고 정부에 의해 동원됐다면 일반적인 시민단체, 환경단체라고 볼 수가 없다"고 지적했다. 실제로 4대강 사업과 함께 등장해 정부 보조금을 받고 정부 못지않게 적극적으로 홍보를 한 뒤 포상까지 챙겨 지금은 자취를 감춰버린 단체들이 부지기수였다.

취재진은 아직 활동을 하고 있는 한 단체를 찾아가봤다. 회원 5명이 4대강 사업 관련 장관상을 받은 '사단법인 환경과사람들'이다. 이곳은 뉴라이트전국연합 대표가 2008년 7월에 창설한 단체로 나라사랑연합, 비전21국민희망연대 등 보수단체들이 공동운영하는 곳이었다. 역시 2011년과 2012년에 1억 원에 가까운 정부 보조금을 받았다. 인터뷰에 응해준 '환경과사람들' 대외협력위원 윤 모 씨는 이렇게 말했다. "환경 쪽은 좌파가 많다. 내가 보니 이걸 좀 섞어야 되겠다 싶더라. 우리같이 종북 세력 척결을 목표로 하는 사람들이 환경단체에 들어와서 활동을 해주면 힘이 되지 않을까 생각했다." 하지만 이 단체처럼 여전히 활동하고 있었던 상당수의 다른 수상단체들은 4대강과 관련해 언급하는 것을 꺼렸다.

언론인, 경찰, 군인도 포함됐다

4대강 포상자 명단에는 언론인, 경찰, 군인도 있었다. 정부의 정책을 먼저 감시하고 비판해야 할 언론인이 오히려 그 정책의 홍보에 앞장

섰다는 사실은 충격적이었다. 언론인 포상자는 대전을 중심으로 한 충청지역에 몰려 있었다. 그들은 대전MBC, TJB대전방송, 대전일보, 중도일보, 충청투데이 등에 적을 둔 언론인 5명이었다.

그중 한 명인 충청투데이의 박 모 기자와 연락이 닿았다. 박 기자의 공적서에는 "건설과 부동산을 담당하면서 4대강 사업에 대한 기획기사 보도 등 사업을 알리는 데 기여했다"고 쓰여 있었다. 포상을 받은 박 기자는 "지나치는 풍경마다 원시의 초록이 달려든다", "명품 금강, 새 시대 연다" 등의 표현을 써가며 4대강 관련 기사들을 작성했다. 박 기자는 이후 정부 부처의 홍보 담당자로 채용됐다. 그는 취재진과의 통화에서 "무조건 4대강 사업을 찬양해서 장관상을 받은 것은 아니라고 생각한다"면서 "21 대 1의 경쟁률을 통과해 (공무원으로) 채용된 것이기 때문에 장관상과 연관짓지 말아달라"고 했다.

대전의 한 대형 방송사 직원 이 모 씨 역시 "4대강 관련 세종보 준공기념 개방 축하공연을 기획, 시행해 국가정책에 대한 대국민 공감대를 형성하는 데 기여"한 공로로 장관상을 수상했다. 하지만 같은 프로그램의 담당 피디는 부끄러운 속내를 드러내기도 했다.

4대강 사업과 관련해 과격한 논조의 기사들을 대거 배포한 인터넷 신문 올인코리아의 조 모 대표도 명단에 올라 있었다. 그는 "4대강 살리기는 창조질서의 회복 노력!", "좌익 깽판족을 누르고 4대강은 정비되어야"와 같은 기사들에서 "종북좌익 세력이 까대는 사업은 무조건 애국적인 것으로 거꾸로 판단하면 거의 정확하고 공정한 판단이 될 것"이라고 주장했다. 조 대표는 취재진과의 통화에서 "조선종들이 하도 종자가 약해가지고 강물 막는 것에도 벌벌 떨고, 특히 언론인들이 좌익화되어 망국으로 흐르고 있다"고 말했다. 그러나 조 대표는 국토부에서 상을 준 사실을 알지 못했다면서 "나는 4대강 사업으로 정말 상을 받고 싶은 사람이다. 국토부에 전화해서 상을 달라고 해야겠다"고 말하기도 했다.

이 밖에 경찰 80명과 군인 9명도 명단에 포함됐다. 경찰의 경우 대부분 4대강 반대 집회와 관련한 정보를 수집하고 연행자 수사를 잘했다는 게 포상 이유였다. 환경운동연합 염형철 사무총장은 "국정원의 선거 개입 사건처럼 경찰도 정권을 위해 부당하게 운영된 것"이라며 "이명박 정권의 핵심 사업인 4대강 사업을 위해 많은 정부 부처가 왜곡되어 운영됐다는 것을 확인한 사례"라고 꼬집었다.

06 글로벌 호구?
MB의 자원외교

뉴스타파는 'MB의 유산'에 또 하나의 주제를 추가했다. 바로 자원 외교다. 해외자원개발은 4대강 사업과 함께 이명박 정부의 최우선 국정과제였다. 4대강 사업에 22조 원을 투자했다면 해외자원개발에는 그보다 많은 28조 원을 쏟아 부었다. 폐해만 남긴 4대강 사업과 달리 해외자원개발은 성과를 거뒀을까?

먼저 광물자원공사를 집중 취재해봤다. 1967년 설립된 광물자원공사는 광물자원의 안정적인 수급을 담당하고 있는 공공기관이다. 해외자원개발에 직접 나서거나 국내외 자원 개발에 필요한 자금과 기술을 서비스하는 등 민간 기업이 미처 아우르지 못하는 부분을 지원하거나 비상시를 대비해 광산물을 비축하는 등의 업무도 이 기관의 역할이다.

2011년, 광물자원공사는 창립 이래 처음으로 해외자원개발 전문기업을 인수했다. 칠레 산토도밍고 구리광산을 개발하고 있는 캐나다의 탐사업체 '파웨스트'가 그 대상이었다. 광물자원공사는 4억 캐나다 달러를 투자해, 캐나다의 자원개발 전문기업과 구성한 컨소시엄을 통해서 이 업체를 사들였다.

광물자원공사가 인수한 파웨스트는 어떤 회사일까? 파웨스트의 릭 침머 대표는 이렇게 자사를 소개했다. "칠레와 호주 북부지역에 중점을 둔 자원개발업체다. 주 프로젝트는 칠레 북부 산토도밍고 구리광산으로, 4억 톤 이상의 엄청난 매장량이 있다. 지난 3년 동안 탐사를 통해 매장량이 1억 톤에서 4억 톤으로 늘어날 정도로 탐사 실적이 엄청나다."

그러나 이런 장밋빛 전망과 달리 파웨스트의 경영 상태가 그리 좋지 않았다는 사실이 인수 이후에 드러났다. 게다가 광물자원공사는 투기 세력에 의해 막심한 손해를 입기까지 했다.

알고 속았나, 모르고 속았나? 덤터기 쓴 광물자원공사

파웨스트의 당기순이익은 2008년 50억 원 적자, 2009년 70억 원 적자, 2010년에는 100억 원 적자로 손실만 점차 늘어났다. 주식 거래량도 미미했다. 50만 주 이상 주식이 거래된 날은 2008년에 고작 두 번이었고 2009년과 2010년에는 아예 없었다. 주식 거래는 거의 끊겼고 적자는 누적되고 있었다.

그런데 2010년 10월, 상식적으로 이해하기 어려운 대규모 투자가 갑자기 몰리기 시작했다. 조세피난처인 케이먼 군도에 설립된 한 헤지펀드가 1,000만 달러를 투자해 파웨스트의 주식 240여만 주를 사들였고 매입한 주식 수보다 배가 많은 주식 워런트warrant*를 취득했다. 주가가 크게 오를 것이라는 확신 없이는 하기 힘든 투자였다. 파웨스트의 또 다른 대주주 쿼드라 FNX 마이닝Quadra FNX Mining 사 역시 같은 날 보유 주식을 크게 늘렸다. 이 회사는 이미 주식 워런트를 490만 주나 확보한 상태였다. 이들은 왜 해마다 적자가 늘어나던 기업의 보유 지분을 갑자기, 그것도 동시에 늘린 걸까?

이들이 주식을 사 모은 시점은 광물자원공사가 파웨스트를 인수하려 할 때였다. 두 회사가 비밀 준수 약정을 맺기 불과 20일 전인 2010년 10월 15일에는 증자와 함께 주식 워런트를 발행했다. 금융 전문가들은 헤지펀드와 대주주들이 광물자원공사의 인수 정보를 사전에 입수해 시세 차익을 노린 것으로 분석했다.

실제로 이들이 파웨스트의 주식을 대량 매집한 지 6개월 뒤인 2011년 4월, 광물자원공사는 주당 9.19달러에 파웨스트의 주식을 인수했다. 파웨스트의 대주주들이 사들인 가격보다 주당 5달러나 높았다. 덕분에 케이먼 군도의 헤지펀드는 1,000만 달러를 투자해 6개월 만에 원금을 제외하고도 1,200만 달러를 벌었다. 이와 별도로

---

* 일정량의 주식을 일정 가격에 살 수 있는 권한을 뜻하는 용어. 주로 빠르게 성장하는 회사가 자본을 조달하기 쉽게 할 수 있도록 투자자에게 일종의 인센티브를 부여할 목적으로 발행된다. 한 투자증권사 매니저의 설명에 따르면, 대주주들이 워런트를 매집하는 이유는 크게 두 가지라고 한다. 첫째는 나중에 워런트가 행사됐을 때 지분율이 희석되는 것을 방지하기 위해서이고, 둘째는 내부 정보에 능통한 대주주들이 그 정보를 활용해서 나중에 시세가 올랐을 때 정해진 행사가에서 더 낮은 가액으로 주식을 전환시켜 시세 차익을 많이 얻기 위해서다.

주식 워런트를 행사해 900만 달러의 시세 차익도 남겼다. 총수익은 2,100만 달러, 우리 돈으로 230억가량이었으며, 수익률로 따지면 연 420%에 이르렀다. 파웨스트의 대주주들이 주식 워런트와 옵션을 행사한 물량은 모두 1,370만 주로, 전체 발행량의 22%나 된다. 시세 차익을 주당 평균 4달러로 계산해도 약 5,500만 달러, 기존에 보유하고 있던 주식의 매각 차익까지 합치면 모두 약 1억 달러, 우리 돈으로 1,100억 원이 넘는 수익을 거둔 것이다.

문제는 여기서 그치지 않았다. 광물자원공사가 파웨스트의 산토도밍고 구리광산을 확보하기 위해 투자한 돈은 모두 4억 달러다. 2010년 초 파웨스트의 시가총액인 2억 3,000만 달러보다 2배 가까이 많은 금액이다. 그런데 광물자원공사가 인수합병을 통해 확보한 구리광산의 지분은 고작 30%에 불과했다. 2억 3,000만 달러에 일정 정도의 프리미엄만 붙여줘도 100%를 인수할 수 있었던 회사에 2배나 되는 돈을 주고서 30%의 지분밖에 확보하지 못한 것이다. 더욱 이해하기 힘든 점은 4억 달러 가운데 2억 달러가량을 캡스톤Capstone이라는 회사에 투자한 것이다. 캡스톤은 파웨스트를 인수할 때 광물자원공사와 함께 컨소시엄을 구성했던 캐나다 자원개발업체다.

전문가들은 이명박 정부가 자원외교를 핵심 치적으로 내세우다 보니, 해외 M&A 경험이 부족한 공기업들이 무리하게 실적을 올리려다 이런 결과를 초래했다고 보았다. 한양대 김연규 에너지거버넌스센터장은 "해외 메이저 기업들과의 계약 관행이나 네트워킹이 사실 잘 안 되어 있다. 그러다 보니 해외에 나가 거래를 성사하려다 보면 누가 중간에서 연결을 시켜줘야 거래가 성사되는 형국이다"라고 말했다. 그 과정에서 정보가 유출되면 불리한 계약을 맺게 될 수도 있다는 것이다. 결국 그 피해는 한국의 공기업들이 짊어지게 됐다.

아이러니하게도 광물자원공사와 캡스톤 컨소시엄의 파웨스트 인수합병은 캐나다 광물업계에서 2011년도 최우수 M&A 사례로 꼽혀 '마이닝 인더스트리 어워드Mining industry Award'를 수상하기까지 했다. 캐나다의 입장에서는 남는 장사를 했으니 훌륭한 인수합병이었겠지만 우리에게는 MB 정권의 자원외교가 남긴 어두운 그림자가 아닐 수 없다.

중개업체의 배후에 산업은행 전 총재

그러나 단순히 광물자원공사가 해외 M&A 경험이 부족해서 투기자본의 수에 말려들었다고 볼 수만은 없었다. 취재진은 우선 캐나다 밴쿠버로 날아가 파웨스트와 파웨스트의 대주주 쿼드라 FNX 마이닝 사를 직접 찾아갔다. 쿼드라 FNX 마이닝은 광물자원공사에 지분을 매각해 500억 원대의 시세 차익을 남긴 것으로 추정됐다. 취재진이 찾아갔을 때 그 회사는 폴란드의 KGHM 사에 인수된 상태였다. 취재진의 방문에 KGHM 홍보 관계자는 신경질적인 반응을 보이며 취재에 응하지 않았다.

파웨스트의 인수에 함께 나섰던 캡스톤도 답변을 피하기는 마찬가지였다. 캡스톤의 경영공시 자료를 분석해봤다. 그 결과 광물자원공사의 파웨스트 인수 과정에 한 중개업체가 있었다는 사실을 알아냈다. "계약이 끝나면 RCI 캐피털 그룹에 중개 수수료가 지불될 수 있다"는 문구가 있었던 것이다. RCI 캐피털 그룹의 홈페이지를 찾아보니 달랑 한 페이지였지만 소개글은 거창했다. "투자와 상업은행"으로 "미국과 캐나다의 중소규모 에너지 자원 기업들을 대상으로 M&A 관련 서비스를 제공"한다는 내용이었다. 바로 이 회사가 광물자원공사의 바가지 거래를 주선했다. 도대체 어떤 회사일까?

RCI 캐피털 그룹의 대표는 이민 1.5세대의 한국계 캐나다인 존 박이라는 사람이었다. 본사를 찾아가 존 박 사장과의 인터뷰를 시도했다. 쿼드라 FNX 마이닝, 캡스톤과 마찬가지로 RCI 캐피털 역시 취재에 응답하지 않았다. 직원들은 존 박 사장이 사무실에 없다는 말만 되풀이했다. 그래서 부사장인 필립 리에게 이메일을 보내 취재 내용을 밝힌 뒤 사무실을 다시 방문했으나 이번에는 아예 문전박대를 당해야 했다. 존 박 사장을 만나기 위해 밴쿠버 도심에서 15km 떨어진 고급 주택가에 있는 그의 자택까지 찾아갔지만 신고를 받고 온 현지 경찰에게 막히고 말았다. 산토도밍고 광산 거래에서 어떤 역할을 했느냐는 질문 앞에 끝내 그는 모습을 드러내지 않았다. 의도적으로 취재진과의 만남을 피하는 눈치였다.

대신 2011년에 RCI 캐피털을 그만둔 전직 부사장 션 라일리 씨를 만날 수 있었다. 라일리 씨는 "캡스톤이 존 박 사장에게 중개 수수료를 줬다. 존 박 사장이 광물자원공사를 캡스톤과의 협상에 끌어왔기 때문일 것이다"라고 말하며 존 박 사장이 광물자원공사의 파웨스트 인수 거래에 깊숙이 개입한 사실을 확인해줬다. 라일리 씨가 밝힌 구체적인 중개 수수료는 160만 캐나다 달러, 우리 돈으로 약 16억 원이다.

그는 RCI 캐피털이 투자이민 회사에 불과하지만 투자은행 행세를 하면서 자원개발 관련 M&A에 나서고 있다고 했다. 실제로 RCI 캐피털은 2009년 한국에 들어와 산업은행과 함께 캐나다 자원개발 사업 발굴, 금융 지원 등을 위한 MOU를 체결했다. 그리고 석유공사, 가스공사, 광물자원공사 등 자원 관련 공기업은 물론 대우인터내셔널, SK에너지 등과 같은 대기업들 앞에서 잇따라 사업설명회를 열었다. 그 일정과 사업설명회는 모두 산업은행이 관여하거나 주관했다. 어떻게 이런 일이 가능했을까? 특별한 배경 없이는 설명이 불가능한 부분이었다.

라일리 씨는 존 박 사장의 한국 커넥션의 핵심인물로 민유성 씨를 지목했다. 그는 이명박 전 대통령의 금융계 핵심 인맥으로 34대 산업은행 총재를 지낸 바 있다. 라일리 씨는 RCI 캐피털과 산업은행의 2009년 MOU 체결 당시, 존 박 사장이 민유성 총재와의 접촉을 누구에게도 알리지 말라고 입단속을 시켰으며 "내 허락 없이 민유성의 연락처를 누구와도 공유하지 말라"고 했다고 주장했다.

민유성 전 총재는 산업은행 퇴임 후 사모펀드 회사로 자리를 옮겨 존 박 사장과 함께 자원개발 분야에 투자하는 3억 달러 규모의 합작 펀드를 만들겠다고 공표했다. 심지어 그의 자녀는 RCI 캐피털에서 일하기도 했다. 취재진은 민유성 전 총재를 찾아갔지만 그는 "해명할 것이 없다"면서 왜 실적도 전문성도 없는 투자이민업체를 공기업에 소개했는지는 끝내 말해주지 않았다.

부실 자원외교의 상징, 멕시코 볼레오 구리광산 투자

불행하게도 광물자원공사의 해외 투자 실패 사례는 캐나다 파웨스트뿐만이 아니다. 공기업의 막대한 자금은 멕시코 볼레오 구리광산에도 투입됐다. 광물자원공사는 2008년 볼레오 구리광산의 지분 10%를 사들이며 투자를 시작했다. 그러다 2012년에 채무불이행의 위기 속에서 합작 파트너 회사들의 지분을 마구 사들여 인수에 성공했다. 연간 5만 톤 규모의 구리를 생산해낸다는 이 광산은 광물자원공사 최초의 운영권 사업 대상이 됐다.

그런데 2012년에 투자금 4,000억 원이 사라졌다는 의혹이 야당과 시민단체들로부터 제기됐다. 볼레오 인수 이후의 상황을 보여주는 광물자원공사의 내부 문서를 살펴보면, 건설비 누계가 2012년 1월에는 3억 6,000만 달러, 2013년 1월에는 7억 4,000만 달러였다. 2012년 한 해 동안 3억 8,000만 달러, 약 4,000억 원이 투입됐다는 얘기다. 같은 기간에 공정률은 24.1%에서 52.7%로 배 이상 높아졌다고 기록되어 있었다. 그런데 실제로 공사는 그만큼 진행되지 않았다는 것이다.

2012년 1월과 12월의 공사 현장 사진을 보자. 공정이 배 이상 진척됐다고는 믿기 어려운 사진이다. 광물자원공사는 "2012년에는 전체 구조물을 먼저 짓고 그 뒤에 내부적인 철골이나 파이프 설치 작업을 하고 있었던 중"이라고 공식 답변했지만 현장 사진에는 구조물 자체가 눈에 많이 띄지 않는다. 투자금 4,000억 원을 어디에 썼는지 의구심이 드는 게 당연했다.

볼레오 광산 공정 사진. 2012년 1월(왼쪽)과 12월(오른쪽)의 모습이다.

관련 의혹이 집중 제기되자 광물자원공사는 2014년 10월 국회 의원들에게 해명 자료를 뿌렸다. 해명 자료에는 "2012년 외부 건설 공정 현황"이라는 제목과 함께 현장 사진 3장이 실려 있었다. 광물 자원공사가 제시한 2012년 초반과 후반의 사진을 비교하니 1년 동 안 공사가 꽤 진척된 듯했다. 그러나 취재진이 확인한 결과, 마지막 사진은 그해 12월 사진이었지만, 첫 번째 사진은 2012년 사진이 아 니었다.

볼레오 광산 운영사 홈페이지에서 2012년 1월의 실제 사진을 찾 았다. 광물자원공사가 국회에 제출한 사진과 비교해보니 한눈에 봐 도 확연히 다르다는 것을 알 수 있었다. 사진 속 원형 구조물들은 물을 거꾸로 흘려 불순물을 제거하고 농도를 높이는 농축 시설 '카 운터 커런트 데칸테이션ccd'이다. 국회에 제출된 사진에는 누런 흙 이 드러나 있지만, 실제 2012년 초의 상황은 이미 콘크리트 가설이 끝난 상태다. 광물자원공사가 2012년 초반이라며 첨부한 사진은 사

1부 MB의 유산

참고. 2012년 외부 건설공정 현황

초반
중반
후반

국회에 제출한 광물자원공사의 해명 자료.

볼레로 광산 운영사 홈페이지에 게시된 2012년 1월의 실제 사진(왼쪽)과 광물자원공사가 국회에 제출한 2012년 초반의 사진(오른쪽).

실 훨씬 이전의 사진이었던 것이다.

　광물자원공사 측에 엉터리 사진을 제출한 이유를 물었다. 자료를 직접 만든 것으로 추정되는 담당자는 "홍보실을 통해서만 답변하겠다"고 말했고 홍보실은 "해당 부서에 알아보겠다"고 하고는 끝내 답이 없었다. 4,000억 원의 투자금이 사라진 것에 대한 의혹을 해명하려고 가짜 사진을 제출한 광물자원공사는 결국 돈이 현장에서 쓰인 것처럼 꿰맞추기 위해 공사 진척을 실제보다 과장하려고 한 게 아니냐는 의문만 증폭시켰다.

그렇다면 2012년 볼레오 현장은 제대로 관리되고 있었던 걸까? 4,000억 원이라는 돈이 투입된 것은 확실할까? 현장에는 2,000여 명의 작업 인력이 있었지만 한국에서 파견된 인원은 기술직 한 명뿐이었다. 광물자원공사가 현장에 실사팀을 보내 점검한 결과, 현장 회계 인력 11명 가운데 7명이 공석이었다. 실사팀은 "현장 회계 조직이 와해됐다"는 평가를 내렸고 "한국에서 인력을 시급히 파견해야 한다"고 강조했다.

김경률 회계사는 "회계 조직이 와해됐다"는 실사팀의 평가에 대해 "이는 자금과 관련된 조직이 와해됐다는 뜻이자 자금을 통제할 수 없는 상태"라고 설명했다. 채권은행인 미국 수출입은행도 감사보고서를 통해 "볼레오 현장의 관리가 잘 되지 않고 사기 혐의도 발생했다"고 언급했다. 한마디로 기본적인 회계 관리조차 되지 않는 곳에 수천억 원의 돈을 쏟아 부은 셈이다. 참여연대 안진걸 사무처장은 "누군가가 4,000억 원의 돈을 현장이 아닌 다른 곳에 써버리고 회계상에서만 현장 공사에 투자했다고 거짓말을 했을 가능성이 높다. 철저한 수사를 통해 밝혀내야 한다"고 주장했다.

석탄공사는 몽골에서 '쪽박'

이번에는 만성적자에 시달리던 석탄공사로 향했다. 석탄공사는 이명박 전 대통령의 해외자원개발 붐을 타고 2010년에 몽골의 홋고르 샤나가 탄광을 260억 원에 인수했다. 당시 석탄공사 이강후 사장은 "투자 첫해부터 연간 30만 톤을 생산할 수 있다"고 호언장담했다. 뿐만 아니라 탄광 자체만으로도 잠재력이 크다고 자랑이 대단했다. 홋고르 샤나가 김태욱 법인이사도 이렇게 말했다. "홋고르 샤나가 탄광은 러시아 및 중국의 국경과 가장 인접해 있다. 미국의 자원 관련 컨설팅 기관인 SRK의 보고서에 따르면 매장량은 5억 톤 정도다. 특히 부가가치가 높은 코크스탄도 존재하는 것으로 확인됐다. 인프라만 개선된다면 석탄공사뿐만 아니라 해외 자원을 확보한다는 측면에서도 대한민국에 꼭 필요한 광산이라고 생각한다."

2013년 12월, 취재진은 이 사실을 직접 확인해보기로 하고 몽골의 수도 울란바토르로 향했다. 탄광은 울란바토르에서 서북쪽으로 1,000km 정도 거리에 있었다. 비행기로 두 시간에 자동차로 세 시간 넘게 달려야 겨우 도착하는 곳이다. 그런데 카메라 앞에 펼쳐진 탄광의 풍경은 기대한 것과는 거리가 멀었다. 탄광은 검은 속살을 드러낸 채 텅 비어 있었다. 석탄을 캐고 날라야 할 중장비들은 차고에서 겨울잠을 자고 있었다. 가동이 멈춰버린 탄광 한복판을 염소 떼가 한가로이 풀을 뜯고 지나갔다. 도로도 제대로 되어 있지 않아 비포장도로 위로 차들이 일으킨 누런 흙먼지가 흩날렸다. 사실 제대로 된 도로가 따로 있다기보다는 차들이 그때그때 길을 만들어내는

몽골 훗고르 샤나가 탄광.

것이나 다름없었다.

훗고르 샤나가 탄광은 한눈에 보기에도 개점휴업 상태였다. 생산량은 2011년 8만 6,000톤에 불과했고, 2012년에는 1만 5,000톤, 2013년에는 1,100톤으로 급격히 줄었다. 이유가 뭘까? 이 탄광에서 주로 생산되는 것은 화력발전용으로 적합한 가루로 된 분탄이다. 그런데 분탄을 구매해줄 화력발전소는 수백 킬로미터 반경 안에 단 하나도 존재하지 않았다. 인근 마을의 석탄 시장에서는 열량은 낮지만 오래 타는 덩어리 형태의 괴탄만 거래되고 있었다. 석탄공사의 탄광에서 나오는 분탄은 주민들에게 외면당했다. 결국 생산은 했지만 판로를 확보하지 못했고, 그래서 생산마저 멈춘 것이다.

그러나 석탄공사는 2013년 10월, 국정감사를 앞두고 성급히 이 탄광에서 수출 계약을 체결했다고 발표했다. 진짜 성사된 것은 아니었다. 통관 문제를 해결하지 못했기 때문이다. 2013년 11월로 예정된 시험 운송도 무기한 연기됐다. 이미 이야기한 것처럼 도로가 제대로 갖춰져 있지 않았기 때문이다.

수치를 통한 기대감만 앞세우다 결국 계륵이 된 홋고르 탄광 사업은 누가 왜 손을 댄 걸까? 취재를 해보니 이 사업 역시 이명박 정권 당시 낙하산 인사로 알려졌던 석탄공사 이강후 사장과 조관일 전임 사장과 관련이 있었다. 더구나 석탄공사가 몽골 탄광을 인수하기 위해 현지에서 손잡은 업체들도 낙하산 사장과 관계가 있었다.

2010년 2월 석탄공사 이사회에서 김재호 연구소장은 몽골 탄광 협력업체인 엔알디NRD에 대해 "국내와 몽골에 현지 법인을 둔 건강식품 회사로 조관일 전임 사장과 아는 사이라 탄광 개발을 의뢰했다"고 증언했다. 사장과 친분이 있는 업체의 주선으로 몽골 탄광에 대한 투자를 단행했다는 것이다. 게다가 석탄공사가 탄광 인수를 위해 손잡은 이런 업체들은 해외자원개발 분야에 대한 경험도 전무했다. 엔알디는 건강기능식품 전문업체였고, 또 다른 몽골 현지 파트너였던 선진이라는 업체 역시 호텔사업자일 뿐이었다.

엔알디와 선진은 공동투자자 명목으로 홋고르 샤나가 탄광에 각각 8억 원씩을 투자했다. 이들은 각각 20%씩, 총 40%의 지분을 가졌고 해외 판권도 챙겼다. 반면 석탄공사는 24억 원을 투자한 데다 차액금 235억 원에 대한 책임도 떠맡았다. 수익이 나면 공동투자자들이 챙기고, 손해가 나면 석탄공사가 모두 떠안는 구조인 셈이다.

2013년 12월 당시 석탄공사가 260억 원을 쏟아 부어 벌어들인 돈은 고작 1억 원 남짓이었다. 탄광의 자본금은 대부분 사라지고 당장 직원들에게 줄 인건비를 걱정해야 할 상황이었다. 누적 부채 1조 4,000억 원, 하루 이자비용만 1억 5,000만 원을 물고 있던 석탄공사로서는 큰 짐이 아닐 수 없었다.

실패하지 않는다며 믿어달라고 호언장담했던 사람들 가운데 석탄공사를 떠난 뒤 책임을 진 사람은 단 한 명도 없었다. 2011년 4월에 열렸던 석탄공사 이사회에서 "이 사업을 실패한다고 생각해본 적이 없다. 이사장으로서 책임지겠다"고 했던 이강후 사장은 2012년 임기를 채우지도 않고 중도 사퇴해 국회의원 배지를 달았다. 그는 "판로가 없어 생산이 중단된 상태"라는 취재진의 설명에 "진행 상황을 파악하지 못하고 있다. 석탄공사를 나온 다음부터는 기억을 안 하고 있다"며 책임을 회피했다.

취재 그 후 •••

이명박 정부 시절 무분별하게 해외자원개발을 추진했던 이 공기업들은 혹독한 후유증을 겪고 있다. 2016년 광물자원공사는 9,900억 원의 당기순손실을 기록, 자본이 마이너스 8,408억 원으로 완전 자본잠식 상태에 내몰렸다. 석탄공사는 해마다 600억 원이 넘는 손실을 내면서 빚더미에 오르자 2020년까지 전체 직원의 40%인 516명을 감원하기로 했다.

07 자원외교와 석유공사의 헛발질

28조 원을 쏟아 부은 이명박 전 대통령의 자원외교가 실질적으로는 외국 기업들의 호구 노릇일 뿐이었다는 사실을 앞에서 광물자원공사와 석탄공사를 통해 확인했다. 그러나 안타깝게도 혈세 낭비는 여기에서 그치지 않았다. 대표적인 에너지 공기업인 석유공사 역시 막대한 세금을 낭비하는 허울 좋은 자원외교에 동원됐다.

석유공사는 이명박 정부 시절 5년간 무려 10조 원의 자금을 해외자원개발을 위한 M&A에 투자했다. 2008년 3월, 이명박 전 대통령은 취임 직후 지식경제부의 업무보고를 받는 자리에서 "확실한 자원 확보 전략이 있어야 한다. 석유공사의 규모가 지금보다 5배는 되어야 한다"는 지침을 내렸다. 이는 구체적이고 공개적이었으며 절대적인 명령이었다.

그해 8월, 이 전 대통령은 석유공사 사장으로 민간 기업 출신의 강영원 씨를 임명했다. 강영원 사장은 이명박 전 대통령의 소망교회 인맥으로, MB 정부 자원외교의 선봉장 역할을 자임했다. 그는 일명 '그레이트 녹 3020GREAT KNOC 3020'이라는 프로젝트를 내세우고, 이명박 대통령 임기 내에 하루 석유 생산량을 30만 배럴로(기존의 6배), 확보 매장량을 20억 배럴로(기존의 3배) 늘리겠다는 목표를 내걸었다. 그리고 어느 때보다도 공격적인 해외 석유자원 개발과 인수합병에 나서게 됐다.

캐나다의 깡통공장을 매입하다

석유공사는 2009년 10월 캐나다의 석유업체 하베스트 에너지 트러스트Harvest Energy Trust(이하 '하베스트')를 우리 돈으로 4조 6,000억 원을 들여 사들였다. 업계가 놀랄 정도로 큰 거래였지만 인수하는 데 불과 3개월밖에 걸리지 않았다.

하베스트는 수년 전 고유가 시대가 진행되면서 석유자원 개발 붐이 일었던 캐나다 앨버타 주 캘거리에 소재해 있다. 앨버타 주에 매장된 석유자원은 전통적 액체 원유인 크루드 오일과 천연가스, 그리고 모래나 암석 속에 섞여 고체 상태로 존재하는 샌드오일이다. 하베스트는 탐사 개발과 생산 단계를 의미하는 상류 부분과 정제 및 운송, 판매 단계를 의미하는 하류 부분을 모두 갖고 있던 업체다.

석유공사와 하베스트의 만남은 이러했다. 하베스트의 존 자하리 대표는 "국내외 여러 방면으로 자본을 찾고 있었는데 중국에 있을 때 때마침 석유공사로부터 전화를 받아"석유공사와 협상을 시작했다고 했다. 투자자를 찾기 위해 애쓰던 하베스트에 석유공사가 먼저 구애를 한 것이다. 하베스트는 2009년 인수 협상 당시 재무 상황이 무척 곤란한 상태에 있었고, 석유공사와의 협상에서 상류 부분만이라도 매각하겠다며 최소 31억 캐나다 달러를 요구했다.

그런데 하베스트가 갑자기 태도를 바꿔 상류 부분을 팔지 않겠다며 매입 가격을 올리거나 하류 부분까지 통째로 인수할 것을 요구했다. 석유공사는 협상을 재검토하기는커녕 고작 엿새 만에 회사 전체를 인수하는 계약을 서둘러 체결했다. 정유 공장 등 하류 부분의 인수로 인한 추가 비용은 9억 3,000만 캐나다 달러였다.

이렇게 우리 돈 1조 원가량을 주고 산 정유공장 날NARL, North Atlantic Refinery Ltd.은 하베스트가 원유를 생산하는 캐나다 서부 앨버타 지역과 정반대인 동부 끝 뉴펀들랜드 섬 오지에 있었다. 취재진은 인수 직전 '날'의 모습을 어렵게 찾아낼 수 있었다. 그곳은 1973년에 완공되어 중간에 개보수를 했지만 마치 거대한 검은 탑을 연상시킬 만큼 노후 정도가 심했다.

'날'은 2009년 인수 후 매년 1억에서 1억 5,000만 달러의 영업손실을 냈다. 게다가 국제 기준에 따른 회계 처리 결과 2012년에는 5억 달러가량의 자산 손실이 추가로 발생했다. 이미 발생한 손실만으로도 매입 가격을 넘어선, 이를테면 깡통공장이었다. 석유공사의 한 관계자는 "날에 더 투자를 하느냐"는 취재진의 질문에 "이제 투자를 최소화하고 있다. 장부가보다 낮고 손해를 보더라도 희망이 없는 것들은 정리하겠다"고 말했다. 그러나 애물단지가 된 이 공장

인수 직전 정유공장 '날'의 모습.

을 사겠다는 구매자가 있을지는 의문이었다. 인하대 에너지자원공학과 신현돈 교수는 "팔 때 팔더라도 조금 돈을 투자해서 부가가치를 높여 팔아야 하는데, 그러기에는 덩치가 커서 돈이 어마어마하게 들어갈 것이다. 석유공사가 부채도 많은데 그 돈을 어디서 대겠느냐" 하고 우려했다.

하루 5만 배럴가량의 원유를 생산하는 상류 부분의 상황도 지속적으로 어려워지고 있었다. 인수 당시 떠안은 22억 달러 상당의 부채에 대한 이자비용이 매년 8,000만 달러 이상 발생하는 데다 원유 판매를 통한 영업이익 또한 급감해 2012년의 경우에는 불과 300만 캐나다 달러에 그쳤다. 결국 당기순이익이 1억 달러가량 적자 전환됐다.

미래도 불투명했다. 미국에서 셰일가스라는 대체 자원이 개발되어 싼 값에 대량 공급되면서 미국 내 원유 가격을 끌어내렸고, 이 때문에 가격 경쟁력에서 밀린 캐나다 산 원유의 판로는 더욱 좁아졌기 때문이다. 강원대 지질학과 정대교 교수는 "셰일가스와 함께 셰일오일도 같이 개발된다. 여기서 오일 수요를 상당 부분 감당하다 보니 캐나다 쪽 상황이 가장 어렵다고 들었다. 그러니까 지금 판다고 해도 거의 제값을 못 받을 것이다"라고 말했다.

해외 판매가 어렵다면 원유를 국내에 들여오는 방법은 없을까? 석유공사 관계자는 "할 수는 있지만 비용 때문에 못 하는 것"이라고 했다. 캐나다 로키산맥을 뚫고 나와서 배에 실어 국내까지 들여와야 하는데, 이런 운반비용이 훨씬 비싸기 때문이다.

여기에 박근혜 정부는 부채 비율을 낮춰 재무 건전성을 높이라고 공기업 경영진들을 압박했다. 방침을 따르자니 헐값 매각을 피할 수 없는 상황이 됐다. 결국 석유공사는 하베스트의 계열사 '날'을 5년 만에 처분했다. 처분 가격은 산 값의 13분의 1에도 못 미치는 1,000억여 원. 그나마 비용을 정산하고 남은 돈은 200억~300억 원뿐이었다. 그런데 이 역시 꼼꼼한 손익계산서를 통해 도출한 결론이 아니었다. 부채 비율을 낮추라는 박근혜 정부의 압박으로 인한 결과물이기 때문이다. 결국 정부의 목표를 달성하기 위해 투자하고 또다른 정부의 목표를 달성하기 위해 팔아치운 것이 바로 하베스트였던 셈이다. 이로써 이명박 전 대통령의 저돌적인 과시용 해외자원개발 투자는 피 같은 국민 세금으로 남의 나라만 좋은 일 시키고 우리 공기업을 깊이 골병들게 했다는 평가를 피할 수 없게 됐다.

왜 부실기업 하베스트를 샀을까

막대한 예산을 들였지만 실패로 끝나고 만 석유공사의 하베스트 인수에 대해 정대교 교수는 이렇게 지적했다. "해외자원 투자 부문에서 짧은 기간 동안 높은 성과를 내는 일은 처음부터 어려웠다. 우리가 후발 주자이다 보니 비교적 상태가 양호한 사업들은 이미 선진국들이 다 차지하고 별로 남아 있지 않다. 하지만 그럴수록 경험과 지식, 필요하면 외국의 좋은 기술들을 활용해 정말 신중하게 차례차례 접근했어야 했다."

어찌 보면 너무도 당연한 말이다. 그런데 석유공사는 왜 이처럼 무모한 투자를 단행했을까? 이 의문을 풀기 위해 먼저 하베스트 홈페이지에 게시된 경영실적 자료를 꼼꼼히 살펴봤다. 석유공사가 하베스트를 인수한 2009년 자료를 보니 "2억 600만 달러의 영업권이 장부 가치 이하로 떨어졌다"는 문구를 발견할 수 있었다. 서울시립대 경영학부 박종찬 교수는 "영업권 상각이란 인수한 사업 분야에서 예전과 달리 미래 전망이 좋지 않다든가, 예전에 생각했던 미래 회수 가능액이 예상과 달리 낮아졌을 경우에 발생한다"고 설명했다. 즉 하베스트의 정유 및 판매 부문의 영업권 가치가 모두 상각됐고, 앞으로의 전망이 어두워 기존 영업권의 가치를 따지는 게 무의미하다는 뜻이다.

실제로 2009년 당시 하베스트의 영업 실적은 악화일로였다. 특히 2분기만 놓고 보면 전년 동기 대비 매출은 70%, 매출 총이익은 31%나 감소했다. 5월에는 석유제품의 정제 원가가 판매가격보다 높아서 제품을 만들면 만들수록 손실이 늘어나는 역마진 상황이 연출됐다. 이 때문에 회계장부상 2억 달러 이상의 가치로 평가됐던 영업권을 장부에서 모두 손실로 처리한 것이다. 다시 말하면 정유 산업 부문의 현황과 미래가 어둡다는 사실을 하베스트 스스로 인정했던 셈이다.

그렇다면 왜 이토록 중요한 하베스트의 공시 자료를 석유공사는 투자 결정 시에 참고하지 못했을까? 이 질문의 열쇠는 미국에 본사를 둔 세계적인 금융투자회사 뱅크 오브 아메리카 메릴린치Bank of America Merrill Lynch(이하 '메릴린치')가 갖고 있었다. 메릴린치는 석유공사의 하베스트 인수 협상에서 자문사 역할을 하며 하베스트에 대한 최종 평가보고서를 제출한 장본인이다.

그런데 메릴린치가 석유공사에 제출한 자문보고서에는 장밋빛 전망만 가득했다. 메릴린치는 하베스트 정유 부문의 OPEX, 즉 운영비용을 5,700만 달러로 기재했다. 취재진이 확인한 결과 하베스트 공시 자료의 운영비용은 1억 1,676만 달러였다. 하베스트는 캐나다 달러, 메릴린치는 미국 달러를 기준으로 삼았다는 점을 감안하더라도 거의 2배 가까운 차이였다. 메릴린치는 하베스트의 전망을 결정적으로 좌우하는 법인세 차감 전 영업이익EBITDA*도 1억 1,800만 달러로 적었다. 그러나 하베스트의 원래 공시 자료대로 계산하니 법인세 차감 전 영업이익은 7,100만 달러로 대폭 줄어들었다. 즉 메릴

• 영업 활동을 통해 벌어들이는 현금 흐름 또는 어떤 사업의 현금 창출 능력을 보여주는 지표. 이를 통해 사업체의 현재 가치가 얼마인지 확인할 수 있다.

1부 MB의 유산

린치는 하베스트의 전망을 과장한 엉터리 보고서로 석유공사에 자문을 한 것이다. 그 결과, 하베스트를 인수한 석유공사는 2010년부터 최악의 성적표를 받았다. 하베스트의 당기순이익은 2010년에는 9,600만 달러 적자, 2011년에는 1억 달러 적자를 넘어섰고, 2012년과 2013년에는 적자 폭이 6억 달러대로 급증했다.

이런 사실들을 볼 때 메릴린치가 하베스트를 좀 더 매력적인 매물로 포장하기 위해 일종의 숫자 자료를 통해 수익성을 부풀렸다는 의혹이 생길 수밖에 없다. 석유공사의 자문을 맡은 메릴린치가 운영비용을 일부러 적게 잡아 수익성을 부풀리고 이로써 하베스트의 기업 가치를 높여줬다면, 이는 인수합병 업무를 맡은 투자 자문사로서 해서는 안 될 중대한 과실에 속한다.

메릴린치는 이 점에 대한 취재진의 질문에 답변하기를 거부했다. 사기에 가까운 인수 자문을 받은 석유공사의 서문규 사장은 자원외교 국정조사에 출석해 메릴린치에 대한 고발을 검토하겠다고 밝혔지만 한 달이 지나도록 어떤 법적 조치도 취하지 않았다(뉴스타파 보도 이후 김제남 전 정의당 의원과 참여연대 등 시민단체들이 메릴린치 관계자들을 검찰에 고발했다. 검찰은 두 달 후 메릴린치 서울사무소를 압수수색했지만 별다른 성과를 내지 못하고 오히려 면죄부를 줬다).

메릴린치 계열사, 하베스트 투자로 수백만 불 벌다

그렇다면 메릴린치는 왜 석유공사에 거짓된 보고서를 제출한 걸까?

이번에는 2009년 석유공사의 하베스트 인수 직전과 직후의 주식 거래를 조사했다. 2009년 하반기, 베일에 싸인 한 기업이 하베스트의 주식을 대량으로 사들였다. 이 회사는 그해 7월에서 9월까지 조금씩 주식량을 늘리더니 10월에는 100만 주 가까이를 더 끌어모았다. 하베스트가 그만큼 매력적인 투자처였을까?

2009년 8월 하베스트가 공시한 상반기 경영실적에는 부정적인 지표들로 가득했다. 매출은 전년 동기 대비 57%나 줄었고 영업손익은 1,500억 원의 적자를 기록했다. 정상적인 투자자라면 이런 부실기업에서 돈을 빼는 것이 상식이다. 실제로 이 투자자는 2009년 상반기에 줄곧 하베스트 주식을 내다 팔았다. 1분기에는 26만 주, 2분기에는 100만 주를 팔아 6개월 사이에 보유한 주식의 40%를 정리한 상태였다. 그런데 7월부터는 정반대의 행보를 보이기 시작한 것이다.

2009년 7월은 석유공사가 메릴린치의 자문을 받아 하베스트 인수에 본격적으로 나섰던 시기다. 당시의 협상은 양측의 비밀 유지 협정 때문에 주식시장에는 알려지지 않았다. 그런데 이 투자자는 마치 석유공사와 하베스트의 계약이 10월 중순에 타결될 것을 예상이나 한 듯 한 달 새 100만 주 가까이를 집중적으로 매입했다. 뭔가 호재가 있을 거라는 확신 없이는 불가능한 투자였다.

인수 협상이 마무리된 2009년 10월 이후의 행보도 수상했다. 석유공사는 10월 21일 인수 계약 당시 하베스트의 주식 전량을 주당 10달러에 인수하겠다고 발표했다. 그리고 두 달 뒤 주주들에게 대금을 치렀다. 그런데 석유공사가 대금을 지급한 주주 명부에서 불과두 달 전만 해도 300만 주 이상을 보유했던 이 투자자의 이름은 빠져 있었다. 2009년 10월부터 12월 사이에 시장에서 거래된 하베스트 주가는 9달러 후반이었고, 석유공사에 매각하면 주당 20~30센트가량 더 높은 가격을 받을 수 있었는데도 미리 모든 주식을 처분한 것이다. 그렇게 5개월 새 이 투자자가 벌어들인 돈은 330만 달러, 우리 돈으로 34억 원가량이다. 특수 정보를 이용해 거액의 시세 차익을 챙긴 후, 자신의 투자 흔적까지 지우는 용의주도함이 엿보이는 대목이다.

이 수상한 투자자의 이름은 BGI, 즉 바클레이즈 글로벌 인베스터즈Barclays Global Investors라 불리는 기업이다. 확인해보니 이 회사는 하베스트 주식을 집중적으로 사들이기 직전인 2009년 6월, 미국의 대형 자산운용사 블랙록BLACKROCK에 인수합병됐다. 이때 BGI를 매입한 블랙록의 최대 주주는 바로 메릴린치였다.

그러니까 BGI가 석유공사에 하베스트를 소개하고 인수까지 주선했던 자문사 메릴린치의 계열사로 편입된 이후, 하베스트 주식을 매집한 것이다. 메릴린치는 석유공사의 하베스트 인수합병을 주선한 대가로 767만 달러의 성공보수를 챙겼고, 메릴린치가 최대 주주인 BGI는 하베스트 주식을 사고팔아 별도로 330만 달러를 벌어들였다. 모두 약 1,100만 달러, 우리 돈으로 120억 원 정도였다. 지분구조상 특수관계에 놓인 두 외국계 자본이 한국 석유공사의 하베스트 인수합병 과정에서 내부거래를 통해 거액을 챙긴 셈인데, 여기서 결국 국민 혈세 1조 7,000억 원이 증발하고 말았다.

내부 정보를 이용한 시세 차익은 불법

만약 BGI가 내부 정보를 이용해 단기 시세 차익을 노렸다면 법적인 문제가 될 소지가 높다. 우리나라와 미국은 각각 '자본시장과 금융투자업에 관한 법률 제174조'와 'SEC Rule 10b-5'를 통해 금융회사가 직무상 알게 된 정보를 제3자에게 제공해 부당이득을 취하는 것을 법으로 엄격하게 금지하고 있다.

국회 해외자원개발 국정조사에 참여했던 야당 국회의원들은 메릴린치를 미국 증권거래위원회 등에 고발해야 한다고 주장했다. 새정치민주연합 홍영표 의원은 "메릴린치 자회사뿐만 아니라 기관과 개인 투자자들도 내부 정보를 이용해 부당한 이익을 취했을 가능성이 높다. 석유공사와 정부가 미국, 캐나다의 증권거래위원회에 고발해서 진상을 밝혀야 한다"고 말했다. 뉴스타파 취재진 역시 메릴린치 측에 내부거래 의혹에 대한 입장을 요구했다. 그러나 메릴린치의 미디어 담당자는 사안의 중대성을 인정하면서도 "회사 방침상 자세한 답변은 할 수 없다"는 입장만 내놓았다.

계속되는 석유공사의 헛발질

자회사가 된 하베스트를 통해 GS건설에 수주를 맡긴 이른바 '블랙골드 프로젝트' 역시 사정은 비슷했다. 블랙골드 프로젝트는 땅속에 묻혀 있는 오일샌드, 즉 굳은 원유가 섞여 있는 모래나 흙에서 원유를 추출하는 시설 공사로, GS건설이 설계부터 시공까지 공사 일체를 도맡았다. 목포에서 제작한 120개 모듈을 운송해 캐나다 앨버타 주 콘클린 지역 블랙골드 광구에 설치하는 제작 방식을 채택해 업계의 이목을 끌었던 프로젝트다. 투자 금액만 1조 3,000억 원이다.

그러나 2015년 12월 직접 찾아간 블랙골드 프로젝트의 현장은 굳게 문이 닫혀 있었다. 2015년 2월 완공된 곳이지만 굴뚝의 흰 연기도, 원유를 운반하는 트럭도 찾아볼 수 없었다. 석유공사 안범희 부장은 "2014년부터 유가가 급락하면서 하베스트의 현금 사정이 좋지 못했다. 블랙골드 사업을 계속 지원하기에는 자금이 부족했다. 그래서 중단한 거다"라고 말했다. 공장 가동을 위해서는 4,000만 달러, 우리 돈 400억 원 정도가 추가로 필요하다는 것이 그의 설명이었다. 400억 원의 운영자금이 부족해 1조 3,000억 원을 들여 만든 공장을 1년 가까이 놀려두었다는 말이다.

취재진은 한 증권사의 보고서를 통해 한 가지 사실을 알게 됐다. 블랙골드 프로젝트의 계약 방식이 일괄지불 방식에서 실비정산 방식으로 바뀌었고, 이 때문에 공사를 맡은 GS건설의 수익성이 개선됐다는 내용이었다. 일괄지불 방식의 경우, 총액이 확정되고 발주자와 시공자의 계약이 이뤄지기 때문에 시공자는 확정된 금액 내에서 효율적으로 공사를 진행해야 하고 그 금액에서 벗어나 공사를 진행하면 손실이 발생한다. 그렇지만 실비정산 방식은 시공자가 들인 공사비용 모두를 발주자가 지급하는 것으로, 시공자에게 어느 정도 이윤을 확보해주는 것이다. 즉 공사비가 늘어날수록 시공자에게 유리하다.

홍영표 의원실을 통해 블랙골드 프로젝트 관련 자료를 모아 분석해봤다. 2010년 8월, 석유공사는 하베스트를 통해 GS건설과 총 공사비 3,100억 원에 일괄지불 방식으로 계약을 체결했다. 그런데 2012년 5월, 이 계약이 파기되고 실비정산 방식으로 바뀌었다. 석유공사가 스스로 불리한 조건을 선택한 것이다. 계약 변경 후 GS건설은 총 공사비가 5,200억 원 수준이 될 것이라고 했다가 최종 정산에서 6,500억 원을 청구했다. 석유공사의 입장에서 보면 처음에 계약한 돈 3,100억 원의 2배 가까운 돈을 GS건설에 지급한 것이다.

특혜는 없었다?

석유공사는 GS건설에 특혜를 준 것이 아니며 계약 변경은 불가피했다고 말했다. 석유공사 안범희 부장은 "2011년 11월, GS건설 측이 사업비용 증가를 견디지 못하고 계약 이행을 포기해 현장 공사를 중단하는 일이 발생했다. 계약을 파기하고 새로운 업체를 찾더라도 당시의 사업 여건상 비용 증가와 실비정산 방식의 계약은 불가피하다고 검토된 바 있다"고 설명했다.

　하지만 계약 변경 과정을 살펴보니 수상한 점이 한두 가지가 아니었다. GS건설은 계약 변경을 공식 요구한 2011년 11월 10일 석유공사 측에 두 가지 중 하나를 선택하라고 요구했다. 공사비를 6,200억 원으로 올려주거나 계약을 실비정산 방식으로 바꾸라는 것이었다. 그리고 입찰 당시보다 각종 자재비와 인건비가 올라 손실이 늘고 있다면서 공사비를 늘려주지 않으면 공사를 중단하겠다고 압박

　　　　　　　　　　　　　　　　　　　　1부 MB의 유산

했다. 황당한 일이었지만 석유공사는 이에 반박하지 않았다. 계약 이행을 촉구하거나 공사 중단에 항의하는 문서 한 장 보내지 않았다. 2주가 지나서야 석유공사는 "특별위원회를 구성해 GS건설이 제안한 두 가지 옵션을 검토하겠다"고 입장을 정리했다. 결국 석유공사는 실비정산 방식을 받아들였고 GS건설은 공사를 재개했다.

이런 상황이 일반적인 걸까? 업계에서는 건설회사가 부도가 나지 않는 이상 중간에 공사를 포기할 수 없는 것이 국제적 관행이라고 했다. 게다가 당시 GS건설의 상황은 공사 중단을 거론할 만큼 그리 나쁘지 않았다는 증언도 나왔다. GS건설이 공사 포기를 선언하기 두 달 전까지 블랙골드 사업을 총괄했던 한 프로젝트 매니저는 이렇게 말했다. "내가 프로젝트를 관리할 동안 일괄지불 방식이 유지됐고 이에 대한 이의는 없었다. 1단계 프로젝트의 공사비는 현실적으로 책정됐다고 생각한다. 내가 근무하는 동안에는 정해진 공사기간과 비용에 맞춰 토목 공사도 시작됐다."

석유공사 측은 GS건설과의 계약을 해지하고 신규 사업자를 선정했더라면 공사비가 더 들었을 것이라고 해명했지만 그 근거를 보여주지는 못했다. 다만 "GS건설과 계약을 유지한 가장 큰 이유는 재입찰에 따른 장기간의 사업 지연을 방지하고 사업비용 증가를 최소화하며 하베스트의 이익을 최대화하기 위해서"라고 대답했다.

석유공사의 해명과 달리 하베스트의 경영 상태는 블랙골드 프로젝트 이후 점점 더 악화됐다. 2015년 하베스트는 연초부터 100명이 넘는 직원들을 해고하고 2차 구조조정도 추진했다. 반면 블랙골드 프로젝트를 담당했던 GS건설 직원들은 억대 연봉을 챙겼다. 즉 석유공사가 자회사를 경영 위기에 빠트리면서까지 GS건설에 특혜를 준 결과를 초래한 것이다.

드러나는 MB 라인

블랙골드 프로젝트의 계약 변경과 관련해 더 파고 들어가보니, 그 중심에 당시 석유공사 강영원 사장이 있었다. 계약 변경은 하베스트 이사회가 최종 결론을 내렸지만 강영원 사장이 승인했다는 게 석유공사의 공식 입장이었다. 문제는 정작 석유공사 이사회가 자회사인 하베스트의 대규모 투자 사실을 까맣게 모르고 있었다는 점이다. 이사회에 정식 보고가 이뤄지지 않았기 때문이다.

　4조 6,000억 원이 투자된 하베스트의 경영은 석유공사의 주요 경영 지표여서 이사회의 주된 관심 사항이었다. 2009년 말에 하베스트 산하 정유 부문인 '날'의 부실로 하베스트의 적자가 본사까지 전가되었고, 급기야 2011년부터는 석유공사마저 당기순손실이 발생하던 예민한 상황이기도 했다. 이런 가운데 수천억 원이 추가 지원되는 계약 변경을 본사 이사회의 논의 없이 사장 독단으로 진행한 것이다. 그러나 석유공사 김중현 부사장은 "인수한 지 얼마 안 됐고, 그 지역에 대해 잘 모르는 부분도 많기 때문에 석유공사가 결정을 하다가 오류가 생길 수 있어 현지 회사 사람들의 의견을 최대한 존중하자는 것이 전임 사장의 방침이었다"고 변명했다. 또 자회사의 계약사항을 일일이 본사 이사회에 보고할 의무는 없다고 했다.

여기서 강영원 전 사장과 GS건설의 유착 의혹이 제기되는 것은 당연했다. 내부에서도 말이 흘러나왔다. 한 석유공사 직원은 이메일을 통해 "건설사의 설계 변경을 승인하는 과정에서 건설용역사와 깊게 유착된 것으로 알려졌다. 형식상 하베스트의 자체 승인인 것처럼 보이나 실질적 오너인 석유공사 사장이 결정한 사항이다"라고 했다. 공교롭게도 강영원 전 사장과 GS의 특별한 관계는 2009년 석유공사의 하베스트 인수 과정에서도 드러났다. 당시 강영원 사장이 고등학교 동창인 GS칼텍스 부사장에게 하베스트가 소유한 '날'의 자산 가치를 평가해달라고 부탁한 사실이 감사원 감사를 통해 밝혀져 국회 국정조사에서도 도마 위에 올랐다. 공기업이 해외 기업을 인수하는 과정에서 사장의 개인적 친분을 이용해 인수 대상 기업의 가치 평가를 부탁하는 것은 엄연한 위법이다. 석유공사법 제9조에는 "직무상 알게 된 비밀을 누설하거나 도용해서는 안 된다"는 내용이 있다.

그런데 강영원 전 사장 외에 MB 정부 실세와의 유착 고리로 한 사람이 더 있었다는 사실이 청문회에서 밝혀졌다. 당시 'MB의 집사'로 불렸던 김백준 전 청와대 총무비서관의 아들 김형찬 씨였다. 김 씨는 메릴린치 한국사무소에서 근무하면서 부실덩어리인 '날'의 인수 근거를 마련해준 자문팀의 일원으로 활동했다. 그리고 메릴린치 입사 전에 GS 계열사인 주식회사 승산에서 4년 동안 근무한 사실도 있었다(현재 김형찬 씨는 2016년 메릴린치를 떠나 승산 상무로 있다).

석유공사와 MB 정부의 실세, 그리고 GS 간의 유착 의혹은 2015년 10월 국정감사에서 다뤄질 것으로 예상됐지만, 새누리당의 반대

로 GS건설 허창수 회장에 대한 증인 채택이 무산되면서 유야무야
되고 말았다. 강영원 전 사장은 하베스트 인수와 관련한 배임 혐의
로 구속된 뒤 재판에 넘겨졌지만, MB 정부의 자원외교에 관여했던
정권 실세들과 기업들 간의 유착 의혹은 온전히 밝혀지진 못했다.

MB 회고록에 드러난 자원외교

결국 MB 정권의 자원외교는 4대강 사업보다 더 많은 세금을 쏟아
부어 정경유착과 특혜, 세금 낭비, 사업 실패로 이어졌다는 사실을
알 수 있었다. 자원외교의 당사자인 이명박 전 대통령은 이를 어떻
게 자평하고 있을까? 뉴스타파는 그의 회고록《대통령의 시간》을
다시 읽었다. 다음과 같은 구절에서 자원외교에 대한 그의 생각을
고스란히 엿볼 수 있었다.

> 퇴임한 지 2년도 안 된 상황에서 자원외교를 평가하고 문제를 제기
> 하는 것은 '우물가에서 숭늉을 찾는 격'이라고 생각한다. 특히 야당의
> 비판이 사실과 대부분 다르다는 점에 큰 문제가 있다. 533~534쪽

거짓 자문보고서를 통해 석유공사가 부실기업 하베스트의 '날'
을 인수하도록 유도한 메릴린치에 대한 진실이 드러났는데도 이명
박 전 대통령은 "컨설팅이 꼭 필요한 상황에서 공신력 있는 대형 자
문회사를 활용해 투명성과 효율성을 높이고자 노력했다"고 회고했

다. 또 칠레 산토도밍고 구리광산 투자 과정에 대해서는 엉뚱한 투기자본들만 시세 차익을 봤는데도 참여정부보다 더 높은 성과를 올렸다고 자랑했다.

총회수 전망액은 30조 원으로 투자 대비 총회수율은 114.8%에 이른다. 전임 정부 시절 투자된 해외 자원 사업의 총회수율 102.7%보다도 12.1%포인트가 높은 수준이다. 533쪽

이 투자 회수율은 신빙성이 부족하다. 2014년 12월 윤상직 산업통상자원부 장관의 지시로 급하게 만들어진 것이기 때문이다. 그들이 의뢰한 외부 평가기관의 자료에 따르면 오히려 1조~2조 원의 손실이 예상된다는 전망이 나왔다.

또 회고록에서는 아랍에미리트UAE 원전 수주 과정의 협상대상자였던 모하메드 왕세자가 한국에 무상 석유 비축을 요청한 것을 두고 '선물'에 비유하기도 했다. 아랍에미리트는 3년 동안 원유 600만 배럴을 공짜로 저장하기로 우리 정부와 합의했다. 그 임대료를 당시 환율로 환산하면 연간 약 121억 원이니 총 363억 원 정도를 면제해 준 셈이다. 이런 국가 부담을 '선물'이라고 표현한 것이다.

모하메드의 제안은 한국에 UAE 석유 저장소를 만들어 동북아의 석유 물류 거점으로 삼겠다는 것이었다. 우리 경제에 큰 도움이 될 수 있는 제안이었다. (중략) 원전 이외에 모하메드가 우리에게 주는 선물인 셈이었다. 거절할 이유가 없었다. 526~527쪽

하나둘 드러나는 진실과 달리 자화자찬에만 빠져 있는 회고록은 MB의 자원외교에 대해 더 많은 의심을 불러일으키기에 충분했다. 회고록이 출판되던 2015년 2월, 국회 역시 자원외교의 비리를 파헤치기 위해 국정조사특별위원회를 출범했다. 시민단체들은 '자주 개발률 달성'이라는 미명 아래 에너지 공기업이 무분별한 투자를 진행하고 엄청난 세금을 낭비했다면서 MB 정권 책임자들의 청문회 출석 및 증언을 요구하기도 했다. 또 두 달 뒤 뉴스타파가 여론조사 전문기관인 리얼미터에 의뢰해 조사한 결과, 응답자의 81.6%가 국회 국정조사특별위원회의 활동 기한 연장에 찬성하는 등 국민 대다수도 제대로 된 조사를 요구했다. 이명박 전 대통령이 증인으로 채택돼야 하는지에 대해서는 찬성 67.2%, 반대 17.3%(잘 모름 15.5%)로 증인 채택에 찬성하는 의견이 압도적으로 많았다. 새누리당 지지자 중에서도 찬성하는 사람이 46%로 반대 29%(잘 모름 24.1%)보다 높았다. 그러나 조사가 불필요하다는 새누리당의 강경한 방해로 인해 국정조사특별위원회는 이 전 대통령을 비롯한 자원외교 핵심인물들의 청문회 출석을 끝내 이뤄내지 못하고 좌초되고 말았다.

취재 그 후 •••
자원외교 비리에 대한 사법적인 단죄도 역시 제대로 이뤄지지 않고 있다. 검찰의 수사가 영 신통치 않았는지 5,500억 원의 배임 혐의로 기소된 강영원 전 석유공사 사장은 1심에 이어 2심에서도 무죄 판결을 받았다. 해외자원개발을 명목으로 수백억 원대의 국고를 낭비한 혐의로 재판에 넘겨진 김신종 전 광물자원공사 사장 역시 2017년 2월 1심에서 무죄를 선고받았다.

국정원
대선 개입 사건

한 국정원 직원의 인터넷 댓글에서 촉발된 이 사건은 국
정원 직원들이 각종 SNS와 온라인 커뮤니티를 통해 조직
적으로 대선 국면에 개입해왔음을 확인시켜주었다. 전직
국정원 직원의 폭로, 민주당의 고발, 검찰 수사, 국정감사,
재판으로 이어져 원세훈 전 국정원장이 구속되기까지 2년
여. 사회 각지에서는 "헌정 질서를 농락한 충격적 행위", "가
장 노골적인 정치 개입", "명백한 국기문란 행위"와 같은 비판
이 이어졌다. 이 엄중한 사건의 깊은 진실을 추적했다.

01 사건 발생부터 경찰 수사까지

2012년 12월 11일, 경찰과 중앙선거관리위원회가 민주당의 제보를 받고 국가정보원 직원 김 모 씨의 오피스텔로 찾아갔다(김 모 씨는 나중에 김하영 씨로 밝혀졌다). 김 씨는 인터넷 게시판에 대선 관련 게시물을 쓴 혐의를 받고 있었다. 경찰의 출동에도 문을 잠그고 밖으로 나오지 않는 '셀프 감금'의 대치 상황 속에서 김 씨는 증거를 인멸하고 있었다(이후 이뤄진 국정조사 청문회에서 김 씨는 12월 11일 이후 오피스텔에서 하드디스크의 자료를 삭제했느냐는 질문에 "재정신청 중인 상황이라 답변할 수 없다"고 대답했다).

국정원이 정치 개입 논란에 휘말리며 국기를 뒤흔든 엄청난 사건이었으나 경찰의 수사는 신속하게 진행됐다. 국정원 직원 김 씨는 12월 13일 경찰에 컴퓨터를 제출했고, 서울경찰청은 컴퓨터 하드디스크를 분석해 12월 16일 밤 중간 수사 결과를 이렇게 발표했다.

비방, 지지 게시글이나 댓글을 게재한 사실은 발견되지 않았다.

대통령 선거를 불과 3일 앞둔 시점이었다. 12월 13일부터 16일 사이, 무슨 일이 있었기에 경찰은 이토록 성급하게 중간 수사 결과를 발표한 걸까?

그 과정은 2013년 8월에 열린 국정원 대선 개입 사건에 대한 국회 국정조사 증인 청문회에서 세세하게 밝혀졌다. 애초 국정원 직원 김 씨의 수사를 맡은 수서경찰서는 12월 11일 사건이 터진 바로 다음 날, 김 씨의 오피스텔에 대한 압수수색 영장을 신청하려 했다. 그런데 김용판 서울경찰청장이 이를 막았다. "내사 사건이므로 압수수색 영장은 적절하지 않다"는 것이었다. 당시 사건을 담당했던 수서경찰서 권은희 수사과장은 청문회에서 "2012년 12월 12일 오후 김용판 서울경찰청장이 직접 전화를 걸어와 압수수색 영장을 신청하지 말라고 했다"고 증언했다.

같은 날 오후, 민주당이 김 씨를 공직선거법과 국정원법 위반으로 경찰에 고발함으로써 사건은 반전됐다. 사건을 은폐하려던 경찰은 이제 내사 사건이 고발 사건으로 변했기 때문에 본격 수사에 착수할 수밖에 없었다. 김 씨의 혐의를 수사하기 위해서는 압수수색 영장 신청도 불가피한 상황이었다.

이렇게 되자 김 씨는 12월 13일 오후 2시, 노트북과 데스크톱을 자진해서 제출하겠다면서 오피스텔 밖으로 나왔던 것이다. 그러면서 "2012년 10월 1일 이후의 박근혜, 문재인에 대한 지지, 비방 글에 한해서만 분석해달라"는 조건을 내걸었다. 사생활과 기밀 보호가 이유였다. 권은희 수사과장 및 수사팀은 이의를 제기하며 혐의 사실 전체에 대한 분석이 불가피하다는 입장을 서울경찰청에 전달했다. "압수수색의 범위는 임의제출물이라고 해서 당사자가 임의로 지정할 수 있는 내용이 결코 아니"라는 것이다.

수사 범위를 한정해버린 경찰

경찰청의 감찰보고서(2013년 5월)에 따르면, 김 씨의 하드디스크를 건네받은 서울경찰청 디지털증거분석팀은 분석 초기인 2012년 12월 13일 저녁, 분석 방향을 잡을 수 있도록 키워드를 달라고 수서경찰서 사이버팀장에게 요구했다. 이때만 해도 무엇을 분석해야 할지 분석관들 스스로 결정하지 못했다는 증거다. 그런데 서울경찰청 수사2계장이 사이버수사대장의 방으로 찾아와 수사대장과 분석팀장에게 문재인 비방 글과 박근혜 지지 글에 한해 분석하라고 지시했다. 국정원 직원 김 씨가 제시한 분석 범위였는데, 이 범위를 넘어설 경우 위법하게 수집한 증거가 될 수 있다는 게 그 근거였다. 이후 저녁 8시 반, 회의를 통해 분석팀은 조사 키워드를 '박근혜', '문재인', '새누리당', '민주통합당'으로 한정하기로 결정했다.

분석 범위를 한정하는 데 김용판 청장이 영향력을 행사한 정황은 충분했다. 나중에 검찰 공소장을 통해 확인된 바에 따르면 이 지시의 윗선은 서울경찰청 수사과장이었다. 당시 서울경찰청 수사부장, 수사과장, 수사2계장은 수시로 김용판 청장에게 직접 보고하던

2부 국정원 대선 개입 사건

상황이었다.

분석관들은 국정조사 청문회에서 대법원 판례를 예로 들며 피고발인이 요청한 증거분석 범위를 지켜야 한다고 주장했다. 디지털증거분석팀 소속 김수미 분석관은 이렇게 말했다. "우리는 이미 2009모1190인 전교조 압수수색을 통해서 디지털 증거 중 법정에서 인정받을 수 있는 범위는 당연히 임의제출 범위에 한정되어 있다는 판례를 얻었다. 따라서 노트북이나 데스크톱 전체로 수색을 진행했지만, 우리가 결과를 도출해서 낼 수 있는 부분은 임의제출 범위에 한정할 수밖에 없다고 판단했다." 증거물 전체를 다 수색한다고 해도 자신들은 법의 인정을 받을 수 있는 부분만 수사에 반영할 수밖에 없다는 뜻이다. 그러나 이는 당시 전교조 압수수색에 대한 대법원 판결을 왜곡한 증언이었다.

2009년, 경찰은 전교조 시국선언과 관련해 전교조 사무실을 압수수색하면서 컴퓨터 여러 대를 통째로 가져갔다. 전교조는 그것이 압수수색 범위에 해당하지 않는다며 소송을 제기했지만 대법원은 이를 기각했다. "경찰의 증거 수집이 혐의 사실과 관련이 있는 것이어서 적법했다"고 판단한 것이다. 즉 분석 범위가 피고발인의 자의적 요청에 의해 정해지는 것이 아니고, 혐의 사실과 관련이 있다면 분석 범위에 해당하지 않더라도 강제수사에 돌입할 수 있으며, 이는 전적으로 수사팀의 판단에 따라야 한다는 것이 대법원 판례의 의미였던 것이다.

김용판 청장의 수상한 점심식사

국정조사 청문회에서는 김용판 청장이 사건을 축소, 은폐시키고자 했는지 여부도 밝혀졌다. 김 청장이 수사가 한창 이뤄지던 2012년 12월 15일, 청와대 근처의 한 식당에서 누군가와 네 시간 동안 점심식사를 했고, 중간 수사 결과 발표가 있던 16일에는 국정원의 박원동 국장과 전화 통화를 한 사실이 드러난 것이다. 청문회에서 김 청장은 16일 박원동 국장과의 통화는 인정하면서도 15일의 점심식사는 기억나지 않는다고 했다. 그런데 15일 밤 서울경찰청에서는 "2012년 10월 1일 이후 박근혜, 문재인에 대한 지지, 비방 글을 발견하지 못했다"는 보도자료 초안이 작성됐다. 디지털증거분석팀이 분석을 종료한 시점은 12월 16일 밤 9시 15분. 그러니까 분석이 끝나기 하루 전에 이미 "댓글은 없었다"는 결론을 내렸던 것이다. 국정조사에서 나온 권은희 수사과장의 다음 증언은 의미심장하다. "(국정원 직원의 댓글 활동이) 대선에 영향을 미쳤느냐는 별론으로 하고, 중간 수사 결과 발표가 대선에 영향을 미치기 위한 부정한 목적으로 이뤄졌음은 분명하다고 판단한다."

서울경찰청 증거분석실 127시간

다시 2012년 12월 13일로 돌아가보자. 서울경찰청 디지털증거분석팀은 김 씨의 컴퓨터를 분석한 지 한 시간도 안 돼 중요한 텍스트 파일 하나를 복구했다. 사이트의 운영 방식, 김 씨가 사용한 아이디와 닉네임, 조력자 이 모 씨 명의의 아이디 등 모두 40개의 아이디와 다수의 증거들이 들어 있었다.

또 하드디스크를 복원해 해당 아이디가 작성한 정치 개입 게시물을 '오늘의유머'(이하 '오유')와 '보배드림' 등에서 확인했다. 경찰은 사건이 발생한 12월 11일 이후의 데이터가 삭제된 사실도 알아냈다. 김 씨가 "감금당했다"고 주장하며 오피스텔에서 나오지 않고 있던 그 시간 동안 자신의 컴퓨터에 남아 있던 댓글 활동 관련 데이터 및 인터넷 게시물을 삭제했던 것이다.

이러한 내용은 당시 수사 상황을 촬영한 경찰 CCTV에 다음과 같이 고스란히 담겼다.

\# 하드디스크를 분석하던 경찰은 김 씨가 오피스텔 밖으로 나오지 않고 있던 시간에 데이터와 게시물을 삭제한 사실을 알게 된다.

\# 하지만 경찰은 삭제된 텍스트 파일을 복구한다. 김 씨 일행이 사용한 닉네임과 패스워드도 적혀 있었다. '숲속의참치', '토탈리콜', '진짜진짜라몬', '투데이이즈', '나도한마디' 등 무려 40개였다. 경찰은 발견한 닉네임과 인터넷 접속 흔적을 바탕으로 게시물 확인 작업에 나선다.

그리고 마침내 국정원 직원으로 추정되는 아이디(토탈리쿨)가 문재인 비방 글을 추천한 사실을 발견한다. 이후 다른 아이디가 문재인 후보와 이정희 후보를 비방한 글을 추가로 발견한다.

'오유' 사이트에 게시물이 남아 있는 것도 확인한다. '오유' 게시판에 나오는 추천과 반대 아이콘은 당시에 게시글이 존재했다는 것을 의미한다.

그러나 12월 16일 오후, 중간 수사 결과 발표를 준비하면서 미리 짜놓은 시나리오에 맞춰 말을 바꾼다. 증거물을 보관할지 파쇄할지, 자신들이 확인한 내용을 어느 범위까지 발표해야 할지 등을 한동안 논의한다.

분석관들은 김 씨의 증거 삭제, 자신들이 직접 확인한 게시물, 캡처해 저장한 증거물에 대해서 모두 입을 닫기로 한다. 그리고 국정원 직원들이 인터넷 사이트에서 증거를 삭제한 정황을 발설하면 안 된다고 입을 맞춘다.

이는 서울경찰청 디지털증거분석팀이 국회 국정원 국정조사특별위원회에 제출한 127시간 분량의 영상이다. 경찰이 김 씨의 정치 개입 게시글을 찾아냈는데도 윗선의 시나리오에 맞춰 분석 결과를 축소, 은폐했다는 사실을 알 수 있다. 분석관들은 나중에 문제가 될 거라는 점을 스스로도 잘 알고 있다는 듯 "알려지면 다 죽는다"고 말했다(나중에 검찰은 이 내용을 파악하고 경찰의 축소 수사를 공소장에 포함시켰지만, 경찰은 자신들의 축소 수사 혐의를 끝내 인정하지 않았다).

"일주일이면 끝낼 수 있는 수사였다"

결국 경찰은 자신들이 밝혀낸 사실들을 중간 수사 결과 보고서에 포함시키지 않았다. 인터넷 게시글에 구체적인 이름이 명시되지 않았거나 단순한 추천 클릭이라는 이유에서였다. 그리고 문재인, 박근혜와 관련된 글이 아니라는 이유로 다른 대선 후보에 대한 정치 비방 글 역시 증거에서 빼버렸다. 10월 1일 이전에 올린 글과 김 씨가 삭제해버려 시간 정보가 남아 있지 않은 파일도 수사 범위에서 제외했다. 사건 초기, 달랑 PC와 노트북의 하드디스크만 분석한 경찰은 "비방, 지지 게시글이나 댓글을 게재한 사실은 발견되지 않았다"고 성급히 결론을 내렸다. 어떤 의도가 있지 않고는 불가능한, 상식 밖의 발표라는 의견이 많았다.

IT 전문가인 한양대 김인성 교수는 경찰이 사건 초기에 각종 인터넷의 로그 기록만 제때 확보했다면 "일주일 만에 끝낼 수 있는 수사였다"고 지적했다. "특별한 문제가 없으면 로그 기록을 오래 보관하지 않기 때문에 증거를 빨리 확보했어야 했다. 그런데 시간이 지나 당시 기록들이 사라져서 어떤 일이 일어났는지 확인하기 힘들다." 김 교수는 또 경찰 수사에 대해 이렇게 평가했다. "인터넷 사이트에 어떤 증거들이 있는지 제대로 확인도 안 됐는데 조작했거나 작업한 적이 없다고 말하기는 대단히 어려운 문제다. 그런데 그런 식으로 말했다는 건, 제대로 확인하지 않고 용감하게 말했다고밖에 생각할 수 없다."

늑장 대응과 부실한 증거 확보, 성급한 결론으로 이어진 수사 과정은 결국 애초부터 경찰의 수사 의지가 없었음을 증명하고 있었다. 사건 초기에 투입됐던 디지털증거분석팀 분석관들은 나흘 만에 중간 수사 결과 발표를 끝내고 철수해버렸다. 수서경찰서가 사건 수사를 전담하게 됐지만 정작 중요 시점부터는 인력 보강도 전혀 이뤄지지 않았다. 서울경찰청은 당시 김 씨의 협력자로 알려진 이 모 씨에 대한 수사 의지를 피력하던 권은희 수사과장을 정기인사라는 이유로 전보발령하기도 했다. 급물살을 탔던 수사는 중간 수사 결과 발표 이후로 더디게 진행됐고, 그럴수록 유리한 쪽은 국정원이었다.

그렇게 뚜렷하게 밝혀진 것 하나 없이 4개월이 지나갔다. 인터넷 서비스 업체의 법적인 로그 기록 보관 기간은 3개월. 검찰의 수사 지휘를 받는 경찰이 4개월이 넘도록 수사를 질질 끈 이유가 국정원이 증거를 인멸할 시간을 벌어주기 위한 것이 아니냐는 지적이 나오는 대목이다.

02 뉴스타파가 추적한 증거들

국가정보기관이 정치와 선거에 조직적으로 개입한 실체를 밝히는 일은 민주주의의 문제이기도 하다. 경찰과 정부 여당은 국정원의 대선 개입 의혹을 애써 무시했지만 의혹은 점점 명확한 사실로 드러났다. 국정원과 연계된 것으로 추정되는 그룹이 트위터상에서 노골적으로, 또 조직적으로 대선 국면에 개입한 사실이 취재를 통해 밝혀졌기 때문이다.

뉴스타파는 온라인상에 남아 있는 국정원 직원 김 씨의 흔적을 찾아봤다. 박근혜 대통령이 새누리당 대선 후보로 확정된 지 일주일 후인 2012년 8월 27일, 김 씨는 '오유'에 올라온 '좌좀 아웃'이라는 글에 추천을 누르면서 모습을 드러냈다. 이후 약 100일 동안 90여 차례 게시글에 찬반 표시를 하고 90여 개의 글을 작성해 올렸다. 아이디 16개를 만들어 이 중 5개는 협조자로 밝혀진 이 모 씨와 공유했다.

이 씨는 추가로 아이디 30여 개를 만들어 밤낮을 가리지 않고 활동했다. 이 씨의 글은 160여 개, 추천과 반대 표시는 2,000번이 넘었다. 대부분 이명박 정부의 정책을 찬양하거나, 정부에 비판적인 의견을 종북으로 매도하는 내용이었다. 2013년 8월 29일에 올린 "엠비 아웃하면 베스트냐?"라는 제목의 글이 대표적이다. 한 명이 글을 올리고 다른 아이디를 이용해 추천을 눌렀다. 여러 명이 추천한 것 같지만 사실은 김 씨와 이 씨 그룹이 조작한 것이었다.

야당의 대선 후보도 공격 대상에 포함됐다. 김 씨는 문재인 후보가 금강산 관광을 재개하겠다고 말한 다음 날, 이를 문제삼는 내용을 올렸다. 대선 토론회 다음 날에는 이정희 후보의 "남쪽 정부" 발언에 대해 대통령 후보로 부적절하다는 비난의 글을 올리기도 했다.

댓글 하나 단 적이 없다던 국정원은 언론 보도로 김 씨의 활동 사실이 드러나자 장문의 보도자료를 내고 "정상적인 대북심리전 활동"이라고 주장했다. 북한의 대남 사이버 선전선동에 대응하기 위해서라는 것이다. 국정원 대변인은 "국가심리정보 업무를 정당하게 한 사람이 피의자인가? 그게 범죄인가?"라며 강하게 반발했다. 하지만 대북심리전을 왜 일반 국민을 상대로 하는지에 대해서는 설명하지 못했다. 오히려 김 씨가 소속된 국정원 심리정보국 산하 70여 명의 활동을 정당화하기 위한 억지 변명이라는 지적이 나왔다.

국가정보원법은 국정원 직원이 정치인에 대한 지지나 반대 의견을 유포하거나 찬양 또는 비방을 하는 행위를 금지하고 있다. 공직선거법도 마찬가지다. 당시 민주당 법률위원장 박범계 의원은 "국정원은 정보의 수집·분석·배포 업무, 국가기밀 사항에 대한 기관 보안 업무, 대공수사 업무만 할 수 있다. 김 씨의 행동은 국정원법상 어떠한 업무 행위에도 속하지 않는다"고 비판했다.

국정원 여론 조작에 대한 뉴스타파의 자체 조사

그런데 국정원 직원 김 씨가 '오유'와 '보배드림' 등에 올린 글과 유사한 내용이 SNS상에서도 발견됐다. 김 씨가 2012년 11월 5일에 올린 MB의 48번째 해외 순방 칭찬 글과 문구까지 똑같은 글을 트위터 아이디 'zmfpfm'이 2012년 11월 5일에, 'nudlenudle'이 11월 6일에, 'taesan4'가 11월 6일에 올린 것이다. 또 김 씨가 금강산 관광 재개와 당시 이정희 대선 후보의 "남쪽 정부" 발언에 대한 비판 글을 올렸을 때도 같은 날짜에 비슷한 내용을 트윗한 사용자가 다수 있었다. 어떤 의도하에 만들어진 메시지들이 국정원 직원과 트위터 사용자들을 통해 조직적으로 퍼졌음을 짐작할 수 있었다. 취재진은 이런 식으로 하나하나 대조하면서 국정원 직원과 관련 있는 것으로 보이는 트위터 계정 65개를 찾아냈다.

65개 아이디의 활동 패턴을 분석해봤다. 그 결과 2012년 8월 20일(박근혜 대선 후보가 선출된 날)을 전후해 매우 활발하게 움직이기 시작하다가, 같은 해 12월 11일(국정원 직원 김 씨의 오피스텔 댓글 공작이 발각된 날)을 기점으로 일시에 활동이 중단된 것을 확인할 수 있었다. 트위터 아이디 65개 가운데 48개가 2012년 12월 11일 동시에 삭제됐고, 남아 있던 계정 17개도 12월 11일 이후 활동을 멈췄다. 게다가 이 트위터 사용자들은 모두 서로의 글을 볼 수 있도록 관계를 맺은 '맞팔' 상태였다.

이들 대부분은 본인 사진 대신 자극적인 이미지를 프로필 사진으로 사용하는 공통점도 보였다. 실명도 쓰지 않았다. 일반인인 것처럼 자기를 소개했지만 주로 4대강 사업 등 이명박 전 대통령의 치적 홍보, 북한 비판, 그리고 정부에 비판적인 세력에 대한 종북 매도 등에 관한 글만 올렸다. 이런 주제의 글들을 하루에 수십 건에서 100건 넘게 전송했다. 소수의 계정이 글을 올리면 나머지 계정들이 그것을 확산시키는 방사 형태가 드러났다. 한 개의 계정은 대부분 1,000명에서 3,000명 가까운 팔로워를 보유해 짧은 시간 안에 수만, 수십 만 명으로 글이 확산되는 것은 그리 어렵지 않을 듯했다(뉴스타파의 보도 직후, 이 계정들 다수가 일제히 삭제됐다. 문제의 트위터 계정 17개 가운데 '오빠미남스타일', '4대강러버', '데일리곰녀' 등 화면에 노출된 8개 아이디는 보도 후 12시간도 지나지 않아 사라졌다).

국정원장의 '지시 강조 말씀'이 트위터로 직행

이 트위터 계정들이 국정원과 연계됐다는 의혹은 다른 형태로도 확인됐다. 국정원의 정치 개입 의혹 사건에 대한 국정조사가 합의된 2013년 3월 즈음, 민주당 진선미 의원은 원세훈 국정원장이 임기 동안 주요 국내 정치 현안에 개입했음을 시사하는 문건 하나를 공개했다. 국정원 내부 게시판에 "원장님 지시 강조 말씀"이라는 제목으로 올라 있는 게시글을 입수한 것이었다. 이 문건에는 원세훈 국정원장이 2009년 5월부터 2012년 11월까지 국정원 확대간부회의에서 발언한 내용들이 정리되어 있었다.

취재진은 별도의 경로를 통해 원세훈 원장의 지시사항이 진선미 의원이 공개한 문건 내용과 유사하다는 사실을 확인했다. 또 2012년 11월 23일의 발언까지 기록된 진선미 의원의 공개 문건 외에도 2013년 1월 28일의 지시사항을 추가로 확보했다.

진선미 의원이 공개한 문건을 보면 원세훈 원장은 세종시와 4대강 사업 등 주요 국정 현안을 적극 홍보하라고 지시했으며, 사이버 공간에서 종북 세력들이 트위터 등을 통해 국정 운영을 방해한다며 선제적으로 대처하라고 지시한 것으로 드러났다. 또 전교조와 민노총 등 국내 내부의 적과 싸우는 것이 북한과 싸우는 것보다 어렵다면서 지부장들이 유관 기관장에게 직접 협조하라는 지시도 포함되어 있었다.

그런데 문건 속 국정원장의 지시사항이 트위터상에서도 발견됐다. 2012년 11월 23일자 국정원장의 지시사항이 나흘 뒤 'taesan4'(닉네임 '신사의 품격')를 통해 트위터에 올라간 것이다. "IAEA(국제원자력기구) 사무총장이 한국의 원전에 대해 호평했다"는 게시판의 지시 말씀 그대로였다. 그리고 다수의 트위터 계정들이 이 글을 리트윗(재전송)했다. 확인해보니 실제로 IAEA 사무총장이 한국의 원전을 호평했다는 뉴스는 어떤 언론을 통해서도 보도된 바가 없었다.

2012.11.23 진 부서장 회의시 원장님 지시 강조 말씀

"최근 IAEA 사무총장이
'한국과 같이 자원없는 나라가
원전을 활용하는 것은 현명, 관리도 잘한다.'고
호평한 내용을 원전지역 주민들에게 홍보할 것"

taesan4 신사의 품격
IAEA 사무총장, "대한민국과 같이 자원이 없는 국가에서 원전을 활용하는것은 현명 하
며, 관리도 잘하고 있다"고 호평...이런 전문가 의견에도 토달고 시비걸려나?
🐦 11/27/2012 ↩ Reply ⇄ Retweet ☆Favorite 💬14

'원장님 지시 강조 말씀'과 같은 내용의 트위터 글.

NEWS TAPA | ## 정권의 친위부대로 전락한 국정원

원세훈 원장은 특히 이명박 전 대통령의 최대 역점 사업인 4대강 사업에 대한 적극적인 홍보를 수시로 지시했다. 4대강 사업을 풍자한 미술 작품을 철거하라고 압력을 넣는가 하면, 4대강 사업 반대 운동에 열성적인 학자를 뒷조사했다는 의혹이 문건을 통해 드러나기도 했다. 이렇게 국정원이 정치 개입에 나서는 사이, 국가 최고 정보기관으로서의 명예와 자존심은 땅에 떨어졌다. 김정일 국방위원장의 사망 사실은 "북한의 TV 발표를 보고서야 알았다"고 밝히는가 하면, 2012년 12월 북한이 장거리 미사일을 발사한 것도 제때 감지하지 못해 질타를 받았다. 당시 표창원 전 경찰대 교수는 "국정원이 꼭 수행해야 할 가장 핵심적인 업무인 대북 정보 첩보 활동에 있어서는 심각한 문제가 드러난 반면, 결코 해서는 안 될 국내 정치 활동에는 모든 것을 투입했다"고 비판했다.

문제의 계정, taesan4

'taesan4'는 국정원 연계 의혹의 트위터 계정 65개 가운데 하나였다. 이 사용자가 쓴 트위터 글 1,700여 개는 리트윗을 통해 3개월 동안 487만여 명에게 전달됐다. 2012년 9월 초부터 12월 초까지는 수십 차례에 걸쳐 대선 후보와 관련된 글을 직접 작성했다. 박근혜 후보에게 유리하거나 야당 후보들에 대한 악의적인 글이었다. 국정원 직원 김 씨가 '오유' 사이트에 올린 것과 똑같은 글을 같은 날 트위터에 올리기도 했다. 또 종북을 비판하는 글을 반복해서 올리다가 김 씨의 사건이 터진 2012년 12월 11일 이후 계정을 삭제했다.

여러 정황을 볼 때 'taesan4'는 국정원 직원일 가능성이 높았다. 취재진은 'taesan4'와 밀접한 관계를 맺고 같은 방식으로 활동한 다른 계정들도 국정원과 관련이 있을 거라고 판단했다. 취재 결과 100개의 계정들이 추가로 확인됐고, 다시 600개가 훌쩍 넘는 계정들이 밝혀졌다.

이 계정들은 트위터에 전송한 글의 내용과 날짜별 활동 추이가 거의 동일했다. 예를 들어 'taesan4'가 "문재인이 대통령 못 하는 이유"라는 글을 리트윗하면 66명이 그것을 다시 리트윗했는데, 그중 40여 개가 국정원과 연관된 것으로 파악된 아이디였다. 또 한 극우 인사가 2011년 11월 페이스북에 올린 "문·안의 스와핑은 빛이 바래게 될 것이다", "천운이 박근혜 편"이라는 내용의 글을 리트윗한 96개의 계정도 마찬가지였다. 박근혜 후보에게 호의적인 기사는 60개 계정이 리트윗했는데, 이 가운데 40여 개가 국정원 연계 추정 그룹에 속해 있었다.

2012년 11월 'taesan4'가 작성한 MB의 48번째 해외 순방에 대한 칭찬 글은 637번 리트윗됐고, 이 중 국정원 연계 추정 계정은 무려 461개였다. 즉 대장 격인 계정이 글을 올리거나 특정 후보에게 유리한 일반 트윗을 골라 재전송하면, 각각의 팔로워가 다시 수천 명에게 리트윗하는 방식이 사용됐다. 이는 트위터를 통한 선전 계획이 사전에 치밀하게 수립되어 있었음을 짐작케 하는 부분이다.

네트워크 지도로 본 국정원 연계 추정 그룹

더욱 과학적인 분석을 위해 뉴스타파의 데이터 저널리즘 연구소는 국정원 직원으로 추정되는 계정들이 서로 어떻게 연결되어 있는지를 파악하고자 네트워크 지도를 만들었다.

먼저 국정원 추정 계정으로 확인된 640여 개의 계정들이 작성하거나 리트윗한 글 28만여 건을 전부 수집했다. 그것을 프로그래밍해서 분석해보니 국정원 추정 계정을 포함해 모두 5,500여 개의 계정이 서로 연결되어 있음이 드러났다. 이 중 국정원 추정 계정만 남기고 모두 지워봤다. 리트윗 횟수가 10회 미만인 계정도 연결도가 낮다고 판단해 지웠다. 그랬더니 국정원 연계 추정 그룹의 전체적인 관계망이 드러났다. 여기에 분석 과정에서 새로 확인된 의심 계정들을 추가해 네트워크 지도를 완성했다.

그림에서 큰 원으로 표시된 것은 콘텐츠 생산자를 뜻하는 핵심

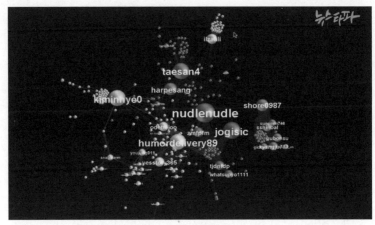

국정원 추정 계정의 사회관계망 입체 지도.

계정이다. 이들이 왕성하게 글을 작성하면 주변 계정들이 리트윗으로 퍼날랐음을 보여준다. 뉴스타파가 국정원과 연계됐다고 의심되는 아이디로 지목했던 'nudlenudle', 원세훈 원장의 지시사항을 그대로 베낀 'taesan4'도 핵심 계정에 포함됐다. 핵심 계정들은 서로 상대의 글을 인용하지 않고 독립적으로 움직였다. 네트워크 지도에서도 연관성이 드러나지 않았다. 이렇게 10개의 그룹이 등장했다.

또 네트워크 지도에 일반인을 포함시켰더니 인터넷문화협회 장원재 박사, 탈북자 출신 강철환 씨 등 이른바 보수 논객들의 계정이 두드러졌다. 이들이 북한 비난을 주도하고 야당 후보에 대한 비판적인 글을 다수 올리면 국정원 추정 계정들이 그만큼 많이 인용해 지도에서 크게 표시된 것이다.

국정원 연계 추정 그룹의 대선 관련 글

국정원 추정 계정들이 작성하거나 인용한 전체 트윗 28만여 건에 대한 키워드 분석을 실시했다. 중복을 피하기 위해 리트윗은 제외하고 최초 작성된 트윗만을 대상으로 삼았더니 모두 3만 6,000여 개의 트윗이 집계됐다. 이 중 50개의 키워드로 분류 가능한 2만 3,000여 개를 추출했다. 키워드 50개를 주제별로 분류해보면 북한에 대한 비판이 전체의 41%, 종북 비판을 포함한 국내 현안이 29.8%, 대선 관련 내용이 15.1%, MB 홍보가 8.6%였다. 국정원 여직원 김 모 씨가 '오유' 사이트에 쓴 게시글과 비교했을 때 큰 차이가 없었다.

대선 관련 트윗은 총 3,400여 개로 파악됐는데, 2012년 9월 초에 트윗 생산량이 상승세를 보인 뒤 등락을 거듭하더니 12월 초 대선과 가까워지면서 급격히 늘어나는 모습을 보였다. 물론 국정원 직원 김 씨 사건이 터진 12월 11일 부근에 자취를 감췄다.

대선 초반에는 당시 안철수 후보에 대한 공격이 집중됐다. 2012년 9월 초부터 안철수 후보가 대선 출마를 선언한 9월 19일까지 그를 비판하거나 공격하는 내용이 집중적으로 올라왔다.

 odet***
안철수의 변명 "술집 가긴 갔는데 안 마셨다"구??ㅎㅎ 웃기네. 무릎팍 도사에서 룸사롱의 룸도 못 들어봤다고 하던 사람이... ㅎㅎ

taesan4

안철수가 최근까지 거주한 용산구 이촌동 한강맨션 아파트는 미국 시민권자인 장모의 소유라고... 어머니에 이어 장모 덕까지... 완전히 금숟가락 물고 결혼 생활 시작했구먼...

taesan4

모친 돈으로 사당동 집 사고(1988년), 모친 집에 전세 살고(도곡동 럭키아파트), 미국 시민권자인 장모 소유 아파트에 거주(2011년)하고... 역시 안철수는 캥거루족?

이 같은 공격이 집중되던 때, 안철수 후보 측은 새누리당 관계자로부터 불출마 종용을 받았다고 폭로했다. 그러자 그 기자회견의 내용을 공격하는 트윗 글이 이어졌고, 네거티브 공세를 펼치는 보수논객의 글도 집중적으로 리트윗됐다. 안철수 후보가 대선 출마를 결심하자 국정원 연계 추정 그룹의 트윗도 정점에 달했다.

반면 박근혜 후보에 대해서는 5·16과 인혁당 이슈, 그리고 1차 대선 후보 토론과 관련된 우호적인 글이 대부분이었다. 특히 박근혜 후보의 인혁당 관련 기자회견이 있었을 때 그 내용을 옹호하는 트윗이 집중적으로 올라왔다.

gu***

박근혜 후보가 오늘 인혁당 사건과 유신에 대해 사과의 뜻을 밝혔다, 대통합의 시도이자 왜곡된 과거사에 대한 사과로 보인다, 그래도 박정희는 대한민국을 중흥한 민족의 위인이다, 만약에 박정희가 빨갱이를 못 막아냈다면 지금쯤 우리는 공산치하가 되었을 것이다

bree***
도대체 조국 서울대 교수는 근무시간이 없는가 봐요... 박근혜 기자회견 다
보고, 거기에 반응 글 트위터에 올리고... 언제 강의하고, 논문 쓰고, 세미나
하는지 도통 알 수가 없어요? 그리고도 국민 세금으로 월급 타먹고 있나요?

1차 대선 후보 토론 즈음에는 대선 후보들의 발언과 관련된 트윗
이 급증했다. 문재인과 이정희 후보에 대한 부정적인 트윗이 이어졌다.

kyo***
문재인이 되면 다운이 아니라 대한민국은 박살납니다

an***
이정희 "남쪽 정부" 발언에 네티즌 "어서 가라 북으로" TV 토론서 "북한은
아니라 하고 남쪽 정부는..." 표현에 네티즌들 비판 "정치색이고 뭐고 다 떠
나서 대한민국 대통령 후보가 남쪽 정부가 뭐냐"

nudlenudle
대선을 앞두고 김정은 집단이 종북들에게 모종의 지령을 내리고 북한 편
을 드는 대선 후보자가 당선되도록 공작을 벌일 것이라는 얘기가 역시 사
실이었군요

국정원 계정이라는 근거는?

사실 많은 SNS 전문가들은 트윗 양이 폭주하는 대선 기간에 수상

한 그룹이 조직적으로 움직였다는 것을 알고 있었다. 그러나 과학적 근거가 부족해 "벙어리 냉가슴이었다"고 했다. 한 전문가는 "대선 시점에 유저가 급증하고 같은 메시지를 같은 시점에 유포한다면 당연히 여론 조작을 의심할 수밖에 없는 것 아니냐"고 전했다. 그래서 뉴스타파 데이터 저널리즘 연구소의 분석은 더욱 의미가 있었다. 복잡하게 얽힌 트윗과 리트윗의 네트워크를 과학적으로 조망했고, 2012년 8월부터 12월 초까지 대선 국면에서 주요 이슈가 불거질 때마다 10개의 국정원 연계 추정 그룹이 시의적절하게 대응했음을 규명했기 때문이다.

그렇다면 뉴스타파가 파악한 'taesan4' 등 600개가 훌쩍 넘는 계정들을 국정원 계정이라고 판단할 수 있는 근거는 무엇일까? 첫째, 이들의 활동 시기가 같다. 일련의 계정들은 박근혜 대통령이 새누리당의 대선 후보로 결정된 2012년 8월 20일경 집중적으로 활동하기 시작해 국정원 직원 김 씨 사건이 터진 12월 11일 일제히 멈췄다. 대선 투표일 직전인 12월 18일까지 활동했던 이른바 십알단*으로 추정되는 계정들과 구별되는 점이다.

둘째, 집요하게 북한 비판에 치중했다. 대북심리정보국이 인터넷상에서 대북심리전을 펼쳤다는 국정원의 주장을 감안한다면 이 계정들과 국정원의 관련성에는 더욱 무게가 실린다. 이 역시 주로 야당의 대선 후보를 비난하는 일에 치중했던 십알단 추정 계정들과 구

• 2012년 대선 당시 '새누리당 SNS미디어단장'이란 직함으로 활동했던 윤정훈 목사는 "박근혜 알리기 유세단 10만 명을 조직하자"고 주창하며 트위터 선전 그룹 십자군알바단, 즉 십알단을 운영했다.

별되는 점이다.

셋째, 국정원장의 지시사항 및 국정원 직원 김 씨가 쓴 글과의 일치성이다. 진선미 의원이 폭로한 국정원장의 지시사항과 똑같은 문구가 이들 계정에서 다수 발견됐다. 한국 원전에 대해 호평했다는 IAEA 사무총장의 발언이나 제주 해군기지의 예산 삭감에 반대한 글이 대표적이다. 국정원 직원 김 씨가 '오유' 게시판에 제주 해군기지 예산 삭감에 반대하는 글을 올린 날(2012년 11월 13일)을 전후로 트위터에도 예산 삭감에 반대하는 글이 연이어 올라왔다(2012년 11월 12일과 13일). 조직적인 행동이 이뤄졌음을 알 수 있다.

넷째, 지속적인 증거 인멸을 시도했다. 뉴스타파가 2013년 3월 국정원 트위터 계정 의혹을 보도하자, 하루도 안 돼 남아 있던 계정들이 일제히 삭제됐다. 특히 검찰 수사가 임박한 4월에 들어서면서부터는 기록이 남아 있던 트윗 저장 사이트에서도 조직적으로 삭제가 이뤄졌다. 전체의 80%에 이르는 트윗 글이 사용자 스스로의 선택에 의해 삭제된 것이다. 이는 트위터 서버가 미국에 있어 증거 확보가 쉽지 않다는 점을 노린 것으로 판단된다.

핵심 계정의 실명 확인

취재진은 국정원 직원으로 의심됐던 핵심 계정 2개의 사용자 실명과 그 핵심 계정과 연계된 사용자 30여 명의 신원을 확인했다. 두 달넘게 국정원 사태를 파헤친 끝에 거둔 성과였다.

의심되는 트위터 계정 총 658개를 유명 포털 사이트의 회원가입 페이지에 입력해봤다. 이미 탈퇴했거나 사용 중인 아이디, 혹은 사용할 수 없는 아이디라는 알림이 여러 번 등장했다. 누군가가 트위터와 같은 아이디로 포털 사이트에 이미 가입해 있다는 뜻이었다. 이런 식으로 확인한 결과 네이버에서 127개, 다음에서 69개, 네이트에서 81개가 존재했다. 한 아이디로 여러 포털 사이트에 가입한 것을 뺐더니 총 157개의 트위터 아이디가 국내 포털 사이트의 아이디와 겹쳤다. 이 중 90여 개는 블로그도 갖고 있었는데, 모두 게시글이 없는 휴면 상태였다.

이렇게 확보한 157개 이메일 주소로 한 포털 사이트에서 사람 검색을 해보니 사용자의 성별과 이름이 나타났다. 이렇게 해서 50여 개, 다시 홈페이지 계정에 입력해 30여 명의 사용자를 더 찾아냈다. 여기서 얻은 80명의 사용자 정보에서 서로 일치하지 않는 사용자는 제외하고, 그렇게 해서 남은 60명은 다시 기준을 만들어 A, B, C 그룹으로 구분했다. 한글을 영어 자판으로 입력해 아이디를 만드는 식의 국정원 연계 추정 그룹만의 패턴을 갖는지, 구글 검색에서 다른 정보는 나타나지 않는 특이한 아이디인지, 또 홈페이지 등에서 직업을 확실히 알 수 있는지 등이 구분 기준이었다.

조사 결과 A 그룹으로 최종 분류된 31명은 국정원 연계 추정 트위터 아이디의 실제 사용자일 가능성이 매우 높았다. 남성은 16명, 여성은 15명이었는데, 앞서 말한 10개 그룹의 핵심 계정 'nudlenudle', 'kiminhye0'도 포함되어 있었다. 여성인 것으로 추정됐던 'kiminhye0'은 실제로는 남성 김 모 씨였고, 사건 초기부터 취재진이 주목했던

'nudlenudle'은 40대 남성 이 모 씨였다.

'오빠미남스타일'이라는 닉네임을 쓰던 'nudlenudle'은 "대한항공에 근무하며 오대양 육대주를 누빈다"고 트위터 프로필에 썼지만 사실은 그렇지 않았다. 국정원에 정통한 여러 관계자를 대상으로 그의 신원을 알아보니, 당시 국정원 비정보 파트에서 근무했던 1970년생 이 모 씨임을 확인했다. 2013년 4월, 국정원은 남재준 국정원장 부임 이후 심리정보국 간부들을 대기발령내고 직원 70여 명을 타 부서에 배치했다. 사실상 심리정보국을 해체한 것이다. 이 씨 역시 이때 비정보 파트로 보직을 옮긴 것으로 확인됐다. 취재진은 그의 신원에 대한 공식 확인을 받기 위해 국정원에 연락을 취했지만 국정원은 인사 상황과 부서 폐지 여부가 비밀이라며 확인해주지 않았다.

실명이 확인된 계정의 사용자 중에는 국정원 직원으로 보기 어려운 20대 초반의 일반인도 있었다. 이들은 보조 계정으로 보였다. 또 한글을 영타로 쳐서 만든 아이디의 상당수가 봇bot• 프로그램이라는 것도 확인됐다. 한 SNS 전문가는 봇 프로그램을 개발하는 일이 굉장히 간단하다면서 "어느 시간대에 특정 메시지를 리트윗하라고 명령하면 입력한 대로 메시지를 배포할 수 있다"고 말했다. 즉 네트워크 지도에 드러난 국정원 추정 그룹은 콘텐츠를 올리기만 하는 핵심 계정, 콘텐츠를 올리기도 하고 리트윗도 하는 보조 계정, 그리고 리트윗만 전담하는 알바 또는 봇 계정으로 구성되어 있었던 것이다.

핵심 계정의 실제 사용자가 국정원 직원이라면 10개 그룹으로

• 인간이 하는 행동을 흉내 내도록 만들어진 프로그램. 트위터상의 가짜 계정을 말한다.

구성된 트위터 조직 전체가 국정원의 작품일 가능성은 없을까? 취재진은 핵심 계정이 10개라는 사실을 바탕으로 최소한 10명 이상의 국정원 직원이 투입됐을 거라고 추정했다. 국정원 심리정보국 직원이 70여 명이었다는 점을 감안한다면 적지 않은 숫자였다.

뉴스타파는 취재 과정에서 확보한 국정원 확인 및 의심 트위터 계정 658개와 이들의 게시글 23만여 건을 홈페이지에 공개했다(newstapa.org/1029). 또한 국정원 의혹 계정의 네트워크 자료도 자세히 볼 수 있도록 했다(newstapa.org/3366).

NEWS TAPA | 어느 네티즌 수사대의 아이디 추적

트위터 계정과 똑같은 계정을 포털 사이트 등에서 확인할 수 있었던 것은 네티즌 수사대를 자처한 한 평범한 직장인의 노력이 단초가 됐다. 그는 뉴스타파가 공개한 핵심 계정 10개를 검색하던 중, 국내 포털 b 사이트에서 동일 아이디 3개를 찾아냈다. 트위터에 가입하기 위해서는 기존에 사용하던 이메일 주소를 그대로 사용해야 한다는 점에 착안한 것이다. 포털 사이트의 계정은 사용자가 탈퇴하더라도 서비스 업체가 6개월 동안 신원 확인 정보를 보관하도록 법으로 규정하고 있다. 그래서 지워진 트위터 계정의 동일 아이디를 확인해 이들의 신원을 파악할 수 있었다. 뉴스타파는 2013년 5월 8일 국회에서 열린 토론회에 발제자로 참가해 이러한 SNS의 특성과 데이터 확보 가능성을 강조하며 수사 확대를 촉구했다. 검찰은 트위터 등 대부분의 SNS가 미국에 서버를 두고 있어 수사가 어렵다는 입장이었다. 하지만 뉴스타파를 비롯한 언론들의 지속적인 보도와 수사 촉구가 이어지자, 이후 SNS까지 최대한 수사하겠다는 의지를 밝혔다.

03 끝없는
대국민심리전

국정원 직원 김 씨 그룹과 비슷한 방식의 활동이 또 있었는지 '오유' 사이트를 대상으로 조사해봤다. 사이트 이용자들 사이에서 회자되던 여론 조작 의심 아이디를 단서로 범위를 확대해가며 2,000여 개의 아이디와 IP를 대조했다. 그 결과 김 씨 그룹과 똑같은 방식으로 활동한 다른 그룹 2개가 더 나타났다. 한 그룹의 아이디는 40여 개, 또 다른 그룹의 아이디는 20여 개였다.

그들은 김 씨 그룹처럼 스마트폰을 이용한 테더링으로 무선 인터넷에 접속했다. 일반 이용자로는 보기 힘들 정도로 아이디를 여러 개 만든 것도 똑같았다. 어디선가 만들어진 자료를 퍼나르거나 1, 2초 간격으로 게시판을 도배하다시피 글을 올리는 방식도 같았다. 상당수 아이디가 이미 탈퇴했거나 글을 삭제한 상태라 남아 있는 아이디 35개와 880여 개의 게시글을 확인한 결과였다.

그런데 이 중 한 그룹이 2012년 4·11 총선을 앞둔 3월 하순부터 4월 초까지 여러 아이디를 바꿔가며 야당을 비난하는 내용의 게시물을 무차별적으로 올린 사실이 확인됐다. 2012년 대선 때뿐만 아니라 그 이전의 총선 때도 조직적인 여론 조작 세력이 있었던 것이다. 이런 움직임이 '오유'와 비슷한 수십 개의 사이트에서 동시에 진행됐다면 특정 세력의 정치적 이해를 관철시키는 것이 불가능한 것만은 아니었다.

이 일을 계기로 젊은 층이 여론을 주도하는 인터넷에까지 정치 권력이 개입했다는 지적이 나왔다. 국가 권력이 여론 조작에 깊숙이 개입한다면 여론을 먹고 사는 민주주의의 근간은 심각하게 위협받을 수밖에 없다.

탈북자 조직, "돈 받고 여론전 펼쳤다"

탈북자 조직이 포털 사이트에서 MB 정권을 홍보하고, 정부 여당을 비판하는 사람을 종북으로 매도하는 등 국정원과 유사한 여론전을 대규모로 펼친 사실도 확인됐다.

2010년 1월 5일, 다음 아고라 토론방에 '튤립'이라는 필명의 네티즌이 "이명박 정부가 추진하는 4대강 사업에 대해 민주당이 발목을 잡고 있다"며 이를 철회하라는 글을 올렸다. 얼핏 보기에는 토론방에 올라온 다른 글들과 별반 다르지 않았다. 그러나 그 글은 '튤립'이 직접 쓴 것이 아니었다. 2009년 12월 27일, 당시 한나라당 대변인이 발표한 성명서 내용을 거의 그대로 베낀 것이었다. 다만 첫 문장의 주어를 '이명박 대통령'에서 '이명박 정부'로 바꾸고 글 말미에 자신의 의견을 한 줄 추가했을 뿐이다. 그는 이 글들을 복사해 제목만 바꿔 다는 식으로 경제, 정치, 자유토론 등 4개 섹션에 순차적으로 퍼날랐다. 같은 날 비슷한 시각, '하늬'는 '튤립'이 쓴 글을 자신이 쓴 것처럼 아고라 토론방의 정치와 사회 섹션에 올렸다. '튤립'과 '하늬'는 공교롭게도 토론방에 동시에 가입했고 1년 뒤 같은 날 활동을 멈췄다.

그들의 정체는 무엇일까? 취재진은 돈을 받고 아고라 토론방에 글을 올렸다는 탈북자 단체 'NK지식인연대' 소속 회원 A 씨의 증언에서 실마리를 얻었다. NK지식인연대는 2008년 북한에서 3년제 대학 이상을 나온 인텔리 계층의 탈북자들이 조직한 단체다. A 씨는 "아고라에서 종북 세력들이 날뛰고 있다, 그래서 북한의 실상을 중심으로 다양한 주제에 대해 글을 쓸 수 있는 사람들이 있으면 아고라에 글을 좀 써달라는 제안을 받았다"고 말했다. "북한 문제를 알리고 경제적으로도 도움이 되어 하게 됐다"는 것이 그의 설명이었다.

'튤립'과 '하늬' 역시 이 단체 소속 간부의 딸과 회원이었다. '앤키스맨', '태백부엉이', '소나타', '촉디', '정필', '줄장미', '풍경소리' 등 아고라에서 활동한 7명도 회원 또는 그 가족이었다. 그들이 2009년 말부터 2010년 말까지 아고라 토론방에 글을 올리고 그 대가로 돈을 받았다고 여러 탈북자들은 증언했다.

취재진은 다시 아고라 게시판 글을 분석했다. NK지식인연대 간부의 부인 닉네임 '태백부엉이'는 2009년 12월부터 2010년 11월 25

일까지 2,100여 건의 글을 올렸다. '튤립'은 모두 2,183건을 게시했다. 한 달 평균 200건에 가까운 글을 올리던 이들은 2010년 11월 글쓰기 작업을 일제히 중단했는데, 당시 자금 지원이 끊긴 것으로 파악됐다. 탈북자 B 씨는 이렇게 말했다. "무조건 하루 5개 이상의 글을 올려야 일당을 쳐줬다. 처음에는 하루에 5만 원씩 받았는데 나중에 사람들이 늘어나니까 일주일에 10만 원으로 내려갔다. NK지식인연대에서 아이디를 관리하고 있기 때문에 누가 매일 몇 건을 쓰는지 파악하고 있었다. 열심히 하는 사람도 있고 글을 잘 올리지 않는 사람도 있는데, 똑같은 돈을 쥐서 회원들 사이에 싸움이 나기도 했다."

또 탈북자들은 NK지식인연대가 2009년 말 전쟁터를 뜻하는 '전야'라는 비밀 조직을 구성하고 아고라 토론방에서 조직적인 여론전을 펼쳤다고 증언했다. '전야' 아래 8개 이상의 조가 있었고, 각 조는 한 명의 조장과 10명의 조원으로 구성됐는데, 이후 돈을 벌기 위해 이 일을 하겠다는 탈북자가 늘어 100여 명이 넘는 조직으로 확대됐다는 것이다. B 씨는 '전야'의 활동 방식에 대해 "윗선에서 휴대폰 문자로 지시가 내려와 글의 주제가 정해졌다. 탈북자 단체 직원이 조장들에게 문자를 돌리면 조장들은 다시 조원들에게 문자를 보냈다. 조장들은 하루에 5건 이상 글을 올리라고 독촉했다"고 설명했다. 이들은 북한 관련 글 외에도, 조장의 지시에 따라 4대강 사업과 세종시 이전 등의 정치 현안에 대한 이명박 정부의 입장을 일방적으로 두둔하는 글을 수없이 올렸다고 했다.

아고라 토론방에 글을 올리는 대가로 '전야'의 조직원 한 명당 최소 5만 원에서 40만 원까지 한 달에 모두 2,000만 원가량의 돈이 지급됐다는 증언도 나왔다. 하지만 NK지식인연대 내부에서도 이 돈의 출처는 철저히 비밀에 부쳐졌다. 탈북자 C 씨는 이렇게 전했다. "배후에 국정원이 없으면 돈의 출처를 설명 못 한다. '촉디'가 매달한 차례씩 현금을 받아왔는데 5만 원권 지폐를 다발로 갖고 왔다. 사무실에 돈을 갖고 와서 각 조장들에게 조원들 몫까지 나눠줬고, 지방에 있는 조원들에게는 조장이 은행 계좌로 입금해줬다. 그때 NK지식인연대 사무실이 공덕동에 있었는데, 어떤 날은 돈을 받아오는 데 한 시간 반 정도 걸릴 때가 있었다. 그런 걸 보면 가까운 은행에서 돈을 찾아오는 것 같지는 않았다."

탈북자들이 이 활동에 처음 동원된 시기가 2010년 5월이라는 점이 국정원과의 연관성을 의심케 하는 대목이다. 이 시기는 2010년 2월에 취임한 원세훈 전 국정원장이 심리전단(심리정보국)을 확대, 강화하던 때였다. 그러나 단체의 대표는 회원들의 아고라 활동 사실을 강하게 부인했고 인터뷰도 거부했다.

탈북자 단체의 댓글 활동, 국정원과 닮은꼴

탈북자 단체 NK지식인연대 회원 7명이 아고라 게시판에 남긴 글목록을 모아서 출력해봤다. 7명이 2010년 1월부터 11월까지 작성한 글은 모두 7,300여 건, 책 한 권 분량이었다. 전체적으로 북한 정권에 대한 비판이 많았지만, 민감한 정치 이슈가 있을 때는 일방적으로 정부와 여당에 유리한 글을 집중적으로 올렸다.

특히 2010년 6·2 지방선거를 앞두고 여당 후보를 노골적으로 편드는 글을 포털 사이트에 쓰기도 했다. '소나타'라는 닉네임을 사용한 탈북자는 야권의 주요 공약이었던 '전면 무상급식'을 "공산혁명의 시작"이라고 공격했다. 닉네임 '태백부엉이'를 사용한 다른 탈북자는 최대 격전지였던 지역의 야당 후보를 "종북주의자"로 몰았다. 이런 식으로 6·2 지방선거를 한 달 앞둔 2010년 5월을 전후로 활동량이 가장 많았다.

4대강 사업과 세종시 이전 문제와 같은 현안, 그리고 이명박 대통령에 대한 찬양도 빠지지 않았다. 닉네임 '정필'을 사용한 한 남성은 2009년 9월 말 이명박 대통령에 대해 "역사가 기억해야 할 대통령"이라고 치켜세웠다. 일주일 뒤 같은 내용의 글을 "재질(자질)이 너무 좋은 대통령"이라고 제목만 바꿔 다시 올렸다. '하늬' 역시 2010년 6월 말 "구명 운동에 직접 나선 이명박 대통령"이라는 글을 3일 동안 제목만 바꿔 20개나 올렸다. 같은 내용의 글을 제목만 바꾼 것은 도배 글에 대한 제재를 피하기 위한 수법이었다.

취재진은 이들이 올린 게시물의 성격이 국정원 심리전단 직원들이 '오유'와 트위터에 올린 글과 유사하다는 점에 착안했다. 그래서 2013년 3월에 공개됐던 '원장님 지시 강조 말씀'을 기준으로 게시물을 찾아봤다. 그 결과 상당수의 글이 원세훈 전 국정원장의 지시사항과 일치하는 것을 확인할 수 있었다. 예를 들어, 2010년 3월 원세훈 전 국정원장이 부서장회의에서 "일부 종교단체가 정치활동에 치중하는 것을 바로잡아야 한다"고 주문했는데, '튤립'이 "봉은사의 명

진스님이 편향적 이념을 갖고 있는 종교인"이라고 공격하는 식이었다. 또 2010년 4월 원 전 원장이 "4대강 현안에 적극적으로 대처해달라"는 지시를 하자 며칠 안 돼서 '풍경소리'가 일주일에 걸쳐 "4대강 사업이 새만금 방조제 사업과 같은 성공적인 사업이 될 것이다"라는 내용의 글을 올렸다. 이 밖에도 불법 집회, 전교조, 대통령의 외교 성과 등에 대한 국정원장의 핵심 지시사항이 있을 때마다 같은 취지의 글들이 이 닉네임들을 통해 아고라에 다수 올라왔다.

신원이 확인된 7개의 닉네임 외에도 17개의 닉네임이 추가로 발견됐다. 그들이 아고라 게시판에 올린 글도 같은 내용으로 하루에 5건에서 10건 정도였다. 역시 자금 지원이 끊긴 2010년 11월 모두 사라졌다. 이런 아고라 게시판 글은 모두 4만 건이 넘었다.

취재진이 만난 한 탈북자는 대가성 게시글을 쓰면서 스스로 꺼림칙했다고 말했다. 탈북자 A 씨는 "돈을 받고 한다는 부분이 조금 걸렸다. 매일 북한과 관련된 것만 쓸 수는 없다 보니 다양한 주제를 줬는데, 그 가운데 4대강 사업에 대해 쓰라는 주문도 있었다. 그런데 그런 주제가 썩 내키지 않거나 쓰기가 좀 싫었던 부분도 있었다"고 심경을 털어놨다. 결국 돈을 받고 정권을 옹호하는 글을 올린 탈북자들도 피해자일 뿐이었다. 신분상으로나 경제적으로나 열악한 처지에 놓인 탈북자들을 푼돈으로 유혹해 여론 조작에 동원했기 때문이다. 이는 어떤 이유에서도 정당화될 수 없을 것이다.

04 뉴스타파 보도 그 후, 국정조사와 촛불민심

SNS상에서 정치 및 선거 개입 활동을 한 국정원 직원 이 씨를 포함해 9명이 추가로 고발당했다. 민주당이 '국정원 헌정파괴 국기문란 사건 진상조사특별위원회'를 구성해 2013년 5월 22일 원세훈 전 국정원장, 이종명 전 국정원 3차장, 민병주 전 국정원 심리전단장 등을 국정원법과 공직선거법을 위반한 혐의로 서울중앙지검에 고발한 것이다. 특히 뉴스타파가 2개월간에 걸친 집중 탐사보도 끝에 전 심리전단 소속 직원으로 확인, 보도한 43세 이 모 씨(트위터 계정 'taesan4')도 포함됐다.

트위터상에서 여론 공작 활동을 벌인 국정원 직원이 고발 대상에 포함됨에 따라 검찰이 SNS상에서의 조직적인 여론 개입 여부를 밝혀낼 수 있을지 관심이 모아졌다. 당시 민주당 박범계 법률위원장은 "국정원의 정치 및 선거 개입은 이명박 전 대통령에서부터 국정원장과 2차장, 3차장에 이르기까지 조직적이고 치밀하게 이뤄진 계획의 결과로 분석된다"고 말했다.

사건 6개월 만에 발표된 검찰 수사 결과

2013년 6월 14일 서울중앙지검 이진한 2차장 검사는 검찰 특별수사팀의 수사 결과를 다음과 같이 발표했다.

> 각종 선거에서도 국정원의 합법적인 직무를 일탈하여 불법적인 지시를 수시로 반복해온 것으로 확인되어, (원세훈 전 국정원장을) 공직선거법 위반 및 국가정보원법 위반 혐의로 불구속 기소했다.

국정원의 선거 개입 의혹 사건이 검찰의 이 같은 수사 결과 발표로 6개월 만에 일단락됐다. 검찰은 국정원 직원 김 씨 사건의 실체를 이렇게 규정하고, 공직선거법 위반 혐의로 원세훈 전 국정원장과 김용판 전 서울경찰청장을 불구속 기소했다. 원세훈 전 원장에게 선거법 위반 혐의를 적용함으로써 국정원 차원의 선거 개입을 분명히 한 것이다.

그러나 수사 결과가 미진하다는 비판이 나왔다. 특히 뉴스타파가 찾아낸 트위터상의 광범위한 선거 개입 증거들이 수사 결과에 포함되지 않아 의혹의 규모가 축소됐다. 검찰 수사가 시작된 2013년 3월부터 국정원의 SNS 여론 개입을 집중적으로 취재해 658개 계정이 10개 그룹으로 나뉘어 활동한 정황을 보도하고 전체 트윗 2만 3,000여 개(이 중 대선 관련 트윗은 3,400여 개)를 확보했지만 모두 공소장에서 빠졌다. 핵심 계정 사용자 가운데 하나였던 국정원 직원 이 씨도 마찬가지였다.

검찰이 인정한 국정원의 정치 관련 인터넷 게시글은 1,977개였고, 이 중 대선 관련 글은 73개에 불과했다. 특별수사팀 김성훈 검사는 검찰 수사 결과 발표 질의응답 시간에 "국정원 직원이 사용한 것으로 추정되는 아이디가 네이트 판 사이트에 457개, 다음 아고라에 1,291개가 있는데 원 글이 삭제된 채 찬반 클릭만 남아 있는 것이 확인됐다. 조직적으로 글을 올리고 서로 찬반 클릭 활동을 하다가 증거를 인멸한 흔적으로 보고 있다"고 말했다. 증거 인멸로 인해 확인된 게시글이 적었다는 것이다. 하지만 검찰이 자초해 수사 결과를 축소, 폄훼할 수 있는 여지를 남겼다는 비판을 피할 수 없었다. 가장 명백하면서도 많은 증거를 확보할 수 있었던 SNS 수사 결과가 공소장에 포함되지 않았기 때문이다.

또 검찰이 이 사건에서 여론 조작에 가담한 국정원 직원 전원을 기소유예한 것도 논란을 일으켰다. 상명하복 관계의 조직 특성을 감안해 원세훈 전 원장을 제외한 나머지 간부와 직원들에게는 죄를 묻지 않은 것이다. 이런 결정에 대해 민주당 신경민 의원은 "앞으로 조폭을 수사할 때 명목상 두목만 처벌할 거냐"고 질타했다. 민주사회를 위한 변호사모임(이하 '민변')도 "원장이 마음만 먹으면 사실상 불법적인 행위를 해도 된다는 면죄부가 되어버렸다. 앞으로도 이런 일이 반복될 여지를 만들어줬다"고 평가했다.

사실 검찰의 기소유예 처분은 대법원 판례에도 명백히 반하는 것이다. 1997년에 있었던 안기부의 불법 대선 개입, 이른바 '북풍 공작' 사건 또한 정보기관의 정치 개입 사건이었다. 당시 검찰은 권영해 안기부장뿐만 아니라 차장과 단장, 6급 직원까지 그 일에 가담했던 10명을 전원 구속했다. 당시 대법원은 판결문에서 "공무원이 소속 상관의 적법한 명령에 복종할 의무는 있으나 그 명령이 명백히 위법 내지 불법한 명령일 때는 이에 따라야 할 의무가 없다"는 1988년 대법원 판례를 인용했다. 그러면서 "안기부가 엄격한 상명하복의 관계에 있는 조직이라고 하더라도 안기부 직원의 정치 관여는 법률로 엄격히 금지되어 있다"는 점을 분명히 했다.

  2012년 3월, 국무총리실의 민간인 불법 사찰과 증거 조작 및 인멸을 청와대가 주도했다고 폭로한 장진수 전 청와대 국무총리실 공직윤리지원관실 주무관도 기소된 바 있다. 당시 그의 양심선언은 국가기관의 민간인 불법 사찰에 대한 사회적 공분을 일으켜 검찰의 전면 재수사를 이끌어냈다. 하지만 그는 1심과 2심에서 모두 징역 8월에 집행유예 2년의 실형을 선고받았다. 상부의 지시를 따랐을 뿐이지만 민간인 불법 사찰 사건의 증거 인멸에 가담했다는 이유에서였다. 장진수 전 주무관은 검찰의 이번 기소유예에 대해 "국정원 직원들이 실형을 받을 경우 나처럼 양심고백을 할 것을 우려한 것 아니겠느냐"며 의문을 제기했다. 공직사회의 양심고백을 원천 차단하겠다는 의도라는 것이다.

  앞서 기소유예 처분을 받은 국정원 직원들과 달리, 국정원의 이번 사건을 제보했던 전·현직 국정원 직원은 불구속 기소 처분됐다.

특히 공무원 신분도 아닌 김상욱 씨에게 공직선거법 위반 혐의를 적용했는데, 이는 "공무원 신분이 아니더라도 공무원 범죄에 가담했으면 공범으로 처리한다"는 형법 제33조를 적용한 것이었다. "공무원 신분이었던 정 모 씨가 선거기획 범행을 하도록 김 씨가 유도하고 이를 함께 실행했다"는 것이다. 민변은 "불법 명령을 따른 사람은 처벌하지 않고 그것을 문제 제기한 사람은 처벌했다"며 "이는 공무원들로 하여금 불법 명령에 저항할 여지를 봉쇄해버린 것"이라고 강하게 비판했다.

검찰의 수사 발표에서 국정원의 조직적인 선거 개입 사실이 드러났음에도 불구하고 여전히 해소되지 않은 의문은 많았다. 기소된 원세훈 전 원장과 김용판 전 청장이 이 모든 사건의 정점이었을까? 대선의 최대 수혜자인 새누리당과의 연관성은 없을까? 당시 민변의 박주민 사무처장은 "원세훈의 뒤나 위에 누가 있었는지 더 밝혀져야 한다"고 말했다. 표창원 전 경찰대 교수도 "이러한 범죄 행위의 배후에 누가 있는지, 어느 선까지 책임을 져야 하는지, 누가 알았는지 이런 부분들이 모두 밝혀져야 한다"고 주장했다.

그러나 새누리당은 검찰 수사 발표에도 아랑곳하지 않고, 국정원 개혁이나 정치 개입의 재발 방지를 고려하기보다 원세훈 전 원장을 두둔하고 나섰다. "검찰의 수사 결과 밝혀진 댓글은 73개뿐"이며 "이것이 조직적인 움직이라고 보기에는 너무나 미미하다"는 것이다. 2013년 3월 정부조직법 처리와 함께 여야가 합의한 국정조사도 사실상 거부했다.

"국정원을 비판하는 일은
나의 책무다"

전 국정원 직원 김상욱 씨 언론 최초 인터뷰

국정원의 댓글 활동이 외부로 알려진 것은 전직 국정원 직원 김상욱 씨의 폭로가 있었기 때문이다. 국정원은 국정원법을 위반했다며 김상욱 씨를 형사고발하고 관련된 현직 직원들을 파면했다. 또 보도자료를 통해 김상욱 씨가 민주당 당원이라며 배신자라고 비난하기도 했다(실제로 김 씨는 2012년 4·11 총선 예비후보에 이름을 올렸던 민주당 당원이다).

그러나 김상욱 씨는 20년간 몸담은 국정원을 비판하는 일은 자신의 책무라고 말했다. 2013년 3월, 얼굴과 실명을 공개하고 카메라 앞에 선 그는 "국정원이 대북, 대공을 앞세워 정권 홍보 활동을 펼친 것"이라고 이번 사건의 핵심을 요약했다.

Q. 국정원의 댓글 공작을 어떻게 알았나?

전·현직 국정원 직원을 만나는 과정에서 자연스럽게 듣게 됐다. 속된 말로 "쪽팔린 일을 하고 다닌다"고 했다. 국익을 위한 것도 아니고 그 임무를 수행하는 성원 개개인의 자존심과도 맞지 않는다는 뜻이 아니겠나.

Q. 댓글 공작이 심리정보국의 정상 업무라고 할 수 있나?

온라인상에서 암약하는 종북 세력이나 북한의 목적에 부합하는 활동을 색출하겠다는 건데 그 업무는 대공수사국에서 해야 하는 일이다. 가장 적법한 근거를 가지고 있는 대북 활동 부서는 대공수사국이다. 그걸 심리정보국이 할 이유는 없다. 국정원은 대공, 대북 활동이면 만능이라는 오류에 빠져 있다.

Q. 북한의 사이버 침투에 대응하기 위해서라는데?

음지에서 일하던 베테랑 조직이 외부로 드러난 적이 있다. 바로 사이버센터다. 사이버상의 범죄 단서를 추적하고 관찰하는 것이 업무였다. 그런데 그 조직은 온데

간데없고 대북심리전 조직이 온라인상에서 일을 한다는 건 수긍할 수 없다. 게다가 국정원 조직이 외부에서 일을 하면 보안상 취약하다며 내부로 들어가게 한 게 바로 원세훈 원장인데 그런 그가 직원이 외부에서 일을 하게 놔뒀다는 건 있을 수 없는 일이다.

Q. 원세훈 원장은 몰랐다고 했다.

국정원은 고도의 보안이 요구되는 조직이다. 그래서 내부 지휘 라인에서 철저하게 알고 있어야 내부 통제가 강화된다. 국회 정보위원회가 관련 의혹에 대해 국정원에 물었을 때 국정원은 "하지 않는다. 그런 사실이 없다"고 보고했다. 그런데 일이 불거지니 증거를 내놓으라면서 버티다가 서서히 증거가 나오니까 "본연의 업무였다"고 말을 바꿨다. 이미 정보위원회가 문제 제기를 했던 사안을 원장이 모를 수 없다. 몰랐다면 그런 무능한 원장이 어디 있나. 나의 20년 경험에 비춰볼 때 있을 수 없는 일이다.

Q. 국정원 댓글 공작을 폭로한 이유는 무엇인가?

국정원은 국가를 보위하는 조직이지 정권을 보위하는 조직이 아니다. 정보부가 국내 정권 안보를 위한 역할을 했을 때 생기는 부작용과 피해는 상상할 수 없을 정도다. 나는 국정원에서 평생을 살았다. 국정원이 잘못하면 문제 제기를 하는 것이 나의 책무다.

Q. 국정원은 오히려 정치 관여 범죄자라고 고발했다.

보도자료를 통해 정치적 목적을 위해 고향 선후배가 공모해서 조직을 배신했다고 했는데 너무 터무니없고 천박한 발상이다. 출신 조직에 대한 문제 제기는 다른 기관 출신은 못 한다. 언론이 파헤칠 수 있도록 단서는 줄 수 있어야 한다고 생각한다. 그래야 사회가 바로잡힐 기회가 생긴다. 특히 국정원은 국민의 대표라는 국회의원들 앞에서도 떳떳하고 자신 있게 거짓말을 하는데, 그런 조직을 누가 바로잡겠나.

진상 규명을 바라는 촛불 민심

민주당과 통합진보당 이정희 대표가 검찰이 기소유예 처분을 내린 국정원 간부와 직원 등에 대해 고등법원에 재정신청*을 제기했다. 민변도 검찰의 결정에 불복해 서울고등검찰청에 항고했다.

국정조사를 바라는 민심에도 불이 붙기 시작했다. 국정조사를 촉구하는 청원에 나흘 만에 10만 명의 시민이 참여했다. 진실을 외면하기에 급급한 정부 여당과 국정원의 행태에 대한 시민의 분노가 커지면서 진상 규명과 책임자 처벌을 요구하는 사회 각계의 시국선언과 촛불집회가 이어졌다.

2013년 6월 21일 500명으로 시작한 촛불집회는 7월 6일 서울광장에서만 만 명으로 늘어났다. 7월 13일에는 2만 명으로 2배 가까이 늘었다. 이 같은 급격한 증가세는 국정원 사태의 진상 규명이 지지부진한 것과 무관하지 않았다. 검찰 수사가 끝났는데도 진상을 밝혀줄 국정조사가 여야 합의대로 이뤄지지 않자 두 달도 안 돼 촛불집회 참가자는 5만 명으로 늘었다. 집회에 참석한 시민들은 "정치권은 변할 수 있고 자기의 이익에 충실할 수밖에 없다. 그 속에서 야권을 진정한 민주 세력으로 견인하기 위해서는 이런 국민의 힘을 더 많이 보여줘야 한다"고 말했다. 촛불집회가 "동원된 집회"라는 일부 보수 인사들의 주장에 대해 시민들은 단호히 "아니"라고 했다. 오히려 "이 정도로 많이 모을 수 있다면 그 주체가 대단한 거다. 전혀 말

---

* 검사의 불기소 처분에 불복해 그 타당함을 가려달라고 직접 법원에 신청하는 제도.

이 되지 않는다"고 반문했다.

물론 국정원 사태의 책임을 어디까지 물을지에 대해서는 온도차가 존재했다. 그러나 진상을 규명하고 어떤 책임이든 마땅히 물어야 한다는 원칙에는 충분한 공감대가 형성되고 있었다. 시민들은 무엇보다 철저한 진상 규명을 원했다. 민주주의의 회복이 바로 거기서 비롯된다는 것을 너무도 잘 알고 있었기 때문이다.

지상파, 저널리즘 포기했나

그러나 이런 여론을 담아내야 할 KBS와 MBC 등 지상파 방송사의 편파 보도는 도를 넘어서고 있었다. 사태의 진상 규명과 책임자 처벌, 대통령의 사과를 요구하는 촛불집회가 한 달 가까이 전국으로 확산되고 각계각층의 시국선언도 100건을 넘어서고 있었지만 그 목소리들을 철저히 외면했다.

KBS는 2013년 7월 6일 촛불문화제 관련 보도를 단신으로 처리했다. 이마저 어버이연합의 집회와 묶어 9시 뉴스 말미에 단 10초 동안 화면을 내보낸 게 전부였다. 시민 2만 명이 모인 7월 13일 집회는 지상파 3사의 메인 뉴스 어디에도 나오지 않았다. KBS는 촛불문화제 등에 대해 아예 취재 지시조차 내리지 않았다. 당시 김현석 언론노조 KBS 본부장은 "예전에는 촛불집회 등을 취재라도 했는데 요즘은 아예 취재도 안 하고, 그들의 목소리를 그저 정파적 목소리라고 외면해버리는 태도가 깊이 박혀 있다"며 KBS의 현실을 개탄했다. 시민들은 "시민의 시청료로 운영되는 KBS가 시민의 목소리를 철저히 외면하는 것은 방송의 기본이 안 된 것"이라고 비판했다.

지상파 방송사들은 초미의 관심사였던 국정원 국정조사 대신, 새누리당이 왜곡된 발췌에 근거한 '노무현 대통령의 NLL(북방한계선) 포기' 의혹을 앞 다퉈 주요 뉴스로 다뤘다. 새누리당의 국면 전환용 물타기 이슈에 적극 동참한 것이다. 이때 KBS, MBC는 NLL 관련 지도를 공개하며 반박에 나선 야당 의원에 대해서는 아예 다루지 않았고, SBS는 짧게 단신으로 처리했지만 이마저도 편파적이었다. 당시 국방전문가 김종대 씨는 이에 항의하는 의미로 KBS, MBC와의 인터뷰를 거부하기도 했다. 그는 "여당에 유리한 보도를 계속 하고 야당에서 제시하는 근거는 아예 빼버렸다. 보도의 기본, 균형성을 완전 상실했다. 분노할 수밖에 없다"고 말했다.

한편 KBS와 MBC는 2013년 7월 8일 박근혜 대통령이 수석비서관회의에서 발언한 내용을 적극적으로 보도했다. 침묵으로 일관하던 박 대통령이 "국정원 개혁에 박차를 가하고 그 개혁안을 스스로 마련해주길 바란다"는 입장을 밝히자, KBS는 갑자기 국정원 개혁이 중차대한 문제가 된 것처럼 무려 3가지 보도를 메인 뉴스에 쏟아 부었다. 대통령의 눈치를 본 것을 스스로 인정한 꼴이었다.

방송사의 내부 검열 강화, 축소 보도로 이어져

공영방송사의 내부 검열도 강화됐다. MBC 사측은 노조가 공정보도 여부를 감시하기 위해 갖고 있던 보도 시스템 모니터링 권한을 빼앗아버렸다. MBC 노조 내부 인사는 "보도 시스템에 접근할 수 있는 아이디가 일방적으로 삭제됐다. 2002년에 아이디가 만들어지고 처음이다"라면서 "김재철 사장 시절에도 없던 일"이라고 사태의 심각성을 전했다.

심지어 MBC는 2013년 6월 23일 방송 예정이었던 〈시사매거진 2580〉에서 국정원 관련 보도를 방송 직전 통째로 편집하기도 했다. 그 프로그램에는 보통 15분 안팎의 보도물 3건이 나갔는데, 그날은 2건만 방송됐다. 편집된 내용에 대해 당시 심원택 시사제작2부장은 경찰의 수사 증거 은폐와 허위 발표에 대한 내용, 원세훈 전 원장을 선거 개입 혐의로 기소했다는 검찰의 발표 내용 등을 문제삼았다. 심 부장은 〈시사매거진 2580〉 담당 데스크에게 "이번 사건의 본질은 전·현직 국정원 직원이 매관매직을 통해 민주당과 결탁한 정치 공작이며, 좌파 검사가 민주당 감금 사건을 제대로 수사하지 않은 부분도 기자의 시각으로 비판해야 한다"는 등 새누리당과 비슷한 주장을 했다고 한다.

이성주 언론노조 MBC 본부장은 "중요한 부분들을 빼지 않으면 방송을 내보낼 수 없다고 했다는 것이 가장 큰 문제다. 상급자인 시사제작국장의 중재까지 무시하고 방송을 못 나가게 한 것은 이해할 수 없다"고 말했다. MBC는 해당 프로그램의 담당 취재기자에게는 부장의 지시를 어겼다는 이유로 업무배제 조치를 내렸다.

YTN도 다르지 않았다. 2013년 6월 20일, YTN은 "박원순 서울시장에 대한 비방 글이 트위터에 조직적으로 올라왔다"면서 "국정원이 관련됐을 가능성도 의심된다"는 단독 기사를 냈다. 하지만 해당 리포트는 오전 5시부터 오전 8시까지 4차례, 단신은 5차례만 방송됐다. 24시간 뉴스 채널인 YTN에서 자사의 단독 리포트를 오전 시간에 세 시간만 방송한 것은 이례적인 일이었다.

여기에 더해 국정원 직원이 담당 취재기자에게 전화를 걸어 해당 보도에 대한 보도국 회의 내용을 전달해 파장이 더욱 커졌다. 보도 당일 오전 9시 43분, 전화를 건 국정원 직원은 "리포트의 기사 가치에 대해 보도국 회의에서 갑론을박이 있었고, '단독'이라는 표현에 대해서도 문제가 있다"는 입장을 전달했다. 통화 직후 해당 리포트는 석연치 않은 이유로 단신으로 처리됐다. 당시 YTN 이홍렬 보도국장은 이와 관련해 해명 자료를 냈다. "YTN의 어느 간부도 보도국의 회의 내용을 국정원 간부에게 전해준 사실이 없다"는 것이었다. 그러나 해당 국정원 직원은 YTN 노조 관계자와의 통화에서 "보도국 회의 내용을 감지한 것은 사실이며, 간부는 아니고 다른 경로를 통해 알았다"고 말했다.

내부 검열 강화가 언론 탄압으로 확산되자 KBS, MBC, YTN의 노조는 긴급 공동 기자회견을 열고 주요 방송사들이 축소, 왜곡, 편파 보도에 앞장서고 있다고 우려했다. 언론 관련 시민단체들도 국정원 선거 개입 사건에서 언론이 방관을 넘어 공범이 됐다고 비판했다. 여론조사에서는 KBS 시청료 인상에 반대하는 여론이 80%를 넘어서는가 하면, 지상파 뉴스를 보지 않겠다는 시민들도 늘어났다. 방송독립포럼 고승우 회장은 "언론과 정치권이 한통속이 되고 그 외의 시민사회, 대학가 등과는 너무나 다른 이질적인 현상을 보이고 있기 때문에 이 사회가 위험한 상태로 가고 있다"고 말했다.

언론의 침묵에도 불구하고 검찰의 수사 결과 발표로 촉발된 촛불집회는 계속됐다. 깨질 듯 말 듯 아슬아슬했던 국정조사도 촛불에 힘입어 하나둘 진전됐다. 진상은 국정조사와 청문회를 통해 반드시 밝혀져야 했다. 그러나 여야 간의 입장 차이가 커 사실상 큰 기대를 하기는 어려운 상황이었다. 민주당은 원세훈 전 원장과 김용판 전 청장을 둘러싼 의혹에 집중했고, 새누리당은 검찰 수사 결과를 문제삼았다. 여야는 국정원장의 기관보고를 공개로 할 것인지, 증인을 누구로 할 것인지, NLL 대화록 논란을 포함시킬 것인지 등의 문제로 서로 갈등했다. 결국 국정원 국정조사의 조사 범위는 다음의 5개 항으로 구성됐다.

① 원세훈 전 원장의 불법 지시와 댓글 등을 통한 선거 개입
② 김용판 전 청장의 직권 남용과 수사 관련 의혹
③ 전·현직 국정원 직원의 선거 개입 의혹
④ 국정원 직원 김 씨에 대한 인권 침해 의혹
⑤ 기타 필요한 사항

그리고 2013년 7월 24일 법무부 기관보고를 시작으로 드디어 국정조사가 시작됐다. 국정원 국정조사 일정은 다음과 같았다.

· 7월 24일 : 법무부 기관보고
· 7월 25일 : 경찰청 기관보고

- 7월 29일~8월 2일 : 국정원과 경찰청 등에 대한 현장 방문
- 8월 5일 : 국정원 기관보고
- ~8월 15일 : 증인과 참고인 대상 청문회

국가 안보를 위한 것인가, 정권 안보를 위한 것인가

민주당 진선미 의원 인터뷰

국정조사가 시작되기 직전, 이 사건의 진실 규명에 가장 앞장서온 민주당 진선미 의원을 인터뷰했다. 우여곡절 끝에 진행되는 국정조사에 대한 의견을 들어봤다.

Q. 국정원의 대북심리전은 정당했나?

원세훈 전 원장은 자신의 '지시 말씀'을 거의 다 인정하지만 정치 개입과 선거 개입은 아니라고 말했다. 그러나 '지시 말씀' 자체만 들여다봐도 대북심리를 위한 것이 아님을 알 수 있다. 원 전 원장이 4년간 근무하며 한 일 대부분이 이명박 정권이 진행한 정책 현안을 홍보하고, 그것에 문제를 제기하는 사람들을 종북으로 몰아 폄하하고 탄압하는 것이었다. 그런 것이 '지시 말씀'에 이미 나와 있는데 자신은 부인했다. 국민들이 한번 봐주길 바란다. 이게 국가 안보를 위한 대북심리전인지, 정권 안보를 위한 건지.

Q. 김용판 전 청장은 왜 개입했을까?

가장 고통스러웠던 국면이 바로 김 전 청장의 중간 수사 결과 발표였다. 피해자를 가해자로 만들고 사실과 전혀 달랐던 그 수사 결과 발표는 정말 심각한 행위다. 공소장에 따르면 김 전 청장은 이미 분석관들이 발견한 증거들을 보고받고 모든 결과에 대해 비밀을 엄수하라고 강력하게 지시했다. 혹시라도 노출될까 봐 수기로 보고하라고 명령하기도 했다. 이 부분에 대해 도대체 어떤 경위로, 왜 그

랬는지 제대로 들여다봐야 한다.

Q. 새누리당은 관련이 없을까?

집중적으로 고민하는 부분이다. (국정원 직원 김 씨 사건에 대한 경찰의 중간 수사 결과 발표 당시) 박근혜 후보 측의 박선규 대변인과 문재인 후보 측의 진성준 대변인이 생방송을 위해 다른 방송사의 스튜디오에 있었다. 그런데 박선규 대변인이 오전 10시 40분경, 그날 수사 결과 발표가 있을 것이라고 얘기했다. 이게 무슨 의미일까? 발표를 11시에 했으니까 적어도 20분 전에 미리 알았다는 거다.

Q. 원세훈의 윗선은 누구일까?

원세훈 전 원장의 '지시 말씀'은 거의 매달 있었는데 11차례나 4대강에 대해 강조했다. 2012년 2월 17일에는 "계속 홍보하라. 4대강 사업이 제대로 되도록 지역에 지원하라"고도 했다. 원 전 원장이 이명박 전 대통령과 수시로 독대했다는 얘기가 아닌가? 국정원이 원래 그런 일을 하는 곳인가?

Q. 국정조사로 실체가 규명될까?

쉽지 않다고 생각한다. 국정조사라는 게 강제수사권이 있는 것도 아니지 않은가. 하지만 미국 워터게이트 사건도 2년 걸렸다. 지속적으로 관심들을 표현해야 떠밀려서라도 문제가 고쳐질 수 있다.

Q. 국정원 개혁으로 이어질 수 있을까?

가능하다고 생각한다. 아주 어려운 일이라도 모든 사회적 변화는 때가 있다. 새누리당이나 보수를 지향하는 사람들도 이번 사태에 매우 문제가 있다고 지적한다. 실제로 개혁을 해야 한다는 목소리도 나온다. 이 사안이 너무나 심각하고 정보기관의 병폐를 고스란히 드러내고 있기 때문에 반드시 국정원 같은 권력기관에 대한 민주적 통제가 강화되는 쪽으로 제도 개혁이 이뤄질 것이라고 기대한다.

국정원, 드디어 국정조사 도마 위에 오르다

2013년 7월 25일, 국정원 국정조사에서 초미의 관심을 받으며 경찰청 기관보고가 진행됐다. 이성한 경찰청장 등은 "양심에 따라 숨김과 보탬이 없이 사실 그대로 말하겠다"고 선서했지만, 검찰이 공소장에 제기한 수사 축소 혐의를 인정하지 않았다. 허위 수사 발표 혐의도 사실상 부인했다. 이성한 청장은 검찰의 수사 결과 발표문에 대해 "범죄라고 말하긴 곤란하다"는 표현을 써 질타를 받기도 했다.

그러나 결정적인 증거 앞에서는 진실을 말할 수밖에 없었다. 당시 서울경찰청 수사부장이었던 최현락 경찰청 수사국장은 디지털증거분석팀 분석관들의 분석 내용을 당시에 알지 못했다고 증언했다가 의원들의 계속되는 추궁에 말을 바꿨다. 먼저 민주당 박영선 의원이 분석관들이 댓글을 발견한 상황을 담은 경찰 CCTV 자료를 제시하며 "당시 수사 사실을 보고받았느냐"고 질문하자 그는 "당시에는 몰랐고 검찰의 수사 결과 발표를 보고 알았다"고 했다. 그러나 민주당 정청래 의원이 "12월 16일 밤, 디지털증거분석팀 10명이 아이디와 닉네임을 총 40개 발견했다고 했다. 몰랐나?"라고 거듭 질문하자 결국 "알고 있었다"고 답했다.

이성한 경찰청장은 분석관들의 CCTV 대화 내용에 대해 "직원들이 농담으로 얘기한 것"이라고 의미를 폄하하기도 했다. 통합진보당 이상규 의원은 "사이버수사팀은 닉네임을 찾았다는 이야기를 하고 있을 뿐만 아니라 당시 증거가 인멸된 것까지 확인했다"며 해당 경찰 CCTV 자료를 제시했다. 그러면서 "수사관들이 자기들끼리

'지금 댓글이 삭제되고 있는 판에 잠이 오느냐'고 말하고 있다. 댓글이 있다는 얘기냐, 없다는 얘기냐"고 질문하자, 이성한 경찰청장은 "그 부분에 대해서 당사자에게 직접 확인했다. 다른 사람이 자기 일이 끝나서 자겠다고 하니 지금 잠잘 시간이냐며 농담으로 한 소리라고 했다"고 대답해 질타를 받았다.

8월 5일 국정원 기관보고에 참석한 남재준 국정원장도 원세훈 전 원장과 똑같은 입장을 되풀이했다. "댓글 작업은 정상적인 대북 심리전 활동의 일환"이라고 주장했고, "사건의 본질은 전직 국정원 직원이 정치적 이익을 위해 국정원의 활동을 대선 개입으로 호도한 정치 공작"이라고도 했다. 또 민주당 관계자들이 물리력을 동원해 국정원 직원을 감금하며 심각한 인권 유린을 자행했다고 했다(그러나 국정원 직원 김 씨가 감금당했다는 주장이 억지였다는 사실은 당시 김 씨의 112 신고 통화기록을 통해 밝혀졌다. 민주당 김민기 의원은 김 씨의 신고로 출동한 경찰이 통로를 열어주겠다고 하자 김 씨가 부모님과 상의 후 재신고하겠다고 말하고는 밖으로 나오지 않은 사실을 공개했다).

새누리당 특별위원회 위원들 역시 진실을 왜곡하려는 경찰과 국정원을 대변하는 일에 동참한 듯 보였다. 2005년 참여정부 시절 국정원 불법 도청 사건이 터졌을 때 한나라당이 노무현 대통령의 사과를 요구한 것과는 딴판이었다(당시 김승규 국정원장이 국민들에게 직접 사과하기도 했다). 이장우 의원은 국정원 직원 김 씨를 "연약한 여성"이라 지칭하며 인권 유린 논란을 부각시켰고, 김재원 의원은 경찰의 늑장수사 비판에 대해 "방대한 자료를 정리하느라 시간이 걸렸다"는 이성한 경찰청장의 대답에 "특별한 이유가 있는 것이지, 고의로 지체한 것이라 볼 수 없다는 취지냐"며 편을 들었다. 김태흠 의원은 "검찰이 불법 선거운동 댓글로 지목한 73건 중 문재인, 안철수를 직접 거명한 글은 단 3건"이라며 "댓글 73개를 갖고 조직적으로 대선에 개입했다고 보는 것은 지나친 비약"이라고 주장했다.

진실을 향해 커지는 목소리

2013년 8월 10일 저녁, 찜통더위에도 불구하고 서울시청 앞 광장에는 시민 5만여 명이 운집해 촛불을 밝혔다. 그해 6월 범국민 촛불집회가 시작된 이후 최대 규모였다. 집회의 화두는 국정원 국정조사 청문회였다. 참석자들은 한목소리로 원세훈 전 국정원장과 김용판 전 서울경찰청장, 김무성 새누리당 의원, 권영세 주중대사 등의 핵심 증인들이 반드시 청문회에 나와야 한다고 요구했다. 같은 날 부산, 대구, 대전, 광주 등 전국 주요 도시에서도 촛불의 물결이 이어졌다. 언론노조도 시국선언 대열에 동참하며 국민의 목소리를 외면해 온 것을 사과하고 보도 통제와 자기 검열에 맞서 싸우겠다고 밝혔다. 이 모든 것은 민주주의의 후퇴에 대한 우려와 분노를 나타내고 있었다. 국정조사에 대한 답답함과 제대로 된 증인 청문회를 통해 진실이 밝혀졌으면 하는 바람이 담긴 민심 그 자체였다.

천주교 신부들의 시국선언도 주목할 만했다. 특히 박근혜 대통령의 절대적 지지 기반이었던 대구 경북 지역의 천주교 사제 및 수행자들이 민주주의 수호에 나섰다. 2013년 8월 14일, 새누리당 대구시당 앞에서 열린 '국정원 대선 개입 규탄과 민주주의 수호 시국선언'에 대구대교구 사제 102명과 안동교구 사제 100명, 성베네딕토 수도회 70명, 살뜨르 수녀회 44명 등 총 500여 명이 참여한 것이다.

천주교 대구대교구 정의평화위원회 위원장 김영호 알폰소 신부는 "상당히 많은 신부님들이 부정적인 입장을 보였고, 민주당에게 이용당한다는 반대 여론도 있었다. 하지만 국정원 사태가 헌법을 훼손하고 민주주의 가치를 근본적으로 뒤흔드는 도발 행위라고 생각했다. 흑백논리나 편 가르기가 아니라 온전하게 성경의 가르침 위에서 복음적인 판단을 했다"고 말했다. 또 "원칙과 가치에 충실한 사람들이 정의평화위원회와 결합했고 그 역량을 모아서 시국선언을 하게 됐다"고 전했다.

전통적으로 다른 교구에 비해 시국선언 참여에 소극적이었던 대구대교구가 국정원 사태와 관련해 집단적인 의사를 표출한 것은 무슨 의미일까? 이곳의 보수적인 분위기를 감안해본다면 그 의미는 더 큰 무게로 다가온다.

05 해킹, 내란음모…
국정원 수사의
장애물들

국가정보기관의 국내 정치 개입, 선거 개입은 결코 용납될 수 없는 헌정 질서의 파괴 행위다. 그러나 이번 국정원 사태를 밝혀내는 과정은 결코 순탄치 않았다. 사건의 실체를 밝히려는 노력들은 보이지 않게 방해를 받았다. 의혹을 추적하던 국회의원과 취재기자, 취재원이 해킹과 같은 직접적인 공격을 당했고, 국정원 발 내란음모 사건, 검찰 특별수사팀을 향한 강도 높은 외압 등도 일어났다. 여기서 잠시, 이와 관련한 일들을 정리해봤다.

국회의원과 기자의 이메일까지 해킹

2013년 3월, 국정원의 정치 개입 의혹을 추적하던 국회의원과 언론인들의 이메일 계정이 무더기로 해킹당하는 사건이 발생했다. 당시는 진선미 의원이 국정원장의 지시 강조 문건을 폭로해 원세훈 전원장이 사건의 핵심임이 드러난 때였다(2013년 3월 18일 기자회견). 그런데 바로 이틀 뒤인 3월 20일 의혹을 제기했던 진 의원의 이메일 계정이 해킹을 당한 것이다. 접속 IP 주소는 싱가포르였다. 해킹이 단한 번에 성공한 점을 보면 사전에 목표로 삼았을 확률이 높았다. 네이버 관계자는 "무차별적인 시도가 있었다면 네이버에서 분명히 감지를 하고 시스템적으로 차단된다. 이번 건의 경우에는 대량 전송이아니라 타깃으로 한 것으로 보인다"고 말했다.

진 의원 비서관의 이메일 계정도 해킹당했다. 이번엔 미국 IP였다. 해킹 사건에 대해 진 의원은 "국가의 안보와 국민의 알권리를 위한 의원의 정당한 의정 활동을 누군가가 몰래 불법적으로 훔쳐보고 있다"며 "해킹을 통한 의원 불법 사찰은 여야 없이 단호하게 대처해야 한다"고 강하게 반발했다.

국정원 사건의 취재를 담당하던 뉴스타파 최기훈 기자와 조현미 기자의 개인용 국내 이메일 계정에서도 해킹 시도가 감지됐다. 뉴스타파는 국정원 사태를 2013년 3월 1일부터 집중 보도했는데, 그로부터 일주일이 지난 8일 새벽, 담당 취재기자의 개인 이메일에 해킹시도가 발생한 것이다. 일본 IP였다.

진선미 의원이 폭로한 국정원장의 지시 강조 문건, 그리고 '국정원 연계 추정 트위터 계정 무더기 발견'에 관한 뉴스타파의 단독 보도가 이뤄진 3월 18일로부터 이틀 뒤, 새벽에 이를 보도한 기자의이메일 계정에 또다시 해킹 시도가 있었다. 역시 일본 IP를 통해 접속을 시도하다 실패했다.

두 기자의 이메일 계정은 이전까지는 단 한 번도 해외에서의 접속 시도가 없었다. 또 두 기자 외 다른 뉴스타파 제작진들에 대한 해킹 시도도 발견되지 않았다. 해당 이메일 서비스를 제공하던 네이버 관계자는 "이 기간 동안에는 일본의 특정 IP를 통한 대량의 해킹 시도가 없었다"고 말했다.

'오유' 운영자도 뉴스타파의 두 기자와 같은 해킹 공격을 당했다. 해킹을 시도한 IP를 비교한 결과, 세 명 모두 일시는 달랐지만 일본 도쿄의 마루노우치 지역의 IP 주소에서 공격이 이뤄졌다는 사실이 확인됐다. 대략적인 위치가 일치하는 것에 불과했지만, 각기 다른 일시에 시도된 해킹이 공교롭게도 국정원 사건과 연관된 기자와 취재원에게, 그것도 같은 지역의 서버를 통해 이뤄진 것은 아주 의심스러운 상황일 수밖에 없었다. IT 전문가 김인성 교수는 "추적을 피하기 위해 도쿄에 있는 프록시 서버* 서비스 업체를 경유한 것으로 보인다"며 "한 명의 소행일 수도 있고, 여러 명이 같은 서버를 이용했을 수도 있다"고 설명했다.

진선미 의원실은 진 의원과 보좌관이 사용하는 이메일 계정 2개가 해킹당한 사실을 공개하고 경찰에 수사를 의뢰했다. 한편 국정원은 진 의원실에 대한 해킹은 국정원과 무관하다고 전했다.

• 자신을 통해서 다른 네트워크 서비스에 간접적으로 접속 가능하게 해주는 컴퓨터나 응용 프로그램.

국기문란 덮은 내란음모

검찰 조사와 국정조사, 그리고 5만여 시민이 모인 촛불집회 등으로 뜨거웠던 2013년 8월, 국정원이 내란음모 혐의로 통합진보당 이석기 의원 등에 대해 전격적인 압수수색을 실시했다. 일명 RO Revolution Organization라는 단체를 만들어 내란을 음모한 중대 범죄를 저질렀다는 것이다.

관련 혐의를 입증할 증거로 이석기 의원의 녹취록이 공개되자, 보수단체는 "국정원 강화, 간첩 잡자, 안보 강화", "북한의 공개 지령에 부화뇌동하는 반국가 종북내란" 같은 구호를 외치며 과격 시위에 나섰다. 마치 분단체제하 좌우 대립의 악몽이 되살아나는 듯한 분위기였다. 한편 침묵을 지키던 이석기 의원은 기자들 앞에 서서 자신에 대한 혐의 일체가 사실이 아니라고 주장했다.

"만약 한반도에서 전쟁이 예고되어 있다면 우리는 그에 걸맞은 준비가 필요하다고 강조했다. 그래서 나는 양측의 군사행동이 본격화되면 앉아서 구경만 할 것인지 물어본 것이다. 60년간의 정전체제를 끝낼 기회로 바꾸는 데 좀 더 적극적이고 주동적인 항구적 평화를 만들어낼 기회로 바꿔내자고 한 것이다."

"지금 신문지상에 나온 녹취록은 실제로 본 적이 없다. 여러분도 아시다시피 언론이 무차별적으로, 내가 마치 무슨 지시를 했던 것처럼, 혜화동 전화국 파괴, 평택 물류기지, 인명 살상, 군사 지시 등등 연일 집중적으로 쏟아내고 있는 내용들에 대해 인정할 수 없다. 왜냐하면 전혀 사실이 아니고 그런 일이 없기 때문에 단호히 말씀드리는 거다."

통합진보당은 이번 사건이 "국정원의 국면 전환용 사기극"이라고 규정하고 "여론재판을 중단하라"고 촉구했다. 2013년 8월 31일, 전국에서 모인 통합진보당 당원 2,000여 명이 내곡동 국정원 앞에 모였다. 최영준 '다함께' 운영위원은 "국정원이 발표한 내란음모 사건은 조직 해체의 궁지에 몰린 국정원과 박근혜 정부의 대국민 사기극이고 조작극이다. 이는 역대 정권이 위기에 몰릴 때마다 사용해 왔던 구태의 습관이다"라고 규탄했다.

그러나 같은 날 서울역 광장에서 국정원 선거 개입 사건의 진상 규명을 요구하며 장외투쟁을 하던 민주당 김한길 대표는 분명한 선 긋기에 나섰다. "언론이 말하는 대로 종북 세력의 어처구니없는 발상이 사실이라면 우리가 절대로 용납할 수 없는 충격적인 사건이다. 신속하고 철저한 수사가 있어야 마땅하다."

이에 대해 통합진보당 김선동 의원은 불편한 내색을 감추지 않았다. "국정원이 다시는 국내 정치에 개입하지 못하도록 하겠다는 국민적 요구가 높아진 상황이다. 그런데 그 위기를 모면하기 위해 국정원이 조작했을 가능성이 매우 높은 사건에 대해 민주당이 취하는 태도는 민주주의에 대한 불철저한 입장이다."

하지만 당시 시민들은 대체적으로 통합진보당이든 국정원이든 민주사회의 상식선을 벗어났다면 법적 조치를 받아야 한다고 반응했다. 2013년 6월 말부터 타오르기 시작하던 촛불은 '이석기 내란음모 사건'의 여파로 서서히 잦아들었다. 이전까지 5만 명이나 됐던 촛불 시민은 이석기 의원의 녹취록 파문 직후 3,000여 명으로 줄었다.

그야말로 내란음모 사건은 모든 이슈를 빨아들이는 블랙홀이 됐다. 국기문란 사건으로 거론된 국정원 대선 개입 의혹은 어느새 자취를 감춰버렸다. 국정원 발 맞바람이 제대로 작동한 셈이다.

국정원 발 '내란' 선풍의 실체

2013년 9월 5일, 통합진보당 이석기 의원은 내란음모 혐의로 구속됐다. 현역 의원의 구속이라는 초유의 사태였다. 새누리당 김진태 의원은 이석기 의원을 '대한민국의 적'으로 규정했다. "미안하지만 나는 이석기 피의자를 대한민국의 국회의원으로 인정한 적이 없다. 그 흔한 악수 한 번도 한 적이 없다. 대한민국의 적이기 때문이다."

　통합진보당은 과거 공안 사건들을 예로 들며 "이번 사건 역시 국정원의 조작"이라고 주장했지만 역부족이었다. 통합진보당 오병윤 의원은 "김대중 내란음모 사건, 인혁당 사건, 민청학련 사건, 진보당 조봉암 사건, 조용수 민족일보 사건을 다 아실 거다. 모두 무죄로 판결난 국정원의 조작들이다"라고 말했다.

　정부가 국회에 제출한 체포동의요구서는 모두 82쪽이었는데 내란음모, 내란 선동과 관련된 범죄 사실을 설명한 분량은 35쪽이었다. 그중 4쪽은 문제가 된 '5월 회합'을 준비한 배경에 대한 설명이고, 나머지 31쪽은 당시 회합에서 이석기 의원 등이 발언한 내용이었다. 한편 RO라고 규정된 조직의 결성 시기, 결성 장소, 결성 인원 등은 밝혀지지 않은 상태였다.

실행 계획의 세부에 이르기까지 모의할 필요는 없다는 것이 대법원의 판례입니다.

대법원 판례를 왜곡해 발언하는 황교안 당시 법무부 장관.

　　그때까지 나온 증거 대부분이 5월 회합의 녹취록에 근거하고 있어서 내란음모죄가 성립하기에는 부족하다는 법조계의 의견도 있었다. 그런데도 정부는 당시 상황만으로도 내란음모죄가 성립한다는 입장을 냈다. 당시 황교안 법무부 장관은 "내란음모는 내란죄의 실행 계획 및 내용에 관하여 두 사람 이상이 서로 통모 합의하는 것을 의미하는데 실행 계획의 세부에 이르기까지 모의할 필요는 없다는 것이 대법원의 판례"라고 했다.

　　하지만 대법원 판례를 보면 얘기가 다르다. 대법원은 1999년 총을 훔쳐 현금 수송 차량을 털자고 모의한 군인 두 명에게 강도음모죄와 관련해 무죄를 선고한 바 있다. 대법원은 형법상 '음모죄'가 성립되려면 2인 이상이 범죄 실행을 합의해야 하는데, 이때 '합의'라 함은 "단순히 범죄 결심을 외부에 표시, 전달하는 것만으로는 부족"하며

"범죄 실행을 위한 준비 행위라는 것이 명백히 인식되고, 그 합의에 실질적인 위험성이 인정될 때 가능하다"고 무죄 이유를 설명했다.

서강대 법학전문대학원 이호중 교수도 이석기 의원의 내란음모 사건에 대해 "최소한 공격 대상이 뭔지, 언제 할 거고, 어떤 방식으로 할 것인지에 대한 합의가 도출됐을 때 음모라는 게 적용되는 것"이라고 말했다. 그러나 언론에 공개된 녹취록에는 이석기 의원 등 5월 회합에 참석한 사람들이 총기 탈취나 시설 파괴 등에 합의했다거나, 구체적인 범죄 실행을 준비했다는 대목은 없었다. 이들에게 내란음모죄를 적용하기는 힘들다는 지적이 나오는 이유였다.

황교안 장관은 "3년여에 걸쳐 내사를 진행했다"고 했지만 해당 조직에 대한 기본적인 정보도 확보하지 못하고 있었다. 또 국정원은 갑자기 공개 수사로 전환하면서 추가 수사의 여지를 스스로 축소하기도 했다. 왜 국정원은 녹취록을 바탕으로 전체 조직을 일망타진하기 위한 보다 구체적인 수사를 은밀하게 진행하지 않았을까? 의심이 증폭되는 지점이었다.

사라진 '국정원 개혁' 의제

하지만 법적 판단과는 별개로, 통합진보당 일부의 행태에 대한 정치적, 사회적 지탄의 목소리가 높아졌다. '국정원 개혁'이라는 시대적 의제가 묻혀서는 안 된다는 목소리는 내란음모 속에 사라졌다. 2013년 9월 2일 원세훈 전 국정원장의 공판 때는 민병주 전 국정원 심리전단장이 댓글 사건의 당사자인 김 씨에게 이런 문자 메시지를 보낸 사실이 새롭게 드러났다. "선거도 끝나고 이제는 흔적만 남았네요. 덕분에 (대통령) 선거 결과를 편히 지켜볼 수 있어서 감사합니다." 하지만 이마저도 관심을 받지 못하고 말았다.

내란음모 사건이 발생한 2013년 8월 28일을 기준으로 국정원 관련 기사를 분석해봤더니 이 같은 경향이 매우 뚜렷하게 드러났다. KBS, MBC, SBS 등 지상파 3사는 8월 20일부터 8일 동안 국정원 대선 개입 의혹 사건을 메인 뉴스에서 27건 보도했다. 그러나 내란음모 사건이 터진 뒤인 8월 28일부터 8일 동안은 단 한 차례도 보도하지 않았다. 같은 기간에 내란음모 사건은 128건 보도했다. 신문들도 마찬가지였다. 조선일보, 중앙일보, 동아일보, 한겨레신문, 경향신문 등은 2013년 8월 21일부터 28일까지 국정원 대선 개입 의혹 사건을 129건 보도하다가 이후 7일 동안(9월 4일까지) 28건으로 대폭 줄였다. 같은 기간에 이석기 의원과 관련해서는 403건 보도했다.

검찰 특별수사팀에 대한 강도 높은 외압

뉴스타파가 국정원의 트위터를 이용한 대선 개입을 처음 보도한 것이 2013년 4월이고, 국정원 직원의 신원을 확인해서 보도한 것이 같은 해 5월 17일이다. 그로부터 무려 5개월이 지난 시점에서 검찰 특별수사팀이 뉴스타파의 보도 내용을 확인하고 트위터를 이용한 국정원의 대선 개입을 추가 기소하는 과정에서 난리가 나기도 했다.

특별수사팀의 수사가 본궤도에 올랐던 그때, 수사팀을 겨냥한 노골적인 외압이 시작된 것이다. 국정원 대선 개입 의혹에 대해 강력한 수사 의지를 내비쳤던 채동욱 검찰총장은 자신의 사생활 문제가 언론에 오르내리자 결국 사퇴했다. 또 특별수사팀이 국정원 직원을 긴급체포하고 공소장에 트위터 불법 선거 혐의를 추가하자, 검찰 수뇌부는 보고 절차를 어겼다는 이유로 윤석열 특별수사팀장을 업무배제 조치했다. 그러나 윤석열 특별수사팀장은 2013년 10월 21일 열린 서울중앙지검 국정감사에서 오히려 수사 초기부터 외압을 느꼈고, 4차례나 보고하고 승인도 받았다고 주장했다.

황교안 장관이 버티고 있던 법무부는 특별수사팀이 원세훈 전 국정원장 등에게 선거법 위반을 적용하는 것을 가로막기도 했다. 이런 정황은 윤석열 특별수사팀장의 증언을 통해 드러났다. "5월 말부터 6월 중순까지 공직선거법을 의논하는 문제와 관련해 우리가 법무부에 보고서를 작성해서 내고 설명하는 과정이 2주 이상 걸렸다. 수사하는 사람들이 느끼기에 정당하거나 합당하지 않고 도가 지나치다고 한다면 그런 것은 외압이라고 느낀다."

이른바 항명 파동 등으로 검찰 특별수사팀은 징계와 지방 발령 등을 받아 사실상 와해됐다. 윤석열 특별수사팀장은 3개월 정직이라는 중징계를 받았고, 박형철 부장검사는 1개월 감봉에 처해졌다. 건국대 법학전문대학원 한상희 교수는 "현행 헌법의 기본틀을 흔든 이런 비리(국정원의 대선 개입)에 대해서 검찰이 수사하고 기소하고, 더 나아가 재판 과정에서 잘못된 점들이 드러나니까 청와대가 불안을 느꼈던 건 아닌가"라고 해석했다.

국정원, 신문 사설을 통해 여론 심리전에 나서기도

2013년 7월, '국정원 대선 개입 의혹 사건' 국회 국정조사 기간에 한 대학교수의 이름으로 지역 일간지에 기고문 하나가 실렸다. "국정원 댓글 사건과 개혁의 본질"이란 제목의 글이었다. 그러나 그 글은 국정원의 작품이었다.

국정원 심리전단 소속인 A 씨는 당시 고려대 북한학과 조영기 교수에게 국정원 대북심리전 활동을 옹호하는 내용의 기고문을 이메일로 전달했다. 그리고 이틀 후, 그 글은 조 교수의 이름으로 강원도의 한 일간지 오피니언 기고면에 그대로 실렸다. 이는 원세훈 전 국정원장의 대선 개입 사건을 수사한 검찰의 수사 자료를 통해 확인한 사실이다.

기고문은 국정원의 댓글 활동이 종북 활동에 대한 대북심리전이라며 그 정당성을 무시해선 안 된다는 취지의 내용이었다. 당시 국정원이 내놓았던 공식 입장과 똑같았다.

우리는 '국정원 댓글 활동'에 대한 정치 공방이 가열되고 수사가 진행되면서 관심의 초점이 변질되는 것을 목도하였다. 즉 정쟁의 와중에 종북 활동에 대한 대북심리전이라는 본래의 모습은 사라지면서 정치 개입 의혹으로 사건을 또 다른 모습으로 변모시키고 있다는 것이다. 바로 정치 개입 의혹만 불거지고 대북심리전의 정당성은 무시되고 있다.

관련 국정조사가 열리던 민감한 시기에 국정원 직원이 대학교수의 이름을 빌려 마치 전문가의 목소리인 양 국민을 상대로 여론 조작을 한 셈이다. 조영기 교수는 "(내가) 학자적 양심을 가지고 (직접) 썼다"고 말했다. 그렇다 하더라도 언론 기고문을 사전에 국정원과 주고받았다는 사실은 바뀌지 않는다. 결국 국정원이 댓글 사건과 관련해 지역 일간지의 기고문까지 간섭하고 관여했다는 것을 인정한 셈이다(이 사실은 2016년 3월 9일 뉴스타파의 보도를 통해 비로소 세상에 알려졌다).

국정원, 국민 상대로 소송전도 불사

2013년 5월, 국정원 수사관 세 명은 이른바 '화교 간첩 사건'으로 불리는 간첩 조작 의혹 사건과 관련해 피고인 유우성 씨의 변호인단을 형사고소했다. 6억 원의 손해배상을 청구하는 민사소송까지 내기도 했다. 당시 간첩으로 지목된 피고인 유 씨의 여동생 유가려 씨는 유 씨의 변호인단과 함께 기자회견을 열어 진실을 밝히려 했다. 그런데 그 기자회견이 국정원과 국정원 수사관의 명예를 훼손했다는 것이다. 또 다른 국정원 수사관 세 명은 이 사건을 애니메이션 다큐멘터리로 제작해 방송한 뉴스타파 제작진도 형사고소하고 1억 5,000만 원의 손해배상청구 소송을 제기했다.

국정원 직원들이 개인 명의로 소송을 남발한 것은 새로운 현상이었다. 2009년 국정원은 당시 박원순 희망제작소 상임이사를 상대로 직접 민사소송을 제기한 적이 있었다. 소송의 주체는 국정원이었지만 소장에는 원고를 '대한민국'으로 기재했다. 이때 국정원은 대법원까지 갔지만 모두 패소했다. 이 소송 이후 국정원이 직접 소송 주체로 나서는 것을 꺼렸다는 분석이 있다. 박진석 변호사는 "국정원 이름으로 다시 소송을 제기하면 패소할 가능성이 높고, 그런 부담감 때문에 수사관들의 이름으로 한 것 같다"고 말했다.

그런데 유 씨의 변호인단을 상대로 민사소송을 낸 국정원 수사관 중 한 명은 자신이 소송을 제기한 사실조차 한 달 넘게 모르고 있었다. 국정원 직원 개인의 이름으로 소송을 냈지만 실제로 그 배후에는 국정원 조직이 있다는 의구심이 드는 이유다.

이 때문에 소송 비용도 국정원이 대고 있는 것은 아닌지 의문이 제기됐다. JTBC는 댓글 사건의 당사자인 국정원 직원 김 씨의 변호사 비용 3,300만 원을 국정원이 지급했다고 보도했다. 국정원 직원들이 연루된 다른 사건에서도 국정원이 소송비를 지불했을 가능성이 높았다. 하지만 국정원 소송을 대리하던 법무법인은 이와 관련한 확인을 요청했으나 거부했다.

국정원은 의혹을 제기하는 언론인과 야당 인사 등을 상대로도 민·형사소송을 제기했다. 국정원의 대선 개입과 부적절한 수사 관행을 지적하는 국민을 상대로 무차별 소송을 제기하는 것, 직원의 소송비를 국민의 세금으로 대주는 것이야말로 국정원의 명예를 훼손하는 일이 아닐까.

06 드디어 입증된 대선 개입, 그리고 판결

다시 사건의 중심으로 돌아가보자. 새누리당은 국정원 심리전단이 단 정치 댓글이 겨우 73개라면서 대선에 개입한 게 아니라고 주장해왔다. 이는 뉴스타파가 공개한 국정원의 트윗 글이 무려 23만여 건이나 된다는 사실을 무시한 주장이었다. 그간 뉴스타파는 국정원의 트위터상 대선 개입을 기소하라고 검찰에 촉구했다. 그런데 검찰이 트위터 미국 본사로부터 국정원 트위터 그룹의 이메일 정보를 넘겨받아 이를 바탕으로 계정의 신원을 추적한 것이 확인되었다.

국회 국정조사특별위원회로부터 입수한 자료에 따르면 검찰이 확보한 트위터 계정은 402개, 이들이 쓴 대선 및 정치 개입 관련 트윗 글은 1만 7,000여 건에 달했다. 검찰은 이 계정들의 신원을 파악하기 위해 2013년 7월 말 네이버와 다음 등 이메일 업체 4곳에 대한 압수수색을 진행했다.

트위터 계정 402개와 20개 그룹

검찰은 402개 계정을 20개 그룹으로 분류했다. 빅데이터 업체로부터 복원한 트위터 게시글과 계정을 분석하는 과정에서 국정원 트위터 계정들이 그룹으로 나뉘어 조직적으로 움직였다는 사실을 검찰도 확인한 것이다. 그렇다면 검찰이 확인한 20개 그룹, 402개 계정과 앞서 뉴스타파가 파악한 10개 그룹, 658개 계정은 얼마나 일치했을까? 검찰이 파악한 리스트를 뉴스타파가 분류한 것과 연결시켜 봤더니 4개 그룹이 정확히 일치했다. 검찰의 나머지 16개 그룹도 뉴스타파의 나머지 6개 그룹에 골고루 나뉘어 연결된 것으로 나타났다. 또 검찰이 파악한 402개 계정 가운데 70%인 281개 계정이 뉴스타파가 공개했던 계정과 일치했다. 일치하지 않는 121개 계정은 뉴스타파의 수집 범위에서 벗어난 것과 계정이 이미 삭제되어 미처 수집하지 못했던 봇 계정들이었다.

이렇게 뉴스타파 자료와 검찰 자료를 합하니 전체 국정원 트위터 계정은 850여 개로 늘어났다. 뉴스타파가 2013년 6월에 공개한 국정원 트윗 글 23만여 건 가운데 검찰이 확보한 402개 계정이 작성하거나 리트윗한 글은 모두 5만 8,000여 건이었다. 이 중 대선 관련 글은 1,673개, 국내 정치 관련 글은 1만 5,000여 개였다. 검찰이 '오유'에서 증거로 확보했다는 댓글 73개와는 비교할 수 없는 규모였다.

국정원의 트위터 그룹이 상당수의 봇 계정을 운영한 사실도 확인됐다. 계정 수십 개가 같은 글을 올린 경우가 많았고, 심지어 수백 개의 계정이 같은 글을 동시에 리트윗하기도 했다. 대선 기간에 다가갈수록 직접 글을 쓰지 않고 봇으로 가동되는 계정이 많아졌는데, 전체 850여 개 계정 가운데 90%에 가까운 750여 개가 봇 프로그램으로 작동됐음이 확인됐다. 봇 프로그램을 사용하기 위해 부가 기능이 제공되는 이른바 서드파티 앱을 사용한 사실도 알려졌다. 한 SNS 분석업체 관계자는 "기사가 한 번 나면 갑자기 해당 기사와 똑같은 메시지가 쫙 나온다. 다른 유저로 말이다. 그것은 100% 로봇이 한 거다. 순차적으로 1초, 2초 단위로 했을 것이다."

원장 지시 후, 심리전단 활동 대폭 확대

2013년 9월 2일 민병주 전 심리전단장이 국정원 사건 공판에 증인으로 나왔다. 민 전 단장은 2011년 11월 18일 원세훈 원장이 "선거 정국을 틈탄 종북 세력의 트위터 활동에 선제적으로 대처해야 한다"고 지시한 것은 트위터 활동의 강화를 의미한 게 맞다고 인정했다.

실제로 트위터 미국 본사가 검찰에 제공한 자료를 보면 국정원 그룹의 트위터 계정 가입은 평소 한 달에 한 명꼴이었다가 2011년 12월에는 13명으로 급격히 늘어났다. 검찰은 그 시점에 국정원 심리전단 직원 20명이 추가로 투입됐다고 밝혔다. 원장의 지시로 심리전단 활동이 본격화된 셈이다.

당시 국정원 그룹의 노골적인 트위터 활동은 일부 매체가 '알바 부대'로 포착해 기사화하기도 했다. 그 바람에 한동안 잠잠했다가 2012년 6월 들어 신규 계정이 64개로 급격히 늘어났고, 7월과 8

월에만 200여 개가 새로 만들어졌다. "대선 후보가 확정되어가던 2012년 8월부터 국정원 그룹이 왕성하게 활동했다"는 뉴스타파의 취재 내용과도 맞아떨어지는 부분이다.

"선거에서 유례를 찾아보기 힘든 중범죄"

2013년 10월 17일, 특별수사팀은 서울중앙지법에 공소장 변경허가 신청서를 냈다. 이는 트위터상에서 국정원이 행한 대규모 여론 조작의 실체를 마침내 드러내는 것이었다. 첨부된 범죄일람표에는 국정원 직원이 작성했거나 리트윗한 글 5만 5,000여 개가 담겨 있었다. 이는 뉴스타파가 6월에 공개한 관련 트윗 5만 8,000여 건과 거의 일치하는 수준이다.

뉴스타파가 지목한 국정원 핵심 계정 10개 중 하나인 shore0987도 국정원 직원이 사용한 것으로 밝혀졌다. 이 계정의 글은 만 번 넘게 리트윗되어 사이버 공간에서 확산됐는데, 2012년 9월부터 12월 대선 전까지 '종북', '좌빨' 등 근거 없는 색깔론을 담은 글로 야권 후보를 매도했다. 확인된 계정 중에는 박근혜 후보 캠프의 후원계좌를 소개하며 선거자금 모금을 독려하는 글을 올린 것도 있었다.

shore0987뿐만 아니라 taesan4, nudlenudle, kiminhye0, gubonsu, jogisic, harpesang 등 뉴스타파가 핵심 계정으로 분류한 10개 가운데 7개가 검찰 수사에서도 국정원 직원이 사용한 것으로 확인됐다. 뉴스타파가 국정원 보조 계정으로 분류했던 6개 계정도 국정원 직원이 직접 사용한 것으로 새롭게 밝혀졌다.

검찰은 수사 과정에서 국정원 직원 세 명을 긴급체포했다. 또 이세 명 외에도 다수의 국정원 직원이 트위터 여론 조작에 가담한 사실을 확인했다. 특별수사팀 박형철 부장검사는 "체포된 국정원 직원 세 사람 것만 증거로 채택한 건 아니다. 국정원 트윗이 5만 몇 천 건인데, 세 사람 것은 그중의 일부다"라고 했다.

이 같은 검찰의 증거는 국가정보기관이 대선에 개입한 사상 초유의 국기문란 사건을 확인시켜준 것이었다. 특별수사팀은 이번 사건을 "선거에서 유례를 찾아보기 힘든 중범죄"로 규정했다. 그리고 공소장 변경허가 신청서에 국정원 심리전단이 원세훈 전 원장의 지시에 따라 특정 정당과 특정인에 대해 낙선 목적의 선거운동을 했다고 못 박았다.

그러나 청와대는 여전히 침묵하고 있었고, 새누리당은 오히려 대선 불복을 원하는 거냐며 정치 공세를 폈다. 정우택 의원은 "아마 지난 대선에 대한 불복의 마음이 아직도 마음속에 있기 때문이 아닌가 생각한다"고 했고, 윤상현 원내수석부대표는 "불법 체포를 통해 불법으로 취득한 정보이기 때문에 법적인 효력은 없을 것이라고 판단한다"고 말했다. 윤 부대표의 이 발언은 오히려 검찰과 사법부에 이번 국정원 사태에 대한 가이드라인을 제시한 것으로 읽혔다. 원세훈 전 원장 측 변호인 역시 검찰이 국정원직원법을 위반했다며 증거 취득의 불법성을 부각시켰다. 특별수사팀은 국정원의 비협조로 체포 전까지 용의자가 국정원 직원 신분인지 여부를 확인할 수 없어 국정원직원법에 따른 사전 통보를 할 수 없었던 것이다.

혐의 트윗 121만 건, 대선 개입 64만 건

2013년 11월 21일, 검찰 특별수사팀은 대선 및 정치 개입 혐의가 있는 트윗 121만 건을 확정해 법원에 2차 공소장 변경허가를 신청했다. 121만 건 중 2012년 대선 개입 관련 글은 64만 건이었다. 그동안 "댓글은 73개뿐"이라며 조직적인 선거 개입을 집요하게 부정해온 국정원과 새누리당, 보수 언론의 주장은 무색해졌다. 특별수사팀의 추가 기소로 그 방대한 규모가 드러났으니 정작 새누리당이 펴온 논리에 따라 지난 대선은 국정원이 조직적으로 개입한 선거임이 증명된 셈이었다. 뉴스타파가 2013년 3월부터 끈질기게 보도한 SNS상의 국정원 대선 및 정치 개입 사건은 이렇게 8개월 만에 검찰에 의해 최종 확인됐다.

2014년에는 국정원 심리전단 일부 요원들이 2012년 대선 기간 동안 프로필에 '십알단'이라 표시하고 활동한 사실이 드러났다. 2014년 3월 3일에 열린 원세훈 전 원장과 이종명 전 3차장, 민병주 전 심리전단장에 대한 공판에서 검찰은 "국정원 직원 이 모 씨의 트위터 계정 닉네임 옆에 '십알단'이라고 쓰여 있었다"며 이는 국정원의 십알단 활동을 입증하는 자료라고 밝혔다. 또 해당 국정원 직원이 '십알단'이라고 적힌 계정이 자신의 계정임을 인정했다고 밝혔다.

뉴스타파가 확인해본 십알단 표시 국정원 계정은 모두 10개로, gichan777, kyungju777, sungmin746, minju177, gubonsu, gwoosung1, kyungsun_l, sinji-kim, sshinbal, daeduklee 등이었다. 이 가운데 gichan777과 kyungju777, sungmin746은 국정원 심리전단 5

뉴스타파가 확인한 십알단 표시 국정원 계정

트위터 계정	프로필 소개글	계정 사용자
gichan777	진보는 빨갱이다(십알단)	국정원 심리전단 5팀 이 모 씨로 확인
kyungju777	빨갱이들이 사회원로란다(십알단)	국정원 심리전단 5팀 이 모 씨로 확인
sungmin746	좌빨들을 처단하라(십알단)	국정원 심리전단 5팀 이 모 씨로 확인
minju177	김민주(십알단)	
gubonsu	친북 좌파들은 오늘도 광분한다(십알단)	핵심 계정 중 하나로 확인
gwoosung1	나에 로망 BMW 오토바이(십알단)	
kyungsun_l	김경순(십알단)	
sinji-kim	신지(십알단)	
sshinbal	좌빨들이 민주화 투사냐?(십알단)	
daeduklee	빨갱이를 정치범 수용소로, 십알단	

팀 소속 이 모 씨가 사용했던 계정임이 공판 과정에서 확인됐다. 이 씨는 이번 사건의 핵심 계정 10개 중 하나인 shore0987의 사용자이기도 했다. 또 gubonsu도 왕성하게 활동한 핵심 계정이었다.

십알단으로 자신을 소개하면서 활동한 것은 그 자체가 선거운동 목적으로 트위터 계정을 운영했음을 증명하는 셈이다. 대북심리전을 펼치기 위해 트위터 활동을 했다는 국정원의 입장과는 완전히 배치된다. 십알단이라는 명칭 자체에 '박근혜 후보의 댓글 선전 조직'이란 뜻이 포함되어 있기 때문이다. 실제로 이 계정들 가운데 상당수는 대선 관련 트윗을 작성하거나 리트윗했고, 박근혜 선거캠프의 트윗을 리트윗하기도 했다. 국정원의 노골적인 대선 개입에 대한 증거였다. 그러나 십알단이 엄격한 조직 형태가 아니어서 국정원 직원들이 운영자인 윤 목사 측과 조직적으로 공모했는지, 아니면 트위터상에서 그 영향력을 활용하기 위해 표시만 했는지에 대해서는 검찰은 설명하지 않았다.

원세훈에 징역 4년 구형

이렇게 국정원 댓글에 이어 소문만 무성했던 트위터상의 조직적인 여론 조작까지 사실로 확인됐다. 2013년 6월 검찰은 국정원 대선 개입의 지휘 책임을 물어 원세훈 전 원장을 공직선거법 위반 혐의로 기소한 바 있다. 2014년 7월 14일, 재판이 시작된 지 1년 1개월. 검찰은 결심공판에서 원 전 원장에 대해 징역 4년에 자격정지 4년을, 이종명 전 3차장에 대해 징역 2년을, 민병주 전 심리전단장에 대해 자격정지 2년을 구형했다.

검찰은 최종 의견에서 이번 사건을 "국정원장이라는 직위를 이용한 정치 관여 행위이자 18대 대선 운동을 한 범행"이라고 규정했다. "국정원이 대통령의 국정 수행을 보좌하는 기관이라는 원 전 원장의 잘못된 인식이 국정원의 사유화를 낳았고, 이는 국가 안보 역량을 약화시킬 것"이라는 지적도 했다. 또 1960년대에 무차별적 사찰과 정치 관여를 자행한 미국 정보기관의 월권행위를 사법적 통제를 통해 바로잡은 미국 대법원장 얼 워렌(Earl Warren, 1891~1974년)을 언급하며, 국정원의 불법 선거 개입 관행을 근절하기 위해 원 전 원장에 대한 준엄한 사법적 판단이 필요하다고 구형 이유를 밝혔다.

이에 맞서 원 전 원장은 무죄를 주장했다. 자신은 60세가 넘어

인터넷에 대한 이해가 부족해 "재판 내용을 이해하기가 힘들 정도였다"며 "국정원 직원 김 씨의 오피스텔 사건이 있기 전까지 국정원 심리전단의 활동을 알지 못했다"고 했다. 또 심리전단의 활동은 "북한과 종북 세력에 대한 정상적인 방어심리전 활동"이며 "일부 문제가 있었다고 해도 선거 개입을 목적으로 했거나 정치적 중립성을 위반한 것이 아니"라고 주장했다.

공판 절차는 마무리됐지만 검찰과 원 전 원장의 변호인 측은 몇 가지 쟁점을 두고 팽팽히 맞섰다. 그 쟁점들을 다음과 같이 정리해 봤다. 결국 유무죄는 이에 대한 재판부의 판단으로 갈리게 됐다.

쟁점 1 국정원의 직무 범위는 어디까지인가? 검찰은 국정원법이 국정원의 국내 활동을 엄격히 제한하고 있어서 이번 국정원 심리전단 활동은 "명백한 법 위반"이라고 주장했다. 하지만 변호인 측은 검찰이 국정원의 직무 범위를 좁게 해석한다며 "북한의 사이버 활동에 대응하는 국정원의 활동은 반드시 용인되어야 한다"고 맞섰다.

쟁점 2 원장의 지시에 따라 심리전단이 활동했는가? 이른바 '원장님 지시 강조 말씀'을 업무 지시로 볼 것인가 하는 문제다. 변호인 측은 "자료들이 만들어진 모닝 브리핑과 전 부서장 회의는 직원들을 격려하고 현안에 대한 원장의 생각을 밝히는 자리이지, 업무 지시를 내리는 자리가 아니"라고 주장했다. 이에 대해 검찰은 "원 전 원장의 발언이 구체적으로 하달되어 심리전단 직원들의 글쓰기 소재로 지속적으로 활용됐다"면서 조직적 활동의 근거라고 맞섰다.

쟁점 3 두 텍스트 파일 증거 배척, 재판 결과에 영향을 미칠 것인가? 2014년 6월 30일, 재판부는 국정원의 이메일 압수수색에서 발견된 '시큐리티', '425지논'이라는 두 텍스트 파일을 증거로 인정하지 않았다. 국정원 직원의 트위터 계정 정보가 담긴 시큐리티 첨부파일 등에 대해 작성자가 확인되지 않는다는 이유에서였다. 이 때문에 검찰이 국정원 심리전단이 사용한 것으로 확정한 트위터 계정 1,100여 개와 정치계 트윗 글 78만여 건 중 상당수가 증거 능력을 잃게 됐다. 검찰은 첨부파일의 증거 능력을 문제삼는 변호인단의 주장을 받아 준 것에 대해 이례적으로 유감을 표시했다.

정치 개입은 유죄, 선거 개입은 무죄?

약 1년 동안 40차례가 넘는 재판에서 검찰과 국정원은 치열한 공방을 벌였다. 그동안 수사를 독려하던 검찰총장은 교체됐고, 특별수사팀도 징계와 발령으로 사실상 와해된 상태였다. 통상 결심공판 이틀 뒤에 선고하는 것과 달리, 재판부는 판결문 작성에 상당한 시간이 필요하다며 2014년 9월 11일에 선고하겠다고 밝혔다.

마침내 국정원 직원 김 씨 사건이 발생한 지 1년 10개월 만에 사법부의 첫 번째 판단이 내려졌다. 판결 내용에 따라 박근혜 정부의 정통성에 치명상이 될 수 있다는 분석이 나오기도 했다. 서울중앙지법 형사합의21부(부장판사 이범균)는 국정원 심리전단에 인터넷 포털과 트위터 등에 정치 관여 및 선거 개입 글을 올리도록 지시한 혐의로 기소된 원세훈 전 국정원장에게 징역 2년 6개월에 집행유예 4년, 자격정지 3년을 선고했다.

재판부는 "국정원 내부의 전 부서장 회의, 모닝 브리핑 등의 회의에서 당시 원세훈 원장이 한 발언이 요약, 정리되어 심리전단에 하달됐으며, 이 내용에 따라 심리전단 직원들이 활동한 사항이 체계적으로 보고, 관리되는 등 국정원의 조직적인 정치 관여 행위가 있었던 것이 인정된다"고 판단했다. 이는 국정원의 정치 관여 행위를 금지하는 국가정보원법 제9조를 위반한 것으로, 재판부는 "원세훈 전 원장이 책무를 저버리고 민주주의의 근간을 뒤흔드는 중죄를 저질렀다"고 판시했다.

하지만 판결의 핵심이었던 공직선거법 위반 혐의는 인정하지 않았다. 원 전 원장이 심리전단 직원들에게 "선거운동을 하도록 지시했다"는 것이 검찰의 주요 공소 내용이었는데, "공직선거법상 선거운동을 한 사실이 입증되기 위해서는 객관적으로 행위자의 목적성, 능동성, 계획성이 확인되어야 하지만 원 전 원장의 혐의를 입증하기에는 검찰의 증거가 불충분하다"고 본 것이다. 재판부는 그 근거로 직접적으로 대선 개입을 지시한 원 전 원장의 발언을 찾을 수 없는 점, 심리전단의 사이버 활동이 대선 시기와는 무관하게 계속적, 반복적으로 이뤄진 점, 대선 시기에 임박해 심리전단의 트윗 및 리트윗 수가 오히려 감소한 점, 심리전단 사이버팀의 증편을 선거운동에 이용할 목적으로 볼 명확한 근거가 없는 점 등을 들었다. 또 "국정원이 선거에 영향을 미치는 행위를 했다고 볼 수는 있지만, 공직선거법이 '선거운동'과 '선거에 영향을 미치는 행위'를 엄격히 분리하고 있는 이상, 검찰의 공소 사실에는 적시되지 않은 '선거에 영향을 미치는 행위'를 갖고 형사책임을 물을 수 없다"고 밝혔다.

재판부의 논리는 결과적으로 모순적이었다. 국정원이 2012년 대선에서 정치에 관여한 사실은 인정하면서도 선거 개입은 하지 않았다는 것이다. 사실상 원 전 원장에게 면죄부를 준 셈이자, "의심받을 일은 하지 않았다"던 박근혜 대통령의 가이드라인을 벗어나지 않은 것이다.

1심 판결은 말장난, 청와대를 위한 짜맞추기

검찰은 3차례의 공소장 변경을 통해 국정원의 정치 혹은 선거 개입과 관련한 트위터 계정 1,157개, 트윗 78만여 건을 제시했다. 하지만 재판부는 그것의 15% 정도인 계정 175개와 트윗 11만여 건만을 최종 증거로 인정했다. 국정원 직원의 것으로 볼 수 없거나 증거 수집 과정이 위법하다는 이유로 상당수가 증거에서 배제된 것이다. 뉴스타파가 국정원 직원임을 확인한 'nudlenudle'도 증거에서 배제됐다. 당시 그의 트윗에는 박근혜 후보의 후원계좌 안내, "문재인이 대통령 못 하는 이유", "안철수는 종잡을 수 없다" 등 특정 대선 후보에 대한 원색적인 지지와 비방이 담겨 있었다.

서강대 법학전문대학원 이호중 교수는 "평범한 시민이 특정 정책을 이야기한다든지, 특정 후보에 대해 안 좋은 이야기를 하는 것도 그동안 전부 선거법 위반으로 굉장히 엄격하게 처벌을 해왔다. 그런데 오히려 국정원 직원의 트위터 활동이 선거운동이 아니라고 무죄라 한 것은 전혀 맞지 않다"며 형평성 문제를 제기했다.

게다가 상급법원인 서울고등법원이 민주당의 재정신청 사건을 처리하며 내린 판단과도 달랐다. 2013년 6월 민주당은 서울중앙지검 특별수사팀이 이종명 전 3차장과 민병주 전 심리전단장 등에 대해 기소유예 처분을 내리자 이에 반발해 서울고등법원에 재정신청을 낸 바 있다. 이에 서울고등법원은 "국정원 내의 위치와 가담 정도를 고려할 때 공직선거법을 위반한 피의 사실에 대한 기소가 필요하다"며 이종명 전 3차장과 민병주 전 심리전단장에 대한 기소를 검찰에 명령했다. 하지만 서울고등법원이 기소하라고 명령했던 공직선거법 위반 혐의가 1심 선고에서는 무죄로 나온 것이다.

재판부는 검사의 입증이 부족하다는 이유를 들었다. 실제로 수사 단계부터 검찰 특별수사팀은 외압 논란으로 순탄치 않은 길을 걸어야 했다. 2013년 6월, 특별수사팀은 황교안 법무부 장관과의 갈등에도 불구하고 원세훈 전 원장을 공직선거법 위반 혐의로 기소했다. 특별수사팀 내부에서는 "재판부가 검사의 입증 부족을 탓하는 것은 말장난에 불과하다"는 목소리가 나오기도 했다. 검찰의 공소 근거가 모두 인정된 상황에서 공직선거법위반 혐의에 대해 무죄 판결을 내린 것은 검찰의 증거 부족이 아닌 재판부의 법리 판단 문제로 봐야 한다는 것이다. 또 국정원법의 적용 범위가 더 엄격하기 때문에 국정원법 위반이 인정된다면 당연히 선거법 위반도 해당된다고 보는 것이 타당하다는 지적도 나왔다. 결국 검찰은 판결문을 검토한 뒤 항소 여부를 결정하겠다는 입장을 밝혔다.

법원 내부에서도 원세훈 전 원장에 대한 1심 판결이 법리에 맞지 않는다는 지적이 나왔다. 수원지법 성남지원 김동진 부장판사는 2014년 9월 12일 법원 내부 게시판에 실명으로 "법치주의는 죽었다"라는 A4 5장 분량의 강도 높은 비판 글을 올렸다. 김 판사는 "선거 개입과 관련 없는 정치 개입이라는 것은 궤변"이라며 이번 판결이 "고등법원 부장판사 승진 심사를 목전에 두고 입신영달에 중점을 둔 사심 가득한 판결"이라는 의혹을 제기했다.

또한 '사슴을 가리켜 말이라고 속인다'는 뜻으로 "지록위마指鹿爲馬의 판결"이라는 별명을 붙이기도 했다('지록위마'는 2014년에 교수 724명이 선정한 '올해의 사자성어'이기도 했다). 현직 판사가 다른 재판부의 판결을 정면으로 비판한 것은 극히 드문 일이었다. 대법원은 김 판사의 글을 바로 삭제했다.

2013년부터 국정원 대선 개입 사건의 진상 규명을 요구해온 시민사회단체들 역시 1심 판결은 청와대의 부담을 덜어주기 위한 정치적 판결이라고 비판했다.

뒤집힌 1심 판결

1심 선고 직후, 검찰은 어떤 이유에서인지 항소를 차일피일 늦췄다. 공직선거법 위반 혐의를 입증하기 위해 적용 법리를 바꾸는 공소장 변경이 필요하다는 지적이 나왔지만 끝내 공소장 변경 없이 항소심에 임했다. 이번 재판에 법리 외의 요소가 작용하고 있는 것이 아니냐는 의혹이 나오기도 했다.

2015년 2월 9일, 지난했던 국정원 대선 개입 사건의 항소심 선고 공판이 열렸다. 이른바 '해병대 구국결사대'의 호위를 받으며 공판에 출석한 원세훈 전 국정원장의 표정은 여유로웠다. 법정 방청석 대부분은 보수단체 회원들과 원 전 원장 측 사람들로 채워졌다.

하지만 서울고등법원 형사4부 김상환 부장판사가 판결문을 읽어나가자 법정의 분위기는 이내 무거워졌다. 1심과는 다른 양상으로 판결 내용이 흘러간 것이다. 항소심 재판부는 1심 판결을 뒤집고 국정원법 위반과 공직선거법 위반 혐의를 모두 유죄로 인정했다. 원전 원장에게는 징역 3년, 자격정지 3년이 선고됐다. 함께 기소된 이종명 전 3차장과 민병주 전 심리전단장은 집행유예를 받았다.

김상환 부장판사는 "국정원 대선 개입 사건의 궁극적인 책임을 원 전 원장이 져야 한다"고 말했다. 재판부는 선고 직후 구속영장을 즉시 발부해 원 전 원장에 대한 법정구속을 집행했다. 앞서 건설사 알선수재 혐의로 1년 2개월의 징역형을 받고 수감 생활을 했던 원전 원장은 출소 5개월 만에 다시 수감되는 처지가 됐다. 법정구속 직전에 원 전 원장은 "나로서는 국가와 국민을 위해 열심히 일한 것"이라며 "계속해서 재판을 받겠다"고 상고 의사를 밝혔다.

공직선거법 무죄를 선고했던 1심 재판부의 핵심 논리는 국정원 직원이 대선 정국에서 정치에 개입하는 인터넷 게시글과 트위터 글을 확산시켰다 해도 의도가 있었다는 것을 입증할 '구체적인 증거가 없다'는 것이었다. 별도의 선거 관련 팀을 만들거나 선거운동 계획을 수립하는 등 대선 국면에 접어든 시기를 전후해 확인이 가능한 어떤 변화가 있어야 한다는 논리였다. 하지만 항소심 재판부는 1심에서 "작성자가 확인되지 않는다"는 이유로 증거에서 배제됐던 트위터 계정 관련 증거들을 받아들였다. 당연히 항소심 재판부의 판단도 1심과 크게 달라졌다. 검찰 특별수사팀이 국정원 심리전단 직원의 이메일 계정에서 압수수색한 '시큐리티', '425지논'이라는 두 텍스트 파일에 담긴 트위터 계정들도 국정원 직원이 사용한 계정으로 인정했다. 자연히 증거 능력을 가진 트윗의 수도 2배 이상 늘어났다.

이런 변화로 좀 더 심도 깊은 트위터 분석이 가능해졌다. 당초 1심 재판부는 단순히 대선이 가까워질수록 트윗의 양이 줄었다는 점만 들어 오히려 "국정원의 선거 개입 의도는 없었다"고 판단했다. 하지만 항소심 재판부는 "대선 국면에 접어들면 선거관리위원회가 트위터상의 불법 선거운동에 대한 감시를 강화한다는 점에 비춰 봤을 때 트윗의 수가 줄어드는 것은 자연스러운 결과"라고 판단했다.

항소심 재판부는 총 27만여 건에 이르는 국정원 트윗의 작성 시점과 내용의 변화에 주목했다. 국정원 직원들이 작성한 트윗을 내용에 따라 '정치 관여' 트윗과 '선거 개입' 관련 트윗으로 나누어 시계열로 빈도를 분석한 결과, 본격적인 대선 국면에 접어든 2012년 8월(박근혜 후보의 대선 출마 선언 시점)을 전후해 눈에 띄는 변화가 확인됐다는 것이다. 박근혜 후보의 출마 선언 이전에는 80% 이상을 차지하던 '정치 관여' 트윗의 비중은 출마 선언 이후 20%대까지 급격히 줄어들었다. 반대로 '선거 개입' 관련 트윗의 비중은 정반대의 양상을 보였다. 출마 선언 이전까지 10%대에 머물다가 대선이 있었던 2012년 12월 83%까지 치솟았다. 항소심 재판부는 "이런 급격한 트윗 내용의 변화가 선거 개입에 대한 국정원의 계획성과 적극성을 증명하는 충분한 증거가 된다"고 판시했다.

원 전 원장의 이른바 '원장님 지시 강조 말씀' 문건에 대한 판단도 달라졌다. 1심 재판부는 그 문건에 직접적인 선거 개입 지시가 없었기 때문에 선거법 위반을 인정할 수 없다고 봤다. 그러나 항소심 재판부는 그 문건에 나타난 원 전 원장 발언의 일관된 취지를 살펴야 한다고 강조했다. 원 전 원장은 주요 정부 정책들의 홍보를 강조하고 그것에 반대하는 야당과 야권 성향의 단체들을 '종북 세력'이라고 일관되게 지칭했다. 선거 시기에 접어들어서는 "종북 세력의 제도권 진출을 막아야 한다"고 간부들에게 강조했는데, 이는 사실상 "국정원 직원들에게 정치 관여는 물론 선거 개입을 독려한 것과 다름없다"는 것이다. 설사 원 전 원장에게 그런 의도가 없었다고 해도 지속적인 보고를 통해 심리전단의 활동 내용을 알고 있었으면서 사전에 선거 개입의 가능성을 차단하지 않은 것은 '미필적 고의'에 해당한다는 것이 재판부의 설명이었다.

"국정원의 트위터 활동이 선거에 영향을 미치는 행위일지는 모르나 선거운동은 아니기 때문에 공직선거법 위반으로 볼 수 없다"는 1심 판결에 대해 항소심 재판부는 "고려할 바가 아니"라고 했다 (2014년 2월 공직선거법 개정으로 공무원의 선거운동뿐만 아니라 선거에 영향을 미치는 행위 역시 일체 금지됐다). 정치에는 개입했지만 선거에 개입한 것은 아니라는 모순된 1심 판결이 바로잡힌 셈이다.

또한 항소심 재판부는 국가기관이 익명의 국민을 가장해서 선거 등의 정치 쟁점에 대한 의견을 조직적으로 전파한 사실이 밝혀짐에 따라 국민들이 인터넷 커뮤니티와 트위터 등 사이버 공론장의 순수성과 자율성을 의심하게 되는 부정적인 영향을 초래했다는 평가도 내렸다(하지만 대법원은 1심 판결을 '지록위마'라고 공개 비판한 김동진 부장판사에게는 정직 2개월의 중징계를 내렸고, 1심 재판부 이범균 부장판사는 대구고등법원 부장판사로 승진시켰다. 이런 이유로 대법원 최종 판결 역시 주시할 수밖에 없게 됐다).

대통령은 답하라

결국 트위터 증거들이 법정에서 국정원을 꼼짝 못하게 하면서 가장 난처해진 사람은 박근혜 대통령이 됐다. 당시 박 대통령이 앵무새처럼 반복했던 국정원 직원 김 씨에 대한 '감금'과 '인권 유린' 주장도 머쓱해졌다. 대선 무렵 서울의 한 오피스텔에서 발각된 국정원 직원 김 씨의 댓글 공작과 국정원의 대선 개입 의혹이 제기됐을 때 박근혜 당시 새누리당 후보의 입장은 이렇게 단호했다. "국가의 안위를 책임지는 정보기관마저 자신들의 선거 승리를 위해 의도적으로 정쟁의 도구로 만들려 했다면 이는 좌시할 수 없는 국기문란 행위다. 민주주의의 근간을 무너뜨린 것은 바로 민주당과 문재인 후보다."

박 대통령은 취임 이후에도 국정원 댓글 사건에 대한 언급을 삼갔다. 취임 4개월째인 2013년 6월, 검찰이 원세훈 전 원장을 기소하자 그때서야 "국정원으로부터 어떤 도움도 받지 않았다. 국정원이 왜 그런 일을 했는지 전혀 모른다"고 했을 뿐이다. 국정원의 대선 개입에 분노하는 시민들의 촛불집회가 한여름을 뜨겁게 달굴 때도 여전히 도움받은 게 없다고 했고, 여야당 대표 3자회담에서도 "댓글 때문에 대통령에 당선됐다는 것이냐. 지난 정부에서 일어난 일을 사과하는 것은 무리다"라고 말할 뿐 책임지는 모습은 보여주지 않았다.

진선미 의원은 "하루 빨리 박 대통령이 국민에게 사죄하고 다시는 이런 일이 발생하지 않도록 국정원 개혁에 박차를 가해야 한다"고 지적했다. 또 "엄청난 사건이고, 흔적들도 너무나 많이 남아 있다. 다행히 합리적인 재판부를 만나서 너무 늦지 않게 결론이 났으니 민주주의의 승리라고 본다"고 말했다.

고등법원에 의해 국정원이 조직적으로 대선 운동을 한 사실은 드러났다. 그렇다면 국정원을 직속 기구로 둔 대통령, 즉 이명박 전 대통령이 이를 몰랐는지, 아니면 알고도 묵인했는지, 당연히 의문이 생길 수밖에 없다. 당시 민변의 박주민 변호사도 "이명박 전 대통령이 원세훈 전 원장으로부터 국정원 심리전단의 확충에 대해 직접 보고받았던 만큼 특검을 통해서라도 윗선의 개입이 없었는지 실체적 진실을 밝히는 일이 과제로 남았다"고 지적했다.

뉴스타파가 2013년 3월부터 2년간 집중적으로 보도한 국정원 대선 개입 사건. 진실은 더디게 왔지만, 사상 유례없는 국정원의 정치 공작이 법원에 의해 확인되면서 국정원의 도움을 받은 적이 없다던 박 대통령의 그 단호한 말은 이제 거짓말이 되어버렸다.

국정원 대선 개입 사건을 취재하며

최기훈(기자/에디터)

사건의 단서를 트위터에서 찾아낸 것은 한 가지 합리적 의심 때문이었다. 국정원이 대선 때 '오늘의유머'와 같은 중소 커뮤니티 사이트에서 댓글 작업을 했다면, 포털이나 다른 파급력이 큰 SNS상에서도 같은 일을 했을 것이라는 의심 말이다. 처음에는 'nudlenudle'과 'taesan4'라는 트위터 계정이 드러났을 뿐이지만, 연결된 다른 트위터 계정을 찾고 또 그들과 연결된 다른 계정을 찾는 과정을 거치면서 600개가 훨씬 넘는 어마어마한 규모로 그 모습이 드러났다.

시작은 원시적인 방법으로 이뤄졌다. A4 용지에 하나둘 계정들의 계통도를 그려나갔다. A4 용지 옆에 다른 A4 용지를 붙이고 그 밑에 또 A4 용지를 붙여서 계정들의 관계를 파악해나갔다. 그러나 종이가 대여섯 장을 넘어갈 시점에 이런 식으로는 전모를 파악할 수 없겠다는 생각이 들었다. 종이에 볼펜으로 써내려간 관계도는 구글

2013년 취재 당시 A4 용지에 그려나갔던 국정원 트위터 계정들의 관계도. 오른쪽 사진에 보이는 계정 shore0987을 사용한 사람도 검찰 수사 결과 국정원 심리전단 직원 이 모 씨로 밝혀졌다. shore0987은 정부 비판 세력에 대해 극우적인 종북몰이용 트윗을 많이 작성해 취재 당시에도 인상에 많이 남았던 계정이다. 이 계정을 사용한 실제 인물 이 씨를 나중에 원세훈 전 원장의 공판에서 직접 볼 수 있었다. 그가 증인으로 출석한 것이다. 50대 초반의 shore0987 사용자 이 씨는 도수 높은 안경을 쓴, 허름한 차림의 동네 아저씨 같은 모습이었다.

스프레드시트와 엑셀로 옮겨갔고, 국내 언론사 가운데 최고라고 자부하는 뉴스타파 데이터 저널리즘 연구소의 손길을 거치면서 결국 600개가 넘는 계정들의 전체 네트워크 지도를 완성하게 됐다.

　단일 조직이 치밀하게 역할을 분담해 대선 때 여론에 개입했다는 사실을 확인한 뒤에는 그 계정들의 실제 주인이 누구인지를 찾는 데 주력했다. 실명을 알아내기 위해 어쩔 수 없이 해야 했던 단순 반복 작업 때문에 수많은 날을 야근했다. 국정원 안팎과 SNS 전문가들, 정치권 등 여기저기를 비밀리에 쑤셔대는 취재도 계속했다. 그러는 동안 과연 내가 그 답을 찾아낼 수 있을지, 진실의 실체를 발견할 수 있을지, 언제까지 이런 막막한 취재를 계속해야 할지 그때는 전혀 알 수 없었다. 상대는 철의 장막 속에 숨어 있는 국정원이었다.

마침내 여론 조작을 일삼던 트위터 계정의 사용자가 국정원 심리전단 직원이었다는 사실을 최종 확인한 2013년 5월의 어느 날, 그때 느꼈던 환희와 기쁨은 말로 표현할 수가 없다. 그리고 그때는 '이것으로 국정원 대선 개입 사건도 게임 끝났다!'고 생각했다.

하지만 세상은 조용했다. 언론은 우리의 보도를 철저히 외면했다. 인터넷 공간의 시민들은 환호하고 호응해주었지만 그것으로 끝이었다. 모두들 찻잔 속 태풍으로 만들고 싶어 하는 것 같았다.

다행히 서울중앙지검 특별수사팀은 그렇지 않았다. 뉴스타파의 보도를 주목했고 우리가 처음 트위터 관련 의혹을 제기한 2013년 3월의 보도부터 관련 내용을 모두 챙겨 보고 있었다. 트위터 계정의 실제 주인을 추적하기 위해 국내 포털 업체를 압수수색했고 구글에 수사협조를 요청하는 공문까지 보냈다. 2013년 6월 14일 중간 수사 결과를 발표할 당시에는 이미 트위터에 대한 수사를 상당히 진행한 상태였다. 나중에 원세훈 전 국정원장의 재판 때 만난 특별수사팀 검사가 말했다. "뉴스타파 정말 천재예요, 천재. 그걸 어떻게 다 알아냈어요?"

반면 황교안 법무부 장관을 비롯해 검찰 수뇌부는 특별수사팀의 수사가 너무 멀리 나아가는 것을 원하지 않았다. 트위터 수사가 언론에 노출되는 것도 극히 꺼렸다. 특별수사팀을 지휘하던 이진한 서울지검 2차장은 수사팀과 건건이 마찰을 빚었고, 중간 수사 결과 발표 때도 언론 발표문에 들어가 있던 트위터 관련 수사 내용을 몇 번의 퇴짜 끝에 결국 빼버렸다. 마침내 트위터 관련 내용은 당시 가

2부 국정원 대선 개입 사건

장 핵심이었는데도 카메라 없이 이뤄진 백브리핑에서 담당 검사가 보충 설명하는 것으로 대체됐다. 원세훈 전 원장을 구속 기소해야 한다는 특별수사팀의 의견도 묵살됐다.

원칙대로 수사하자는 입장이었던 특별수사팀의 말로는 험악했다. 윤석열 검사를 특별수사팀장에 임명하면서 "흑이 백이 되는 일은 없게 하라"고 지시했던 채동욱 검찰총장은 혼외 자식 논란에 휘말리며 옷을 벗었다. 윤석열 당시 여주지청장은 지검장의 허락 없이 대선 개입 트위터 활동을 한 국정원 직원을 체포하고 압수수색했다는 이유로 정직 3개월의 징계를 받고 수사팀에서 배제된 뒤 한직으로 좌천됐다. 부팀장 박형철 부장검사 역시 공안 분야의 에이스로 통하던 유능한 검사였지만 수사권이 없는 지방 고검으로 잇따라 전보발령을 받은 끝에 2016년 초 검찰을 떠났다.

최순실 국정농단 특검에서 당시 윤석열 검사와 이복현 검사가 맹활약한 사실은 참으로 아이러니하다. 윤석열 검사는 특검 수사4팀을 이끌며 삼성 이재용 부회장을 구속했고, 이복현 검사는 수사2팀에서 김기춘 전 청와대 비서실장을 구속 수사하는 데 힘을 보탰다. 채동욱 검찰총장이 구성한 특별수사팀의 면모가 호락호락하지 않았음이 이번에 다시 한 번 증명된 것이다. 이들의 능력이 최대한 발휘되어 원칙대로 수사가 이뤄졌다면 국정원 대선 개입 사건의 결말은 지금과는 달라도 많이 달라져 있을 것이다.

이 글을 쓰고 있는 지금 국정원의 대선 개입 사건은 서울고등법원에서 파기환송심이 진행 중이다. 1심과 달리 2심에서는 공직선거법 위반 혐의에 대해 유죄를 선고했지만, 대법원에서 유무죄 여부에 대해서는 판단하지 않은 채 핵심 증거에 대해 "증거 능력이 없다"고 판결해 사건을 고법으로 돌려보냈다. 국정원 직원의 이메일에서 발견된 핵심 증거인 2개의 텍스트 파일, '시큐리티'와 '425지논' 파일에 대해 증거 능력을 인정하지 않은 것이다.

'시큐리티' 파일에는 국정원 심리전단 직원들의 이름과 그들이 사용한 트위터 계정 289개가 들어 있었고, '425지논' 파일에는 그때그때 트위터에서 전파시킨 이슈와 논지 등이 포함되어 있었다. 그런데도 대법원은 이 2개의 파일을 업무상 통상문서로 볼 수 없다며 증거 능력을 인정하지 않았다. 이 파일을 보관했던 국정원 직원은 검찰 조사에서 자신이 작성했다고 했다가 재판이 열리자 자신이 만든 파일인지 "기억이 나지 않는다"고 말을 바꿨다.

대법원이 원세훈 전 원장의 공직선거법 위반 혐의는 판단하지 않은 채 핵심 증거에 대한 판단만 내린 것에 대해 여러 가지 비판이 나왔다. 숙원 사업인 상고법원 설립을 추진하는 대법원의 입장에서는 여야 정치권 모두의 도움이 필요했기 때문에 한쪽에 일방적이지 않은 판결을 내린 것 아니냐는 분석도 있었다. 대법원이 선거법 위반 혐의를 확정했을 경우 그 정치적 파장을 감당하기 벅찼을 것이란 분석도 많았다. 더군다나 이명박 정부와 박근혜 정부에서 임명된 대법관이 다수를 차지하는 현 대법원의 구성을 볼 때 정치적 부담은 피하면서 시간을 벌자는 결론이 '증거 능력 불인정'이라는 묘수로 모아졌다는 것이다.

실제로 파기환송심은 3년째 공전을 면치 못하고 있다. 지금까지 21차례에 걸쳐 공판이 진행됐는데 언제 끝날지 가늠조차 할 수 없는 상황이다. 6개월 안에 마치게 되어 있는 파기환송심의 시한이 2016년 1월 16일이었으니 1년 넘게 판결이 미뤄지고 있는 것이다. 이대로라면 사법부의 판단은 2017년 대선이 끝난 후에야 이뤄질 가능성이 높다.

트위터상에서 국정원 직원의 대선 개입을 확인했을 때 '이제 게임은 끝났다'고 생각한 것은 정말 순진한 생각이었다. 국기문란이라는 사건의 실체는 명확했지만 실체를 고스란히 드러내기에는 너무나도 많은 권력들의 운명이 이 사건에 달려 있었다. 때문에 검찰 수사는 곳곳에서 벽에 막혔고 심지어 검찰청장까지 직에서 물러났다. 그리고 인권과 정의의 최후의 보루라는 대법원은 국기문란 사범들을 심판하는 일을 사실상 거부하고 아리송한 판결문으로 사건의 실체를 비껴갔다. 만약 제대로 된 수사가 이뤄지고 응당한 법원의 심판이 내려졌다면 최순실 게이트가 터지기 훨씬 이전에 박근혜 대통령의 탄핵 이야기가 나왔을지도 모른다.

사건 발생 5년이 지나가도록, 다른 곳도 아닌 국정원이 대선에 개입해놓고도 잘못했다고 말하는 사람도 책임지는 사람도 없다. 그렇다고 수십 년 지속되어온 국정원의 정치 개입을 근절할 제도가 확립된 것도 아니다. 국정원의 대선 개입을 규탄하기 위해 더운 여름날 촛불을 들고 광장을 가득 메웠던 시민들, 국회에서 열린 국정조사 청문회, 길었던 재판 과정을 생각하면 허무할 법도 하다.

그러나 민주주의는 한 번에 쉽게 이뤄지지 않는다. 적어도 국정원은 5년 전에 한 일을 다음 대선에서 되풀이하지는 않을 것이다. 또 누가 되든 다음 대통령은 국정원 개혁에 힘을 쏟을 가능성이 높

다. 누구보다 시민들이 국정원을 감시할 것이고 국정원 개혁의 적임
자들을 찾을 것이다. 진실을 드러내는 일이 당장은 보상받지 못할지
라도 언젠가는 우리 사회의 곪아터진 상처를 치유하는 힘이 될 것
이라 믿는다.

내 세금
어떻게 쓰이나

정부는 경제를 살리고 국민의 안전을 확보하기 위해 꼭
필요한 곳에 예산을 쓰겠다고 말하지만 그 말을 곧이곧대
로 믿기는 힘들다. 국가 재정과 예산은 기본적으로 숫자놀
음이다. 간단한 장난으로도 조작이 가능하고 정치적 의도가
수시로 개입된다. 그래서 정부의 예산 입안과 집행을 감시하
는 일은 정치인들에게만 맡길 것이 아니라 이 나라의 주인인
국민이 나서야 한다.

01 이명박근혜 시대의
혈세 낭비 사업

세금을 흔히 '혈세血稅'라고 부른다. 피와 같은 세금, 그만큼 귀하다는 뜻이다. 대한민국 국민이라면 누구나 이 피 같은 세금을 내며 살고 있다. 그런데 그 혈세가 '주머닛돈이 쌈짓돈'처럼 마구 사용된다면 어떨까? 제대로 된 전망과 예측은 실종된 채 돈은 돈대로 쓰고 그 효과에는 의문이 드는, 이른바 '혈세 낭비성' 사업들을 추적했다.

1,000억 원의 주먹구구, 여사님 프로젝트

이명박 정부 시절의 예산 낭비 사업은 한둘이 아니지만, 이 전 대통령의 부인 김윤옥 여사가 주도한 한식 세계화 사업은 특히 따가운 눈총을 받았다. 한식 세계화 사업은 이 전 대통령이 2008년 말 "한식을 2017년까지 세계 5대 음식으로 육성하겠다"고 선언한 뒤 본격 추진됐다. 김윤옥 여사가 '한식 세계화 추진단' 명예회장에 이름을 올렸고, 청와대는 영부인이 사업을 직접 챙긴다며 홍보했다. 그래서 한식 세계화 사업은 일명 '여사님 프로젝트'라고도 불렸다. 김윤옥 여사는 미국의 뉴스 채널 CNN에 출연해 직접 잡채를 만드는 모습을 연출하기도 했다.

이명박 정부는 2009년부터 2012년까지 4년 동안 모두 757억 원을 이 프로젝트에 투입했다. 그리고 박근혜 정부로 접어든 2013년에도 192억 원의 예산이 편성됐다. 모두 합치면 전체 규모는 1,000억 원에 육박한다. 이 천문학적인 예산은 과연 어디에 쓰였을까?

실제 사업은 거창한 이름과는 달리 주먹구구식이었다. 먼저 한식 세계화 사업을 추진하는 한식재단의 '한식 세계화' 공식 포털을 확인해봤다. 방문자 수와 자료의 양이 늘어 에러가 자주 발생한다는 이유로 10억 원을 들여 개편한 것이었다. 그러나 2012년에 개편한 이 포털의 접속자 수는 하루 평균 1,200명 남짓에 불과했다(2013년 4월 당시). 웬만한 규모의 개인 홈페이지나 블로그에도 못 미치는 수준이었다. 구인구직 코너에 올라온 글도 고작 34건뿐이었다. 또 영문 사이트에 들어가 미국의 한 식당을 검색하자 엉뚱하게도 독일 뮌헨의 식당이 나왔다.

한국을 방문한 외국인들이 보다 품격 있는 한식을 즐길 수 있도록 만들었다는 '한식 상차림 가이드'는 제작에 1억 원이 넘게 들었다. 실제로 이 가이드를 사용하는 식당이 있는지 알아보기 위해 서울 강동구 음식문화 개선 특화거리로 가봤다. 정부와 한식재단이

영화배우 브룩 쉴즈가 마트에서 고추장을 고르고 있는 모습이 미국의 한 주간지에 실렸다. 마치 브룩 쉴즈가 한식에 관심이 많은 것처럼 보이나 사실은 섭외의 결과였다.

관련 책자 5,000부를 찍어 배포했다는 곳이다. 그런데 그곳은 외국인은 물론 국내 관광객조차 찾아보기 어려웠다. 점심시간에도 식당 골목은 한적했다. '한식 상차림 가이드'는 외국인 관광객이 드문 지역에 배포된 것이다.

해외 스타를 동원해 홍보 실적을 올리는 데 급급했던 것도 드러났다. 미국의 한 주간지에 영화배우 브룩 쉴즈가 마트에서 고추장을 고르고 있는 사진이 실렸다. 농림축산식품부는 보도자료를 내고 "할리우드의 유명 배우들이 한식 팬"이라며 홍보에 열을 올렸다. 보도자료는 곧 여러 매체를 통해 그대로 기사화됐다. 그런데 그 미국 주간지의 해당 호가 발간된 2011년 6월 13일보다 정부의 보도자료가 배포된 날짜(2011년 6월 8일)가 5일이나 앞서 있었다. 그 이유를 알아보니, 정부 예산을 지원받은 한 홍보대행사가 브룩 쉴즈를 섭외해 한식 재료를 사는 모습을 연출하고 이를 기사화한 것이었다.

　한식의 연구용역에 무려 100억 원을 들이기도 했다. 결과는 어땠을까? 임상시험을 통해 한식의 우수성을 규명하겠다면서 약 9억 6,000만 원을 들여 연구과제 보고서를 만들었는데, 정작 한식재단 홈페이지에서는 찾아볼 수 없었다. 연구 주제가 비슷하거나 한식과 직접적인 연관이 없어 보이는 연구에도 수억 원씩 예산이 투입됐다. 이렇게 연구용역에 집행된 예산만 100억 원이 넘지만 국제과학논문 색인SCI, Science Citation Index*에 등록된 논문은 고작 8건이었다.

　세금으로 만든 TV 프로그램인데도 국민이 보려면 돈을 주고 사야 하는 경우도 있었다. 정부가 한식 세계화 사업의 주요 성과로 내세운 〈김치 연대기KIMCHI CHRONICLES〉라는 프로그램은 세계적인 요리사 장 조지Jean Georges 부부가 한국산 식재료를 활용해 한식을 소개하는 내용으로, 미국 공영방송 PBS를 통해 방영됐다. 그러나 이 프로그램에 세금 12억 원이 지원됐다는 사실은 제대로 알려지지 않았다. 게다가 해당 방송의 저작권을 장 조지 부부가 소유하고 있기 때문에 우리가 방송을 보려면 저작권료를 따로 내야 한다.

　한식 세계화 사업은 과연 얼마나 잘 이뤄졌을까? 우리나라를 방문한 외국인들에게 한국 정부가 해외에 한식을 홍보하기 위해 동영상이나 광고 등을 만드는데 그런 노력에 대해 알고 있었느냐고 묻자, 대부분 몰랐다며 고개를 저었다. 결국 국회의 요구에 따라 감사

---

*　미국 과학정보연구소가 과학기술 분야 학술 잡지에 게재된 논문의 색인을 수록한 데이터베이스. 교육과학기술부는 각 대학의 연구 능력을 평가할 때 SCI급 논문 횟수를 집계한다.

원이 한식 세계화 사업 전반에 대한 감사를 벌였다. 한 해 수백억 원의 예산을 주무르며 한식 세계화 사업을 추진해온 한식재단은 감사를 받는 중이라는 이유로 공식 인터뷰를 거절했다. 한식재단의 활동은 과연 무엇을 남겼을까? 이미 막대한 국민 세금은 손가락 사이의 모래알처럼 다 빠져나가고 사라졌다.

2조 2,500억 원 아라뱃길의 초라한 현실

이명박 정부의 가장 황당한 사업으로는 4대강 사업이 떠오른다. 그런데 4대강 사업에 비해 문제점이 잘 부각되지 않은 사업이 있다. 바로 경인 아라뱃길 사업이다. 아라뱃길은 2009년 공사에 들어가 2012년 5월 공식 개통됐다. 정부는 수도권 물류 체계를 획기적으로 개선하겠다면서 뱃길을 놓는 데 혈세 2조 2,500억 원을 투입했다. "이제 내륙도시 서울은 바다를 품은 새로운 항구, 수변도시로 바뀌게 되고, 수도권 경제를 지역 경제와 보다 유기적으로 연결할 수 있게 되었다." 2012년 5월 25일 이명박 전 대통령은 경인 아라뱃길 개통식에서 이렇게 말하면서 경인 아라뱃길이 관광 명소는 물론 국제 화물, 여객 부두로도 더욱 크게 활용될 거라고 호언장담했다.

취재진은 2013년 3월 경인 아라뱃길을 찾았다. 경인아라인천여객터미널의 관문이 열리고 인천 월미도에서 출발한 유람선 한 척이 아라뱃길로 서서히 들어왔다. 유람선이 잔잔한 수면을 미끄러지듯 나아가자 유람선 내에서 거창한 안내방송이 나오기 시작했다. "경

3부 내 세금 어떻게 쓰이나

아라뱃길을 운행하는 유람선.

인 아라뱃길을 여는 사업은 우리 조상들이 800여 년 전부터 꿈꿔왔던 사업이었습니다. 드디어 우리 민족의 오랜 숙원 사업인 경인 아라뱃길을 완공하게 되었습니다. 우리는 오늘 유람선을 타고 땅을 갈라 새롭게 만든 아라뱃길을 여행하도록 하겠습니다."

다소 쌀쌀한 날씨 탓인지, 아니면 볼거리가 없어서인지 아라뱃길 양쪽 둔치에서는 관광객들을 찾아보기 힘들었다. 도심 속 생생한 자연과 전통의 숨결을 느낄 수 있다는 수양원이 보였지만 텅 비어 있었다. 어린이 놀이터도 마찬가지였다. 유람선에서 아라뱃길을 둘러보던 관광객들의 얼굴에는 실망한 표정이 역력했다.

잠시 후, 서해와 맞닿은 아라뱃길 서쪽으로 아라인천터미널이 나타났다. 그러나 정박해 있는 화물선은 한 척뿐이었다. 수상레포츠 천국으로 만들겠다던 아라마리나 선착장의 계류장에는 10여 척의 요트가 정박해 있을 뿐이었다. 동쪽 끝에 있는 아라김포터미널에서는 어둠이 깔리기도 전에 인적이 끊겼다. 말 그대로 개점휴업 상태였다.

아라뱃길의 수출용 컨테이너 작업장으로 발길을 옮겼다. 거대한 겐트리크레인이 수출용 컨테이너를 화물차에서 내려 부두 한쪽으로 옮기는 작업이 한창이었다. 그러나 오전 내내 작업한 컨테이너 수는 30여 개에 불과했다. 작업 물량이 많지 않다 보니 크레인 한 대는 놀고 있었다. 경인 아라뱃길을 운영하는 수자원공사 측에 정확한 물동량 수치를 물었다. 수자원공사 측은 "민감한 문제"라면서 난색을 표했다.

수자원공사의 국토해양부 보고 자료를 확인해보니 아라뱃길의 컨테이너 물동량이 2012년 3월 이후 1년간 20피트 컨테이너 기준으로 2만 1,125개라고 적혀 있었다. 하지만 이 수치는 실제보다 크게 부풀려진 것이었다. 2012년 3월부터 2013년 3월까지 경인항에서 처리된 20피트 컨테이너 2만 1,125개 가운데 아라뱃길의 주 운수로를 이용해 내륙까지 운반된 컨테이너는 176개였다.

경인항에서 처리된 컨테이너 화물의 99.2%는 아예 운하를 거치지 않고 트럭을 통해 육상으로 운반됐기 때문에 운하 바깥에 있는 아라인천터미널에서 선적 또는 하역된 이 화물들은 운하에 들어올 필요조차 없었다. 운하를 거쳐 서해에서 아라김포터미널까지 항해한 컨테이너선은 2012년부터 1년 동안 단 3척에 불과했다. 아라뱃길이 수도권 물류 체계를 개선한다는 말 자체가 거짓이었던 셈이다. 운하를 통한 내륙 운송 수요가 거의 없는데도 2조가 넘는 비용을 투입한 경인 아라뱃길은 전형적인 세금 낭비 사례가 됐다.

게다가 심각한 환경 문제까지 생겨났다. 드나드는 배가 없어 물의 흐름이 막히다 보니 녹조가 발생했다. 취재진이 단독 입수한 '아라뱃길 민관공동 수질검사' 결과를 보면 클로로필-에이 농도가 조류 경보 수준인 1m²당 25mg을 넘는 곳이 7군데로 나타났다. 특히 아라인천터미널은 경보 발령 기준을 4배 가까이 초과하고 있었다. 인천녹색연합 장정구 사무처장은 "운하의 거리가 18km 정도밖에 안 되는 상황에서는 물동량 자체가 발생하지 않을 것"이라며 결국 정부와 수자원공사가 국민 세금을 낭비하고 환경도 파괴한 것이라고 지적했다. 결과적으로 물류, 관광, 국민 복지 중 어느 것 하나 만족시키지 못한 사업이 된 것이다.

4대강 사업으로도 모자라 다시 댐 건설에 3조 원?

이명박 정부의 바통을 이어받은 박근혜 정부는 복지 공약을 실천하기 위해 정권 초기부터 예산 절감을 강조했다. 그러나 그 와중에도 국토교통부와 수자원공사는 수조 원이 드는 댐 건설 계획을 추진했다. 2013년 국토교통부는 당시 앞으로 10년 동안 평창, 영양, 영덕, 함양, 구례, 청양 등에 6개의 중소규모 댐을 짓는 것을 포함해 전국에 모두 14개의 댐을 짓겠다고 발표했다. 이 '댐 건설 장기 계획'에 들어갈 예산은 3조 원. 또 다른 4대강 사업이 아니냐는 지적과 함께 댐 건설 지역 주민들의 반발이 크게 일었다.

전남 구례군의 피아골은 지리산 반야봉에서 시작되는 맑은 계곡물이 흘러 많은 사람들의 사랑을 받는 곳이다. 그런데 국토교통부의 댐 건설 계획이 이 지역을 겨냥했다. '국립공원을 지키는 사람들의 모임' 윤주옥 씨는 "가을 단풍과 봄꽃이 아름다워 모르는 사람이 없을 만큼 유명한 곳이 피아골이다. 11개 마을에 주민 300명이 살고 있는 이곳을 국토교통부가 수몰시키겠다고 한다. 이는 지리산의 가장 아름다운 비경 하나를 없애겠다는 것이다"라며 반대했다. 관광자원을 중시하는 구례군 역시 주민들의 반대 의견에 동참했다. 구례군 건설방재과 장동태 과장은 "피아골은 지리산의 청정계곡이자 유명 사찰이 있어 매년 많은 관광객이 찾아온다"면서 "구례군은 정부의 계획에 반대한다는 입장을 통보했다"고 했다.

경북 영양군 수비면 송하리도 상황은 비슷했다. 취재진이 현장을 찾았을 때, 이곳 주민들은 수자원공사 용역팀이 들어오지 못하도록 길목을 막아서고 있었다. 주민들은 "악착같이 고향을 지킨다", "죽어도 여기서 죽겠다"며 강경하게 버텼다. 국토교통부와 수자원공사가 3,000억 원을 들여 이곳에 영양댐을 짓겠다고 발표했기 때문이다. 그 계획이 타당한지 질문이 쏟아지자 국토교통부는 "영양댐의 물을 경산 공업단지의 공업용수로 공급하겠다"고 댐 건설의 이유를 밝혔다.

그러나 관동대 토목공학과 박창근 교수는 이런 국토교통부의 결정에 대해 "합리적인 방법이 아니"라고 말했다. 4대강 사업을 통해 낙동강에 이미 8억 톤의 물이 확보된 상태라, 만약 경산시에서 물이 필요하다면 직선거리로 40km 정도에 위치한 낙동강에서 가져

오면 된다는 것이다. 국토교통부가 공업용수를 공급하겠다는 경산 공업단지는 영양군에서 무려 180km나 떨어져 있었다. 상식적으로도 정부의 주장을 납득하기 어려운 부분이다.

문제는 또 있었다. 댐 건설의 준비 작업인 예비타당성 검사도 도마 위에 올랐다. 2007년 영양군은 약 5,000가구, 만 명이 입주하는 은퇴자 마을을 짓는 휴타운 계획을 발표했다. 영양군의 전체 인구는 1만 8,000명이었으니 이는 은퇴자를 받아들여 인구를 50% 가까이 늘리겠다는 대담한 계획이었다. 그러나 휴타운 계획은 2008년 전면 중단됐다. "댐 건설을 입안할 때 휴타운을 계획했지만, 입안되고 난 뒤 금융위기가 오면서 투자자들이 다 손을 떼버렸다"는 것이 영양군 관계자의 설명이었다(휴타운 중단 이후 영양군은 생약재배단지를 조성해 인구를 유입하겠다는 계획으로 변경해 발표했다. 1,500세대의 인구가 들어올 단지를 세 군데로 나눠 개발하겠다는 것이었다. 그러나 이 계획 역시 발표한 지 3년이 지난 후에도 착공조차 하지 못하고 있었다).

그런데 2011년에 작성된 예비타당성 보고서는 2008년에 무산된 휴타운 계획의 성공을 전제로 영양댐 건설이 타당하다는 결론을 담고 있었다. 휴타운으로 늘어날 인구를 위해 하루 2,000톤의 물이 필요하다고 계산한 것이다. 예비타당성 검토자로 참여한 서울과학기술대 유승훈 교수는 휴타운 사업이 백지화된 사실조차 알지 못했다. 유 교수는 "영양군에 여러 가지 질의를 했는데 휴타운을 적극 추진하겠다, 군 차원에서 모든 준비는 되어 있다는 공식 답변을 들었다"고 말했다.

영양군이 댐 건설을 강하게 밀어붙이는 이유는 따로 있었다. 영양댐을 국토교통부에 건의하고 강하게 밀어붙인 권영택 영양군수가 건설회사의 대주주였던 것이다. 재임 기간 동안 그 건설회사는 영양군의 사업 여러 개를 수주했다. 영양댐대책위원회 이상철 사무처장은 "영양댐은 단지 토목공사를 위한 토목공사"라고 잘라 말하면서 "눈에 보이는 것을 다 개발하고 싶은 심정은 이해하지만 그래도 절차는 거쳐야 하지 않겠느냐"고 비판했다.

이 같은 문제들이 드러나자 환경부는 영양댐 건설을 장기 계획에서 제외하라고 국토교통부에 요구했다. 환경부 국토환경정책과 정종선 과장은 "4대강 사업으로 낙동강 물이 약 10억 톤 늘었으니, 그 물을 활용하는 것이 타당하다고 판단했다"고 말했다. 또한 환경부는 나머지 5개 댐 중 3개에 대해서도 댐을 건설하기보다 "기존 댐이나 4대강의 확보된 물을 이용하는 대안을 검토하라"고 요구했다.

환경부의 요구에도 국토교통부와 수자원공사는 영양댐을 포기하지 않았다. 영양군은 "타당성 검토와 주민설명회, 공청회 등을 거쳐서 결정되면 된다"는 입장으로 타당성 검토 작업에 들어갔다. 주민들은 "타당성을 객관적으로 검토한다는 국토교통부의 말을 믿지 못하겠다"며 강하게 맞섰고, 주민들을 진압하기 위해 경찰이 투입되기도 했다. 주민들은 국토교통부가 결국 댐을 만들고야 말 것이라는 강한 의심을 갖고 있었다. 이상철 사무처장은 "주변의 댐들을 방문했더니 타당성 조사를 한 곳에는 예외 없이 10년 후든 20년 후든 댐이 들어섰다"고 말하기도 했다. 실제로 충남 청양의 지천은 10여 년 전 댐 계획이 발표됐다가 주민 반대로 무산되었는데도 이번 댐 계획에 다시 포함됐다.

충남 청양의 지천. 이미 10여 년 전 댐 계획이 발표됐다가 주민 반대로 무산된 곳이지만, 2013년 2차 댐 건설 장기 계획에 다시 포함됐다.

　전문가들은 댐 건설에 집착할 수밖에 없는 국토교통부와 수자원공사의 조직을 바꿔놓지 않으면 이런 악순환을 막을 수 없다고 지적했다. 국토환경연구소 최동진 소장은 "국토부 수자원개발과는 개발하는 게 임무다. 댐 건설 장기 계획이 있다면 댐을 건설하기 위한 계획을 만드는 게 그들의 일이다. 그걸 잘하는 사람이 유능한 공무원이다"라고 설명하면서 개인의 문제가 아닌 조직의 임무와 계획의 문제라고 해석했다. 4대강 사업에 혈세 22조 원을 쏟아 붓고도 모자라 다시 댐 건설에 3조 원을 내놓으라는 국토교통부와 수자원공사에 대해 보다 근본적인 처방이 필요해 보였다.

취재 그 후 •••
뉴스타파의 보도 이후 불요불급한 댐 건설에 대한 주민들의 반발이 거세졌다. 피아골

댐 건설은 수면 아래로 가라앉았고, 2016년 11월에는 영양댐 건설 계획이 아예 백지화됐다. 댐 사전검토협의회가 경북 경산 지역의 부족한 용수에 대해 영양댐을 건설하는 것보다 영천과 칠곡의 용수를 끌어오는 것이 낫다는 권고안을 발표했고, 국토교통부는 영양댐 건설이 불필요하다는 권고를 받아들여 대안을 찾겠다는 답변을 국회 국토교통위원회 소속 더불어민주당 이원욱 의원에게 제출했다. 그러나 타당성 없는 댐 건설 추진 과정에서 수백억 원의 국민 혈세는 이미 낭비된 후였다.

정권이 바뀌어도 예산 낭비 사업은 그대로

2014년 7월, 국회에서 농림축산식품부에 대한 결산회의가 열렸다. 이 자리에서 새누리당 경대수 의원은 '해외농업개발 융자 사업'의 예산에 문제를 제기했다. 경 의원은 "해당 사업의 문제는 이번에 처음 나온 것이 아니라 3년 동안 계속 지적된 것 아니냐"고 꼬집었다. 이명박 정부가 시작한 해외농업개발 융자 사업이 다시 도마 위에 오른 것이다.

농림축산식품부와 농어촌공사가 담당하는 해외농업개발 융자 사업은 2009년 이명박 정부가 국가비상 시 곡물자원의 안정적인 해외 공급선을 확보하겠다는 목적으로 시작한 것이다. 2014년까지 1,600억 원의 정부 예산이 배정됐고, 32개 기업이 연 2%의 저렴한 이자로 융자 지원을 받았다. 농어촌공사 관계자는 "식량 자립도가 23%밖에 안 되는 상황이다. 우리 국토로는 한계가 있으니 해외의 땅을 확보하고 농사를 지어서 가지고 들어오는 노력을 기울여야 한다. 현재로서는 더디고 미흡하게 느껴지지만 실패할 가능성은 거의 없다고 본다"고 말했다.

그러나 이 사업의 효과는 극히 저조했다. 2014년을 기준으로 지원을 받은 32개 기업 중 실제 해외에서 생산한 곡물을 국내로 들여온 기업은 12개에 불과했다. 이 기업들의 해외 곡물 생산량 대비 국내 반입량도 2011년 0.6%, 2012년 0.7%, 2013년 3.8%에 그쳤다.

사업자 선정에서도 큰 허점이 드러났다. 2013년 10월 한 기업이 해외농업개발을 한다면서 75억 원을 신청한 뒤, 그 돈으로 국내 부동산에 투자했다가 검찰에 적발되기도 했다. 융자를 받은 대기업 가운데 사업을 중도에 포기한 곳도 있었다. 한진중공업은 2012년 필리핀에서 옥수수를 생산한다면서 26억 원을 받아갔고, CJ제일제당은 2012년 호주에서 카사바를 생산한다며 75억 원을 지원받았지만, 농지 미확보 등의 이유로 사업을 포기했다. 사전 조사를 철저히 하지 않았다는 얘기다(두 회사는 융자금을 전액 상환했다고 밝혔다).

이런 일이 불거지자 국회가 4년 연속 해외농업개발 사업의 문제점을 지적하고 나선 것이다. 농어촌공사는 2014년이 되어서야 "이 사업에 대한 전면 재평가를 하기 위해 외부 용역을 맡겼다"고 해명했다. 하지만 국회의 시정 요구에 뒤늦은 대책을 마련한 것에 불과했다. 게다가 국회의 문제 제기가 있었는데도 2014년에 300억 원의 예산을 다시 배정받았다. 나라살림연구소 정창수 소장은 이 같은 상황에 대해 "비효율적인 예산 집행"이라고 평가했다. 다른 사업에 쓰일 수 있는 돈이 불필요한 곳에 쓰인다면 기회비용이 상실된 것이기 때문이다.

취재진은 나라살림연구소와 함께 예산 낭비성 사업으로 지적받은 사업이 더 있는지 추적했다. 2010년부터 2013년까지의 국회 예산 결산위원회 자료에서 4년 연속 문제가 지적되어 시정을 요구받았지만 계속되고 있는 사업을 찾아봤더니 총 25건이나 발견됐다. 부처별로는 대학생 근로장학금 지원 사업 등 교육부 관할 사업이 5개로 가장 많았고, 농림축산식품부 사업이 2개로 드러났다. 시정 요구와 지적 사항은 부적절한 사업 집행 관리, 예산의 과소·과다 편성, 집행 부진, 저조한 사업 성과 등이 대다수를 차지했다.

2013년 이 25개 사업에 배정된 예산은 지방교육 재정교부금 41조 원을 포함해 총 46조 원에 달했다. 당시 새정치민주연합 이춘석 의원(예산결산위원회 간사)은 "1, 2년도 아니고 4년 연속 국회의 지적을 받았는데도 정부 부처가 제대로 시정하지 않고 있는 것은 국회의 입법권을 무시하는 것"이라고 비판했다. 이 의원은 "시정 조치를 요구한 부분이 어떻게 시정됐는지를 확인해서 다음 번 예산 단계에서 더 강력하게 요구할 수 있도록 하는 제도적, 법적 방법을 강구하겠다"고 말했다.

세금 먹는 '섬 공항' 사업, 경제성도 안전성도 의문

2,760억 원. 이 액수는 양양, 청주, 여수, 포항 등 만성 적자의 늪에 빠진 전국 11개 지방 공항이 2010년부터 5년간 '먹어 치운' 세금이다. 이외에 전남 무안국제공항의 경우에는 개항 첫해부터 만년 적자를 기록해 누적 적자가 2015년에는 455억 원에 달했다.

문제는 정부의 지방 공항 건설 사업이 아직도 진행형이라는 것이다. 2015년 국토교통부는 울릉도와 흑산도에도 추가로 공항을 건설해 관광객을 늘리고 지역 경제 발전도 이끌겠다는 계획을 세웠다. 두 공항을 만드는 데 6,400억 원의 예산을 책정했는데, 그중에서 울릉도 공항의 총 사업비로 4,932억 원을 편성했다. 우선 공항 설계에 60억 원의 예산을 편성하고, 2020년까지 해마다 1,000억 원 안팎의 세금을 사용하는 계획이었다.

사실 울릉도에 공항을 만들자는 계획은 여러 번 있었다. 그러나 경제성과 안전성의 문제로 여러 번 무산됐다. 겨울철 동해는 파도와 바람이 거세기 때문에 배가 뜨지 못하기 일쑤다. 울릉도를 찾는 관광객들과 주민들도 날씨 탓에 종종 섬에 발이 묶이곤 한다. 지형 탓에 1,500m 이상의 활주로를 건설하는 것도 불가능하다. 이 때문에 "해안 및 해상에 공항을 건설하는 방안이 타당성 없다"고 결론이 난 것이다.

그런데 2013년에 들어서자, 종전과 달리 울릉도 공항 사업에 경제적 타당성이 있다는 결론이 도출됐다. 한국개발연구원KDI이 분석한 울릉도 공항 건설 사업 예비타당성 조사보고서에서 결론이 뒤집힌 것이다. 정부는 활주로 길이를 기존 1,200m에서 1,100m로 줄이고, 활주로의 여유 공간인 '착륙대'도 150m에서 80m로 줄인다는 전제하에 건설비를 6,500억 원에서 5,000억 원으로 감액 계산했다. 이로 인해 예비타당성 조사 결과가 바뀐 것이다.

공항의 크기가 줄어들면서 사고의 위험은 더 커졌다. 활주로의 폭이 줄어들면서 최첨단 레이더와 항법 장치를 이용한 계기비행 방식의 이착륙이 불가능해졌기 때문이다. 이렇게 되면 조종사의 시야에만 의존해야 하기 때문에 안개가 끼거나 구름이 낮게 깔리면 이착륙 자체가 어려워진다. 활주로 양 끝이 바다로 이어지는 절벽이라 조종사의 작은 실수로도 대형 참사가 발생할 가능성이 커진다.

전문가들은 KDI의 보고서에 대해 "공항의 건설과 운영에 필요한 비용을 줄이고 경제적 효과를 부풀렸다"고 비판했다. 억지로 경제적 타당성을 확보하기 위해 국민의 안전을 도외시했다는 비판도 나왔다. 그러나 국토부는 공항의 안전성에는 문제가 없다는 입장을 고수했다. 국토부 관계자는 "1,100m 안에도 여유가 있다. 공항에 가서 보면 활주로에서 비행기가 뜨고 내릴 때 실제로 그 길이를 다 필요로 하지 않는다"고 말했다. 하지만 울릉도 공항 사업 계획을 검토한 항공안전 전문가인 한국항공대 송병흠 교수는 "안전의 기본 요소인 이륙 시 가속 및 정지 거리 산정이 빠져 있다"고 지적했다.

또 다른 안전 문제에 대해서는 KDI의 보고서에서도 인정하고 있었다. "기후 변화가 심하고 비와 눈이 많은 울릉도의 기후적 특성을 반영해 보다 면밀한 검토가 필요하다"고 한 것이다. 이 보고서에 따르면 울릉도 공항에 취항할 것으로 예상되는 두 기종의 비행기(ATR-42기, DHC-8-300기)가 착륙할 때 필요한 활주로 거리는 최대 1,050m와 985m다. 하지만 노면이 젖어 있을 때 이 거리는 1,212m와 1,136m로 늘어날 수 있다. 활주로 길이 1,100m에 정지거리 60m를 합쳐도 안전한 착륙이 어려울 수 있다는 것이다. 이를 해결하려면 승객의 수와 화물의 중량을 절반 가까이 줄이거나 날씨가 맑은 날에만 비행기를 운행해야 한다. 실제로 공항이 들어선다 하더라도

1년 중 50일 이상은 활주로가 젖어 배편과 마찬가지로 운항이 어렵다는 뜻이다.

그러나 국토부는 전문가와 보고서의 지적에도 아랑곳하지 않고 포항과 울릉도를 잇는 가상의 직선 항로를 만들어 예비타당성 조사를 통과하는 꼼수를 부리기도 했다. 현재로서는 포항을 출발해 강릉을 경유하는 우회 노선을 이용해야 하는데 이 경우 타당성 심의를 통과할 수 없어 가상의 항로를 내놓은 것이다. 그런데 이 직선 노선은 공군의 작전 공역을 지나고 있었다. 그러니까 울릉도 공항 사업을 추진하려면 반드시 국방부의 사전 협조가 이뤄져야 한다. 국토부 관계자는 이에 대해 "국방부와 협의 중"이라고 했지만 취재진이 확인한 결과, 실제로 국방부와 국토부의 협의는 단 한 번도 이뤄진 적이 없었다.

목포에서 남서쪽으로 100km 떨어진 흑산도의 신규 공항 건설 사업도 비슷한 문제를 안고 있었다. 흑산도 공항 건설 사업의 총 예산은 1,430억 원. 2015년에 20억 원이 먼저 반영됐다. 이 사업은 괴석으로 유명한 홍도 관광의 기점 역할을 하는 흑산도에 공항을 건설해 관광객을 유치하고 지역 경제를 활성화하겠다는 목표로 계획됐다. 그러나 흑산도 공항의 예비타당성 조사보고서에서는 "주민 수가 4,000명에 불과한 이 섬에 공항이 놓인다 하더라도 지역 경제 활성화에 미치는 효과는 미미할 것"이라는 진단이 내려졌다.

흑산도 공항이 경제성을 갖추려면 한 대당 160억 원에 달하는 50인승 비행기 18대가 필요하다. 조종사와 승무원 등 필수 운영 인력에 필요한 예산을 제외하고도 비행기 도입 비용에만 약 3,000억 원이 드는 셈이다. 흑산도 노선을 운영하려는 항공사 입장에서는 막대한 초기 투자를 감행해야 한다. 그런데 과연 이만한 비용을 감당할 사업자가 나타날까? KDI도 민간 항공사에 정부 보조금을 지원하지 않는 한 도서 지역의 공항 운영은 어려울 것이라고 내다봤다.

사회공공연구원 이영수 연구위원은 "건설비도 문제지만 차후에 운영비나 운영 적자에 대한 문제도 있다"고 지적했다. 이처럼 도서 지역 공항 사업이 안정성과 사업성에 대한 철저한 검증 없이 추진되고 있는 가운데, 실효성은 적고 혈세만 낭비하는 또 하나의 애물단지가 생기지 않겠느냐는 우려가 나오고 있다.

취재 그후 •••

바다를 메워 건설하겠다는 울릉도 공항의 총 사업비는 2017년 3월까지 5,805억 원으로 늘었다. 이마저도 충분치 않아 사업비를 더 늘려야 할 형편이다. 당초 타당성 조사를 했을 때 공항이 들어서는 가두봉의 토석을 채취해 바다를 메운다는 계획이었으나 사용 가능한 토석이 필요한 양인 352만m³의 3분의 1에도 못 미치기 때문이다. 육지에서 토석을 운반해 공사를 진행할 경우 공사비는 20% 넘게 증가할 전망이다.

독도 예산, 일본보다 많지만

2015년은 한일수교 50주년이 되는 해였다. 하지만 일본 정부는 초등학교 사회 교과서에 "한국이 독도를 불법 점령했다"고 쓰도록 하는 등 독도 문제에 대한 도발을 계속했다. 정부 차원에서 독도 영유권을 주장하는 연구 논문을 세계 각국의 언어로 번역하는 사업을 진

하늘에서 내려다본 독도의 모습.

행하기도 했다. 국제적인 여론몰이를 통해 독도 문제를 국제사법재
판소까지 끌고 가겠다는 속셈도 있었다. 일본의 이런 움직임에 대응
해 우리 정부는 대체 무엇을 하고 있을까?

　독도 관련 예산을 취재해봤다. 우리 정부는 일본보다 관련 예산
을 더 많이 쓰고 있었지만 실효성이 없는 곳에 낭비해서 혈세가 줄
줄 새고 있었다. 독도 영유권 주장을 위해 일본 정부가 책정한 예산
은 연간 100억 원 수준이었고, 우리 정부는 2015년의 경우 독도 관
련 사업에 170억 원의 예산을 배정했다. 단순히 예산 규모만 놓고 본
다면 일본보다 더 많은 돈을 쓰는데도 좀처럼 관련 사업의 성과를
체험하기는 어려웠다. 취재진은 독도 관련 예산이 적절히 편성, 집행
되고 있는지를 검증하기 위해 울릉도를 찾았다.

　울릉도 석포마을에 있는 안용복기념관은 울릉도와 독도에서 일

2013년에 문을 연 울릉도 석포마을의 안용복기념관.

본 어민들을 쫓아내고 일본 본토에 가서 일본 막부의 사과까지 받아낸 영웅 안용복을 기리기 위한 곳이다. 150억 원을 들여 2013년 개관식을 열었다. 그러나 방문객은 1만 5,000명 정도로 하루에 30명도 채 되지 않았다. 울릉도의 관광 중심지에서 멀리 떨어져 있어 관광객들이 찾아오기 힘든 데다가 애써 찾는다 해도 이렇다 할 볼거리가 없기 때문이다.

독도와 관련한 전시 공간으로는 안용복기념관 외에 독도박물관이 있고, 안용복기념관 바로 옆에 추가로 공사 중인 독도의용수비대기념관이 있을 예정이다. 독도의용수비대기념관은 국가보훈처가 총 129억 원을 들여 짓고 있다.

국가보훈처는 "독도의용수비대원 33명의 명예를 드높이고 국토 수호 정신을 계승하는 교육의 장이 될 것"이라고 독도의용수비대기념관의 설립 취지를 밝혔다. 하지만 전시 공간에 비해 전시할 만한 사료는 거의 없는 상황이다. 국가보훈처도 새 기념관에 전시할 사료가 부족하다는 것을 인정했다. 그러면서도 "기념사업회가 관련 사료를 수집하는 중이기 때문에 우려할 필요는 없다"는 입장을 밝혔다. 반대로 기념사업회 측은 "독도의용수비대기념관은 애당초 사료 전시와 교육의 목적보다 일종의 체험시설로 운영될 수밖에 없다"고 말했다. 독도의용수비대가 국가의 공식적인 조직이 아니었던 탓에 활동 당시의 기록이 거의 남아 있지 않기 때문이다.

그나마 몇 점 없는 사진들도 이미 대부분 독도박물관에 전시되어있는 상황이다. 때문에 기존의 독도박물관을 잘 활용하는 것이 독도의용수비대의 활동을 널리 알린다는 취지에 부합한다는 지적이 나오기도 했다. 하지만 소관 부처인 해양수산부는 오히려 2015년 초 10억 원의 예산을 별도로 책정해 독도박물관의 리모델링 계획을 세웠다.

정부가 2015년부터 본격 추진하던 '독도 입도지원센터 사업'도 예산 낭비 지적을 받기는 마찬가지였다. 총 사업비 100억 원을 들여 독도의 접안시설 인근 해상에 수상가옥 형태로 된 2층 건물을 세우겠다는 것이 이 사업의 골자였다. 갑작스러운 기상 변화가 있을 때는 독도를 찾은 관광객들의 대피 공간으로 쓰고, 일본의 독도 관련 망발이 있을 때는 긴급회의 장소로도 이용하겠다는 것이 해양수산부의 설명이었다. 하지만 날씨가 조금만 좋지 않아도 배가 뜨지 않는 독도에서 이 시설이 대피 공간으로 활용될 가능성은 낮아 보였다. 더군다나 센터가 들어설 곳이 독도 선착장 인근 해상으로 되어 있어, 오히려 태풍 같은 자연재해로부터 위험할 수 있다는 지적도 잇따랐다. 독도관리사무소의 직원들조차 "센터가 대피 공간으로 활용될 가능성은 별로 없다"고 말했다.

이렇게 보여주기식 건설 사업에 독도 예산이 쏟아지는 바람에 일본 정부의 도발에 맞선 독도 관련 연구와 국제 홍보 사업은 오히려 등한시되고 있었다. 외교부는 독도 영유권 수호 연구를 위해 매년 10억 원을 썼지만 연구는 매번 같은 주제, 같은 내용으로 제자리걸음만 해왔다. 또 매년 '일본해' 대신 '동해' 표기를 사용하도록 국제사회에 홍보하는 사업도 진행했지만 그 성과는 2009년 이후로 한 번도 발표되지 않았다. 정부가 독도 수호에 대한 국민의 간절한 열망은 외면한 채 눈 가리고 아웅 하는 식으로 헛돈 쓰기에 열중하고 있는 것이 아니냐는 지적이 나오는 이유다.

취재 그 후 •••
국민 혈세 129억 원이 투입된 독도의용수비대기념관 건설 사업은 관급 공사가 아닌 민간 단체인 독도의용수비대기념사업회가 발주해 추진 중이다. 당초 2014년 8월 기공식을 갖고 2016년 6월 준공할 예정이었으나 9개월 넘게 지연되고 있다. 착수금을 받고 공사를 제대로 하지 않아 현장 책임자 등이 횡령 등으로 입건돼 법적 다툼을 벌였는가 하면, 환경오염 방지에 필수적인 차량 바퀴의 세척 장치를 제대로 운영하지 않는 등 환경 법규를 위반해 사업의 취지를 훼손하고 있다는 지적을 받고 있다.

3부 내 세금 어떻게 쓰이나

02 세금 지원인가, 특혜인가

해외자원개발, 농산물 수출의 활성화, 운영이 어려운 학교 지원 등과 같은 다양한 곳에 정부가 막대한 세금을 지원하는 이유는 일면 그럴듯해 보인다. 국가 안보나 경제에 활력을 불어넣기 위해 쓰는 세금은 당연한 것이기도 하다. 그러나 한편으로는 번지르르한 이유 뒤에서 거액의 혈세가 대기업, 귀족학교, 주한 미군, 외국 기업 등으로 흘러들어가고 있었다.

기업에겐 로또, 성공불융자 제도

성공불융자는 정부로부터 융자를 받은 기업이 자원개발에 성공하면 갚고, 실패하면 갚지 않아도 되는 제도다. 재원은 유류세로 조성된 에너지 및 자원 사업 특별회계다.

자원외교를 주요 치적으로 내세우려 했던 이명박 전 대통령은 재임 시절 해외유전개발에 국민 세금 1조 1,400억 원을 쏟아 부었다. 바로 이 돈이 성공불융자 제도를 통해 각 기업들에게 지원됐다. 해외자원개발을 하겠다는 기업들에게 무담보, 무보증으로 조건 없이 이 돈을 빌려준 것이다. 아주대 최기련 명예교수는 "해외자원개발 성공불융자를 로또라고 부른다. 그 돈은 기업이 마음대로 써도 된다"고 말하며 "실패하면 안 갚아도 되는 융자 제도가 세상에 어디 있느냐"고 그 문제점을 지적했다.

이렇게 수십억에서 수백억 원씩 빚을 감면받은 기업들의 면면을 살펴보면 더욱 놀랍다. SK이노베이션, GS칼텍스, LG상사, 대우인터내셔널, 삼성물산, 현대하이스코와 같은 국내 재벌 그룹 계열사들이기 때문이다. 일례로 SK이노베이션은 이명박 정부 기간 동안 성공불융자로 2억 3,200만 달러, 우리 돈으로 2,500억 원이 넘는 돈을 받았다. 이 회사들은 정부에 기대지 않고 자체 수익만으로 충분히 자원개발을 할 수 있다. 그러나 해당 기업들은 "정부에서 자원 사업을 권장했고 그것에 맞춰 진행했다"(SK이노베이션), "기업의 이익이 아니라 국가 에너지 안보의 문제"(GS칼텍스)라고 주장했다.

융자 심사는 제대로 이뤄진 걸까? 2008년 지식경제부는 융자 심사를 해외자원개발협회(이하 '해자협')에 위탁했다. 해자협은 에너지 관련 공기업과 민간 기업, 법무회계 법인, 펀드운용사 등 71개의 기업으로 구성됐다. 서로의 이권이 맞물려 있는 회사들의 이익단체에 불과했기 때문에 해자협이 공신력을 갖춘 책임 있는 기관이 아니라는 비판이 일었다. 에너지기후정책연구소 이진우 상임연구원은 "해자협으로 심사 권한이 넘어가면서 심사 과정이 굉장히 불투명해졌다"고 지적하면서 "SK나 대우 같은 기업은 해자협 내에서 굉장한 영향력을 갖고 있다. 그런 집단들이 직접 심사를 맡게 되면서 자신들에게 가장 유리한 구조로 성공불융자 제도를 이끌어갈 수 있는 아주 결정적인 계기가 됐다"고 말했다.

1조 원이 넘는 돈을 이익단체가 좌지우지했다는 사실은 2012년 국정감사에서 처음 거론됐다. 당시 홍석우 지식경제부 장관은 해자협이 "단순히 행정적인 절차만 맡는 것"이라며 역할을 축소했다. 그러나 조사해보니 이는 사실과 달랐다. 15명의 융자심의위원 중 8명이 해자협 회원사 소속인 것으로 확인됐다. 행정적인 절차만 맡는다던 해자협 상무도 버젓이 융자심의위원으로 활동했다. 해자협은 정부로부터 운영비 3억 8,000만 원을 받으면서 회원사들과 함께 실질적으로 융자심의회를 쥐락펴락한 것이다.

해자협은 성공불융자 원리금 감면 제도도 부활시켰다. 2005년부터 2010년까지 0원이던 감면액은 2011년 1,589만 달러, 2012년에는 1억 1,449만 달러로 폭증했다. 1년 사이에 7배나 증가한 수치다. 해자협이 탕감해준 원리금은 우리 돈으로 1,400억 원이 넘었다.

석유개발 융자심의위원회 회의록을 입수해 따져보니, 서류 미비로 심의가 보류된 한 건을 제외하고는 기업들이 신청한 30건의 감면신청이 모두 원안 가결됐다. SK이노베이션과 석유공사는 한 차례 질의와 답변만으로 476만 달러, 우리 돈으로 50억 원 정도의 융자 원리금을 탕감받았다.

특히 석유공사는 성공불융자로 받은 돈 중 쓰고 남은 64만 달러, 약 8억 원을 10년 가까이 공사 명의의 계좌에 보관하며 부적절한 이자 수익을 챙기기도 했다. 그러나 감면 심사 과정에서 누구도 이를 문제삼지 않았다. 감면 심사 때 회계와 법률 검토를 맡은 곳이 모두 해자협 회원사들이었기 때문이다. 감면 심사에 참여한 법무회계 법인들은 연간 500만 원의 회비를 내고 준회원으로 활동하면서 건당 2,000만~2,500만 원의 심사비를 챙겼다.

무더기로 거액의 원리금을 탕감해준 이런 행태는 융자심의위원회에 참여했던 민간 심의위원조차 불편함을 느낄 정도였다. 한 민간 심의위원은 "감면이 너무 많아서 힘들었다"고 심경을 밝히면서 "기획재정부에 100% 감면을 해주면 안 된다고 이야기하다 결국 안 돼서 그만뒀다"고 말했다.

대기업 배불리는 농산물가격안정기금

농산물 수급을 조절하고 가격을 안정시키기 위해 만든 재원인 농산물가격안정기금(이하 '농안기금')도 대기업으로 흘러들어가기는 마찬가지였다. 이명박 정부 시절, 농림수산식품부는 '농수산물 수출 100억 달러 달성'을 목표로 설정하고 2008년부터 농안기금으로 매년 1,000억 원가량의 돈을 지원했다. 2013년 농안기금은 총 3조 원을 넘어섰다. 하지만 채소 값이 2~3배나 뛰었을 때도 농안기금은 제 역할을 하지 못했다.

농안기금이 어떻게 운영되고 있는지 따져봤더니 실제로 농산물의 가격 안정과 수급 조절에 사용되는 예산은 6,500억 원으로 전체의 5분의 1에 불과했다. 농산물 가격이 급등할 때 이를 완충하는 민간 가격 안정 예산 500억 원은 2013년 전액 삭감됐다. 대신 농산물 수출 촉진과 식품 산업 육성 등 사실상 대기업 지원용 예산이 258억 원으로 증액된 것으로 나타났다.

농수산식품유통공사 관계자는 농안기금을 "자금력이 부족한 영세업체들 위주로 지원하는 자금"이라고 설명했다. 하지만 실상은 영세업체가 아니라 대기업을 지원하는 데 방점이 찍혀 있었던 것이다. 고려대 한두봉 교수는 "농수산물 수출 목표를 100억 달러로 설정했기 때문에 그 목표를 단기적으로 달성하기 위해 대기업을 통한 수출을 주도적으로 했을 것"이라며, 그런 이유로 "대기업에 지원금이 많이 늘어났다"고 분석했다.

실제로 수출 지원 자금의 36%가 중소기업이 아닌 대기업에 당시 시중금리보다 낮은 연 3%대의 저금리로 대출됐다. 취재 결과, CJ제일제당 등 12개 식품 대기업이 2011년 농안기금의 '우수농식품 구매지원 사업'으로 선정되어 1,140억 원이 넘는 돈을 지원받았다. CJ제일제당과 오뚜기는 각각 100억 원, 대상은 99억 원, 대상FNF는 193억 원, 샘표식품은 144억 원을 받았다. 식품·외식종합자금을 지원한다는 명목으로 CJ푸드빌, 롯데햄 등에도 3년간 396억 원이 지원됐다. 이 기업들을 굳이 지원할 필요가 있었을까? 2012년 매출액을 보면 CJ제일제당은 약 7조 원, 오뚜기는 약 1조 2,000억 원이었다. 두 기업 모두 국내 최대의 식품 기업이다. 이 기업들은 "정부 시책을 따랐을 뿐"이라며 책임을 떠넘겼다.

기업들은 예산을 지원받는 데 거의 제약이 없었다. 자금 지원 규정 중에서 "국산 원료를 30% 이상 반드시 사용한 업체로 지원을 제한한다"는 내용도 지켜지지 않았다. 사업 평가 점수 100점 가운데 90점은 '수출 성과'와 관련된 것이었고, 국산품 사용 규정을 위반해도 감점은 고작 5점에 그쳤다. 자금 지원을 통해 우리 농산품 구매를 늘린다는 농수산식품유통공사의 말은 허울뿐이었다.

대기업에 지원 자금이 몰린 것과 반대로 중소기업에 대한 대출 문턱은 오히려 높아졌다. 국내 중소 농식품 수출업체는 모두 2,600여 개인데, 이 중 2012년 사업비를 신청한 업체는 190여 개에 불과했다. 전체의 10% 수준이었다. 농수산식품유통공사 관계자는 "중소기업을 우선 지원하고 남은 금액으로 규모가 큰 기업을 지원한다"고 했지만 사실은 이처럼 달랐다. 매출 50억 원 미만의 중소기업에 지원하는 자금은 2009년 483억 원에서 2011년 369억 원으로 23% 줄었다. 반면 매출 1,000억 원 이상의 대기업에 대한 지원금은 같은 기간에 22% 늘었다.

버섯을 수출하는 이규천 씨는 "지원을 신청하지 못하는 농업인들이 안타깝다. 홍보가 많이 됐으면 좋겠다"면서 "기금 지원을 통해 농가들이 좀 더 현대화된 시설에서 고정적으로 생산해 수출 시장에 나갔으면 한다"는 바람을 밝혔다. 참여연대 민생희망본부 안진걸 팀장 역시 "농안기금이 수출 대기업 위주로 쓰이는 것은 취지에 맞지 않는다"면서 "도시 소비자와 지역 농민들이 상생하고 협력하는 사업에 쓰이는 것이 취지에 맞고, 그래야 국민이 세금으로 지원해주는 본뜻과도 맞을 것이다"라고 일갈했다. 국민이 낸 세금으로 조성된 농안기금이 본래의 목적대로 사용될 수 있도록 관련 제도가 시급히 개선되어야 한다는 지적이다.

세금 먹는 하마, 민자도로 건설

이용자에게는 비싼 통행료를, 국민들에게는 수조 원의 세금 부담을 떠안기는 민자도로. 민간의 자본을 유치해 만든 민자도로 역시 오랫동안 사업자들만 배불린다는 비판에 직면해왔다. 아까운 세금만 축나는 건 아닌지 살펴봤다. 2010년부터 5년간 들어간 돈만 3조 6,000억 원이었다.

2000년에 만들어진 우리나라 최초의 민자도로인 인천국제공항고속도로는 인천공항으로 통하는 유일한 길이다. 그러나 승용차를 이용해 인천공항에 다녀오려면 왕복 통행료 13,200원을 내야 한다. 경기도 일산과 퇴계원을 잇는 서울외곽순환고속도로 북부 구간도 요금이 비싸서 주민들의 원성이 크다. 송추 IC에서 통일로 IC까지 8.9km 구간의 통행요금은 승용차 기준으로 3,000원이나 된다. 1km당 337원꼴인데, 경부고속도로(1km당 47원)보다 7배나 많다. "고객의 편익에 중심을 둔 경제고속도로"라는 홍보 문구가 무색할 지경이다. 이 밖에도 천안논산고속도로, 대구부산고속도로 등에서도 마찬가지로 비싼 통행료를 지불해야 한다.

이렇게 국민이 비싼 요금을 부담하고 있는데도 민자도로는 사실

민자도로에 지원된 세금 (2015년 1월 기준)

도로명	세금
인천국제공항고속도로	1조 2,832억 원
천안논산고속도로	5,163억 원
대구부산고속도로	5,460억 원
서울외곽순환고속도로	1,776억 원
부산울산고속도로	2,215억 원
서울춘천고속도로	633억 원
용인서울고속도로	54억 원
인천대교고속도로	579억 원
서수원평택고속도로	153억 원

상 정부 지원금, 즉 세금으로 유지되고 있다. 정부가 도로와 철도 등 사회간접자본 시설에 민간 자본을 끌어들이려고 최소 운영 수입을 보장해줬기 때문이다. 당초 예측한 것보다 실제 수입이 적을 경우, 정부는 미리 약속한 수입의 70~90%까지 지원해주기로 계약한 것이다. 그런데 실제로 민자도로의 대부분이 수요 예측의 절반에도 못 미치는 수입을 기록했고, 그 부족분을 모두 세금으로 메우다 보니 민자도로는 어느새 세금 먹는 하마가 되어버렸다.

여론의 질타가 쏟아지자 정부는 2009년 최소 수익률 보장 제도를 폐지했다. 그러나 이전에 계약을 맺은 사업자에게는 여전히 손실을 보전해주고 있다. 가장 많은 세금을 보조받은 곳은 인천국제공항고속도로였다(1조 2,832억 원). 천안논산고속도로와 대구부산고속도로에 들어간 돈도 각각 5,000억 원이 넘었다. 2015년 책정된 예산 3,200억 원을 합치지 않더라도 정부가 메워준 민자도로 9곳의 적자

는 모두 2조 8,000억 원이 넘었다. 손실 보장을 약속한 기간은 짧게
는 15년에서 길게는 20년 넘게 남아 있었다. 이를 전제로 매년 3,000
억 원의 세금이 쓰인다는 것을 감안하면, 향후 5조~6조 원의 혈세
가 더 필요한 상황이었다.

상황이 이런데도 정부는 민자도로 건설을 중단하기는커녕 더 늘
리겠다는 계획을 발표했다. 2015년 1월 당시 새로 추진 중이던 민자
도로가 10개에 달했다. 최소 수익률 보장 제도는 없어졌지만 혈세를
투입하는 일은 여전했다. 토지 매입비는 물론 건설 공사비의 최대
30%까지 정부가 지원하는 방식으로 민간 자본을 유도했다.

2011년 689억 원에 불과하던 민자 유치 건설 보조금은 2012년
3,072억 원, 2013년 7,723억, 2014년 1조 1,039억, 2015년 1조 4,267
억 원으로 폭발적으로 늘어났다. 민간 사업자와 계약을 맺을 당시
물가상승률을 감안하지 않고 사업비를 추산해 벌어진 일이다.

국회 국토교통위원회의 조사 결과를 보면 인천─김포 간 도로
는 토지 매입비와 건설 보조금을 합친 정부 지원금이 당초 3,700
억 원에서 8,600억 원으로 2.3배 늘었다. 또 안양─성남 간 도로는
1,400억 원에서 3,900억 원으로 2.7배, 수원─광명 간 도로는 3,900
억 원에서 6,200억 원으로 1.6배 증가하는 등 민자로 짓는 6개 도로
의 국고 지원금은 2조 원에서 4조 원으로 늘어났다. 정부는 "사회간
접자본 투자에 대한 국가 재정 부담을 줄이고, 민간 자본을 통해 공
공부문의 효율성을 높일 수 있다"고 주장했지만, 실제로는 재정 부
담을 줄이기는커녕 오히려 재정 악화를 부추기고 있었던 것이다.

박원석 당시 정의당 의원은 "민자도로 건설을 전면 재검토해야

한다"고 주장했다. 박 의원은 "민자도로가 정부 재정 사업이 아니라는 이유로 예비타당성 조사를 면제받았다. 또 정부와 업체가 맺은 실시협약도 비밀로 부쳐져 공개되지 않고 있다"면서 "모든 정보를 다 공개해서 타당성을 점검해야 한다"고 했다. 그러면서 "민자도로가 과연 국민의 편의를 위한 것인지, 아니면 건설업자들의 배를 불리기 위한 것인지 알 수 없다"고도 말했다.

'귀족학교' 국제중학교에 혈세 부당 지원

세금 지원이 특혜로 둔갑한 또 다른 사례로는 국제중학교를 들 수 있다. 서울에는 영훈국제중학교와 대원국제중학교 등 2개의 사립 국제중학교가 있다. 이 중 영훈국제중학교는 삼성그룹 후계자인 이재용 삼성전자 부회장이 자녀를 '사회적 배려 대상자'로 입학시켜 물의를 일으킨 곳이기도 하다. 실제로 취재진이 서울시 강북구 미아5동에 위치한 영훈국제중학교를 찾아가보니 오전 8시 등교시간에 비좁은 골목길 사이로 강남구와 서초구에서 온 학생들을 태운 외제차와 고급 승용차, 스쿨버스가 즐비했다.

2009년 설립 당시에도 영훈국제중학교와 대원국제중학교는 연간 교육비가 1,000만 원이 넘어 "특권층만 다니는 귀족학교"라는 사회적 비난을 받았다. 두 학교의 재단은 이런 비난을 피하기 위해 서울시 교육청에 전체 학생 정원의 20%를 저소득층 학생으로 선발하고 그들에게 장학금을 지원하겠다고 약속했다. 국제중학교를 지정

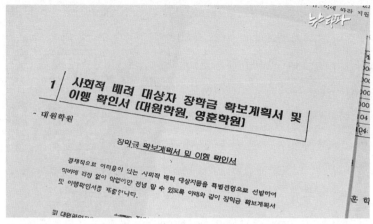

두 사학재단이 학교 인가를 받는 조건으로 교육청에 제출한 각서. 경제적으로 궁핍한 저소득층 학생들을 선발해서 장학금을 주겠다는 내용이다.

하기 보름 전인 2008년 10월 15일, 서울시 교육위원회에 출석한 두 학교의 재단 이사장들은 "돈을 빌려서라도 20%를 수용하겠다", "열심히 해서 모자라면 재원을 더 거둬들여서 하겠다"고 말했다. 두 사학재단은 관련 내용을 각서로 써서 정부에 제출하기도 했다. 김형태 서울시 교육의원은 국제중학교의 인가 과정에서 이 각서가 중요한 역할을 했다고 말했다. "단식투쟁이 있을 정도로 반대가 심했고 교육위원회에서도 안 된다고 하니까 뭔가 특단의 대책이 필요했을 거다. 그래서 꺼내 든 게 사배자(사회적 배려 대상자)전형 카드였다."

그러나 학교의 인가가 끝나자마자 이들의 태도는 180도 달라졌다. 서울시 교육청 자료를 통해 대원국제중학교가 경제적으로 어려운 학생들에게 지급한 장학금 액수를 확인해봤다. 개교 첫해인 2009년 1억 2,000만 원을 지급하고 나서 다음 해인 2010년부터

2012년까지 3년 동안의 장학금은 0원이었다. 영훈국제중학교도 비슷했다. 이 학교도 개교 첫해인 2009년 1억 1,000만 원의 장학금을 지급하고 난 뒤, 2010년에 거의 10분의 1인 1,300만 원으로 줄였고, 2011년에는 720만 원, 2012년에도 4,900만 원에 불과했다.

학교가 장학금을 내지 않자 경제적 형편이 어려운 학생들의 장학금을 서울시 교육청이 대신 내줬다. 대원국제중학교에 약 7억 8,000만 원, 영훈국제중학교에 약 12억 3,000만 원을 지원했다. 모두 국민의 세금이다. 인가를 받기 위해 경제적으로 궁핍한 학생들에게 장학금을 지급하겠다고 공언한 사학재단들의 약속은 지켜지지 않았다. 또한 국제중학교를 인가하면서 정부의 지원은 없다고 했던 정부의 말도 거짓이 됐다.

서울시 교육청은 "장학금 이행을 독촉했으나 학교가 설립된 지 1년 후부터 학생들의 학비를 감당하기 어렵다고 호소해 지원하게 됐다"고 변명했다. 그러나 취재 결과 국제중학교가 개교한 지 3개월 만인 2009년 6월, 서울시 교육청이 교육부에 공문을 보내 이 두 사학재단에 교육비를 지원해달라고 요청한 사실이 드러났다. 그리고 교육부가 이를 받아들여 2009년 9월 '서울 국제중 사회적 배려 대상자 지원 방안'이라는 지침을 만들고 사립 국제중학교에 국민 혈세가 투입되는 것을 허용한 것이다. 모든 일은 마치 약속이나 한 듯 일사천리로 진행됐다.

교육 당국의 이런 조치는 아무런 법적 근거가 없다. 현행법상 국제고, 외국어고, 자립형사립고 등 특목고는 초중등교육법 제91조 제3항에 따라 정부의 지원을 받을 수 있지만, 국제중학교는 법적 지원을 받을 근거가 없기 때문이다.

교육부와 서울시 교육청은 뉴스타파의 취재가 시작되자 서로에게 책임을 떠넘겼다. 서울시 교육청은 "교육부에 요청한 것은 맞지만 최종 판단은 교육부에서 하는 것"이라고 했고, 반대로 교육부는 "교육청의 요청이 있어서 응한 측면이 있다"고 답했다. 한편 특혜의 당사자인 영훈국제중학교 측은 취재진의 인터뷰 요청을 거절했다. 대원국제중학교는 "우리 학교는 처음부터 장학금을 지급할 능력이 없는 법인"이라고 실토했다. 그러면서 "그래도 정부 지원이 없었다면 어떻게든 장학금을 마련했을 것"이라며 자신들의 약속 불이행을 슬쩍 정부 탓으로 돌렸다.

장학금도 주지 않고 오히려 정부의 지원금을 받아낸 두 국제중학교는 학교 재정이 어렵다며 학부모들에게 발전기금을 요구해 사회적 배려 대상자 학생들을 학교 재정을 어렵게 하는 존재로 만들기도 했다. 2009년 대원국제중학교에 사회적 배려 대상자 전형으로 입학했던 한 학생의 학부모는 학교에서 이른바 '사배자'라는 낙인이 찍혀 자녀의 학교생활이 힘들었다고 말했다. 학생 본인은 학생회 활동과 학업을 적극적으로 하고 싶어 했지만 교내에서 왕따를 당했고, 학교 측도 은연중에 "너희는 너희끼리 어울려라" 하고 눈치를 줬다는 것이다. 영훈국제중학교의 한 졸업생 학부모는 "학교에서 기부금 이야기를 했고 사회적 배려 대상자들을 무시하는 발언도 했다"고 증언했다. "학부모들을 교장실로 불러서 사배자들 때문에 학교 재정이 힘들다, 학부모들이 많이 도와달라는 말을 공개적으로 들었다"고 했다.

3부 내 세금 어떻게 쓰이나

그러나 한편으로는 사회적 배려 대상자에 엉뚱한 사람들이 선정되기도 했다. 영훈국제중학교에 사회적 배려 대상자로 입학한 이재용 삼성전자 부회장의 아들이 대표적인 예다. 대원국제중학교 역시 사회적 배려 대상자라면서 의사나 변호사 등 부유층 자녀들을 대거 입학시켰다. 저소득층 학생들을 선발해 장학금을 주라는 취지는 무시하고 돈이 되는 부유층 자녀들을 입학시킨 것이다.

서울시 교육청은 2013년 4월 뒤늦게 국제중학교에 대한 대대적인 감사를 벌였다. 그러나 아무런 법적 근거도 없이 귀족학교에 세금을 지원한 교육 당국이 과연 제대로 된 감사를 했을지는 의문이다.

주한 미군, 대한민국 세금으로 이자 놀이하다

2014년 11월 20일 오전 11시, 국방부 앞에는 쌀쌀한 날씨에도 불구하고 시민들이 모여 있었다. 그들은 "미국 눈치 보며 이자소득 환수 없는 국방부를 규탄한다!"는 구호를 외쳤다. 평화통일연구소 박기학 소장은 "방위비 분담금에서 이자가 발생한다는 사실을 한·미 당국이 올해 초(2014년 초)에 처음으로 인정했다. 이자가 불법적으로 발생했기 때문에 이는 당연히 우리 국고로 환수되어야 한다. 그런데 우리 정부가 환수하지 않고 계속 미루고 있다"고 말했다.

우리 정부는 주한 미군의 주둔 비용을 보전해주기 위해 이른바 방위비 분담금을 낸다. 물론 국민의 세금이다. 정부는 1991년 개정된 주한미군지위협정SOFA, Status of Forces Agreement을 근거로 방위비 분담금

서울 용산구에 있는 미군기지. 2017년 말 평택으로 이전할 예정이며 기지 이전 후에는 공원 조성 사업이 추진된다.

을 내기 시작했다. 첫해에 1,073억 원을 낸 것을 시작으로 2001년에는 4,882억 원을 냈고, 2011년에는 8,125억 원을 냈다. 그리고 2015년에 9,200억 원이 책정되기까지 모두 합해 13조 원을 넘어섰다.

반면 주한 미군의 수는 점차 감소했다. 2003년 4만 명에 육박했던 주한 미군의 병력은 2014년 12월 기준으로 2만 8,000명가량이었다. 병력은 줄어들었는데 방위비 분담금만 가파르게 상승한 것이다. 또 주한 미군은 매년 물가상승률을 반영해 방위비 분담금을 올려받았지만, 미군 부대에서 근무하는 한국인 근로자들의 인건비에 대해서는 2010년부터 3년 연속 동결했다.

덕분에 주한 미군이 쓰고 남은 돈, 즉 방위비 분담금의 미집행액은 갈수록 늘어났다. 2002년 11억 원에 불과했던 미집행액은 10년이 지난 2012년에 7,611억 원이 됐다. 이후 미군기지 이전 사업이 본격화되면서 다소 줄어들긴 했지만 2014년 6월에도 5,000억 원이 넘게 남아 있었다.

　주한 미군은 이 돈으로 무엇을 할까? 육군 본부가 발간한 SOFA 해설서에는 "대한민국 내에서 주한 미군의 영리 행위는 금지된다"고 명시되어 있다. 그런데 2007년 시민단체 '평화와 통일을 여는 사람들'이 "주한 미군이 방위비 분담금을 은행에 예치해 이자 놀이를 하고 있는 것 아니냐"고 지적했다. 만약 주한 미군이 방위비 분담금으로 이자 수익을 올렸다면 이는 SOFA를 정면으로 위배한 것이다. 주한 미군은 그런 사실이 없다고 발뺌하면서 "방위비 분담금이 미국 국방부 산하 커뮤니티 뱅크CB의 무이자 계좌에 입금되어 관리되고 있기 때문에 이자 수익이 주한 미군이나 미 국방부로 이전되지 않았다"고 주장했다.

　그러나 취재 결과 미군 측의 주장은 거짓으로 드러났다. 커뮤니티 뱅크의 내부 사정에 정통한 한 제보자는 "달러화로만 결제가 가능한 커뮤니티 뱅크 전산 시스템의 특성상 원화로 받은 방위비 분담금을 예치할 수 없고, 관리도 불가능하다. 커뮤니티 뱅크에 원화 계정이 없어 방위비 분담금은 우리나라 시중은행에 예치해 필요할 때마다 꺼내 쓴다"고 말했다. 실제로 커뮤니티 뱅크가 계좌를 개설한 시중은행은 신한은행 서울 이태원 지점이었다. 해당 은행을 찾아가 거래 현황을 물어보니 은행 관계자는 "커뮤니티 뱅크가 개설한 계좌에 국고가 입금되는 것은 사실이나 구체적인 내용을 발설하는 것은 금융실명제법 위반"이라며 말을 아꼈다.

　방위비 분담금은 주한 미군 영내에서 일하는 한국인 근로자들의 인건비와 군사시설 개선, 군수 지원 등에 쓰이며 그 목적에 따라 입출금되는 시기는 제각각이다. 또 그동안 쓰고 남은 방위비의 잔액이 실제로 얼마이고, 남은 돈을 어떤 금융 상품에 투자했는지는 전혀 공개되지 않았다. 이런 이유로 주한 미군이 방위비 분담금으로 얼마의 이자 수익을 냈는지를 정확히 산출하기는 어렵다.

새정치민주연합 진성준 의원실은 '연도별 분담금 미집행액 잔액×양도성예금증서 1년 만기 금리'의 수식을 적용해 2009년부터 2014년까지 5년간 연평균 200억 원씩, 모두 1,000억 원의 이자가 발생했다고 추정했다. 진성준 의원은 "한미동맹의 건강한 발전을 위해서도 우리 국민의 피 같은 세금으로 지불했던 방위비 분담금이 제대로 쓰이고 있는지 감시해야 한다"고 주장했다.

차이가 발생할 수는 있지만 주한 미군이 방위비 분담금을 시중은행을 통해 관리하면서 막대한 이자소득을 올린 사실만큼은 분명해 보였다. 그동안 국민의 혈세로 주한 미군이 얻은 이자소득에 대한 과세뿐만 아니라 부당이득을 환수하는 등의 대책 마련이 시급했다. 그러나 국방부는 이런 사실조차 확인하지 못하고 미국의 주장을 앵무새처럼 되풀이했다. 이자소득이 발생하면 이에 대해 과세를 해야 하는 국세청 역시 방위비 분담금에 대해서는 눈을 감았다.

민간 부동산 개발에도 세금 1,250억 원 지원

강원도 춘천시 중도는 의암댐 건설로 섬이 된 후로 춘천뿐만 아니라

서울 시민들의 나들이 장소로도 사랑받아왔다. 그런데 카메라에 담긴 중도의 모습은 달라져 있었다. 뱃길은 끊겼고 선착장의 유람선은 녹슬어 있었다. 이곳은 돌로 기둥을 쌓아 만든 지석묘 등 선사시대 유적지로도 유명했지만 취재 당시에는 그 유명한 청동기 시대 고인돌 유적지에서 유물 이전 작업이 한창이었다.

유물을 이전하게 된 이유는 이곳에 레고랜드 코리아가 들어서기 때문이다. 영국의 멀린 그룹이 운영하는 레고랜드는 어린이 장난감 '레고' 블럭을 주제로 하는 놀이공원이다. 현재 전 세계 7곳에 있는데, 우리나라와 일본 나고야에 추가로 개장할 예정이다.

레고랜드 코리아의 총 사업비는 약 5,000억 원이다. 이 중 멀린 그룹이 1,000억 원을 투자하고, 나머지 4,000억 원은 강원도와 현대건설, 외식업체 '엔티피아' 등 8개 사가 '엘엘개발'이라는 컨소시엄을 구성해 프로젝트 파이낸싱으로 마련한다.

엘엘개발 민건홍 개발총괄대표는 "레고랜드 코리아가 완공되면 관광객은 매년 200만 명, 향후 10년간 생산 유발 효과는 5조 원, 고용효과는 만 명에 달할 것"이라고 자랑했다. 강원도 역시 이런 경제효과를 기대하며 이 사업에 참여했다. 강원도는 중도 일원 129만m²의 땅을 제공했고, 엘엘개발은 이 땅을 담보로 210억 원 어치의 ABCP(자산유동화 기업어음)를 발행해 사업 자금을 마련했다.

정부도 중도를 외국인투자지역으로 지정해 각종 세금을 면제해주는 등 범정부 차원의 지원을 보냈다. 이뿐만 아니라 국민의 세금으로 각종 기반시설까지 조성해주기로 했다. 먼저 168억 원을 들여 중도 전체를 감싸는 제방 공사를 벌였다. 원래 중도는 홍수가 나면 땅이 물에 잠기는 하천 부지여서 법적으로 건축물을 지을 수 없다. 그래서 제방을 쌓아 중도를 폐천 부지로 변경해 레고랜드가 들어설 수 있도록 도와준 것이다. 또 정부는 춘천시와 중도를 잇는 레고랜드 진입 교량을 지어주기 위해 국비와 지방비를 합친 900억 원을 투입했다. 이외에도 진입 교량과 연결되는 진출입도로에 160억 원, 하수처리시설에 20억 원을 더 지원하기로 했다.

정부와 강원도의 전체 지원 규모는 수백억 원대로 추정되는 세제 감면 혜택을 제외하고도 약 1,250억 원이다. 영국의 멀린 그룹이 투자하기로 약속한 1,000억 원보다 훨씬 많다. 배보다 배꼽이 더 큰 격이다. 강원도 레고랜드추진단 송삼규 사무관은 "멀린 측이 경제성 분석을 했는데 교량 건설비까지 사업비에 포함되면 경제성이 떨어진다면서 투자 전제 조건으로 교량 건설을 요구했다"고 말했다.

그런데 문제는 여기서 끝나지 않는다. 레고랜드 코리아에서 나오는 매출액 분배 구조를 살펴보니 멀린 그룹에 일방적으로 유리하게 짜여 있었다. 연간 매출이 4,000만 달러 미만이면 멀린 측이 매출액의 100%를 가져가고, 엘엘개발 측은 단 한 푼도 분배받지 못하게 되어 있었다. 또 매출이 4,000만~6,000만 달러일 경우 멀린 측은 매출액의 92%를, 6,000만~8,000만 달러일 경우 88%를, 8,000만 달러가 넘을 경우에는 90%를 가져가게 되어 있었다. 전체 사업비의 20%를 투자한 멀린 그룹이 총 매출에서 적어도 88% 이상을 가져가는 불평등한 배분 구조다. 이런 이유로 레고랜드 코리아 사업은 한동안 반대에 부딪히기도 했다.

춘천시민연대 유성철 사무국장은 "협약 자체가 불공정하다. 사업을 추진하는 동안 문제가 발생하면 강원도가 다 책임져야 한다"
고 말했다. 유 국장은 또 "엘엘개발 측이 만 명 고용 효과를 주장하
지만 실제 협약서에는 '지역 주민을 고용하기 위해 노력한다'로 되어
있어 실제 고용을 보장받을 수 있는 것도 아니다"라고 덧붙였다.

하지만 레고랜드 사업은 박근혜 대통령의 이른바 창조경제로 급
물살을 타기 시작했다. 강원도가 만든 〈레고랜드 코리아 조성 추진
상황〉이라는 보고서를 보면 "2013년 7월 박근혜 대통령이 교량 건
설에 국비 지원할 것을 긍정적으로 검토하라고 지시했고, 두 달 뒤
대통령이 주재한 제3차 무역투자진흥회의에서 이 같은 지원 방침이
확정됐다"고 나와 있다. 송삼규 사무관도 박근혜 대통령이 "레고랜
드 사업을 통해 관광사업 부흥과 일자리 창출이 기대된다"고 말한
뒤 레고랜드 지원이 본격화됐다고 말했다.

대통령의 말 한 마디에 정부 각 부처에서 지원실무협의체가 꾸
려졌다. 문화체육관광부는 사업 총괄과 레고랜드 진입 교량 설치 지
원을 맡았고, 국토교통부는 제방 공사비와 국유지를 제공했다. 산
업통상자원부는 중도를 외국인투자지역으로 지정하고 각종 세금
을 감면해줬다. 물론 외국인 관광객 유치 등 공공의 이익을 위한 것
이라면 당연히 국가 예산을 지원할 수 있다. 하지만 이 사업에 참여
한 국내 투자자들의 속사정을 보면 이 사업이 과연 공익을 위한 것
인지 의문이 들지 않을 수 없다.

국내 투자자의 투자 규모는 4,000억 원이다. 만약 레고랜드 코리
아가 1,000억 원의 매출을 올린다면 배분 계약에 따라 국내 투자자
들은 10%인 100억 원을 시설 사용료 형태로 받는다. 이 경우 연간

투자금 회수율은 2.5%가 된다. 은행 대출이자를 갚기에도 모자라는 금액이다. 국내 투자자들이 이 정도 수익을 노리고 사업에 참여했을까?

레고랜드 코리아 조성 사업 자료를 살펴보니 이 의문을 풀어줄 단서를 찾을 수 있었다. 거기에는 '상가 개발'과 '전문 사업자 유치'에 관한 내용이 있었다. 즉 호텔과 콘도, 워터파크, 빌리지, 스파, 상가 등을 분양해 수익을 창출하겠다는 것이다. 놀이공원의 운영 수익보다 부동산 개발로 돈을 벌겠다는 의도가 엿보인다. 유성철 사무국장은 "이것을 공익사업이라고 하기는 어렵다"면서 "공적인 예산을 투입해 기반시설을 지어주는 것 자체가 특혜"라고 지적했다.

외국 자본을 유치해 지역 경제에 활력을 불어넣겠다는 정부의 의도를 나무랄 수는 없다. 하지만 민간 기업의 속 보이는 부동산 개발 사업에 1,200억 원이 넘는 국민 혈세를 퍼붓는 것을 반기는 국민은 그리 많지 않을 것이다.

취재 그 후 •••

춘천의 명물이었던 중도는 속살이 벌겋게 드러나 있고 800억 원을 들여 만든 교량은 오가는 사람 하나 없이 덩그러니 서 있는 상태가 지속되어왔다. 그동안 두 번이나 기공식을 열었던 레고랜드는 5년이 넘도록 착공조차 하지 못했다. 2017년 2월 21일로 예정됐던 본공사 계약이 차질을 빚으면서 레고랜드 진입 교량의 원형주탑 완공 행사가 취소되기도 했다. 그러다 2017년 4월 14일 레고랜드 시행사인 엘엘개발과 시공사로 선정된 대림산업이 본공사 계약을 최종 체결하고 공사 일정 논의에 들어갔다.

03 관리 사각지대로 방치된 관변단체 보조금

새마을운동중앙회, 바르게살기운동협의회, 한국자유총연맹은 이른바 3대 관변단체로 불린다. 새마을운동은 1970년 박정희 전 대통령의 지시로 시작되어 1980년에 육성법이 제정됐다. 바르게살기운동은 전두환 정권 초창기에 활동한 사회정화위원회의 후신으로 알려져 있다. 또 한국자유총연맹을 소개하는 홈페이지에 들어가보면, 이 단체를 "대한민국 유일의 이념운동단체", "종북좌파 세력의 책동을 분쇄하는 자유 지킴이"로 소개하고 있다.

2014년 취재 당시 이 단체들은 중앙 조직부터 동 단위 조직까지 합쳐 정부로부터 사회단체 보조금으로 한 해에 약 350억 원을 받고 있었다. 이 보조금은 각 단체 고유의 사업비로 주로 사용하도록 되어 있다. 사업은 대부분 거리 청소와 각종 계도 활동 등 지역사회 봉사활동이다. 그러나 이곳에 지원된 예산이 잘 쓰이고 있는지는 지금

자료제공 : 정보공개센터 뉴스타파
최재천 민주당 의원실

새마을운동   바르게살기   자유총연맹

3대 관변단체의 로고.

껏 제대로 검증된 적이 없다.

특히 시·군·구 등 기초자치단체 단위의 관변단체 보조금은 지금까지 관리 사각지대로 방치되어 있었다. 기초자치단체들이 2010년 이후부터 3대 관변단체를 지원하기 위한 조례 제정에 앞 다퉈 나서면서 보조금 지원 액수도 크게 늘어났다. 이들에 대한 보조금이 국민의 세금으로 조성되는 만큼 규정과 지침에 따라 투명하게 운용되고 있는지 세심하게 들여다볼 필요가 있었다.

전국의 기초자치단체들이 3대 관변단체에 지원한 예산 집행 내역을 입수해 분석해봤다. 시·군·구 등 일선 지자체는 물론 동 단위까지 망라한 사회단체 보조금의 집행 내역을 조사해 보도한 것은 이번이 처음이다.

3대 관변단체로 들어간 보조금을 추적하다

시·군·구 등 각 기초자치단체는 보통 매년 12월 사회단체 보조금 지원 계획을 공고한다. 보조금을 받으려는 단체들은 소속 동주민센터 또는 구청에 지원신청서와 함께 사업계획서와 단체소개서를 제출해야 한다. 구청 담당 부서에서 사업계획서를 검토해 사회단체보조금지원 심의위원회에 지원안을 올리면, 구청 공무원과 구의회 의원, 외부 인사들로 구성된 심의위원회가 지원 여부와 금액을 최종 결정한다. 지원 금액이 결정되면 단체가 다시 동주민센터나 구청에 보조금 교부신청서를 제출하고 동주민센터나 구청은 보조금을 지급한다. 그리고 1년이 지나면 단체들이 사회단체 보조금 추진결과보고서와 정산보고서를 제출한다.

그렇다면 이 보조금은 어떻게 운영, 관리되고 있을까? 2013년 관변단체에 지원된 보조금의 규모를 전국 단위로 조사해 집계해봤다. 안전행정부가 지원한 국고 보조금 27억 원, 17개 광역자치단체에서 추린 금액 23억 원, 여기에 전국의 기초자치단체가 지원한 사회단체 보조금 296억 원까지 합하니 무려 346억 원이나 됐다. 중앙정부, 광역·기초자치단체가 삼중으로 관변단체에 국민의 혈세를 퍼붓고 있었다.

정보공개 청구를 통해 입수한 대구 지역 관변단체 보조금의 집행 내역을 분석하고 자세한 현황을 확인해보기로 했다. 2014년 2월부터 3월까지, 대구 지역 8개 구·군의 3대 관변단체의 보조금 집행 내역과 보조금 신청서, 실적보고서, 정산서, 증빙 영수증 목록 등을 일일이 대조하며 분석했다. 또 현장 확인 취재도 병행해 대구 지역 3대 관변단체의 상세한 보조금 사용 실태를 동 단위 조직까지 추적했다.

대구를 선택한 이유는 전국의 기초자치단체들 중에서 3대 관변단체에 지원하는 사회단체 보조금의 비중이 가장 높은 지역이었기 때문이다. 2013년 대구 지역의 8개 구·군청은 관변단체에 모두 11억 9,000만 원의 보조금을 지급했다. 전체 300여 개 사회단체에 지급되는 보조금 총액 중 36.4%를 차지했다. 대구 동구 새마을운동중앙회의 한 간부는 "우리 단체만큼 이웃과 지역에 헌신하는 단체가 없다. 최고의 단체라고 자부하고 하늘을 우러러 한 점 부끄러움이 없다"고 말했다. 하지만 현실은 이런 그의 자부심과는 한참 달랐다.

2013년 대구 지역의 3대 관변단체가 받은 보조금 약 11억 9,000만 원 가운데 사업비와 경상비의 비율은 6 대 4 정도였다. 그런데 경상비 가운데 사무국장과 간사의 급여와 수당 등 순수 인건비 지출이 80%나 됐다. 대구 동구의 한 관변단체 사무국장의 인건비는 효도휴가비, 체력단련비, 현장지도수당, 직책수당, 장기근속수당, 정근수당, 기말수당 등 다양한 항목으로 세분화되어 있었다.

동 단위 조직일수록 보조금을 식대로 쓰는 비중이 높은 점도 눈에 띄었다. 구청과 군청 단위의 관변단체 조직들은 식대의 비율이 10%에 불과했지만, 동 단위 조직에서는 무려 36%나 됐다. 특히 대구 남구의 일부 지역 조직에서는 사업비 전액을 회원들의 식사비로 사용하고 있었다. 이는 정부의 '사회단체 보조금 관리지침'의 식비 지출 관련 조항을 위반하는 것이다.

판치는 엉터리 영수증

정부는 '사회단체 보조금 관리지침'을 통해 원칙적으로 간이영수증을 증빙 자료로 인정하지 않는다. 그러나 취재 결과 대구 지역 관변단체들의 사업비 지출 내역에서 엉터리 영수증이 무더기로 나왔다. 특히 세금계산서나 신용카드 영수증이 아닌 간이영수증으로 사업비를 정산한 경우가 부지기수였다. 일례로 대구 중구 바르게살기운동협의회의 12개 동 위원회는 2013년 48차례 사업비를 집행했는데, 신용카드나 체크카드를 사용한 경우는 단 한 건도 없었고 모두 간이영수증으로만 처리했다.

2013년 9월, 바르게살기운동협의회는 길거리 환경 정비를 위해 호미와 곡괭이 등을 구입했다며 40만 원짜리 영수증을 제출했다. 구입처는 엉뚱하게도 식품 가게였다. 해당 식품 가게를 찾아가보니 주로 담배, 과자, 음료수 등을 팔고 있었다. 이곳에서 20년 동안 장사를 했다는 주인 정 씨는 영수증을 보더니 "호미와 곡괭이를 판 적이 없다"고 말했다. 가짜 영수증이 제출된 것이다. 정 씨는 "누군가가 이 가게에서 물건을 사고 백지 간이영수증을 받아갔다. 그리고 호미와 곡괭이를 샀다고 거짓 영수증을 만들어 구청에 제출한 것이다"라고 말했다.

대구 서구의 한 새마을부녀회는 빗자루와 집게를 구입했다며 53만 원짜리 영수증을 제출했지만 이 역시 삼겹살과 술을 파는 식당에서 발급된 것이었다. 식당의 주인은 이 단체의 회계를 담당하는 총무였다. 대구 중구의 새마을운동중앙회도 연탄 나누기 행사

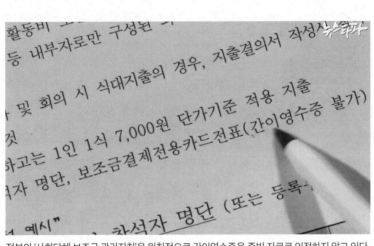

정부의 '사회단체 보조금 관리지침'은 원칙적으로 간이영수증을 증빙 자료로 인정하지 않고 있다.

비용으로 300만 원짜리 비용을 간이영수증으로 제출했다. 그중 절반이 넘는 150만 원 정도가 연탄 구입처로 쓰여 있었지만 실제 해당 가게는 페인트 가게였다. 그리고 가게의 주인은 새마을운동중앙회의 전직 회장인 것으로 확인됐다.

대구 중구의 바르게살기운동협의회도 인쇄물을 제작한다며 보조금 100만 원을 사용했다. 세금계산서는 서 모 씨가 운영한다는 인쇄소에서 발급됐다. 그러나 취재 결과 서 씨는 10년 전부터 인쇄소를 운영하지 않고 있었다. 세금계산서에 기재된 주소는 다른 사람의 인쇄소였다. 해당 인쇄소 건물 한쪽 우편함에 서 씨의 연락처가 적혀 있을 뿐이었다. 서 씨 역시 이 단체의 전직 회장이었다.

이처럼 관련 단체의 전·현직 임원들이 운영하는 다수의 업체로 보조금이 흘러들어가는 데 간이영수증이 이용되고 있었다. 게다가 사용처를 제대로 확인할 수 없어 간이영수증과 함께 엄격히 제한되고 있는 보조금의 현금 인출도 횡행하고 있었다. 그러나 관련 단체의 간부들은 "정당한 방식으로 계약했고 유용 가능성은 전혀 없다"고 주장했다. 관변단체들의 허술한 증빙은 국민의 세금인 사회단체 보조금이 엉뚱한 곳으로 새어나가고 있는 게 아니냐는 의혹을 불러 일으켰다. 뉴스타파는 시민들의 판단에 맡기기 위해 대구 지역 3대 관변단체의 경상비와 사업비의 전체 사용 내역을 홈페이지에 공개했다(newstapa.org/9132).

공무원이 신청부터 정산까지 서비스한다?

지침에 어긋나는 보조금 집행 사례가 영수증에서만 이렇게 수두룩하게 발견되는데도 관할 관청은 그때까지 실태를 파악하지 못하고 있었다. 그런데 더욱 놀라운 사실이 밝혀졌다. 대구 지역의 일부 주민센터 담당 공무원들이 관변단체들의 보조금 지원신청서부터 정산보고서까지 그 서류 작업을 사실상 대행해주고 있었다.

대구 남구의 한 주민센터가 2013년 1월 지역 사회단체로부터 받은 보조금 신청 서류를 살펴봤다. 새마을협의회, 한국자유총연맹, 새마을부녀회, 바르게살기위원회 등 4개 단체의 주소가 모두 같았다. 모두 관변단체들이다. 신청서에 나온 주소지를 찾아가보니 한국자유총연맹 동대표 이 모 씨의 가게였다. 이 씨는 영문을 모르겠다며 "주민센터가 주소를 잘못 적었다"고 말했다.

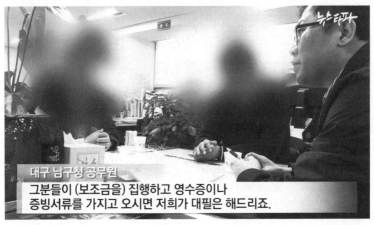

공무원들이 보조금 지원신청서부터 정산보고서까지 관변단체들의 서류 작업을 사실상 대행해주
고 있었다.

취재진은 이 씨가 주소를 잘못 적었다는 해당 주민센터를 찾아
갔다. 해당 공무원은 "단체 관계자들이 나이가 많을 경우 공문 작성
에 대해 잘 모르기 때문에 대신 만들어달라고 하는 경우가 있다. 그
럴 때 우리가 만들어주면 도장을 찍어서 신청을 넣기도 한다"고 해
명했다. 이런 일은 다수의 주민센터에서 관행적으로 이뤄지고 있었
다. 대구 남구청의 한 공무원도 "봉사활동을 하시는 분들이 서류 작
업을 어려워해서 영수증이나 증빙 서류를 가지고 오면 대필을 해드
리는 차원"이라고 해명했다.

문제의 심각성은 공무원들이 한 역할이 단순한 대필 수준이 아
니라는 점에 있었다. 취재진은 대구 남구 바르게살기운동협의회 동
위원회의 2013년 사회단체 보조금 정산보고서를 분석하는 과정에
서 지출 금액이 1원 단위까지 기재된 것을 발견했다. 장갑 구입에

3,273원, 농촌일손돕기 참가자 식대에 89,091원이라고 하는 식이다. 담당 주민센터를 찾아갔더니 해당 보고서를 작성했다는 공무원은 "엑셀 작업이 잘못됐다. 원금과 부가세를 합한 금액이 나와야 하는데 부가세를 뺀 금액을 넣었다"며 난감해했다. 보조금이 제대로 정산됐는지 철저하게 관리, 감독해야 할 공무원이 정산보고서를 대신 작성해준 것을 스스로 인정한 셈이다.

대구 서구 A동의 한국자유총연맹 동위원회의 2013년 보조금 정산보고서에는 통장 인출 날짜가 2012년으로 되어 있기도 했다. 지출 내역과 통장 거래 내역이 일치하지 않았다. 정산보고서 자체가 엉터리라는 증거였다. 그 정산보고서를 작성했다는 공무원은 "처음 담당하게 되어 실수를 했다"고 했다.

더욱 기막힌 증언이 나오기도 했다. 수년 동안 동주민센터에서 사회단체 보조금 관리 업무를 담당해온 한 공무원은 "관변단체들이 사업계획서를 직접 만들지 않으니까 무슨 사업을 하겠다는 건지 자기들도 알 수 없다"고 말했다. "그전부터 해왔던 관례대로 돈만 받아서 쓴다. 처음부터 마지막까지 모든 작업은 공무원들이 한다"고도 털어놓았다. 심지어 정산보고서에 제출할 영수증까지 공무원이 직접 구했다. 해당 단체가 통장만 주면 공무원이 사업 계획에 대충 맞는 업종의 간이영수증을 구해서 작성하는 식이다. 이러다 보니 관변단체들이 집행한 보조금 총액에 맞춰 세부 정산 서류를 허위로 꾸미는 경우도 있다고 했다. 인터뷰에 응한 이 공무원은 "이런 관행이 적어도 10년 이상 됐다"고 말했다.

어떻게 이런 일이 벌어지고 있는 것일까? 이 공무원은 "관변단체와 지방자치단체장의 유착, 그리고 지자체 선거와 무관하지 않다"고 말했다. 관변단체 회원들을 통해 지역에서 여론몰이를 할 수 있고 지자체 선거에서 그것이 표로 연결된다는 것이다. 대구 북구 이영재 의원은 "사회단체 보조금을 지원받는 조직은 실제적으로 지자체장과 끈끈한 선으로 연결되어 있다"고 말하면서 "당을 기반으로 하는 조직 운영이 이뤄지고 있다"고 지적했다.

NEWS TAPA | 악어와 악어새, 관변단체와 지방의회

지방의회들은 막대한 지원금을 쏟아 붓는 것도 모자라 관변단체를 지원하는 조례까지 잇달아 만들었다. 관변단체를 지원하는 조례는 이명박 정권 중기인 2010년 6·2 지방선거 이후 크게 늘어났다. 2014년 당시 3대 관변단체를 지원하기 위해 제정된 조례는 전국적으로 240개였는데, 이 가운데 65%인 158개가 6·2 지방선거 이후 만들어졌다. 단체별로는 새마을운동중앙회 지원 조례가 119개로 가장 많았고, 바르게살기운동협의회 지원 조례는 22개, 한국자유총연맹 지원 조례는 17개였다. 새마을운동중앙회 지도자의 자녀들에게 장학금을 지원하는 조례도 80개나 됐다.

조례가 급증한 것은 관변단체 출신 의원들이 지방의회에 진출한 것과 무관하지 않았다. 6·2 지방선거 이후 조례를 제정한 132개 지방의회 소속 의원들을 분석했더니 85개 지방의회에 관련 단체 출신 의원들이 있었다. 10곳 중 6곳이다. 프로필에 3대 관변단체 출신이라는 점을 명시하지 않은 경우까지 감안한다면, 실제 비율은 더 높을 것으로 추정된다. 새마을지도자 회장, 새마을부녀회 회장, 바르게살기운동협의회 부회장, 한국자유총연맹 청년회장 등 그들이 맡았던 직책도 다양했다.

이처럼 관변단체 출신 의원들이 자신이 몸담았던 단체를 지원하는 조례를 만든 탓에 국민의 혈세가 해당 관변단체에 지원될 수 있는 구조가 만들어졌다. 그렇다고 조례가 제정되자마자 지원금이 늘어나는 것은 아니었다. 조례를 제정한 속내는 따로 있었다. 부산 사상구 김부민 의원은 "지금은 관변단체 예산이 사회단체 보조금 예산으로 편성되지만 조례를 만들면 본예산으로 편성을 요구할 수 있는 법적 근거가 생긴다"고 말했다. 사회단체 보조금을 받는 단체들은 선거를 앞두고 모임이나 행사에 규제를 받는다. 그러나 예산이 지방자치단체 본예산으로 편성될 경우, 해당 사업이 전년도 말에 계획되어 예산 편성이 이뤄졌다고 하면 선거법 위반 소지를 피해 갈 수 있다.

하승수 변호사는 "지방자치가 부활하면서 지역 정치가 관변단체 출신들의 진출 통로처럼 활용되고 있다"고 진단했다. 또 "관변단체들이 지역 정치를 통해 영향력을 행사할 수 있기 때문에 순수한 재정적 독립이 필요하다"고 지적했다. 부산참여자치시민연대 양미숙 사무처장도 "시민단체는 이익을 근거로 모인 집단이 아니다. 관변단체 출신 의원들이 동참해 조례를 만드는 것은 이 단체들이 이익집단화되고 있음을 보여준다"고 비판했다.

심의위원회는 '있으나 마나'

문제가 된 대구 지역의 3대 관변단체는 사업 실적과 상관없이 수년 동안 보조금을 받아왔다. 이 단체들에 지원되는 보조금이 삭감된 사례는 거의 찾아볼 수 없었다. 대구 3대 관변단체의 2013년 종합평가 점수표를 입수해 확인해보니 대부분 80점 이상의 높은 점수를 받은 것으로 나타났다. 대구 서구에서 새마을운동중앙회는 92점, 바르게살기운동협의회는 90점, 한국자유총연맹은 97점을 받았다. 대구 북구에서도 새마을운동중앙회 98점, 바르게살기운동협의회 96점, 한국자유총연맹 94점으로 거의 만점에 가까운 점수를 받았다. 대구 수성구에서는 새마을운동중앙회 80점, 바르게살기운동협의회 80점, 한국자유총연맹 88점으로 상대적으로 낮은 점수를 받았지만, 2014년도 보조금 지원액은 2013년과 동일했다. 새마을운동중앙회가 9,620만 원, 바르게살기운동협의회가 5,510만 원, 한국자유총연맹이 2,910만 원의 보조금을 받은 것이다.

이렇게 높은 점수를 받은 이유를 확인하기 위해 3대 관변단체의 평가 사유를 적은 종합평가표를 대구광역시와 8개 구·군청에 공개 청구했지만, 지자체들은 모두 거부했다. 종합평가표 공개가 공정한 업무를 수행하는 데 지장을 준다는 이유에서였다. 심지어 각 구청에서 운영되는 사회단체 보조금 심의위원회의 회의 결과도 제대로 공개하지 않았다. 심의위원들의 실명을 가리고 부분적인 발언만 공개해 누가 무슨 말을 했는지 알 수가 없었다. 대구 수성구와 달서구에서는 발언자는 물론 발언 내용까지 일부 가려냈다. 관변단체들에 대한 보조금 지원의 심사 과정 자체가 철저히 베일에 싸여 있었던 것이다.

심의위원회도 제대로 굴러가지 않는 듯했다. 많게는 50건이 넘는 사회단체 보조금 지원을 고작 한두 시간 안에 결정해야 했기 때문이다. 대구 북구의 이영재 의원은 두툼한 서류 뭉치를 꺼내 보이면서 "이 많은 조서를 당일 회의에서 평가하기란 불가능하다"고 말했다.

더구나 전년도 사회단체 보조금의 집행 내역에 대한 종합평가 결과도 세세하게 알지 못한 채 심의에 나설 수밖에 없다고도 했다. 전년도 평가가 전혀 반영되지 않은 채 보조금 지원이 결정된다는 뜻이다.

심의위원회의 구성에도 문제가 있었다. 10여 명 안팎의 위원들 중 위원장을 비롯한 절반 이상이 당연직 공무원이었다. 민간 위원들도 상당수는 구청장이 임명하기 때문에 심의위원회에 올라온 사회단체 보조금 지원은 원안 그대로 통과되기 일쑤였다. 일부 구에서는 공무원을 제외한 심의위원 6명 가운데 3명이 보조금을 받는 특정 단체와 관련된 사람으로 구성되기도 했다.

이런 이유로 취재진이 만난 대부분의 심의위원회 위원들이 "관변단체 보조금을 삭감하는 것은 거의 불가능하다"고 말했다. 대구 중구의 보조금지원 심의위원회 정창용 위원은 "보조금을 줄일 경우 단체에서 시위하고 찾아오고 난리가 난다"고 말했다. 관변단체가 일종의 성역이기 때문에 어느 지자체장이 선출되어도 상황은 마찬가지일 것이라는 의견도 있었다.

전국적으로 관변단체가 받는 사회단체 보조금은 전체의 30% 이상을 차지하는 것으로 추정된다. 그러나 사업 평가는 물론 심의위원회의 회의 결과마저 외부에 제대로 공개되지 않아 국민의 세금이 공정하게 쓰이고 있는지 감시하기 어려운 상황이었다. 좋은예산센터 최인욱 사무국장은 "사업 내용과 무관하게 특정 단체라는 이유만으로 지원하는 것은 사회단체 보조금의 애초 취지에 맞지 않는다"고 말했다. 이런 불투명한 행태는 결국 예산 낭비로 이어질 수밖에 없다는 지적이다.

시민단체, "관변단체 보조금 감사하라"

뉴스타파가 대구 지역 관변단체들의 보조금 집행 실태를 보도한 후 큰 파장이 일었다. 2014년 4월 10일, 대구의 43개 시민사회단체는 한자리에 모여 대구광역시가 비리 근절과 보조금 환수에 나설 것을 요구했다. 시민단체들은 "매년 관행적으로 되풀이되는 간이영수증 사용, 공무원이 직접 사업계획서와 정산보고서를 작성해주는 행위는 지자체장의 비호가 없으면 불가능한 일"이라고 지적하며 "지자체와 관변단체의 유착 고리인 사회단체 보조금 비리에 대한 즉각적인 감사 실시와 보조금 환수 및 고발 조치를 취하라"고 요구했다. 우리복지시민연합 은재식 사무처장은 "사회단체 보조금은 시민의 혈세다. 그 혈세가 잘 사용되는지 지도, 감독해야 할 공무원이 관변단체의 총무 역할까지 한 것은 있을 수 없는 일이다"라고 목소리를 높였다.

대구광역시도 대책 마련에 나섰다. 8개 구·군청에 공문을 보내 관변단체의 보조금 사용 실태를 일제히 점검하라고 지시한 것이다. 대구광역시는 우선 일선 구청을 대상으로 보조금의 사용 내역을 조사한 후, 비리 등 문제점에 대한 감사를 실시하겠다는 방침을 세웠다. 대구광역시 자치행정과 민간협력 담당 김도상 사무관은 "보조금이 잘못 나간 것은 환수하고 사후 조치를 할 수 있는 일제 점검을 하도록 보조금 교부 부서인 구청에서 공문을 시달했다"고 말했다.

그러나 시민단체들은 대구광역시의 대책이 미봉책에 그칠 수 있다고 우려했다. 대구참여연대 강금수 사무처장은 "대구광역시는 구·군의 지도 점검 후 결과를 보고 감사 여부를 결정하겠다는 입장이지만 이는 고양이에게 생선을 맡기는 꼴"이라고 비판했다. 대구 지역 시민사회단체들도 대구광역시가 제대로 감사를 벌이지 않으면 주민감사 청구를 통해서라도 문제 제기를 하겠다는 등 강경하게 대응했다.

취재 그 후 •••

그럼에도 불구하고 정권의 홍위병 역할을 하는 관변단체에 대한 '묻지마' 예산 지원은 계속되고 있다. 일부 지자체에서는 홍보 목적으로 예산을 편성해 지원하고 있다. 인천 계양구는 2017년 홍보미디어실 예산으로 한국자유총연맹에 2,650만 원을 배정했다. 경북 지자체들은 문화관광과, 홍보전산과, 공보감사담당관 등의 부서에 배정된 군정 홍보 예산으로 관변단체를 지원하고 있으며, 전북 부안은 엉뚱하게 새만금국제협력과에 한국자유총연맹 지원 예산 860만 원을 편성했다. 이에 화답이라도 하듯 관변단체들의 정치 개입은 더 노골화됐다. 회원들에게 총동원령을 내려 박근혜 대통령 탄핵 반대 집회에 참여하도록 하는가 하면, 단체장들은 연단에 올라 야당의 유력 대선 후보들에 대한 근거 없는 루머를 퍼트리며 여론을 조작하기도 했다.

04 당신들에겐 그저 '눈먼 돈'인가

정부 인사나 공무원, 국회의원은 나라의 녹을 먹고 산다. 공공의 안녕을 위해 일하는 이들에게 국민의 세금으로 생활을 보장해주는 것이다. 세금은 공공의 재원이기 때문에 더 무서운 돈이기도 하다. 녹을 받는 사람들은 투명해야 하고, 이를 집행하는 제도는 더 엄격해야 한다. 국민의 입장에서 백 번 강조해도 지나치지 않은 이야기다.

그러나 한편에서는 국민의 세금을 '눈먼 돈'으로 취급하는 일들이 벌어진다. 제도를 악용하거나 법의 맹점을 이용해 세금을 착복하거나 자신의 이익을 취하는 것이다. 꼼꼼히 검토해보지 않으면 알기 힘든 세금 꼼수들이 많다. 여기에는 고위 공무원도, 국회도, 청와대도 예외가 없었다.

국제기구 파견 공무원,
수억 원 연봉에 퇴직금까지 중복 수령

공무원들에게 국제기구 파견 근무는 선망 그 자체다. 국내 근무보다 3~4배 많은 연봉은 물론, 경력 관리에도 큰 도움이 된다. 뉴스타파가 취재한 2013년 3월 당시만 해도 우리나라 공무원이 파견 나간 국제기구는 경제협력개발기구OECD 등을 포함해 총 25곳, 파견 인원은 60명이었다.

기간은 보통 2~3년으로, OECD에 파견된 공무원은 평균 3억 2,100만 원, IAEA에 파견된 공무원은 평균 3억 3,600만 원의 연봉을 받고 있었다. 대기업 임원이 부럽지 않을 거액이다. 자녀를 둔 공무원들은 돈을 거의 들이지 않고도 조기 유학을 시키는 셈이어서 금상첨화다. 한국에서는 꿈도 꾸기 어려운, 널찍한 정원이 딸린 월임대료 300만 원 이상의 고급 주택에 사는 사람도 적지 않았다. 국제기구 파견 후 복직한 공무원의 말에 따르면 "파견 공무원 중 아파트에 사는 사람은 거의 없다"고 한다.

국제기구에 파견된 공무원과 그 가족들이 안락하고 여유로운 생활을 할 수 있는 것은 바로 국민의 세금 덕택이다. 국제기구 파견 공무원의 인건비와 체류비는 해당 국제기구가 아닌 우리 정부의 예산에서 나간다. 문제는 이들이 정부가 해당 국제기구에 지급한 돈에서 거액의 퇴직금을 이중으로 받아 챙긴다는 것이다.

정부는 2005년 국제기구 퇴직금 환수 규정을 신설했다. 기획재정부의 '예산 및 기금운용계획 집행지침'은 "고용휴직 공무원이 국제기구로부터 퇴직금을 수령할 경우 소속 중앙관서의 장은 당해 퇴직금을 반환받아 세입 조치해야 한다"고 규정하고 있다. 국제기구에서 일하는 공무원들의 인건비와 퇴직금을 국제기구가 아닌 우리 정부의 예산으로 지원하고 있기 때문이다. 국제기구 파견 공무원들은 파견 기간 동안 공무원연금과 승진에서 불이익을 받지 않는다. 때문에 국제기구에서 퇴직금을 받으면 이중으로 수령하는 셈이다.

하지만 국제기구 퇴직금 환수 규정이 신설된 후에도 상당수 공무원들이 퇴직금을 반환하지 않은 채 퇴직했다. 퇴직금의 규모는 근무 기간과 직위에 따라 다르지만 평균 3,000만 원선이다. 그런데 OECD에서 근무했던 한 공무원은 5,800만 원을 받아 챙겼다. 국제기구 퇴직금의 환수 관리가 부실했기 때문이다.

2012년 8월 안전행정부의 조사 결과 퇴직금 반환 대상 공무원 84명 가운데 39명만 돈을 반납했다. 그 후 7개월이 지난 2013년 3월 조사에서도 5명이 미반환 상태였다. 환경부의 한 1급 공무원은 국제부흥개발은행IBRD 파견 근무를 마치고 2009년에 복직했지만, 4년이 지나도록 IBRD에서 받은 퇴직금 수천만 원을 반납하지 않고 있었다. 그의 2013년 공직자 재산 신고 내역을 보니 자신과 배우자의 명의로 4억 1,000여만 원의 예금을 포함해 8억 원이 넘는 재산을 보유하고 있었다. 2010년 교육과학기술부를 퇴직한 다른 공무원도 국제기구에서 받은 퇴직금을 6년 넘게 국고에 반환하지 않고 있었다. 그는 "얼마를 내야 하는지 정확히 얘기하지 않은 행정안전부와 교육과학기술부에 물어보라"며 정부에 책임을 떠넘겼다.

국민의 세금으로 수억 원의 연봉뿐만 아니라 퇴직금까지 이중으로 챙긴 이들은 귀국 후 짧게는 3년에서 길게는 6년 동안이나 퇴직금을 반환하지 않고 있었다. 하지만 이 공무원들을 처벌하거나 강제할 규정은 없었다.

10억 재산을 가진 공무원 자녀에게
학자금 대출 무이자 혜택

대학생 4명 중 1명은 등록금 문제로 휴학을 고려하고 있다는 보도가 나올 정도로 학자금 문제는 학생들에게 큰 고통이다. 2013년 취재 당시에는 약 170만 명의 대학생이 한국장학재단에서 학자금을 대출받았지만 학자금 문제는 오히려 악화되고 있었다. 한국직업능력개발원이 내놓은 보고서에 따르면 대출을 받은 학생들은 상환 압박 때문에 열악한 일자리도 감수하고 있었다. "학자금 대출을 받은 대졸자는 대출이 없는 대졸자보다 취업률은 높았지만 4대보험 가입률은 오히려 낮았다"는 분석이다.

대출금을 연체한 학생 수는 2009년 말 약 5만 명에서 2012년 말약 11만 명으로 증가하기도 했다. 이명박 정부가 예산을 들이는 대신 시중은행을 통해 학자금을 대출해주는 꼼수를 쓰면서 금리가크게 높아졌기 때문이다(이후 한국장학재단의 직접 대출로 바뀌면서 금리는 내려갔다). 최고 연 7.8% 금리의 학자금 대출을 갚지 못해 신용불량자로 전락한 대학 졸업생도 2012년 말에는 4만 3,000명을 기록해 2009년 말보다 2배나 증가했다.

그러나 한편에서는 이 같은 지옥과 전혀 다른 세상이 공존하고 있었다. 공무원 자녀들은 학자금 걱정 없이 학업에 전념하며 대학 생활을 할 수 있다. 해마다 10만 명이 넘는 공무원 자녀들이 공무원 연금공단을 통해 무이자로 학자금을 대출받는 혜택을 누리고 있었다. 2013년 4월 기준으로 5년간 모두 3조 4,000억 원가량이 지원됐는데, 정부는 그래도 예산이 모자란다고 2013년 287억 원을 추가 편성했다. 소득이 높아도, 재산이 많아도 공무원이라면 누구나 빌릴 수 있는 돈이다. 이런 이유로 1억 원 안팎의 고액 연봉을 받는 고위 공무원들도 학자금 융자의 단골 고객이 됐다.

이성한 전 경찰청장은 2012년 두 자녀의 대학 학자금으로 1,880만 원을 대출받았다. 이 전 청장은 2011년 각종 부동산을 처분해 1억 원의 예금이 늘었고, 아들에게는 주식투자 연습용으로 1,500만 원 정도를 증여하기도 했다. 현금이 부족해 보이진 않았지만 무이자 대출 혜택을 받은 것이다. 이동흡 전 헌법재판관 역시 1억 원이 넘는 고액 연봉을 받고도 자녀의 학자금 명목으로 모두 9차례에 걸쳐 6,679만 원을 무이자로 빌렸다.

더 조사해보니 당시 장·차관을 제외한 정부 부처 1급 이상 공무원 311명 가운데 3분의 2인 228명이 평균 2,400만 원가량의 학자금을 융자받은 것으로 나타났다. 이들의 평균 재산은 약 9억 6,000만 원이었다. 평균 10억 원에 가까운 재산을 보유하고 있는 고위 공무원 대다수가 자녀 학자금 명목으로 무이자 대출 혜택을 누리고 있었던 것이다. 이런 고위 공무원들이 융자받은 학자금은 모두 54억 원이었다.

고액 연봉을 받기 위한 국회의원들의 꼼수

2013년 4월, 뉴스타파는 국회의원의 연봉이 어떤 항목으로 이뤄져 있는지 조사해 보도했다. 국민의 대의기관인 국회의원은 자유로운 의정 활동을 할 수 있도록 각종 특권을 보장받는다. 국회의원 1인당 최대 9명의 보좌진을 둘 수 있고, 의원실을 운영하는 데 연간 1인당 5억 원씩, 모두 1,500억 원의 예산을 지원받는다. 이와는 별도로 국회의원 개인에게 지급하는 급여도 상당하다. 2013년 국회의원에게 세비*를 주기 위해 책정된 예산은 439억 원, 1인당 평균 약 1억 4,600만 원이다. 이전 18대 국회 때보다 24.6% 늘었다.

그러나 일반 국민들은 이 같은 내용을 잘 알지 못한다. 오히려 날치기, 돈봉투, 의사당 폭력 등으로 얼룩진 국회에 대한 불신으로 국회의원의 월급에 대해 부정적인 인식이 클 뿐이다. 국회 운영의 불투명성도 불신의 원인 중 하나다.

현행법은 국회의원에게 매달 일반 수당과 입법활동비, 특별활동비를 주도록 되어 있다. 특별활동비는 국회 회기 동안에만 지급된다. 정기회와 임시회를 합쳐 한 해 평균 회기가 270일이라는 점을 감안하면 국회의원은 매달 248만 원의 급여를 받을 수 있다. 그런데 2013년 1월부터 3월까지의 국회의원 급여 내역서를 입수해 살펴보니 국회의원들이 실제로 받는 돈은 법률에서 정한 급여보다 5배나 많았다. 어떻게 된 일일까?

* 국회의원의 직무 수행과 품위 유지를 위해 국가가 매월 지급하는 수당과 활동비.

석 달 동안 국회의원 1인이 수령한 돈은 약 3,800만 원으로 월평균 1,200만 원이 넘었다. 일반 수당이 법정 기준보다 6배나 많았다. 정근수당, 명절휴가비, 기타 수당도 신설되어 돈을 지급하고 있었다. 외부에 공개하지 않아도 되는 국회 규칙을 통해 국회의원들이 급여를 마음대로 올릴 수 있도록 법을 만들었기 때문에 가능한 일이었다.

동국대 박병호 교수는 "국회가 스스로 자신의 급여를 결정할 정도의 위상과 위신과 능력을 갖고 있다고 보기 어렵다"고 꼬집었다. 예산을 투명하게 공개하는 것과는 별개로 국회의 결정에 대해 국회 외부의 시민들이 제어할 수 있는 장치를 마련하는 것이 필요하다는 지적이다. 실제로 주요 선진국에서는 의원들이 제멋대로 급여를 올리는 경우는 없다. 영국과 호주에서는 의회로부터 독립되어 있는 의회규범기구가 의원들의 급여와 연금액을 결정한다. 의회는 월급이 깎였다 해도 거부권을 행사할 수 없다. 미국에서는 의원의 급여 인상 한도를 민간의 고용비용지수보다 낮게 측정한다. 또 의회가 국민 정서에 맞지 않게 임금을 올릴 경우 대통령이 거부권을 행사할 수 있다.

국회의원들이 고액의 연봉을 받기 위해 만든 꼼수는 또 있었다. 전액 소득세가 부과되는 가계지원비 항목을 없애고, 세금을 내지 않는 입법활동비를 74%나 늘린 것이다. 2010년 월 180만 원이었던 입법활동비는 2012년에는 313만 6,000원이 됐다. 입법활동비와 연동된 특별활동비 역시 그만큼 올랐다.

국회의원들의 비과세 소득은 2010년 2,700만 원에서 2011년

2,900만 원, 2012년에는 4,700만 원으로 늘어났다. 반면 일반 직장인들이 받는 월급의 경우 비과세 소득은 급식비 매달 10만 원, 연간 120만 원에 불과했다. 국회의원들이 상대적으로 소득세를 적게 내고 있었던 것이다.

국회 사무처는 입법활동비와 특별활동비가 근로 대가에 따른 소득이 아니라 업무에 대한 경비라며 "비과세하는 것이 맞다"고 말했다. 하지만 이를 확인하기 위해 관련 법규를 찾아보니 사실과 달랐다. 국회에서 적용한 조항은 군인, 경찰공무원, 경호공무원 등에게 제한적으로 적용되는 비과세 항목, 이른바 '실비변상적 급여' 항목이었다. 일반적인 업무가 아닌 특수한 상황에서 발생할 수 있는 '위험수당'에 대해 면세 혜택을 준 것이다.

전문가들도 국회의원들이 받는 비과세 혜택이 법적 근거가 없다고 했다. 김준현 변호사는 "소득세법에서 명확하게 규정하지 않는 항목을 자의적으로 해석해 세금을 내지 않고 있는 것"이라고 비판하면서 "국회의원들은 소득세를 자진 신고해야 한다"고 주장했다. 김청식 세무사는 "입법활동비와 특별활동비를 비과세했을 때와 하지 않았을 때 1,665만 원 정도 산출세액의 차이가 난다. 국회의원들이 그만큼 세제 감면 혜택을 받은 것이다"라고 했다.

국회의원들의 입법 활동에 위험수당의 면세 혜택을 줄 이유가 있을까? 이 질문에 국세청조차 명쾌한 답변을 내놓지 못했다. "입법활동비의 성격을 국세청이 모르기 때문에 비과세 혜택의 근거를 바로 답할 수 없다"는 것이다.

청와대 연못에는 천 마리의 잉어가 산다?

2014년 10월 국정감사의 이슈로 떠올랐던 청와대의 필라테스 시설 구입 사건을 기억하는가? 당시 이재만 청와대 총무비서관과 김기춘 대통령 비서실장은 구입 사실을 극구 부인했다. 그러나 그들의 말과 달리 청와대가 8,000만 원 상당의 필라테스 기구를 산 사실이 조달청 물품취득원장에 고스란히 적혀 있었다.

국가재정법 제45조에는 "국민의 세금을 정해진 목적 외의 용도로 사용하지 못하도록 엄격히 금지한다"고 되어 있다. 청와대의 2014년 예산 편성에도 필라테스 기구 구입 항목은 없었다. 그렇다면 청와대는 어떤 방법으로 국민 몰래 8,000만 원이 넘는 돈을 쓸 수 있었을까? 청와대 예산안에 국민들이 모르는 비밀이 숨어 있었다.

2014년 11월, 취재진은 10년간의 대통령 비서실 예산안을 모아 검토했다. 상식적으로 납득하기 힘든 항목들이 속속 등장했다. 먼저 조류 및 어류 구입 예산이 눈에 띄었다. 청와대 상춘재 앞에는 15m² 남짓한 조그마한 연못이 하나 있다. 이곳에 잉어가 산다. 청와대는 2015년 예산안으로 조류와 어류 구입비 1,000만 원, 위탁관리비 600만 원 등 모두 1,600만 원을 청구했다. 상춘재가 주로 외빈을 접견하는 용도로 사용되고 있으니, 연못에 풀어놓을 잉어를 구입하고 관리하는 비용이 필요하다는 주장이었다.

역대 대통령 비서실의 예산을 분석해보니 2004년부터 2014년까지 매년 '잉어 예산'이 책정되어온 사실을 알 수 있었다. 그 총액은 1억 원을 훌쩍 넘고 있었다. 2004년부터 2007년까지는 예산안에 별도의 항목을 두고, 한 마리에 10만 원 하는 잉어 100마리를 구입하기도 했다. 2008년부터는 '조류, 어류 등'이라는 항목으로 뭉뚱그려 놨지만 구입 예산은 매년 1,000만 원으로 동일했다.

그런데 정말 청와대는 매년 1,000만 원 어치의 잉어를 샀을까? 다른 목적으로 예산을 전용한 것은 아닐까? 연간 1,000억 원이 넘는 청와대의 전체 예산에 비하면 '잉어 예산'은 새 발의 피 수준이다. 하지만 수십 년을 사는 잉어를 매년 새로 사기 위해 예산을 편성할 필요는 없어 보였다.

잉어를 전문으로 취급하는 관상어점 주인 A 씨는 "수천 평의 양어장을 운영하는 것이 아니고서야 매년 100마리씩 구입하는 것은 지나치다"고 말했다. A 씨는 "겨울을 보내는 사이 일부가 동사할 수도 있다"고 설명했지만, 청와대가 연간 600만 원의 어류 위탁관리비를 별도로 책정했다는 취재진의 설명을 듣자 고개를 절레절레 흔들었다. 만약 예산안대로 청와대가 매년 잉어 100마리를 구입했다면 청와대 상춘재 앞 연못에는 1,000마리에 가까운 잉어들이 살고 있어야 하는 셈이다.

출시되지 않은 카메라, 470개의 명품 의자

'잉어 예산'처럼 상식적으로 납득하기 어려운 예산 항목은 더 있었다. 2015년 청와대는 카메라를 구입하겠다고 1,100만 원의 예산을 책정했다. 앞서 청와대는 C 사의 카메라 '마크5'와 N 사의 카메라

'D4X'를 구입한다는 명목으로 2013년부터 2년 동안 총 2,800만 원의 예산을 받았다. 황당한 점은 아직 시판되지도 않은 모델을 사겠다고 한 것이다. 당시 C 사의 최신 모델은 '5D Mark3'로 '마크5'라는 모델은 아직 시장에 나오지 않은 상황이었고, N 사의 'D4X' 역시 수년 전부터 출시된다는 인터넷 루머만 떠돌 뿐, 취재가 진행된 2014년 11월까지 출시되지 않고 있었다. 한마디로 청와대는 있지도 않은 카메라의 모델명을 쓰고 수년째 예산을 받았던 것이다.

청와대는 또 행사에 사용한다고 팔걸이의자 35개의 구입 예산을 신청했다. 한 개에 100만 원 하는 '명품' 의자였다. 청와대에 가구를 납품한 적이 있다고 홍보한 가구업체의 매장을 찾아가 대략의 시세를 살펴봤다. 점원은 "100만 원 상당의 팔걸이의자는 없다"고 대답했다. 혹시나 싶어 고급 원목과 가죽을 사용한 최고급 소파를 골라 가격을 물었지만 당시 90만 원이 넘지 않았다. 물론 가구의 가격은 천차만별일 수 있고, 국빈을 모시는 청와대인 만큼 고가의 제품을 사용할 수밖에 없는 측면도 있을 것이다. 그러나 이런 의자를 10년간 매년 40~50개씩, 모두 470개를 구입한 이유는 짐작하기가 어려웠다.

당시 청와대가 최근 5년간 매년 중복 구매한 품목들을 모아 분석해봤다. 그중 수량이 많거나 단가가 높은 11개 품목을 선정해 표로 정리했다. 이 품목들은 조달청이 공시한 사용연한이 5년 이상인 것들로 따로 관리대장을 만들어 관리해야 하는 물품들이다. 내용을 정리해보니 400만 원짜리 카페트세탁기, 600만 원짜리 온장고 등이 등장했다. 물품의 수는 청소기, 복사기, 냉장고가 100대가 넘

청와대가 5년간 매년 중복 구매한 주요 품목들 (2014년 기준)

품목	사용연한	5년간 누적 개수*	단가
방독면	7년	750개	7만 원
진공청소기	7년	100대	25.8만 원
카페트세탁기	9년	5대	400만 원
전동 바닥 청소기	7년	21대	300만 원
복사기	5년	110대	460만~1,600만 원
냉장고	9년	120대	30만~80만 원
세단기	11년	83대	79만~250만 원
텔레비전	7년	78대	110만~135만 원
냉동고/온장고	7년	30대	300만~600만 원
사무용 책상	8년	425개	23.5만 원
사무용 캐비닛	8년	300개	20만 원

* '5년간 누적 개수'는 예산안대로 집행됐을 때를 가정한 수치.

었고 부피가 상당한 냉동고와 온장고도 30대 정도 됐다. 청와대의 대통령 비서실 근무자가 500명 안팎인 점을 감안할 때 넘쳐도 너무 넘치게 쓰고 있는 게 아닌가 싶다.

구멍 뚫린 청와대 예산 심의 시스템

대통령 비서실은 이듬해에도 이 물품들을 다시 구매하겠다며 4억 6,000만 원이 넘는 예산을 국회에 요청했다. 매년 복사해 붙이듯 예산안을 편성하고 있는데도 대통령 비서실의 예산안은 지금까지 단한 번도 지적을 받지 않았다. 국회의 예산안 검토 기간이 무척 짧기 때문이다. 규모가 큰 예산을 두고 줄다리기를 하느라 청와대의 '쌈짓돈'을 하나하나 찾아내는 작업에 시간을 쏟기가 어려운 것이다.

2015년 예산안의 경우 11월 30일까지 여야 합의가 이뤄지지 않으면 개정된 국회법에 따라 다음 날인 12월 1일, 곧바로 정부의 예산안 그대로 국회 본회의에 상정되는 상황이었다. 국회 예산결산특별위원회의 심의 기간은 25일. 정부가 제출한 예산안 376조 원을 자세히 들여다보고 그 속에 낀 낭비 요소와 거품을 빼기에는 턱없이 부족한 시간이다.

대통령 비서실을 관할하는 국회 운영위원회의 임기가 짧은 것도 청와대의 예산을 꼼꼼히 따져보지 못하는 이유다. 청와대 예산을 심의하는 국회 운영위원회는 여야 교섭단체의 원내대표단으로 구성되는데 이 운영위원회의 임기는 1년에 불과하다. 소관 부처의 예산 흐름을 파악해 심도 있게 심의하기에는 임기가 너무 짧다.

박근혜 정부에 들어서는 청와대의 고질적인 비밀주의도 한몫했다. 자료 제출을 요구하면 청와대는 "공개한 전례가 없다"면서 회피하기 일쑤였다. 국회의원실 보좌진들 사이에서는 "청와대는 가장 자료 협조가 이뤄지지 않는 기관"으로 손꼽히고 있었다.

이렇게 수박 겉핥기 식으로 이뤄지는 현행 예산 심의 방식을 근본적으로 개혁하지 않는다면, 국민의 눈을 속이는 청와대의 예산 편성 관행은 뿌리뽑기 힘들 것이다.

05 국가 예산의 허와 실

국가 예산은 정부가 국민에게 하는 약속이다. 나라 살림은 예측이 가능해야 한다. 지금까지 이야기한 내용처럼 쓸데없이 예산을 부풀려 사용하거나 국익이 아닌 사익을 위해 쓰는 것이 문제이듯, 반대로 예산을 측정해놓고 사용하지 않거나 쓸 일도 없으면서 예산을 부풀려 측정하는 것도 국가 재정에 대한 신뢰를 무너뜨리는 일이다.

박근혜 정부가 내세운 복지 예산의 허상

박근혜 정부 출범 첫해인 2013년, 정부와 국회예산처는 민간 위탁 복지사업비를 포함한 복지 관련 예산을 103조 원으로 발표했다. 전체 국가 예산의 30%에 이르는 규모였다. "복지 예산이 사상 처음으로 100조 원을 넘었다"며 자랑에 나선 정부 발표에 보수 언론도 "100조 복지 시대"라는 표현을 쓰며 마치 이런 복지 지출로 나라가 곧 어떻게 될 것 같은 분위기를 조성했다. 과연 이 100조가 모두 진정한 복지 예산이었을까?

복지 예산 100조 시대는 말 그대로 착시 현상에 따른 허상이었다. 50%에 달하는 허수가 포함되어 있었기 때문이다. 당시 정부가 발표한 복지 예산에서 가장 큰 비중을 차지한 것은 공적연금 지출액 33조 1,382억 원이었다. 이어서 주택건설 지출에 17조 4,733억 원, 노동 분야에 13조 8,906억 원 등이 뒤를 따랐다. 전문가들은 여기서 1, 2위에 오른 공적연금과 주택건설 지출을 복지 예산으로 보기 어렵다고 지적했다. 나라살림연구소 정창수 소장의 말이다. "일반 공무원과 군인, 교사의 노후 보장을 위해 사용되는 공적연금 지출이 복지 예산으로 둔갑했다. 이 같은 착시 효과로 복지 예산의 규모가 과대 포장되어 실제로는 복지 수준이 미흡하지만 전체 예산에서 복지 지출이 과다한 것으로 비쳐지고 있다."

공적연금의 대표적인 예는 퇴직 공무원에게 지급되는 공무원연금이다. 이 공무원연금의 적자를 보전하는 것이 공적연금 지출액이다. 2013년 정부는 공무원연금 적자 보전에 예산 1조 8,000억 원을 투입했다. 이 같은 식으로 2005년부터 2012년까지 8년간 공적연금 재정 적자를 메우는 데 무려 17조 원가량의 세금이 들어갔다. 사실상 공무원연금은 세금 지원으로 연명하고 있었던 셈이다.

정부가 공적연금 수급권자에 대한 연금 급여 지출을 복지 예산으로 분류한 것은 2005년부터다. 기획재정부 관계자는 "OECD가 만든 사회적 지출SOCX, Social Expenditure 항목의 편제 기준에 따라 공적연금을 복지 예산으로 편성했다"고 설명했다. 하지만 OECD가 말하는 '사회적 지출'은 "가구나 개인이 그들의 복지에 악영향을 미치는 특정한 환경에 처해 있을 때 공적인 기관을 통해 급여를 제공하거나 재정적 도움을 주는 것"으로 정의되어 있다. 즉 저소득 계층을 위한 최저 생계비 보장 등을 말하는 것이지, 퇴직 공무원에게 노후 생활비를 지급하는 공무원연금의 성격과는 전혀 다르다.

또한 현실에서는 퇴직 공무원이 받는 연금 수준이 일반 국민이 받는 국민연금에 비해 2~4배 높다. 국민연금연구원 이용하 연금제도실장은 "현재의 공무원연금은 33년을 가입하면 자기 소득의 63%를 받는다. 국민연금의 경우에는 동일한 가입 기간과 소득을 전제할 때 자기 소득의 33%를 받는다"고 설명했다. 62%와 33%의 격차, 그 안에서 쥐꼬리만 한 국민연금을 받는 일반 국민의 상대적 박탈감은 당연한 것이다.

한 달에 225만 원을 버는 김수란 씨가 국민연금공단 홈페이지에 접속해 계산해본 수령액은 월 56만 원이었다. 22년 동안 매달 12만 원이 넘는 보험료를 납부하는 조건에서다. 김수란 씨는 "여자들의 경우 회사에서 20년 근무하기가 힘들다. 노후도 제대로 보장받지 못하는데 세금도 공무원을 위한 연금으로 쓰이고 있다고 생각하니까 국민연금을 꼭 내야 하나 싶다"라고 말했다.

국민연금에 대한 불안감은 박근혜 정부 인수위원회 기간에도 불거진 적이 있다. 박근혜 당시 대통령 당선인이 "국민기초연금을 도입해서 연금을 내지 못하는 어르신들도 월 20만 원 정도를 받을 수 있도록 하겠다"고 발표했기 때문이다. 이때 국민연금을 기초노령연금을 지원하는 데 사용하겠다는 방침이 나오면서 국민연금 고갈에 대한 우려가 확산됐다. 반발 여론이 거세지자 박근혜 정부는 다시 말을 바꾸긴 했지만 국민연금의 신뢰도는 이미 추락한 뒤였다.

남은 예산 18조 원! 안 썼나, 못 썼나

박근혜 정부의 첫해 예산을 결산한 결과, 이른바 '불용액'이 사상 최대를 기록한 것으로 나타났다. 불용액은 예산을 책정해놓고도 사용하지 않은 집행 잔액을 말한다.

뉴스타파가 나라살림연구소와 함께 〈2013 회계연도 결산 검토 보고서〉를 분석해보니, 2013년 예산 311조 원 가운데 불용액은 18조 원으로, 예산 집행률은 92%에 그쳤다. 이전 정부의 재정 불용액이 한 해 평균 5조 5,000억 원이었으니, 박근혜 정부 들어 3배나 늘어난 것이다.

예산이 남은 주요 사업을 살펴보니 취약 계층 지원 사업에서 상당수 예산이 남은 것으로 확인됐다. 박근혜 정부의 핵심 공약 중 하나인 '반값등록금' 정책을 위한 국가장학금 지원 사업에서 1,588억 원이 남았고, 맞벌이 부모의 자녀를 돌봐주는 '아이돌봄' 사업에서 85억 원, 긴급복지 사업에서 265억 원, 자활 지원 사업에서 856억 원, 장애인 생활안정 사업에서 244억 원, 노인과 청소년 관련 예산에서 237억 원 등이 남았다. 좋은예산센터 채연하 선임연구원은

"빈민층이나 서민층의 생활을 돕겠다고 했던 복지제도 중에 2013년부터 수급 자격이 바뀌면서 실제로 받아야 하는데 못 받게 된 사람들이 많았다"고 말하면서 "돈을 안 썼다기보다는 서민들한테 줄 수 있는 돈을 막았다고 볼 수도 있다"고 지적했다.

실제로 2013년 정부가 저소득층 대학생들에게 지원하겠다며 배정한 국가장학금 예산 2조 7,750억 원 중 불용액 1,558억 원은 한 학기 평균 등록금을 333만 원으로 계산했을 때(2014년 4월 대학정보 공시 기준) 4만 6,000여 명의 학자금을 충당할 수 있는 돈이었다. 반값등록금은 박근혜 정부의 핵심 공약 중 하나였지만 그 일환으로 책정된 국가장학금 예산은 거의 쓰지 않은 것이다.

취재진이 만난 학생들도 입을 모아 국가장학금을 받는 일이 "하늘의 별따기였다"고 말했다. 교육부는 국가장학금 예산을 다 쓰지 못한 이유를 두 가지로 설명했다. 첫째는 대학이 등록금을 인하하거나 장학금을 확충했을 때 연계해서 지원하는 국가장학금 '2유형' 집행이 78%에 그쳤기 때문이고, 둘째는 세수 확보가 부족해 국가재정이 어려워 지원 규모가 줄어들었다는 것이다.

여성가족부의 아이돌봄 사업의 경우는 수요는 많았지만 아이돌보미의 공급이 제대로 되지 않아 예산이 남은 사례였다. 여성가족부 관계자는 "정부가 책정한 아이돌보미 수당이 낮아서 서비스 수요는 많은데 공급 능력이 안 됐다"고 말했다. 당시 여성가족부는 기획재정부에 아이돌보미의 시간당 수당을 6,000원으로 제안했다. 그러나 이 제안은 반영되지 못해 결국 수당은 2013년 시간당 최저임금인 4,860원을 약간 웃도는 5,000원으로 책정됐다. 이처럼 현실성

자료: 대한민국 정부, 각 년도 국가결산보고서

☐ 2013년도에 예산 집행률이 낮고 불용액 규모가 큰 것은 당초 계획
보다 세수가 부족하였기 때문으로 보임. 2013년도 예산안 편성 당
시 계획된 세입을 기준으로 하여 세출 수준을 결정했다는 점을 고
려할 때, 세수 부족에 맞추어 예산 집행 과정에서의 지출규모 조정
은 불가피한 측면이 있음.

☐ 그러나, 당초 정부가 집행하고자 계획했던 예산현액의 5.8%를 세수
부족분(당초 계획대비 약 3.6%)의 충당을 위해 집행하지 않은 것

국회 기획재정위원회가 작성한 〈2013 회계연도 결산 검토보고서〉.

없는 정책을 입안하는 바람에 국민에게 혜택이 돌아가지 못하고 예
산만 불용 처리된 것이다.

나라살림연구소 정창수 소장 등 전문가들은 과도한 불용액의
문제를 지적했다. "불용액이 많은 것은 좋은 것이라 할 수 없다. 돈
을 쓰지 않고 남겼다는 것은 원래의 목적이 있던 예산을 쓰지 않은
것이기 때문에 기회비용이 상실된 것이다."

국회 기획재정위원회는 〈2013 회계연도 결산 검토보고서〉에서
"예산 집행률이 낮고 불용액 규모가 큰 것은 당초 계획보다 세수가
부족했기 때문"이라고 밝혔다. 세수를 부풀려서 계산해 예산을 잡
은 뒤 의도적으로 예산을 쓰지 않았다는 의심이 드는 대목이다. 새
정치민주연합 최재성 의원도 "정부가 막대한 세수 결손을 의도적인
불용으로 해소했다"는 의혹을 제기하기도 했다. 실제로 국가장학금

을 담당했던 한 교육부 공무원은 "세수가 부족한 상황을 고려해 예산을 사용하지 않았다"고 말했다.

석 달 만에 급조된 '안전 예산'

2014년 4월의 세월호 참사는 국민의 안전을 제대로 지키지 못하는 정부의 무기력함을 그대로 보여줬다. 국민들은 "국민의 생명과 재산을 지키는 것이 국가와 정부의 가장 중요한 존립 이유"라고 외치며 촛불을 들었다. 정부의 재난 관리 시스템에 대한 전 국민적 비판 여론이 들끓자, 정부는 2014년 5월 기획재정부 2차관을 팀장으로 하여 관계 부처 공무원과 민간 전문가 20여 명이 참여한 '안전 예산 민관합동 태스크 포스 팀'을 꾸렸다.

이 민관합동 태스크 포스 팀은 '각종 재난을 예방, 대응해 위험으로부터 국민을 보호하기 위한 정부 활동을 지원하는 예산'을 '안전 예산'으로 정의하고, 3개월 만에 328개 사업을 안전 예산 분야로 분류했다. 2014년 10월, 국회 시정연설에 나선 박근혜 대통령은 "내년도 안전 예산을 전 분야에 걸쳐 가장 높은 수준인 17.9%로 확대해 14조 6,000억 원으로 편성했다"고 발표했다.

안전 예산 14조 6,000억 원. 그러나 이 허울 좋은 안전 예산은 세계 어느 나라에서도 유례를 찾아볼 수 없는 박근혜 정부의 '독창적인' 예산 분류 기준으로 만들어진 것이었다.

OECD는 각국 정부의 예산을 12개 분야로 분류하는데 이 중에는 '공공질서·안전 분야'가 있다. 안전과 직간접적으로 관련된 항목이다. 정부가 국회에 제출한 2015년 예산안 376조 원 중에서 '공공질서·안전 분야'에 편성된 예산은 16조 9,000억 원이었다. 그런데 이 예산의 대부분은 국민의 안전과는 무관한 법원과 검찰, 경찰 조직의 인건비와 기본 경비 등이 차지했다. 재해 예방과 복구 등 국민의 안전과 직결된 재난 관리 비용은 약 1조 2,000억 원에 불과했다. 정부가 밝힌 안전 예산의 10분의 1에도 못 미친다.

그렇다면 박 대통령이 밝힌 안전 예산 14조 6,000억 원은 도대체 어떤 항목으로, 어떻게 만들어졌을까? 정부가 국회에 제출한 예산안 사업 설명 자료를 바탕으로 안전 예산 사업을 일일이 검증해봤다. 또 직접 현장을 찾아가 사실관계를 확인했다. 결과는 놀라웠다. 대통령이 말한 안전 예산 14조 6,000억 원 가운데 국민의 안전과 직접 관련이 없어 보이는 예산이 무려 4조 원가량으로 추산됐다.

2015년도 안전 예산에서 가장 큰 비중을 차지한 것은 재해대책 예비비였다. 기획재정부가 1조 3,000억 원을 책정하는 등 6개 부처에서 모두 2조 2,000억 원 정도를 편성했다. 그러나 예비비는 실제 사업비가 아니다. 예산 편성 과정에서 예상할 수 없는 지출을 위해 만든 것에 불과하다. 특별한 재난이나 재해가 발생하지 않으면 대부분 불용 처리되는 비용이다. 때문에 재해대책 예비비를 안전 예산에 포함시킨 것은 예산 규모를 부풀려 착시 효과를 줄 뿐 국민의 안전과는 크게 상관이 없었다. 나라살림연구소 손종필 부소장은 "재해대책 예비비를 많이 늘리면 그만큼 국민의 안전이 확보되느냐"고 반문하면서 "예비비를 실제 예산인 것처럼 포장한 것은 있지도 않은 예산으로 생색내는 공무원들의 편의주의적인 발상"이라고 비판했다.

실제로 농림축산식품부가 2014년도에 책정한 재해대책 예비비는 약 2,000억 원이었는데, 이 중에 실제로 사용한 돈은 2014년 8월 말까지 고작 3%에 불과했다. 게다가 농림축산식품부는 노후 수리시설의 개보수 사업이 국민의 안전을 위해 필요하다며 관련 사업비 5,300억 원 전액을 안전 예산으로 분류하기도 했다. 농림축산식품부가 국회에 제출한 사업 설명 자료에는 이 예산이 재해 대비에 3,600억 원, 영농 편의에 1,700억 원으로 명확히 구분되어 있었다. 즉 국민의 안전과는 상관없어 보이는, 논밭에 물을 대는 영농 편의 사업까지 안전 예산에 포함시켜 규모를 부풀린 것이다.

국토교통부 역시 마찬가지였다. 충북 단양의 수중보 건설 사업은 관광용 사업이 안전 관련 사업으로 둔갑한 대표적인 사례였다. 총 사업비 560억 원 중 2015년에 79억 원이 투입됐는데, 단양군청의 담당 공무원도 왜 이 사업이 안전 예산으로 분류됐는지 모르겠다고 했다. 국토교통부가 국회에 제출한 사업 설명 자료에 따르면 이 사업의 목적은 "충주댐 내 단양 지역의 적정 수위 유지와 관광산업 육성 등을 통한 지역 경제 활성화"였다. 부항댐과 성덕댐 건설 사업 등도 사업 목적이 "지역 경제 발전과 주민 생활환경 개선"이었지만 국토교통부는 이를 모두 안전 예산으로 분류했다.

심지어 4대강 관련 사업비도 안전 예산에 포함시켰다. 국가 하천 유지보수 사업은 여주 이포보 등 4대강 16개 보 등을 관리하기 위해 2012년부터 시행되고 있던 사업으로 2015년에만 1,900억 원이 투입됐다. 그러나 지역 주민들은 왜 이런 곳의 사업비가 안전 예산에 속하는지 의아해했다. 구경하는 사람은 많지만 안전사고의 위험성은 크게 없다는 것이다. 이 밖에도 첨단도로 교통체계, 국가 중요시설의 방호비 등 국토교통부의 안전 예산 가운데 국민의 안전과 거리가 먼 예산은 4,000억 원이 넘는 것으로 추산됐다.

실종된 국회의 예산 심의 기능

대한민국 헌법 제54조 제1항은 "국회는 국가의 예산안을 심의·확정한다"고 규정하고 있다. 국민의 대표로 구성된 국회가 국가 예산이 얼마나 효율적이고 투명하게 배분됐는지를 감시하도록 명문화한 것이다. 국회에는 예산심의권이 있다. 그러나 실제로 정부의 예산 편성과 집행 과정을 보면 국회의 예산심의권이 심각하게 제약을 받고 있다는 것을 알 수 있다.

2013년 1월, 국회는 342조 원 규모의 2013년도 예산안을 통과시켰다. 국회는 정부가 제출한 이 예산안에서 4조 9,103억 원을 감액하고 4조 3,720억 원을 증액했다. 국회가 증액 또는 감액한 사업은 모두 1,759개였다. 그런데 국회 예산정책처가 이 사업들에 투입된 예산이 어떻게 쓰였는지 검토한 결과, 정해진 용도에 맞게 예산이 집행되지 않은 사업이 304개나 됐다. 정부가 임의로 해당 사업의 예산을 증감하거나 다른 곳에 전용한 것이다.

보건복지부의 가족양육수당 지원 사업이 대표적인 사례였다. 국회는 취학 전 0~5세 아동에 대한 양육 부담을 줄이기 위해 정부안보다 2,538억 원을 늘린 8,809억 원의 예산을 책정했다. 그러나 보건복지부는 지원 대상을 줄여 국회 증액분의 3분의 1에 해당하는 880억 원의 예산을 다른 곳에 썼다.

또 정부는 10인 이하 사업장 근로자의 고용보험 및 국민연금 보험료 지원을 위해 국회가 증액한 예산 587억 원 가운데 305억 원을 '취업 성공 패키지 지원 사업'에 전용했다. 이처럼 예산 집행 단계에서 정부가 무단으로 예산을 삭감한 경우가 95개 사업에서 3,061억 원이나 됐다.

반면, 국회가 낭비 요소를 줄이겠다며 삭감했던 예산은 슬그머니 늘어났다. 방위사업청은 장거리 공대지유도탄을 구매하겠다며 564억 원의 예산을 신청했다. 국회는 5,000만 원만 배정하고 나머지는 모두 삭감했다. 전년도 예산에서 쓰지 않고 이월된 400억 원이 남아 있었기 때문이다. 하지만 국방부는 돈이 모자란다며 국회의 동의를 구하지 않고 46억 원의 예산을 무단으로 증액했다.

이처럼 국회가 감액한 사업 중에서 정부가 일방적으로 예산을 늘린 사업은 22개 부처에서 54개나 됐다. 국회가 예산 낭비를 막겠다며 2,840억 원을 삭감했는데도 정부는 오히려 원안보다 3,285억 원을 증액해 제멋대로 썼다. 국회의 예산심의권을 침해한 중대한 위법 행위다.

그렇지만 이로 인해 처벌받은 공무원은 단 한 명도 없었다. 처벌 규정이 없기 때문이다. 다만 국회가 2014년 8월 결산심사소위원회의 심사 결과를 발표하면서 "기획재정부는 국회에서 감액된 사업이 국회의 의결 취지에 부합하도록 집행하라"며 시정 요구를 했을 뿐이다. 국회의원들 사이에서는 정부가 '갑질'을 한다는 푸념이 흘러나왔다. 새정치민주연합 박완주 의원은 "선출직에 대한 임명직의 슈퍼갑질"이라며 "자괴감을 느낀다"고 말했다.

국회 예산결산위원회의 한계

국회의 예산심의권이 제약을 받게 된 것은 1961년 5·16 군사 쿠데타의 영향 때문이다. 그전까지만 해도 국회는 예산결산위원회라는 상임위원회를 두고 정부의 예산 수립과 집행을 1년 내내 감시했다. 하지만 박정희 정권이 출범하면서 예산결산위원회는 상임위원회가 아닌 비상설 특별위원회로 축소됐다. 정부가 예산안이나 결산을 제출할 때마다 한시적으로 특별위원회를 구성해 운영하는 방식이었다. 원래는 120일이었던 예산안 심의 확정 기간 역시 90일로 줄었다가 1972년부터는 60일이 됐다.

국가 재정을 최종 심의하고 의결하는 예산결산위원회의 활동이 원활할수록 재정에 대한 심도 있는 검토가 이뤄지는 것은 당연하다. 그런데 예산결산위원회가 예산결산특별위원회로 바뀌면서 활동 기간이 1년에 두 달 정도로 축소됐다. 국가 재정 운용 계획 등 중장기 재정 계획을 수립하는 단계에서는 아예 배제되기도 했다. 제 기능을 온전히 발휘할 수 없는 환경이다.

2014년에 처음 적용된 개정 국회법, 일명 국회선진화법에 따라 국회의 예산심의권은 더욱 위축됐다. 회계연도 개시 30일 전까지 여야가 예산안을 확정하지 못하면 정부안이 자동 부의되는 방식으로 바뀌면서 심사숙고할 수 있는 기간 자체가 줄어든 것이다. 심사 기일에 쫓기다 보니 예산결산특별위원회의 전체 회의와 계수조정소위원회가 각각 7일씩 열리기도 했다. 단순 계산하면 하루에 27조 원을 심사한 것이다. 이 때문에 예산결산특별위원회가 손을 댄 삭감 또는 증액 예산은 ±3조 원이었다. 전체 예산안의 1%도 안 되는 금액이다.

이런 이유로 새정치민주연합 김현미 의원은 "예산과 관련된 국회 기능은 죽었다"고 단언했다. 또 "대부분 사업명만 보고 예산안 심의를 한다. 예산결산특별위원회의 전체 회의나 상임위원회에서 의견을 달지 않은 사업은 계수조정소위원회에 보고도 되지 않는다. 보고되는 사업 자체가 전체 예산안의 10%도 안 되기 때문에 수박 겉도 못 만지고 끝난다"고 덧붙였다.

예산안에 대한 이런 부실 심사는 매년 반복된다. 이를 해결하기 위해서는 국회가 연말에만 반짝 심의하는 대신, 1년 내내 정부의 예산 편성과 집행 과정에 보조를 맞춰 심사를 대폭 강화하는 방향으로 제도가 개선되어야 한다.

그동안 국회의 예산 심의 기능을 강화하기 위해 많은 논의가 있었다. 2013년에는 여야가 '예산결산특별위원회의 상임위원회화'라는 결론을 도출했다. 그러나 이런 결론을 도출해놓고도 상임위원회의 소관 부처 신설과 법안 심사권 부여 등에서 이견을 보여 논의 자체가 중단됐다. 김현미 의원은 "국회가 졸속 심사의 오명을 피해 갈 방법은 예산결산특별위원회를 상임위원회로 하고, 위원들의 임기도

1년에서 2년으로 늘려 전문성을 강화해야 한다"고 말했다.

취재 그후 •••

2016년 12월 더불어민주당 노웅래 의원 등 11명의 의원이 예산결산특별위원회를 상임위원회로 전환하는 내용의 국회법 일부 개정 법률안을 발의했다. 개정안은 예산결산특별위원회를 상임위원회화하고 안건의 효율적 심사를 위해 기존의 소위원회 외에 4개 이내의 분과위원회를 설치하도록 하고 있다. 법안이 통과되면 부실 졸속 심사와 이른바 쪽지 예산 등의 적폐를 해소할 수 있을 것으로 기대된다. 그러나 박근혜—최순실 게이트 정국과 맞물려 수개월간 국회 운영위원회를 열지 못해 법안 심사조차 못하고 있는 상황이다.

국회의원조차 모르는 예산 나눠 먹기의 비밀

이번에는 국회의원들이 스스로 예산을 증액할 때 어떻게 심사하는지를 추적했다. 국회는 정부가 예산안을 제출하면 예산 심사를 통해 불요불급한 항목을 꼼꼼하게 따져 걸러내는 역할을 한다. 그렇다면 자신들이 증액하는 예산은 얼마나 제대로 심사하고 있을까?

국회는 2014년 12월 본회의를 열고 375조 4,000억 원 규모의 2015년도 예산안을 통과시켰다. 당초 정부안보다 6,000억 원이 줄었다. 국회가 정부안 감액 심사로 총 3조 6,000억 원을 삭감한 후, 국회 차원에서 다시 3조 원을 늘렸기 때문이다. 국회가 3조 원의 예산을 늘리는 과정을 들여다봤다. 그런데 결과는 충격적이었다. 국회는 증액 예산 3조 원을 구체적으로 어디에 어떻게 쓸 것인지 전혀 심의하지 않고 있었다. 감액 심사만 하고 증액 심사는 없었다. 오히려 2015년 예산안 심의 과정에서 새누리당과 새정치민주연합이 국회가 증액한 예산 3조 원을 사이좋게 '나눠 먹기' 한 것으로 드러났다.

이 같은 사실은 당시 국회 예산결산특별위원회 소위원회에서 활동한 몇몇 의원들을 통해 확인할 수 있었다. 이 증액 예산은 국회의 예산 심의 과정을 전혀 거치지 않고 양당의 의석수를 기준으로 일괄 분배됐다. 그리고 정부는 두 거대 정당이 밀실 담합을 통해 관행적으로 예산을 배분해왔다는 사실을 알면서 묵인해온 것으로 알려졌다. 당시 예산결산특별위원회 소위원회 위원으로 활동한 새정치민주연합 박완주 의원은 "증액한 3조 원에 대해서는 기본적으로 여야가 의석수를 갖고 나눈다. 의석수 비율로 하면 대략 1조 7,000억 원, 1조 3,000억 원 정도로 나눈 듯하다"고 말했다. 그러면서 박완주 의원은 이렇게 덧붙였다.

"여당의 구조도 똑같은데 우리 야당의 경우만 말하면 1조 3,000억 원의 절반 정도는 병역 예산이나 복지 예산과 같은 당 정책 예산으로 사용한다. 그리고 야당 간사가 기획재정부 예산실장과 함께 우리 당의 정책 예산의 순서와 금액을 쭉 정리한다. 나머지 절반은 지역 예산으로 잡는다. 우리가 간사를 포함해 7명인데, 각자 지역구 지자체나 같은 지역 의원들의 현안 사업을 정리한다. 내 경우에는 충청권의 현안 사업을 정리하고, 황주홍 의원은 광주 전남, 송호창 의원은 경기 남부, 김현미 의원은 경기 북부, 강창일 의원은 제주와 영남을 맡는다. 그렇게 권역을 나누면 배정액이 각 1,000억 원 정도된다. 다시 권역을 4개 시도로 쪼개면 각 시도에 200억~300억 원 정도 증액하는 셈이다."

박 의원의 말에 따르면, 정부의 예산안을 감액해야 그 범위 안에서 국회의원들이 쓸 수 있는 예산을 새로 넣을 수 있고, 이렇게 만든 국회의 증액분을 의석수에 맞춰 새누리당과 새정치민주연합이 나눠 가졌다는 것이다. 이때 정의당 등 군소 정당은 증액 예산을 배정받는 과정에서 제외됐다.

증액 예산은 예산결산특별위원회 위원으로 선정된 새누리당과 새정치민주연합의 의원 15명이 각각 1,000억 원 정도의 예산을 할당받아 별다른 심의 없이 사용처를 정하고 있었다. 즉 국회의원들의 선심성 사업 등에 국민의 혈세가 낭비되는 길이 무방비로 열려 있는 셈이다.

이런 구조에서는 당 정책에 부합되지 않거나 우선순위에 밀린 사업은 예산 배정 시 제외될 수밖에 없었다. 대표적인 사례가 공공부문 비정규직 청소노동자들에 대한 급여 예산이다. 2012년 정부는 공공부문 비정규직 노동자들이 턱없이 적은 월급을 받는다면서 이를 인상하도록 하는 '고용개선지침'을 마련했다. 그러나 예산이 없다는 이유로 임금은 올라가지 않았다. 당시 정의당 서기호 의원은 국회 법제사법위원회 의원들을 설득해 대법원, 헌법재판소, 법무부 등에서 일하는 공공부문 청소노동자의 임금 관련 예산을 70억 원 늘리는 상임위원회 증액안을 제출했다. 이 안이 통과되면 청소노동자들은 당시 최저임금이 아닌 시중 노임 단가에 근접한 수준이 적용되어 33% 정도 임금을 더 받을 것으로 기대됐다. 그러나 법제사법위원회에서 올린 예산 증액안은 예산결산특별위원회의 문턱을 넘지 못했다.

이에 대해 예결위원 김현미 의원은 "국회 상임위원회의 증액안에 대해 회의한 적이 없다"고 말했다. 그 이유를 묻자, 김현미 의원은 "나도 증액 심사를 왜 안 하는지 물어봤다. 그랬더니 만약에 어떤 사업을 놓고 회의를 했는데 누군가가 반대한다면 그 사업을 요구한 쪽이 정치적 부담을 안게 되고, 그래서 비공개로 한다고 하더라. 그런 식으로 운영되는 거다"라고 전했다. 게다가 김 의원은 예산결산특별위원회 계수조정소위원회 일을 해보지 않은 대다수 국회의원들은 이런 예산 증액 심사에 대해 아예 모른다고도 했다. 국회의원 300명 중 240명쯤은 모르고 있는 예산 편성의 비밀이었다.

당시 언론이 "2002년 이후 12년 만에 처음으로 법정 시한 내에 예산안이 통과됐다"고 치켜세웠던 여야 합의의 배경에는 이런 과정이 있었던 것이다. 김 의원은 "지금 상태로는 누가 국회의원이 된다고 해도 바꾸기 어렵다"고 지적했다. 국회가 예산결산심의권을 확보하는 것이 불가능한 상황이기 때문이다. 결국 제도 개선이 필요한 문제였다. 김 의원은 "연초에 예산 계획을 짤 때, 재정 운용 계획을 수립할 때부터 심의를 하는 방식으로 운영되어야 한다"고 주장했다.

국회의 가장 중요한 역할 중 하나는 국민이 낸 세금을 꼭 필요한 곳에, 소중하게 쓰도록 관리, 감독하는 것이다. 그런데 국회의원마저 예산을 제멋대로 가져다 쓴다면, 국회의 존재 이유는 근본부터 허물어질 수밖에 없을 것이다.

원전
묵시록

일본 후쿠시마 원전 사고는 핵의 공포를 전 세계적으로
불러일으킨 큰 사건이었다. 이번 취재는 우리도 핵에너지
에 대한 성찰을 더는 미룰 수 없다는 문제의식에서 출발했
다. 특히 고리 원전 1호기의 정전 사고 은폐와 허술한 방재
대책 등을 지적하고, 정부 당국과 원전업계, 정계와 학계 등
의 유착 실태를 집중 취재했다. 이권으로 뭉친 이른바 '핵피
아' 카르텔이 우리 원전의 안전과 정책 변화에 가장 큰 걸림돌
이라고 판단했기 때문이다.

01 후쿠시마 사고 이후, 세계는 변하고 있다

2011년 3월 11일, 전 세계가 충격에 휩싸였다. 일본 동북부 지방을 관통한 9.0 규모의 지진과 쓰나미가 후쿠시마 제1원전을 강타한 것이다. 이로 인해 수소 폭발이 일어나 원자로를 감싸고 있던 격납고를 손상시켰고, 그 틈으로 방사능이 새어나가 광범위한 지역을 오염시켰다. 방사성 물질은 바다로 유출되거나 바람을 타고 지구를 휘감았다. 지금도 여전히 후쿠시마의 비극은 여전히 핵의 위험성에 대해 우리에게 질문하고 있다.

"죽음을 담보로 하는 부도덕한 에너지"

2014년 9월 '포스트 후쿠시마, 핵 발전 노동자의 삶'이라는 강연회

핵발전소 앞에서 일본인들이 물놀이를 하고 있다(사진 : 히구치켄지).

가 서강대에서 열렸다. 시민단체 '투명사회를 위한 정보공개센터'의 초청으로 성사된 이 강연회에는 40년간 피폭 노동자들을 카메라에 담아온 일본의 사진작가 히구치켄지 씨가 단상 위에 올랐다.

히구치켄지 씨는 한 장의 사진을 보여주며 이렇게 말했다. "이것은 서구 사람들이 가장 경악한 사진이다. 나가사키와 히로시마를 경험한 일본 사람들이니 방사능에 민감하다고 생각했는데 원자력 발전소 앞에서 수영을 하고 있는 모습에 놀란 것이다. 여기서 물을 마시는 걸 보고는 더 놀랐다. 하지만 일본에서는 이를 당연한 일이라고 여긴다. 전력회사는 이 풍경을 홍보용으로 활용하기도 한다. 원전과 자연이 조화를 이루고 있는 나라라는 의미로 말이다."

그러면서 그는 이렇게 덧붙였다. "일본 정부는 초·중·고 교육에서 원전이 깨끗하고 안전하고 평화적이라고 가르쳤다. 일본에 자원

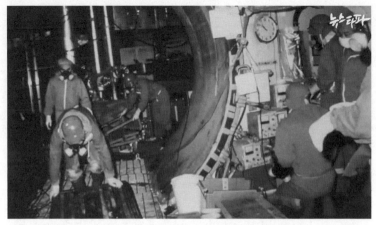

주로 힘없는 하청 노동자인 핵발전소 비정규직만이 피폭을 감수하며 일한다(사진 : 히구치켄지).

이 없으니 원전이 필요하다고도 가르쳤다. 안전 신화를 만들어 학생 뿐만 아니라 일본 국민 모두를 세뇌시켰다. 처음으로 일반 국민이 원전의 위험성을 깨닫게 된 계기는 3·11 동일본 대지진과 이에 따른 대폭발이다."

히구치켄지 씨는 계속해서 원전을 둘러싼 일본의 상황들을 이야기했다. 그의 말에 따르면, 깨끗하고 안전한 최첨단 시설이라는 원전이 가동되기 위해 필요한 것은 기계가 아닌 사람이다. 그것도 전력회사 소속 직원들이 아닌 하청에 재하청, 파견에 파견을 거듭해 최하층에 속한 노동자들이다. 그들이 하는 일은 주로 방사능 오염을 제거하는 제염除染이다. 제염을 위해 그들이 감수해야 하는 것은 피폭, 즉 핵폭발이나 방사선 물질의 이용 등으로 방사능을 쐬는 것이다. 그런데도 그들은 항상 이런 말을 듣는다. "여러분은 안전하게 작업하고 있다."

핵발전소에서 근무한 노동자들은 암 발병이 늘어나고 명확한 이유를 알 수 없는 죽음에 이르곤 했다. 결국 힘없는 하청 노동자들만이 방사능에 노출된 채로 죽음을 담보로 노동하고 있었다. 이는 우리나라 원전 산업에서도 마찬가지다.

핵 발전 노동자들을 상담하고 있는 나스비 씨도 이 강연회에 함께 참석해 "핵에너지가 죽음을 담보로 한 노동으로 운영되는 부도덕한 에너지"라고 꼬집었다. 그러면서 "극히 일부분이라고 생각할지 모르겠지만 6,000명 중 6명이 이 일을 함으로써 암으로 죽는다는 게 처음부터 계산되었다. 그러니까 이렇게 소수일지라도 특정 비율의 사람들이 죽는 것이 미리 반영된 것 같은 이런 일을 나는 '비인간적인 노동'이라고 생각한다. 있어서는 안 되는 일이다"라고 주장했다.

나스비 씨는 원전으로 인한 죽음이 언제까지 이어질지 모른다고 말했다. "국가마저도 폐로에 40년이 걸릴 거라고 예상하고 있다. 원전이 멈추더라도 그 뒷정리를 하기 위해 사실 노동자들은 피폭 노동을 계속 하지 않으면 안 된다. 게다가 남겨진 방사성 폐기물도 문제다. 방사성 폐기물을 관리하는 일 역시 누군가가 하지 않으면 안 된다. 결국 원전을 계속 가동하는 것은 계속 오랜 시간 동안 누군가에게 피폭 노동을 시키는 것이다. 지금 이런 비인간적인 노동을 누군가가 짊어지지 않으면 안 되는 사회가 되고 말았다. 그 책임은 우리들에게 있다."

탈핵의 움직임

세계 시민들은 후쿠시마 원전의 방사능 유출 사고가 진행되는 과정을 TV로 지켜보며 경악을 금치 못했다. '안전한 원전'에 대한 환상이 깨지던 순간이었다. 가장 먼저 유럽, 그중에서도 메르켈 총리가 이끄는 독일 정부가 변화에 나섰다. 독일은 2011년 5월 탈핵을 선언하고, 2022년까지 전체 17개 핵발전소를 모두 폐쇄한다는 결정을 내렸다. 이른바 '원전 제로' 정책이다. 스웨덴, 벨기에 등 다른 유럽 국가들도 원전을 줄이고 재생에너지의 비중을 높이는 탈핵 중심의 에너지 정책을 잇달아 내놓았다.

유럽의 국가들 중 가장 극명한 변화를 보인 나라는 프랑스였다. 프랑스는 1970년대 중동 발 오일쇼크로 인해 경제적 타격을 입은 후 화력발전소 대신 핵발전소 건설에 집중해왔다. 19개 지역에 위치한 58기의 원전이 전력 생산량의 75%를 차지할 정도로 의존율은 세계 최고 수준이다. 산업 규모 역시 미국에 이은 2위다. 1986년 체르노빌 원전 사고에도 프랑스의 원전 중심 에너지 정책은 끄떡없었다. 에너지 자립과 독립을 확보하는 가장 확실한 수단으로 원자력을 강조했다. 이런 프랑스를 빗대어 "유럽의 말썽쟁이"라는 표현이 등장하기도 했다.

그런데 이런 프랑스가 후쿠시마 원전 사고 이후 탈핵의 흐름에 동참하기 시작한 것이다. 올랑드 대통령은 후보 시절 원전 의존도를 75%에서 50%로 줄이고 노후 원전을 폐쇄하겠다는 공약을 내걸었다. 당시로선 파격적인 공약으로, 현실을 도외시한 불가능한 공약이라고 비판받기도 했다. 그러나 올랑드 대통령은 당선된 이후 유럽녹색당과 연정을 맺고 원전 감축 공약을 실행에 옮기고 있다. 2014년 10월 프랑스에서는 '에너지 전환법'이 하원에서 통과됐다. 그 핵심 내용은 2025년까지 원전 의존율을 50%까지 낮추고, 가동 중인 58기의 원전 가운데 22기의 노후 원전을 폐쇄한다는 것이다. 생산 전력의 40%를 풍력 등 재생에너지를 통해 공급하겠다는 계획도 포함됐다.

프랑스가 원전 정책의 빗장을 풀게 된 결정적인 이유는 대중의 인식이 변화했기 때문이다. 후쿠시마 원전 사고 이후 원전이 가장 싸고 깨끗하고 효율적인 에너지라는 원전업계의 주장에 프랑스 국민들은 더 이상 동의하지 않게 됐다. 대신 원전과 에너지 정책을 자신의 삶과 직결된 문제로 인식했다. 이런 민심의 미묘한 변화는 결국 정치로 이어져 의회를 움직였다. 그린피스 원전 전문가 야닉 루슬레는 "에너지 전환법은 문화적으로도 진일보한 것이다. 프랑스에서는 이전까지 없던 조치다. 또 여기에는 막연한 바람이 아니라 구체적인 조치가 있다"고 말했다.

에너지 전환법을 추진하는 과정에서 프랑스 원전업계의 반발이 없지는 않았다. 프랑스 최대의 원전업계 이익단체인 프랑스원자력협회는 올랑드 정부가 현실적으로 불가능한 법을 무리하게 통과시켰다고 비난했다. 취재진이 만난 프랑스원자력협회 이자벨 주에트 홍보국장은 "왜 탄소가 발생하지 않고 효율도 높은 원자력에만 제한을 둬야 하는가? 왜 원자력만 생산량을 줄이라고 하느냐?"라고 질타했다. 원전을 줄이면 실업자가 생기고 원전 관련 산업도 경제적인 타격을 입을 것이라는 경고도 빼놓지 않았다.

이런 프랑스 원전업계의 주장을 어떻게 봐야 할까? 변호사이자 유럽의회 의원으로 활동 중인 코린 르파주 전 환경부 장관을 직접 만났다. 그는 프랑스 원전업계의 주장을 정면으로 반박했다. "원자력 발전소는 요구르트 공장과 다르다. 폐쇄한다고 해서 당장 일이 없어지는 게 아니고, 수년에 걸쳐 유지 관리를 진행해야 하고 해체 작업도 남아 있다. 최소한 50년은 노동자들이 필요하다. 물론 원자력 산업 분야에서 새로운 일자리는 나오지 않을 것이다. 현재 있는 인원을 유지하는 수준에 그칠 것이다. 그러나 다른 분야에서 새로운 일자리가 나올 것이다. 원자력의 비중을 줄이면 다른 에너지 산업을 발전시킬 수 있다. 풍력이나 볼타 전지, 주택 개조 사업 등 다양한 경제활동을 통해 어쩌면 원자력보다 더 많은 고용을 창출할 수도 있다." 또한 그는 원전업계가 자신들에게 불리한 내용은 대중에게 절대 알리지 않고 원전 폐쇄가 가져올 어두운 측면만 지속적으로 부각시킨다고 지적했다. "원자력 로비 세력들은 전 세계의 원자력 사용 비중이 많이 낮아진 사실은 말하지 않는다. 그건 후쿠시마 사고 이후에 일어난 현상이 아니다. 그 사고 때문에 가속화되긴 했지만 비중이 낮아진 것은 2008년부터다. 오늘날에는 1980년대 초반 수준으로 원자력의 비중이 감소했다."

사회당 소속이자 경제위원회 의장인 프랑수와 브로트 의원도 이렇게 주장했다. "프랑스에는 '한 바구니에 달걀을 다 담지 말라'는 속담이 있다. 볼타 전지, 풍력 에너지, 해양 에너지 등도 꽃을 피울 수 있게 해줘야 한다. 해양 에너지 같은 경우 해변이 많은 프랑스에 아주 적합하다. 해양 에너지 개발 상황도 현재 가파르게 상승하고 있다. 이렇게 다른 에너지들이 드러날 수 있어야 한다. 그러자면 원자력이 자리를 좀 양보해야 할 것이다."

페센하임, 시험대에 오르다

원전 강국 프랑스에서 원전의 축소와 폐쇄 문제로 어느 때보다 뜨거운 논의가 이뤄지는 모습은 그 자체로 낯선 풍경이다. 프랑스 에너지 정책의 새로운 실험은 과연 성공할 수 있을까?

프랑스 정부는 법안 통과를 밀어붙이는 대신 지역 주민, 전문가, 산업계 종사자, 환경론자, 시민단체 등과 9개월이 넘는 협의 과정을 거쳤다. 원전의 축소와 폐쇄가 가져올 변화를 두고 한편에서는 기대 심이, 또 한편에서는 걱정이 오갔지만 삶과 직결된 문제에 주민들은 적극적으로 참여하고자 했다. 프랑스 에너지 정책의 첫 번째 시험대에 오른 페센하임에서 그 생생한 현장을 확인할 수 있었다.

독일 접경 지역에 있는 인구 2,300명의 작은 도시 페센하임에는 2개의 노후 원전이 들어서 있다. 1978년에 가동되기 시작해서 40년 가까이 유지되어왔으니 우리나라의 고리 1호기와 동갑인 셈이다. 올랑드 대통령의 에너지 전환법이 프랑스 하원을 통과하면서 페센하임도 원전의 폐쇄 여부를 두고 찬반 논란이 불거졌다. 도시 곳곳에는 원전 폐쇄를 반대하는 플래카드가 걸렸다.

브랑데 페센하임 시장을 만나봤다. 그는 원전 폐쇄를 강력히 반

프랑스 페센하임 핵발전소.

대했다. 원전을 폐쇄하는 것은 곧 페센하임의 몰락을 의미한다는 것이다. "당장 내일 원전이 폐쇄된다면 시 예산은 플러스 100만 유로에서 마이너스 300만 유로로 떨어진다. 이것을 어떻게 보완해야 할지 모르겠다." 원전업계도 페센하임 원전이 노후하긴 했지만 여전히 안전하다고 주장했다. 안전을 위해 주요 부품들을 다 교체하고 필요한 보수 공사 등도 마쳤다는 이유를 들었다.

그러나 지역 주민들의 불안은 여전했다. 그곳에 살며 20년 넘게 페센하임 원전의 위험성을 지적해온 환경활동가 앙드레 하츠 씨는 2013년에 페센하임 원전 1호기와 2호기가 고장과 수리 때문에 가동을 멈춘 날이 265일이나 된다고 했다. 1, 2기 모두 정상적으로 가동된 날은 1년 중 100일뿐이라는 말이다. "사고가 끊이지 않았다. 몇 달 전에는 알 수 없는 연기가 났다. 그 연기가 원전 건물 안으로 들어갔는데, 건물은 완벽하게 차단됐을까?" 하츠 씨는 페센하임 원전이 건설 당시부터 자연재해에 무방비로 노출되어 있었다고 주장했다. 원자로가 페센하임에 있는 운하보다 낮게 지어졌기 때문이다. "여기 원자로와 운하 사이에 둑이 있다. 그런데 원자로가 운하의 수위보다 9미터 낮다. 쓰나미가 올 리는 없겠지만 만약 홍수라도 발생한다면 큰 문제가 벌어질 것이다."

프랑스와 한국, 같은 길에서 다른 길로

지난 수십 년 동안 프랑스와 한국은 원전 확대라는 닮은꼴의 길을 걸어왔다. 두 나라 모두 자원이 없는 조건에서 에너지 자립을 이룰 현실적 대안으로 원자력을 강조했다. 그러나 페센하임 원전과 고리 원전을 통해 바라본 두 나라는 사뭇 다른 길을 걷고 있었다.

이번에는 우리의 문제로 눈을 돌려 부산 기장군으로 향했다. 그곳에는 한국에서 가장 오래된 고리 원전이 있다. 고리 원전에는 총 6기가 밀집해 있는데, 이렇게 6기 이상의 원전이 몰려 있는 곳을 '메가 사이트'라고 부른다. 밀집된 원자로가 연쇄 폭발할 경우 최악의 사고로 이어질 수 있다는 사실을 후쿠시마는 제대로 보여줬다. 당시 후쿠시마 제1발전소에서만 6기의 원전이 가동되고 있었다. 더욱이 프랑스 페센하임과 달리 고리 지역에는 원전 반경 30km 이내에 무려 약 400만 명이나 거주하고 있다.

여기서 반경 30km는 무척 중요한 기준이다. 체르노빌은 지금

고리 핵발전소.

도 반경 30km를 출입 금지 구역으로 정하고 있다. 2011년 후쿠시마 원전 사고 때도 반경 30km를 피난 권고 구역으로 설정했다. IAEA 가 주민 보호를 위해 사전에 집중 관리하는 권고 구역도 원전 반경 30km다.

취재진은 그 구역 안에 살면서 암 투병 중인 이진섭 씨를 만났 다. 기장군에서 40년 넘게 살고 있는 이진섭 씨는 2012년 가족들의 갑상선암 발병을 이유로 한국수력원자력(이하 '한수원')을 상대로 손 해배상청구 소송을 제기했다. 몇 년 전부터 이진섭 씨의 아내와 처 형, 장모는 잇달아 갑상선암 판정을 받고 수술을 했다. 그 역시 직장 암 진단을 받고 수술을 했다. 고리 원전으로부터 반경 10km 인근에 서 오랜 시간을 거주했기 때문에 원전에서 나오는 방사능이 암 발병 에 영향을 끼쳤을 거라는 게 이진섭 씨의 주장이다. 원전 주변에 사

　　　　　　　　　　　　　　4부 원전 묵시록

는 주민의 암 발병에 대한 한수원의 책임을 묻는 국내 최초의 소송이었다.

2014년 10월, 부산 동부지법은 1심 판결에서 이진섭 씨의 손을 들어줬다. 법원은 한수원이 이진섭 씨의 아내에게 위자료 1,500만 원을 지급하라고 판결했다. 기준치 이내의 방사선일지라도 그것에 장기간 노출되면 암 발병 가능성이 높다는 사실을 인정한 첫 판결이었다. 이진섭 씨는 "내 직장암과 아들의 발달장애에 대해서는 연구 결과가 미진하기 때문에 기각됐다. 다만 아내의 갑상선암에 대해서는 이때까지 후쿠시마나 체르노빌의 사태를 봤을 때 영향이 있다고 본 것이다"라고 전했다.

결국 이 1심 승소는 원전으로부터 반경 10km 이내에 사는 수많은 갑상선암 환자들을 움직였다. 공동으로 관련 소송을 한다는 언론 보도가 나가자 300명에 이르는 갑상선암 환자가 동참했다. 원전 관련 집단소송으로는 최대 규모였다. 소송에 참여한 사람 중에는 고리 원전에서 비정규직으로 근무했던 사람들과 그 가족들도 적지 않았다. 공동소송을 담당한 김세규 씨는 "기장군의 장안읍과 일광면, 울주군의 온양읍과 서생면은 인구가 5만 3,000명 정도인데 거기서 들어온 신고들이 230명 정도다. 갑상선암으로만 따졌는데도 정부 통계보다 6~7배 정도 높다"고 말했다. 관련 질환을 모두 합하면 상상도 못 할 정도로 엄청난 피해가 될 것이다.

하승수 변호사는 "원전에 조금이라도 관심이 있었던 사람들은 세월호 참사를 보면서 다음에는 원전 사고가 일어나는 게 아니냐며 불안감에 휩싸인다. 우리가 원전에서 벗어나야 하는 이유는 단 하나다. 생명과 안전. 이것이 돈보다 중요하고 이제는 우리 사회도 변해야 한다. 더 이상 이권과 부패에 휘둘리고 돈 때문에 생명과 안전을 희생시키는 사회가 되어선 안 된다. 탈핵의 가치는 생명과 안전에 있다"고 말했다.

이명박 정부에 이어 박근혜 정부에서도 원전 확대 정책은 견고했다. 한국에서 원전은 언제나 에너지 정책의 상수였고 변함없는 중심축이다. 반면 프랑스는 원전에 대한 굳건한 믿음에 스스로 물음표를 던지며 새로운 에너지 정책을 실험하고 있다. 수십 년째 가동 중인 한국의 고리 원전과 프랑스의 페센하임 원전. 고리 원전 인근에 살고 있는 이진섭 씨와 페센하임 원전 인근에 살고 있는 앙드레 하츠 씨의 삶은 몇 년 후에 어떻게 달라져 있을까?

취재 그 후 •••

한국 최초의 핵발전소인 고리 원전 1호기는 1971년 착공되어 1977년 완공됐다. 설계 수명은 30년으로 2007년까지였다. 2007년 원자력안전위원회는 지역 주민과 환경 단체의 반대를 무릅쓰고 10년 연장 운전을 허가했다. 이제 고리 원전 1호기는 2017년 6월 18일 폐쇄된다. 그 해체 작업에는 정부 추산 6,000억 원, 폐기물 처리 등 부대비용까지 합하면 1조 원이 들어갈 것이라고 한다. 해체 기간도 최소 15년 이상 걸릴 것으로 예상된다.

고리 1호기는 폐쇄되지만 인근에는 추가 원전이 속속 건설 중이다. 신고리 3호기가 2016년 12월 준공됐고, 신고리 4호기는 2017년 11월 준공된다. 신고리 5호기와 6호기는 2016년 6월 착공되어 2021년과 2022년에 각각 준공될 예정이다.

"원자력은 미래 세대에 해악을 끼치는 기술이다"

독일 연방환경청 하리 레만 국장 인터뷰

2011년 탈핵을 선언한 독일의 경우 전체 17개 핵발전소 가운데 2015년 초까지 9개의 핵발전소를 멈췄다. 2022년까지 나머지도 모두 중단할 계획이다. 핵발전소를 멈췄을 때 전기 수급에 문제가 생기지는 않았을까? 혹은 전기료가 오르지 않았을까? 핵 산업 집단의 반발은 없었을까? 2015년, 독일 연방환경청 지속가능전략국장 하리 레만 씨가 우리나라를 방문했다. 물리학자이기도 한 그는 독일 연방환경청에서 탈핵 정책을 총괄하고 있었다. 그를 직접 만나 궁금한 점을 물어봤다.

Q. 한국은 수명 30년이 만료된 월성 핵발전소 1호기의 수명 연장을 추진하고 있다. 독일의 경우 원전의 수명 연장을 어떻게 하고 있나?

독일은 원전의 수명을 연장하지 않는다. 사물은 낡아간다. 그리고 기술 실패의 위험 부담은 그것이 낡을수록 높아진다. 그래서 유지만으로는 위험을 해결할 수 없다. 원전의 수명 연장은 위험 부담이 큰 게임과 같다.

Q. 핵 발전의 위험은 어느 정도라고 생각하나?

물리 법칙은 바꿀 수 없다. 그리고 그 물리 법칙은 원자력발전소가 안전하지 않음을 보여준다. 물리 법칙에 반하는 원자핵 에너지는 성립할 수는 없다. 따라서 일반적인 관점에서 원자력은 사람들이 주장하는 대로 언제나 건강하고 안전할 수는 없다. 원자력이 안전하지 않다는 것을 사회적으로 공론화하고 이에 반하는 생각과 특정 두뇌 집단들을 허물어뜨려야 한다.

Q. 독일에서 탈핵 정책을 추진할 때 핵 산업계의 반발이 없었나?

독일은 1990년대에 탈핵과 관계없이 재생에너지로 전환해야 한다는 논의를 시작했다. 2000년대부터 시나리오를 작성하고 2020년까지 온실가스 40% 감소를 목표로 설정했다. 원전업계는 목표 달성이 어려워 보이니 원전의 수명 연장이 큰 역할을 할 수 있다고 주장했는데, 그러자 탈핵을 주장하는 시위가 많이 일어났고 엎친 데 덮친 격으로 후쿠시마 원전 사고가 발생했다. 이로 인해 2011년 탈핵법을 제정하며 재생에너지에 대한 지원을 하게 됐다.

Q. 그렇다면 탈핵 정책 이후 전기 요금은 얼마나 올랐나?

전기 생산 비용은 지속적으로 줄어들고 있다. 산업용 전기료는 2000년 이후 영향이 없었다. 반면 가정용 전기료는 탈핵을 추진하기 전인 2000년부터 지속적으로 올랐다. 핵 발전을 줄이고 재생에너지를 늘렸기 때문이 아니다. 원자력이 다른 에너지보다 싸다는 건 오해다. 만약 누군가가 원자력으로 에너지 비용을 절감할 수 있다고 말한다면, 부족한 안전성과 보안 문제를 은폐하고 있다는 뜻이다. 오늘날까지도 핵폐기물을 위한 해결책은 없다. 그 비용도 아직 측정되지 않았다.

Q. 탈핵 정책 이후 에너지 수급에 어려움은 없나?

없다. 오히려 독일은 에너지 수출국이다. 독일 에너지 정책의 첫 번째 핵심은 에너지 효율의 증대다. 두 번째 핵심은 우리의 에너지 상품을 핵과 화석 연료에서 재생 가능한 연료로 바꾸는 것이다.

Q. 에너지 정책을 논의할 때 어떤 부분을 고려하는 것이 중요한가?

당연히 민주주의 환경에서는 원자력을 지지하는 사람들과 반대하는 사람들이 공존한다. 그러나 과학자, 언론인, 정치인이 정직하게 논의한다면 원자력이 값싼 미래 에너지가 아니라는 것을 한국 사람들도 깨닫게 될 것이라고 생각한다. 또 미래 세대를 위해 지속 가능성의 의미를 생각해야 한다. 단언컨대 원자력은 미래 세대가 행복해질 기회에 해악을 끼치는 기술 중 하나다.

02 한국 원전에 대한 긴급 진단

- 1979년 미국 스리마일아일랜드TMI : 주민 200만 명 방사능에 노출
- 1986년 러시아 체르노빌 : 8,000여 명 사망, 수십만 명 방사능 피해
- 2011년 일본 후쿠시마 : 피해액 200조 원

그동안 방사성 물질의 검출 결과를 발표해온 준정부기관인 한국원
자력안전기술원은 후쿠시마 원전 사고가 터진 뒤 그해 5월 이후에
는 국내에서 세슘 등 방사능 물질이 검출되지 않았다고 발표했다.
11월 이후부터는 더 이상 세슘이 발견되지 않는다면서 조사 결과도
공개하지 않았다. 한국원자력안전기술원이 발표한 것처럼 정말 우
리나라는 방사능으로부터 안전한 걸까?

우리는 얼마나 안전한가

고리 원전이 있는 부산시 기장군 길천리의 원전민간환경감시기구를 찾아가봤다. 이곳은 법률에 따라 1998년 국내 최초로 설립됐다. 현재 고리와 영광 등 5개의 원전 지역에 각각 민간 감시기구가 설치되어 있다. 민간의 감시 활동을 활성화해서 고질적인 병폐인 원전의 폐쇄성과 비밀주의를 극복하기 위한 조치다. 원전민간환경감시기구 역시 원전을 감시하고 견제하며 원전 주변 지역의 환경방사능을 측정해 공개하는 일을 한다. 특히 후쿠시마 원전 사고 후부터는 세슘 등 방사능 물질이 검출됐는지를 집중 조사했다.

그런데 2012년 봄, 이 기구가 대기와 빗물과 토양을 대상으로 지역 50여 곳을 조사한 결과, 세슘 134와 137, 그리고 요오드 131이 검출됐다. 최선수 센터장은 "공기 시료에서 세슘 134와 137, 요오드 131이 검출된 것은 후쿠시마에서 날아온 것 같다"면서 "더 조사해서 이런 물질들이 과연 어디서 온 건지, 시베리아를 통해 내려온 건지 아니면 후쿠시마에서 바로 온 건지 확인할 필요가 있다"고 했다.

특히 남부 지방의 일부 토양에서 세슘 134가 검출된 것은 의미심장했다. 세슘 134는 핵실험 등과 같은 인위적인 상황에서만 나타나는 핵분열성 물질이다. 검출된 세슘 134의 최고 수치는 2~3베크렐bq*로 비교적 소량이었고 반감기**는 2.7년에 불과했지만 국내 토양

- 1초에 1회 방사성 붕괴가 일어나는 것을 1베크렐이라고 한다. 방사능 오염 정도를 나타낸다.
- 원자 수가 처음의 반으로 줄 때까지 걸리는 시간.

에서 발견된 것은 처음이었다. 최선수 센터장은 "많은 양은 아니지만 원전 사고가 전 세계적으로 피해를 줄 수 있다는 점에서 여전히 걱정스럽다"고 우려했다.

후쿠시마의 영향뿐만 아니라 한국 원전 자체의 위험성을 경고하는 실험도 있었다. 환경운동연합과 일본 간세이가쿠인대학 종합정책학부 박승준 교수가 2012년 국내 처음으로 진행한 한국 원전 사고의 모의실험 결과를 살펴봤다. 연구진은 고리와 영광의 원전 2곳에서 체르노빌 원전 사고 때만큼 방사능 물질이 방출되는 최악의 거대 사고를 추산했다. 결과는 예상보다 심각했다. 수십만 명이 숨지고 천문학적인 피해가 발생했다.

박승준 교수는 "국민에게 불안감을 주기 위해 시뮬레이션을 한 것이 아니다. 한국에 원자력발전소가 있으니까 사고가 나더라도 피해를 최소화하기 위해 검토가 필요하다"고 실험의 의의를 밝혔다. 박 교수는 "이를 바탕으로 조건을 바꾸면 다른 결과가 나온다. 빨리 피난하면 주민의 피해를 줄일 수 있다"고 말하면서 "반드시 피난 준비를 배워야 한다"고 경고했다.

그러나 이번 모의실험에 대해 한수원 등 원전 당국은 지나친 억측에 불과하다고 일축했다. 영광 원전 방재환경팀 이병호 팀장은 "피해의 범위가 서울까지 나오는 등 너무 많은 경우를 가정해 시뮬레이션을 해서 일반 국민의 불안감을 가중시킬 수 있다"면서 "원전 사고는 확률상 가능성이 극히 희박하다"고 주장했다.

지금까지 전 세계에서 건설되어온 원자로는 440여 기다. 이 가운데 지난 50년 동안 6등급 이상의 대형 사고는 모두 여섯 번 일어났다. 단순히 계산하면 사고 발생률은 1.3%다. 그렇다고 원전 사고를 단순히 수리적 확률 문제로 따질 수는 없다. 최선수 센터장은 이렇게 지적했다. "원자력을 옹호하는 사람들은 사고의 확률이 자동차나 비행기 사고가 날 확률, 벼락을 맞을 확률, 로또에 걸릴 확률보다 낮다고 말한다. 그래서 원전은 안전하다고 한다. 그러나 사고 위험도는 발생할 확률과 발생했을 때 생길 수 있는 피해까지 모두 감안해서 고려해야 한다."

개인이 차를 몰고 가다가 사고가 난 경우 다치거나 죽을 확률은 상대적으로 높지만, 피해 규모는 원전 사고와 비교할 바가 못 된다. 원전 사고는 일어날 확률이 대단히 낮지만, 피해는 상상할 수 없는 규모로 장기간에 걸쳐 일어난다. 최선수 센터장은 "수십 년, 수백 년, 어찌 보면 수세대를 거쳐야 하는 상황이다. 그것을 단지 확률만 가지고 안전하다고 할 수 있는가"라고 덧붙였다.

12분간 불 꺼진 고리 원전

우리나라 원전 지역에 대한 방어 체계는 규정과 절차대로 운영되고 있을까? 취재진은 다시 우리나라 최초의 원자력발전소인 고리 원전이 있는 곳으로 향했다.

부산 기장군 길천리의 상당수 주민들은 원자로에서 불과 1km 정도 떨어진 곳에서 생활하고 있다. 한 주민은 이렇게 말했다. "몇 발 안 가면 원자력이다. 동그란 천장이 터지면 사람이 죽는다고 하지만 내가 어딜 가겠나. 가만히 앉아서 죽지." 이곳 주민들에게 원전은 숙명과도 같다. 그러나 마을의 분위기는 후쿠시마 원전 사고 1주기 후부터 바뀌었다. 고리 원전 1호기의 완전 폐쇄를 요구하는 현수막이 늘었고, 정부의 원전 정책을 비난하는 목소리도 높아졌다. 이곳에서 무슨 일이 일어났던 걸까?

2012년 2월 9일 밤 8시 34분, 고리 원전 1호기의 전원이 꺼졌다. 비상 발전기마저 작동을 멈추면서 냉각수 순환도 중단됐다. 전원 공급이 완전히 끊긴 블랙아웃, 즉 정전 사고가 난 것이다. 사고는 12분 동안 이어졌다. 원전 감시기구 위원으로 활동하는 박갑용 씨는 그날의 기억을 이렇게 설명했다. "내가 사는 동네는 발전소 1km 이내에 있다. 후쿠시마 생각이 제일 먼저 나더라. 불과 1년 전에 그 사고를 보고 참담함을 느꼈는데, 고리 원전에서 정전이 됐다고 하니 머리끝이 쭈뼛 섰다."

취재진과 만난 원자력안전위원회 공무원은 "12분 동안 발전소 비상 계통에 전원이 안 들어왔다"고 당시 상황을 설명했다. 12분의 정전이 일어난 그사이, 냉각수의 온도는 섭씨 37도에서 58도로 21도나 상승했다. 시간이 조금만 더 흘렀다면 후쿠시마 원전 사고처럼 핵연료봉이 녹을 수도 있었다. 이 같은 상황에 대해 해당 공무원도 "확대됐다면 유사한 사건"이 됐을 것이라고 인정했다.

더 큰 문제는 원전 당국인 한수원이 이 사실을 철저히 숨긴 데 있었다. 해당 공무원은 "그때 발전소 회의실에서 근무하는 사람들끼리 모여 15분 동안 회의를 했다고 한다. 이번 사건을 그냥 덮을까, 공개할까 하다가 이번에는 덮자고 결론을 내리고 모든 서류와 기록을 남기지 않았다"고 말했다. 심지어 원전이 정상적으로 운영됐다며 운행 일지도 허위로 꾸몄다. 그렇게 사고를 덮기에만 급급하다가 한 달이 지나서야 외부에 알려진 것이다.

결국 원전의 정전 사고를 은폐한 관련자들은 형사고발 조치됐다. 고리 원전 담당자는 "공개할 수 있는 것을 안 하는 것은 아니다. 정해진 규정에 따라 하고 있다"고 말했지만, 이미 원전 정책의 신뢰도는 땅에 떨어진 뒤였다. 특히 고리 원전 인근에 사는 10만 명의 주민들을 철저히 속인 셈이 됐다. 최선수 센터장은 "그동안 한수원 사업자들이 얼마나 잘했는지 모르지만 지금까지 공개한 정보를 모두 믿을 수 없게 됐다. 우리가 알게 모르게 사고가 더 있을 수도 있다"고 지적했다.

원전 감시기구도 제 역할을 하는 데는 한계가 있었다. 원전 사고 현장에 대한 조사권은 물론 일상적인 참관도 제대로 보장받지 못했다. 고리 1호기의 블랙아웃 사건에 대한 현장 조사 역시 벽에 부딪혔다. 고리원전민간환경감시기구가 3월 13일에 사고 통지를 받고, 그 다음 날인 14일에 원자력안전위원회 현장조사단에 참석하겠다고 공문을 보내 요청했지만, 참여 가능 여부조차 통지받지 못했다. 어찌된 일인지 원자력안전위원회 공무원에게 물어보니 "그때 아마 공문이 늦게 온 듯하다"는 엉뚱한 답변이 돌아왔다. 3월 14일에 접수됐으니 늦은 건 아니지 않느냐는 취재진의 질문에는 "그 발표를 3월 20일엔가 했다. 그전에 거의 끝나는 상황이었다"고 이해할 수 없는 말을 했다.

6기의 원전이 가동되고 있는 전남 영광 원전도 사정은 마찬가지였다. 납품 비리와 함께 원전 사고가 잇따르자 주민들은 원전 측에 시민안전감시단을 구성해 원전의 안전을 함께 진단하자고 제안했지만 묵살당했다. '영광 핵발전소 안전성 확보를 위한 공동행동'의 김용국 집행위원장은 이렇게 불만을 토로했다. "항상 안전하다, 이상 없다, 문제없다고 하는데, 한 번도 사고와 관련해서 잘못됐다, 이런 개선 방향을 찾겠다, 또 이런 부분들은 주민들이 확인할 수 있도록 하겠다고 이야기하지는 않는다." 이에 대해 영광 원전에 문의하니 방재환경팀 이병호 팀장은 이렇게 대답했다. "영광군과 고창군에서 의회에 원자력특별위원회를 만들었다. 필요하면 거기서 우리가 설명을 하고 있다. 새로운 위원회를 만들면 혼란만 가중시킬 뿐이다."

지난 30년 동안 국내 원전에서 일어난 사고는 모두 610여 건이다. 한 달에 한 번 이상 크고 작은 사고가 일어났다. 고리원전민간환경감시기구 정영주 행정팀장은 "원자력안전위원회나 원전 사업자가 자체 조사를 다 끝낸 후 상황을 정리할 계획을 다 세워놓고 일반인에게 공개한다"면서 "지역 주민이나 일반 국민의 알권리 자체를 차단하고 있다"고 지적했다. 원전 당국은 사실상 외부의 감시를 철저히 배제하고 있었던 것이다.

대피 훈련은 없었다

그렇다면 원전 당국은 만약의 사태에 철저하게 대비하고 있을까? 2012년에 있었던 원전 사고 피해에 관한 모의실험으로 돌아가보자.

실험 결과를 발표하던 자리에서 영광 원전 방재환경팀 이병호 팀장은 "혼란에 대비하기 위해 영광 원전 본부만 해도 연간 3회씩 전체 훈련을 한다. 부분 훈련은 총 11회 한다"고 했다. 그러나 영광군에 사는 한 주민이 "평생을 살았지만 한 번도 대피 같은 방재 대책 훈련을 받아본 적이 없다. 지역 주민들에게 11회 부분 훈련을 했다고 하는데, 언제 어떤 방식으로 하는지 모르지만 받은 적 없다"고 반박에 나서며 시비가 붙었다.

방재 대책은 원전 지역 주민들의 방사능 노출 등 중대 사고에 대비하는 것이다. 이병호 팀장은 영광 원전의 방재 대책에 대해 "방독면 지급은 지자체에서 하고, 8~10km 정도 되는 비상계획구역EPZ 내 거주민들이 상시 복용할 수 있는 갑상선 방호 약품(요오드정)은 우리가 구비하고 있다. 후쿠시마 원전 사고 이후에는 비상계획구역을 향후 16km 정도까지 넓힐 계획이다"라고 설명했다.

여기서 눈여겨봐야 할 것은 비상계획구역이다. 이는 원자력발전소에서 사고가 발생했을 때를 대비해 대피소와 방호 물품, 대피로 등을 준비해놓은 예측 피해 거리다. 미국에서는 이 거리를 무려 80km로 규정하고 있고, 일본에서는 후쿠시마 원전 사고 이후 30km로 확대하는 방안을 추진했다. 그러나 우리나라는 여전히 단 10km로 규정하고 있다. 이마저도 실제 대피 훈련 등이 잘 지켜지고 있는지 확인해야 했다. 우선 영광 원전 10km 이내에 거주하고 있는 주민들을 만나보기로 했다.

영광 원전에서 6km 정도 떨어진 지역을 찾아갔다. 한 주민에게 원자력발전소가 들어선 이후 대피 훈련을 받아본 적이 있느냐고 물었더니 단번에 "없다"는 대답이 돌아왔다. 영광 원전에서 직선거리로 불과 3km 정도 떨어진 마을에서도 사정은 다르지 않았다. 한 할머니는 "어디로 대피하라는 교육은 없었는데 방독면을 식구 수대로 나눠줬다"고 말했다. 할머니는 지급받은 방독면을 보여주며 "사이렌이 울리면 쓰라고, 그 말만 했다"고 기억했다.

주민들은 방독면을 받았을 뿐, 비닐에 담아 광에 보관하거나 심지어 조개를 줍는 가방으로 사용하는 등 구체적인 교육을 받지 못한 듯 보였다. "가르쳐줘야 알지. 무조건 이장을 통해서 하나씩 주면 나이 먹은 사람들이 어떻게 아느냐"고 목소리를 높이기도 했다. 심지어 방독면의 제조일자는 1999년 6월로 적혀 있었다.

군청에서 지급받았다는 방호복도 엉뚱하게 쓰이기는 마찬가지였다. 커다란 가방에서 방호복을 주섬주섬 꺼낸 한 할머니는 "비 올 때나 고기 그물 따러 갈 때, 조개를 캘 때 입는다"고 말했다. 받은 그대로 집 안 구석 어딘가에 방치하거나, 입고 다니다 찢어졌다는 사람들도 있었다. 일반 가정에 보급됐어야 할 방호 약품은 아예 군청의 창고 한편에 보관되어 있었다. 군청 직원은 "이장들에게 보급하고 남은 것"이라고 했지만, 인근 마을의 이장들을 직접 만나 물어보니 방호 약품의 존재를 아는 사람은 없었다.

이 같은 사실은 주민들 다수가 참여해야 할 대피 훈련이 실제로는 이뤄지지 않고 있다는 의미였다. "발전소와 정부는 4년마다 한 번씩 합동훈련을 하고 원자로 호기별로 방재 훈련을 한다고 말한다. 그런데 그 훈련은 정부와 원전 사업자와 지자체가 하는 것이지, 실질적으로 대피를 해야 하는 지역 주민들은 하지 않고 있다. 참여를 유도하지도 않는다." '영광 핵발전소 안전성 확보를 위한 공동행동' 김용국 집행위원장의 이 말은 결국 사실이었다.

'묻지마' 원전 추진

원전을 추진하는 과정에서도 지역 주민의 의견이 철저히 무시당하고 있었다. 2014년에 불거진 삼척시의 핵발전소 유치에 대한 주민 찬반투표가 그 사례다.

2010년 한수원은 삼척, 영덕, 해남, 고흥을 신규 핵발전소 건설 가능 지역으로 선정했다. 그리고 2011년에 지방의회의 동의를 얻어 유치신청서를 제출할 것을 요청했다. 해남과 고흥은 유치를 거부했고, 삼척과 영덕은 유치를 신청했다. 2011년 삼척시는 주민들로부터 핵발전소 유치에 찬성하는 서명을 받았다. 여기서 유권자의 97%가 핵발전소 유치에 찬성한다는 결과가 도출됐다.

이에 따라 정부가 삼척시 근덕면 일대를 신규 핵발전소 예정 구역으로 지정 고시한 것이 2012년 9월이다. 당시 한수원 조석 사장은 2013년 12월 YTN에 출연해 "삼척시장과 영덕군수가 주민의 의견을 수렴해 자신들의 지역을 원전 후보 지역으로 정해달라고 요청했다. 그 요청에 의해 정부가 핵발전소 예정 구역으로 지정 고시를 한 상태다"라고 말했다.

그러나 2014년 지자체 선거에서 시장이 바뀌자 삼척 시민들은 핵발전소 유치 찬반을 묻는 주민투표를 실시하기로 했다. 핵발전소 유치에 대한 찬성 서명을 받았던 당시에 여론 수렴 절차에 큰 문제가 있었다는 주민들의 주장이 힘을 얻었기 때문이다.

2010년 12월 삼척시의회는 삼척시가 제출한 핵발전소 유치 동의안을 주민투표를 전제로 가결했다. 하지만 당시 김대수 삼척시장은 주민투표를 하겠다는 약속을 지키지 않았다. 대신 찬성 단체를 앞세우고 통리 반장, 공무원 등을 동원해 찬성 서명을 받았다. 이 때문에 삼척 유권자 5만 8,000여 명 중 5만 6,000여 명이 찬성한다는 서명 결과가 나온 것이다. 주민들을 만나보니 "서너 번 서명했다. 그걸 가지고 유치할 줄은 몰랐다" 또는 "무슨 내용인지도 모르고 했다"는 증언이 나왔다.

이렇게 부실하게 만들어진 찬성 서명부는 결국 주민투표를 막는 근거로 활용됐다. 게다가 반대 측 주민들이 서명부를 확인하려고 하자 서명부의 행방이 묘연해지기도 했다. 삼척시의 지역 단체들이 범시민연대를 만들어 그 과정의 투명성을 요구했지만 제대로 받아들여지지 않았다. '사전환경성검토서 초안 주민설명회'가 열렸지만 경찰이 핵발전소 반대 주민의 출입을 봉쇄해 한 시간도 안 돼 끝났다. 삼척동해신문 김주선 대표는 "삼척문화예술회관에서 경찰력 500명을 동원해 반대 주민의 의사를 묵살했다"고 말했다.

그나마 이 같은 주민 여론의 수렴 과정은 더 축소될 듯했다. 박근혜 정부가 규제를 완화하겠다고 나섰기 때문이다. 환경부는 환경영향평가 단계에서 환경영향평가서 초안에 대한 주민 의견 수렴은 생략하고, 사업자가 작성한 환경영향평가서에 대한 보완 조정 요구를 무제한에서 2회로 한정하는 방향으로 법 개정을 추진했다.

그러던 중 2014년 지방선거에서 당선된 김양호 삼척시장이 원전 유치 찬반을 묻는 주민투표를 실시하겠다고 밝히면서 새로운 국면이 시작됐다. 핵 관련 시설을 두고 주민들 스스로 투표하는 것은 2004년 전북 부안에 이어 삼척이 두 번째였다. 당시 부안에서는 주민 72%가 참여해 92% 반대로 핵폐기장 건설이 무산된 바 있다.

삼척시 선거관리위원회가 주민투표 지원 업무를 거부하자, 삼척 시민들은 자체적으로 주민투표관리위원회를 만드는 등 적극적으로 나섰다. 삼척시는 주민투표에서 반대 의견이 더 많을 경우 정부에 유치 철회 신청을 하겠다고 밝혔다. 그리고 2014년 10월 9일에 치러진 주민투표에서 투표자의 85%가 원전 유치에 반대표를 던졌다. 압도적인 결과였다. 김양호 삼척시장은 특별기자회견을 열고 "청와대와 국회 및 관련 부처를 찾아가 삼척 원전 건설의 백지화를 이뤄내겠다"고 말했다. '삼척 원전 백지화 범시민연대'도 성명을 통해 "정부는 삼척 시민의 뜻에 따라 원전 건설 계획을 즉각 철회하라"고 요구했다.

그러나 주민투표 결과와 지역 민심에도 불구하고 정부의 입장은 변함이 없었다. 산업통상자원부는 다음 날인 10월 10일 보도자료를 내고 "국가 사무를 대상으로 찬반 투표가 실시된 것에 대해 유감의 뜻을 밝힌다. 이번 찬반 투표가 법적 효력이 없음을 분명히 밝혀둔다"고 전했다. 정부와 지역 주민 간의 갈등이 극에 달할 것은 당연했다.

당시 강원도 동해와 삼척을 지역구로 두고 있던 새누리당 이이재 의원을 만났다. 이 의원은 해당 주민투표에 대해 "시민 민주주의의 승리"라고 규정하고 "정부는 주민의 뜻에 따라 원전 유치 계획을 즉각 수정해야 한다"고 입장을 밝혔다. 그리고 "부안 방폐장, 제주 해군기지, 밀양 송전탑의 전례에서 보듯이 지금은 정부가 지역 주민의 의견을 무시한 채 국책사업을 진행할 수 없는 시대"라고 꼬집었다.

03 위험은
누구의 몫인가

정부와 한수원은 늘 안전을 위해 한 치의 빈틈도 없이 조치하고 있다고 말한다. 과연 그 말을 믿을 수 있을까? 핵발전소에 대한 불안의 근원은 바로 정부와 한수원이 하는 말을 도무지 믿을 수 없다는 점에 있다. 특히 한수원이 그동안 많은 일을 숨기고 때로는 속여온 사실을 여러 증언들을 통해 알 수 있었다. 안전 문제에도 무신경하고 나태한 한수원의 안전 불감증 실태도 함께 알아봤다.

영광 원전 6호기, 방사성 기체 폐기물 '무방비 배출'

2014년 8월 2일, 영광 원전 6호기에서 방사성 기체 폐기물이 배출되는 사고가 있었다. 핵발전소에서는 원자로에 기체 폐기물이 차면 주기적으로 배출하게 된다. 이 방사성 기체 폐기물을 배출할 때는 사전에 시료를 채취해 방사능 농도를 측정하도록 되어 있다(원자력안전법 시행령은 방사성 기체 폐기물의 농도를 규제해야 한다고 명시하고 있다. 이청구 전 한수원 부사장도 후쿠시마 원전 사고 이후 작성한 보고서에서 "기체 배출로 인한 발전소 인근 주민의 방사선 영향이 연간 방사선량 한도를 넘지 않도록 제한하기 위해 기체 폐기물을 외부로 배출하기 전, 방사성 물질의 종류 및 농도를 측정해야 한다"고 밝혔다). 이 과정을 통해 방사성 물질의 농도가 기준치 이하인지를 반드시 확인해야 한다.

2014년 8월 2일 오후 1시 33분, 용역업체 직원 김 모 씨도 배출할 방사성 기체 폐기물의 방사능 농도를 모니터링하기 위해 시료를 채취했다. 그런데 이 과정에서 문제가 발생했다. 사전 분석 결과 아르곤 41이 검출되지 않은 것이다. 아르곤 41은 뼈에 침착하는 발암 물질로 알려져 있다. 정상적인 상황이라면 기준치 이하든, 이상이든 아르곤 41은 반드시 검출됐어야 할 물질이었다. 비유하자면 최고 시속 100km로 제한된 도로에서 가속 단속을 하는데 달리는 차량의 속도가 시속 0km로 나온 것과 마찬가지였다. 검사원이 실수를 했거나 테스트 장비가 고장 났거나 뭔가 문제가 생겼다는 의미다. 완벽하게 통제됐어야 할 방사성 폐기물 관리에 구멍이 뚫린 것이다.

방사능 농도가 어느 정도인지 알 수 없는 상황이었다. 그런데도 검사원은 방사성 폐기물을 그냥 배출해버렸다. 오후 4시 58분, 방사성 기체 폐기물 배출을 위한 배기 펌프가 가동됐고, 오후 5시 42분에는 폐기물 배출이 완료됐다. 40여 분 동안 외부로 배출된 기체 방사성 폐기물의 양은 1,699m³였다.

이틀 뒤인 8월 4일, 기체 배출 관리자는 뒤늦게 문제를 발견했다. 그러나 다음 날이 되어서야 다시 시료를 채취해 분석하고 8월 2일 자 기체 배출 보고서에 8월 5일의 분석 결과를 끼워 넣는 것으로 문제를 해결하려 했다. 이런 일이 벌어지는 동안 영광 원전 내 누구도 문제를 제기하지 않았다.

영광 원전 방사선안전팀에서 일한 전용조 씨는 이렇게 설명했다. "8월 2일 분석 결과에 아르곤 41이 잡히지 않았다는 것은 샘플을 잘못 채취했거나 분명히 잘못된 분석을 한 것이다. 또 8월 5일 분석은 배출된 이후에 남아 있는 공기를 다시 분석한 것이니 정확한 분석이라고 볼 수 없다. 실질적으로 아르곤 41은 계속 나왔을 수 있는데 미숙련공들이 기체 샘플을 잘못 채취해 아르곤 41이 안 나왔다고 분석을 해버리면 나중에 데이터가 나오더라도 전혀 다른 결과가 나오게 된다."

이와 달리 한수원 관계자는 추가적인 안전장치가 있기 때문에 안전에는 아무런 문제가 없다고 말했다. "방사능이 제한치 이상이 되면 자동으로 기계의 밸브가 닫히는 시스템이고, 배출된 폐기물의 방사능은 기준치의 약 10,000분의 3 수준"이라는 것이다. 이 사고가 벌어진 영광 원전 6호기 바로 옆 5호기에서도 보다 이전인 2008년 5월 15일 밸브 고장으로 방사성 기체 폐기물이 대량 배출되는 사고가 있었다. 그런데도 한수원은 기체 폐기물을 재분석한 일은 이번이 처음이라고 했다.

한수원의 거짓 보고

영광 원전 6호기의 사고에서 심각한 문제가 감지되자 2014년 8월 18일 새정치민주연합 오영식 의원실은 한수원 측에 해당 사건 보고서를 제출할 것을 요청했다. 한수원은 보고서를 통해 2014년 8월 2일 방사성 폐기물을 배출했고, 3일 뒤인 8월 5일 뒤늦게 방사능 농도를 재분석했다고 썼다. 또 8월 11일에는 재분석한 측정값을 한수원의 전산 시스템에 입력했다고 했다.

하지만 취재진이 별도로 입수한 한수원의 내부 문서에 따르면, 적어도 8월 19일까지 방사능 농도를 재분석한 측정값이 입력되지 않았다. 한수원이 거짓말을 한 것이다. 영광 원전 6호기에서 기체 폐기물을 배출한 것은 8월에는 2일 딱 하루였지만, 담당자 세 명은 20일, 22일, 25일에 걸쳐 순차적으로 데이터 입력과 결재를 진행했다. 그런데 국회가 자료를 요청하자 재분석 데이터를 11일에 입력했다고 허위로 보고한 것이다.

취재진이 한수원에 전산 시스템의 자세한 로그 기록을 요청했더니 그제야 한수원은 재분석한 측정값을 8월 20일에 입력했다고 말을 바꿨다. 한수원 관계자는 "오영식 의원실에서 요구하는 자료가 굉장히 많았다. 자료를 빨리 달라고 재촉하고 시간은 한정되어 있다 보니 여러 가지 업무가 몰린 상황에서 혼돈이 있었다"고 변명했다. 담당자 세 명이 모두 입력 시점을 11일로 착각했다는 것인데, 상식적으로 납득하기가 어려운 설명이었다. 업무 처리를 빨리 한 것처럼 보이기 위해 국회 보고를 허위로 꾸몄다는 의심이 드는 대목이다.

허위 보고서를 작성했다는 의혹은 또 있었다. 취재진이 입수한 8월 6일자 한수원 내부 문서에는 8월 2일 사고에 대해 "격납건물 배기를 위한 시료 채취 및 분석 과정에서 업무 미숙에 따른 분석 오류가 발생된 것으로 판단한다"고 되어 있었다. 하지만 한수원에 확인 전화를 해본 결과, 한수원 내부에서조차 사고 원인을 정확히 인지하지 못하고 있었다. 한수원 관계자는 분석 오류에 대한 판단이 담당자 개인의 생각이라고 말하기도 했다. "담당 차장은 오류라고 했지만 사람마다 생각이 다를 수 있다"면서 "팀장은 일단 차장이 결재를 올렸으니 사인을 한 거다. 잘해보자고 하는 건데 어느 팀장이 하지 말라고 하겠느냐"는 것이다. 팀장 결재까지 받은 사고 원인에 대한 공문서 역시 확신할 수 없다는 뜻이다.

게다가 한수원은 규제기관인 원자력안전위원회에도 사고 내용을 보고하지 않았다. 법이 정한 보고사항이 아니라는 이유에서였다. 그러면서도 내부적으로는 시료 분석을 담당한 방사선 관리 용역업체에 재발 방지를 위한 대책을 수립하라는 요구까지 했다. 원자력안전위원회 김혜정 비상임위원은 "기본적으로 한수원은 사고가 생기면 가장 먼저 그 사실을 숨기려고 한다. 지난 수십 년 동안 이뤄진 일이고, 지금도 그대로다"라고 말했다. 오영식 의원 역시 "사고의 재발을 막기 위해 책임을 묻는 자세가 필요한데, 한수원은 크게 문제가 안 된다고 이야기한다. 한수원이 관성적인 안전 불감증을 털어내지 못하고 있다"고 지적했다.

원전 잠수사들이 죽어가고 있다

한수원의 안전 불감증은 어제오늘 이야기가 아니다. 한수원이 안전에 얼마나 무신경하고 나태한지는 2014년 10월에 취재한 원전 잠수사 사망 사건에서 확인할 수 있었다.

원전 잠수사는 핵발전소에 꼭 필요한 노동자들이다. 핵발전소를 가동하기 위해서는 바닷물을 끌어들이는 취수구가 필요한데, 잠수사가 이 취수구에 달라붙은 뻘이나 조개 등을 제거하는 역할을 한다. 2014년 9월 27일 오전 9시 40분, 원전 잠수사인 권 모 씨도 월성원전 3호기 취수구가 있는 수심 6미터에서 뻘 제거 작업을 시작했다. 그런데 잠수한 지 5분 만에 통신이 끊겼다. 보조 잠수사가 구명줄을 잡아당기니 통신이 끊긴 상태로 권 씨가 물 위에 떠올랐다.

권 씨의 죽음은 냉각해수 취수 펌프 때문이었다. 당시 현장에는 펌프가 4개 설치되어 있었고, 이 가운데 직경 1m가 넘는 3번 펌프가 가동되고 있었다. 작업 당시 펌프 흡입구의 유속은 초당 1.2m였다. 비교적 빠르게 펌프가 가동되고 있었지만 불과 1.5~2m 거리에서 작업을 한 것이다. 고용노동부 노동청의 조사 결과, 권 씨는 3번 취수 펌프에 몸이 빨려 들어가 숨진 것으로 확인됐다.

바로 옆에서 잠수사가 수중 작업을 하고 있는데 왜 한수원은 펌프 가동을 중단하지 않았을까? 정비업체 한전KPS가 2014년 5월에 만든 〈잠수작업 비상상황 대응 시나리오〉와 작업안전계획서를 살펴봤다. 잠수 작업 시에는 해당 펌프를 정지하고 전원 스위치의 차단 상태를 확인한다고 되어 있었다.

그러나 한전KPS나 한수원 모두 이 안전 수칙을 지키지 않았다. 숨진 권 씨가 속한 잠수업체의 직원은 한수원과 그 작업을 맡은 한전KPS에 펌프 가동을 중단해달라고 요청했지만 거부당했다고 주장했다. "잠수사가 들어가는데 펌프를 왜 돌리냐고, 가동을 중지해달라고 하니까 안 된다고 하더라. 작업장 바로 옆에 있는 3번 펌프를 세우고, 멀리 떨어져 있는 4번 펌프를 돌려달라고 요청했는데도 한수원이 거절했다."

한수원 월성 발전소 측은 서면 답변서를 통해 "중수로형 원전은 정비 기간에도 펌프를 반드시 가동해야 한다. 1번 펌프와 2번 펌프는 운전 불능 상태였고, 4번 펌프는 운전 대기 상태여서 3번 펌프를 가동할 수밖에 없었다"고 주장했다. 그러나 답변서와 달리 월성 발전소는 사고 5분 만에 3번 펌프 가동을 중단하고 대신 4번 펌프를 가동했다. 운전 불능 상태라던 1번 펌프 역시 사고 후 가동했다. 굳이 잠수 작업 현장에서 가장 가까운 3번 펌프를 가동할 필요가 없었던 셈이다.

안전 수칙도 공공연히 무시됐다. 한전KPS의 작업절차서에는 잠수 작업은 3인 1조, 즉 잠수사 두 명과 잠수보조원 한 명이 수행해야 한다고 규정되어 있었다. 그런데 사고 당시 잠수사는 권 씨 혼자였다. 또 직경 1m가 넘는 펌프 흡입관 주변에 안전망도 설치되어 있지 않았다. 고용노동부도 노동자가 위험해질 우려가 있을 경우 펌프 운전을 정지하고 펌프 흡입관 주위에 안전망을 설치해야 한다고 지적했다. 그런데도 한수원은 한전KPS에 책임을 떠넘기려 했고, 한전KPS 역시 다시 하청업체에 책임을 미뤘다. 그러는 동안 아무런 대책

월성 3호기 취수 펌프에서 작업하다 숨진 원전 잠수사 권 씨의 유가족이 국회 앞에 섰다.

도 마련되지 않았다.

권 씨의 시신도 제대로 수습되지 못했다. 10월 14일 취재진이 빈소를 찾았을 때, 사고 발생 3주가 지나도록 권 씨의 시신을 수습하지 못해 발인도 하지 못하고 있었다. 권 씨의 아버지는 "펌프를 분해해서라도 뼈나 잔유물을 하나라도 수습하고 싶다"고 말했다. 10월 16일, 유가족들은 급기야 한수원 본사 앞을 찾아가 시신 수습과 함께 명확한 사고 원인을 밝히라고 요구했다. 권 씨의 지인은 "안전 불감증이 아니라 명백한 살인 행위"라고 비판했다. 10월 17일, 유가족은 국회 앞에 섰다. 권 씨의 아내는 "공기업은 누구를 위해 운영되는 기관인가? 국민을 위한 기업이 선량한 국민을 살해해놓고 서로 책임 회피에 급급해 남편을 잃은, 아버지를 잃은 유가족을 두 번 죽이는 철면피한 행동을 하고 있다"고 호소했다.

환경운동연합은 이 사고에 대해 "펌프 정비를 마칠 때까지 잠수사는 투입하지 말았어야 했다"면서 "시간을 단축하기 위해 생명을 건 작업을 지시한 것"이라고 비판했다. 취재 결과, 월성 3호기와 4호기에서도 15년 이상 펌프 가동 중에 수중 물막이 설치 작업을 해온 것으로 드러났다. 오랜 기간 동안 잠수 노동자들이 위험천만한 작업 환경에 노출되어온 것이다.

핵발전소 내에서 잠수 사고가 난 것은 2014년에만 두 번째였다. 1월에 영광 원전 5호기 방수로에서 수중 작업 중이던 두 명이 숨졌다. 한 해에 잠수사 세 명이 사망한 것이다. 역시 안전 수칙이 지켜지지 않아 일어난 사고였다. 잠수 작업을 할 때 잠수사와 지상의 통신수가 신호를 주고받아야 하는데, 고용노동부의 조사 결과 두 사람은 통화 설비 없이 수중 작업을 진행했다.

노동건강연대 살인기업감시팀 박혜영 씨는 고용노동부와 한수원의 책임 있는 자세를 요구하면서 "앞으로 또 이런 사고가 일어나지 않을 수 없다. 노동부가 당연히 적극적으로 나서서 이 문제를 해결해야 한다. 특히 한수원은 잘못이 없다고 말할 게 아니라 오히려 깨끗하게 공개하고 안전을 증명해야 한다"고 말했다.

안전 수칙이 무시된 채 잠수사가 사망하는 사고가 반복되자 국회 국정감사에서도 질타의 대상이 됐다. 2014년 10월 17일 열린 산업통상자원위원회 국정감사에서 새정치민주연합 백재현 의원은 월성 3호기 잠수사 권 씨의 사망 사고에 대해 질의했다. 백 의원은 "한수원과 한전KPS의 미필적 고의로 인한 살인으로 본다"면서 "당시 월성 3호기의 펌프 가동 정지를 요청했는데 한수원이 거부했다고 한다. 어떻게 된 건지 파악했나?"라고 한수원 조석 사장과 한전KPS 최외근 사장에게 물었다. 그러나 조석 사장은 "드릴 말씀이 없다. 한 전KPS 사장님과 말씀하시라"면서 끝까지 책임을 회피했다.

감압밸브 없이, 수소 충전 작업

취재 도중에 또 하나의 심각한 안전 문제를 발견했다. 폭발 위험성 이 몹시 높은 수소는 2011년 후쿠시마 원전 사고의 주요 원인이기 도 하다. 수소 폭발이 원자로를 감싼 격납고를 손상시켜 방사능 피해가 더욱 커진 것이다. 수소를 다루는 작업자들은 안전에 극도로 민감해질 수밖에 없다. "신발만 신고 걸어도 스파크가 일어날" 정도다. 작업자들은 스파크가 일어나지 않는 신발로 갈아신고 걸음걸이도 조심해야 하며 가스 충전소에 들어갈 때 몸에 라이터 등을 지니고 있지는 않은지 확인해야 한다.

그러나 핵발전소가 돌아가기 위해서는 냉각제 등으로 사용되는 수소가스가 반드시 필요하다. 수소가스는 주기적으로 저장탱크에 채워지는데, 그 과정은 수소가스 운반 차량이 발전소로 들어가 플라스틱 재질의 호스를 이용해 탱크에 주입하는 방식으로 이뤄진다. 주입이 시작되면 수소 운반 차량에 있는 가스통의 압력은 높고, 발전소 수소 탱크의 압력은 낮기 때문에 호스를 흐르는 수소가스는 엄청난 속도로 이동한다. 갑자기 큰 압력을 받은 연결 호스가 터질 가능성도 있다. 때문에 호스의 압력을 줄여주는 감압밸브를 중간에 설치해야 한다. 필수적인 안전장치다.

그런데 몇몇 핵발전소에서 이 감압밸브를 사용하지 않는다는 증언이 나왔다. 취재진이 만난 울진 원전 제2발전소의 작업자는 "감압밸브를 사용하지 않고 수소가스 충전 작업을 하고 있다"고 말했다. 그 이유는 어이없게도 "작업 시간을 줄이기 위해서"였다. 감압밸브를 제거하면 충전 속도가 빨라진다는 것이다. "내가 들어오기 전에는 감압밸브를 달고 했다고 하더라. 전임자의 이야기를 들어보니 충전 시간이 하루 넘게 걸린다고 했다. 그래서 한수원이 생각해 낸 방법이 감압밸브를 제거하는 것이었다. 그렇게 감압밸브를 제거하고 충전 작업을 하기 시작했다."

그는 2004년부터 2010년까지 울진 원전 제2발전소에서 수소가스 충전 업무를 담당했다. 그가 일한 6년 동안 감압밸브를 달고 충전한 적은 단 한 번도 없었다. "감압밸브를 달아놓고 충전해본 적이 없어서 정확한 압력을 잘 모르겠다"고 말할 정도였다. 감압밸브를 제거하고 충전을 하다 보니 호스가 고압의 수소가스 압력을 못 이겨 터지는 일도 자주 일어났다고 한다. "기절까지 한 적이 있다. 굉음이 너무 크니까 어떻게 할 수가 없더라. 도망칠 정신도 없었다. 연쇄적으로 빵빵 터지니까." 한 번 충전할 때 최대 6개가 터지기도 했다. 그런 일이 1년에 열 번 이상 벌어졌다.

호스가 터져 수소가스가 유출된다는 것은 어떤 의미일까? 연세대 화학공학과 문일 교수는 이것이 매우 위험한 상황이라고 진단했다. 공기 중 수소 농도가 4%만 되어도 폭발 가능성이 있기 때문이다. "만약 몸에서 일어나는 정전기, 공기 중에서 발생하는 정전기 같

4부 원전 묵시록

은 점화원이 있다면 폭발할 수 있다. 그렇게 하나가 폭발하면 그 옆의 실린더도 연쇄반응을 일으킬 수 있고, 최악의 경우 전체가 다 폭발하면 어마어마한 사고로 이어진다."

2010년 군산 수소가스 충전소에서 벌어진 수소가스 폭발 사고가 적절한 예가 될 것이다. 당시 사고로 충전 작업을 하던 노동자는 즉사했고 충전소는 완파됐다. 울진 원전 제2발전소에는 연쇄 폭파 사고로 이어질 수 있는 수소 저장탱크가 92개나 있다.

감압밸브는 내부 감사 때만 잠깐 장착했다

수소 충전 작업장에 있었던 다른 목격자도 수소문해봤다. 2010년부터 4년 동안 울진 원전 제2발전소에 수소를 납품했다는 한 운전기사는 충전 중에 감압밸브가 장착된 것을 본 적이 없다고 증언했다. "제2발전소 같은 경우 감압밸브 장치가 달려 있지 않다. 처음 들어갔을 때부터 달려 있지 않았다." 또한 수소 충전 작업을 담당했던 또 다른 작업자들도 울진 발전소에서 감압밸브를 제거한 상태에서 수년간 작업해왔다고 일관되게 증언했다.

한 작업자는 6년간 충전 작업을 하면서 딱 한 번 감압밸브를 설치했다고 말했다. 내부 감사 때였다. "감사가 나온다고 해서 내가 딱 한 번, 잠깐 장착한 적은 있다. 감사 나왔으니 빨리 달아야 한다고 했다." 그러나 그때뿐이었다. 감사가 끝나고 수소가스 충전을 재개하자, 한수원 담당자가 다시 감압밸브를 제거하라고 지시했다는 것이다. "감압밸브를 달아놓고 있었는데 수소 차량이 왔다. 한수원 관리자 한 명이 와서 감압밸브를 빼야 한다고 해서 빼고 수소 충전을 했다."

수소가스 충전이 이뤄지는 동안 현장을 관리, 감독하는 한수원 직원은 가까이 오지도 않았다고 한다. 한 작업자는 "처음에는 한수원 직원들이 작업 현장 바로 옆까지 왔다. 그런데 처음 왔던 날 호스가 터졌고, 그다음부터는 가까이 안 오더라. 한 100m 정도 멀리 떨어져 있었다"고 말했다. 폭발 사고의 위험 부담을 비정규직 노동자들에게만 떠넘긴 셈이다. 작업자들은 충전 시간이 너무 오래 걸려서 감압밸브를 달 수 없다면 고압을 견딜 수 있는 동파이프를 설치하는 등 다른 안전장치를 해달라고 한수원 측에 수차례 요구했지만 받아들여지지 않았다. 호스가 터질 때마다 터진 호스를 교체하는 게 전부였다.

이 위험천만한 관행이 큰 폭발 사고로 이어지지 않은 것은 그저 운이 좋았던 것일 뿐이다. 문일 교수는 이렇게 덧붙였다. "실제로 일어나지는 않았지만 일어날 뻔한 사고가 바로 '아차 사고'다. 그런데 통계적으로 서른 번 정도 '아차 사고'가 나면 실제로 한 번은 '진짜 사고'가 일어난다. 호스가 터졌는데 인명 피해도 없고 재산상 피해도 크지 않아 잘 넘어갔다. 몇 번은 괜찮을 수 있다. 그렇지만 그러다가 한 번 진짜 큰 사고가 날 수 있다."

취재진은 작업자들의 증언을 토대로 울진 핵발전소 측에 사실을 확인하고자 했다. 발전소 관계자는 "감압밸브를 설치해 사용하고 있다"고 대답하더니, 기자가 "충전할 때 항상 감압밸브를 사용한

다는 것인가?" 하고 재차 묻자, "우리가 정상적으로 하는지 여부를
기자에게 얘기할 수 없다. 언론홍보팀을 통해 전하겠다"면서 대답을
피했다. 또 수소가스 충전 과정에서 사고가 난 사실을 보고받은 적
도 없다고 했다. 다만 수소가스 충전 호스가 터진 적은 있다고 인정
했다. 취재진은 다시 해당 언론홍보팀에 공식적으로 문의했다. 그러
나 끝내 답변은 돌아오지 않았고, 한수원 본부와 울진 핵발전소 역
시 아무런 반응을 내놓지 않았다.

위험은 10배, 임금은 절반인 핵발전소 비정규직

환경운동연합은 원전에서 벌어지는 일련의 사고들과 관련해 "안전
을 이유로 외부 접근이 차단된 원전에서 생명을 위협하는 안전사고
가 빈번해지고 있다"고 지적했다. 그리고 "원전 이용률을 높이기 위
해, 안전 점검을 비롯한 전반적인 시간을 단축하기 위해, 안전과 생
명을 내팽개친 채 노동자들을 위험에 내몰고 있다"고 비판했다. 이
와 함께 크고 작은 안전사고가 끊이지 않는데도 원자력안전위원회
가 제 역할을 하지 못하고 있다며 "안전 사각지대에 놓인 원전 현장
을 대대적으로 조사해야 한다"고 강조했다.

이처럼 핵발전소에서 생명을 담보로 일하는 사람들은 주로 비정
규직 노동자들이다. 2014년 6월 해고된 전직 한수원 비정규직 노동
자 전용조 씨를 만났다. 전 씨는 영광 원전 제3발전소의 방사선안전
관리원이었다. 같은 사무실에서 일한 정규직들은 한수원 소속이었

지만 전 씨는 용역업체 소속 비정규직이었다.

그가 2001년에 취직한 회사는 2, 3년마다 계속 바뀌었다. "3년마다 업체가 계속 교체됐다. 현장에서 일했던 인력들은 신규 업체가다 흡수한다. 다섯 번 회사가 바뀌는 동안 사장 얼굴은 본 적이 없다." 이유는 경력 때문이었다. "현장에서 일어나는 업무는 노하우가있어야 처리할 수 있다. 그래서 원청인 한수원에서 일했던 사람들이계속 근무해주길 원한다."

전용조 씨 같은 용역업체 직원들은 방사선 측정, 방사성 폐기물관리, 오염물질을 제거하는 제염 세탁까지 담당한다. 모두 방사능피폭량이 많을 수밖에 없는 현장 업무다. 전 씨는 특히 폐기물과에서 담당하는 고농축 폐액을 이송하는 일이 피폭량이 가장 많은 작업이라고 말했다. 역시 비정규직 용역 직원들의 몫이다.

2013년 한수원의 자체 조사에 따르면, 방사선 안전관리 용역 직원들의 연간 방사능 피폭량은 한수원 정규직들보다 10배 가까이 많았다. 왜일까? 전용조 씨는 용역업체 직원들이 현장에서 방사능 피폭을 감수하고 일하는 동안, 한수원 정규직들은 피폭마저도 위험한것으로 간주해 현장에 잘 오지 않으려 하기 때문이라고 말했다. 그러다 보니 정규직들의 현장 업무 숙련도와 현장 파악 능력은 나아지길 기대할 수 없는 상황이 됐다.

그런데도 당시 한수원 정규직의 평균 연봉은 약 7,700만 원으로, 전용조 씨가 받은 임금의 2배에 달했다. 전 씨는 "같은 일을 하거나더 많은 일을 하는데도 처우가 월등히 떨어진다. 현장 상황 분석도제대로 하지 못하는 사람들이 나보다 2배 되는 월급을 받는 사실을 납득하기 힘들다"고 말했다.

한수원 정규직들은 용역업체 비정규직 노동자들에게 자신의 전산망 아이디를 공유해주고 대리 결재를 시키기도 했다. 정규직들은 계속 부서가 바뀌지만 용역회사 직원들은 10년 넘게 같은 일을 하다 보니 업무 숙련도가 훨씬 높기 때문이다. "결재를 하려면 문서에 대한 판단을 해야 한다. 그런데 한수원 직원들은 업무에 대한 인지도가 떨어져 판단을 할 수 없다. 그래서 용역업체 직원들이 대신 판단해준다."

전용조 씨는 2013년 10월 이름뿐인 하청업체 직원이 아니라 사실상 한수원 직원으로 일했다는 사실을 확인해달라고 동료 13명과 함께 한수원을 상대로 소송을 냈다. 2010년 울진 핵발전소에서 발전 보조 용역업체 직원 8명이 자신들의 해고가 부당하다며 한수원을 상대로 낸 '근로자 지위 확인 소송' 소식을 들은 것이 계기가 됐다. 용역 직원들의 변호를 맡은 법무법인 해우 류하경 변호사는 "협력업체의 지휘명령을 전혀 받지 않고 한수원에만 노무를 제공했다. 한수원도 협력업체를 통하지 않고 이분들에게 직접 지휘명령을 내렸다"면서 "그러니까 지휘, 명령, 감독, 보고 체계 등 한수원과 하청 노동자들 사이의 직접적인 관계가 10년 넘게 진행된 것"이라고 소송의 정당성을 주장했다.

그러나 소송이 시작되자 한수원은 전용조 씨의 책상을 복도로 빼는 등 조치를 취하기 시작했다. 같은 공간에서 정규직과 비정규직이 함께 일한 사실을 숨기기 위해서였다. 같은 방에서 근무하면 "불법 파견 소지"가 있다는 것이다. 정규직과 비정규직 모두를 'HP(보건물리원)'라고 부르던 호칭도 바꿨다. 비정규직은 'RP'로 부르라는 지시가 내려진 것이다. 전 씨는 "나도 RP는 처음 듣는 명칭이라 잘 모르겠다. 한수원이 RP라는 문구를 만들었는데, 아직도 현장에서는 RP가 뭔지 모른다"고 말했다.

2014년 7월, 13년 동안 5개 업체에 고용 승계가 됐던 숙련공 전용조 씨는 결국 새로 들어온 용역업체에 고용되지 못하고 해고됐다. 전 씨는 이에 대해 한수원의 압력 때문이라고 생각했다. 영광 원전 관계자에게 전용조 씨의 해직이 소송과 관련이 있느냐고 묻자, "고용 승계를 해야 한다는 법적 이유는 없다. 회사에서 볼 때 문제가 있는 사람이라면 승계를 안 할 수도 있다"는 답변이 돌아왔다. 고용 승계를 하지 않은 명확한 사유는 "회사에 대한 부정"이라고도 했다.

대법원, "핵발전소 용역 직원은 한수원 직원"

전용조 씨가 한수원을 상대로 낸 소송은 시간이 얼마나 걸릴지 알 수 없었다. 그런 와중에 한 줄기 희망이 비쳤다. 2015년 11월, 울진 핵발전소 용역업체 직원들이 낸 근로자 지위 확인 소송에서 대법원이 노동자들의 손을 들어준 것이다. 이번 판결로 한수원의 불법 파견은 법원에서 최종적으로 인정됐다.

2015년 11월 26일, 대법원은 울진 핵발전소에서 발전 보조원, 화학시료 채취원, 변전소 보조원으로 일했던 원고들이 "근무 기간 동안 업무와 관련해 한수원의 지시나 감독을 받았을 뿐 용역업체로부터는 어떠한 지시나 감독을 받은 바 없다"고 명시했다. 그리고 "원고들은 용역업체에 고용된 후 피고의 작업 현장에 파견되어 한수원으로부터 직접 지휘, 감독을 받는 근로자 파견 관계에 있었다고 봄이 타당하다"고 판결했다. 또 대법원은 한수원 정규직원이 원고들에게 업무 교육을 실시한 점, 정규직원과 혼재되어 근무하면서 각종 지시에 따른 업무를 수행한 점, 야간 또는 휴일 근무 시 출근 확인을 용역업체가 아닌 한수원 정규직원이 한 점, 업무 결과물을 정규직원이 확인하고 결재란에 서명한 점, 업무 장비와 물품을 한수원이 제공한 점 등을 들어 이들이 한수원 근로자의 지위에 있다는 원심 판결을 유지했다.

그러나 대법원의 판결이 있기 훨씬 이전부터 한수원은 이미 영광 핵발전소의 방사선 안전관리 용역이 불법 파견임을 인정하고 있었다. 취재진이 입수한 〈한수원 내부 위장도급 여부 진단 결과 보고서〉는 전용조 씨가 영광 핵발전소에서 일하던 2013년 8월에 조사하기 시작해 10월에 작성된 것이었다. 이 보고서의 목적은 "울진 핵발전소 용역 직원이 대법원에서 승소할 것이 예상"되기 때문에 "유사 소송에 선제적으로 대응"하기 위한 것이라고 적혀 있었다.

보고서를 보면, 보건물리실 근무자의 경우 정직원과 용업업체 직원이 같은 업무를 담당해온 사실을 숨기기 위해 업무를 구분하도록 했고, 근무 장소도 피폭 관리 업무의 경우 용역업체 직원이 '한수원 사무실'에서 근무하는 것을 '용역사 사무실'에서 근무하는 것으로 바꾸라고 명시되어 있었다. 이는 사실상 불법 파견을 인정한다는 뜻이다. 류하경 변호사 역시 "보고서를 보면 한수원 정직원 관리자와

1. 배경 및 목적

☐ 한빛파워써비스(주) 한울 2발전소 용역근로자(ABO)가 우리회사를 상대로 제기한 '근로자 지위 확인' 소송에서 우리회사의 최종 패소(대법원 판결)가 예상됨에 따라

☐ 원전 방사선관리용역 도급적정성을 정밀진단 하였으며, 그 결과를 용역 설계서에 신속히 반영하여 노동부 불시점검 및 용역회사 근로자 개인 유사 소송에 선제적 대응

☐ 금년도 발주예정인 한빛 3발, 월성 3발 및 한울 3발 방사선관리용역 설계서에 우선 반영하고

☐ 계약 진행중인 원전의 경우 계약상대자와 협의하여 해당용역의 설계 변경을 추진하고자 함

한수원 방사선안전팀이 작성한 〈한수원 내부 위장도급 여부 진단 결과 보고서〉.

간접고용된 용역 직원들이 일대일로 지휘, 명령, 감독, 보고하는 체계에 있었다는 것을 한수원 스스로 인정하고 있다"고 지적했다.

취재 그후 •••

전용조 씨가 포함된 영광 핵발전소 용역업체 해고 노동자 13명은 소송에서 패소했다. 2016년 8월, 서울중앙지법 민사41부는 노동자들이 한수원을 상대로 낸 근로자 지위 확인 소송에서 이들을 한수원 근로자로 볼 수 없다고 판결했다. 현재 해고 노동자들은 편의점을 운영하는 등 다른 일을 하면서 2심 소송에 참여하고 있다. 대법원까지 승소한 울진 핵발전소 해고 노동자들도 사정은 크게 다르지 않다. 한수원 정규직 직급으로는 복직하지 못하고 무기 계약직으로 복직했다. 8명 중 5명은 연고가 없는 다른 지역으로 발령이 나 생활의 터전을 떠나야 했다. 해고 노동자 중 한 명인 전병호 씨는 자살 시도를 하는 등 우울증을 앓고 있다.

4부 원전 묵시록

04 말로만 최고 보안 시설, 허점 많은 핵발전소

핵발전소는 국내 최고 등급의 보안 시설이다. 주요 포털의 위성 지도에도 핵발전소의 세부 시설은 제대로 표시되지 않는다. 발전소 내 정보통신 보안도 다른 곳보다 엄격하다. 한수원 직원들은 업무용 컴퓨터의 비밀번호를 정기적으로 바꾸지 않았거나 USB 메모리를 책상 위에 놓고 퇴근했다는 이유만으로도 징계를 받는다.

2013년 한수원은 핵발전소의 안전을 강화한다는 조치로 사이버 보안을 유독 강조했다. 한수원 홍보실 최시예 대변인은 당시 "원자력발전소의 제어 시스템은 외부망은 물론 각각의 발전소끼리도 모두 분리되어 있다. 주요 서버에 대한 긴급 점검을 실시했고 현재 긴급대응반도 운영하고 있다"고 발표했다. 박근혜 대통령도 2014년 3월 24일 제3차 핵안보 정상회의 기조연설에서 원전 시설의 보안을 강조하기도 했다.

허점투성이 비밀번호와 대리 결재

그런데 핵발전소 비정규직 노동자들을 만나 취재하면서 이 같은 대외 홍보가 모두 거짓이었음을 확인할 수 있었다. 핵발전소 내부의 실상은 한수원 직원이 아무렇지도 않게 전화로 컴퓨터 계정과 비밀번호를 알려주는가 하면, 용역업체 직원과 비밀번호를 집단으로 공유하는 등 허점투성이었다. 특히 "동일한 비밀번호를 여러 사람이 공유해 사용하지 말 것"이라고 명시한 산업통상자원부의 훈령 제39조를 대놓고 위반하고 있었다.

2013년 8월 영광 핵발전소 보건물리실에서 있었던 일이다. 방사선 안전관리 업무를 총괄하는 이곳에서 용역업체 직원이 업무용 컴퓨터로 핵발전소 내부망에 접속을 시도했다. 자신의 계정이 아닌 한수원 정규직원의 계정을 통해서였다. 몇 초 뒤, 핵발전소 내부망 접속에 성공한 그는 한수원 직원이 해야 할 핵발전소 방사선 안전관리 업무 일지를 작성했다. 한 전직 용역업체 직원은 "SAP(내부 결재 시스템)의 한수원망 내에서 HP 일지를 작성했다. 그 HP 일지를 용역사 직원들이 다 작성했다"고 증언했다.

이런 일이 가능했던 이유는 핵발전소의 내부망 접속 계정과 비밀번호가 공유되고 있었기 때문이다. 영광 핵발전소 내 방사선 안전관리를 담당하는 한수원 직원들이 용역업체 직원들에게 자신의 계정과 비밀번호를 전화로 알려주면 용역업체 직원들은 한수원 직원의 계정으로 접속해 업무 일지를 작성했다. 심지어 방사선 안전관리 업무 가운데 발암 물질인 방사성 폐기물 배출에 대한 승인 허가까지 용역업체 직원들이 대리 결재하는 일도 벌어졌다. 방사성 폐기물 배출의 최종 허가 승인권을 가진 한수원 간부의 계정과 비밀번호도 공유되었기 때문이다.

한수원의 내부 규정에는 업무 일지 작성은 물론, 방사성 폐기물 배출 허가에 대해서도 반드시 한수원 직원이 결재하도록 되어 있다. 하지만 이런 규정은 전혀 지켜지지 않았다. 오히려 한수원 간부들의 동의와 묵인 하에 대리 결재가 진행됐다. 그들은 왜 직접 처리해야 할 결재 업무들을 용역업체 직원에게 맡겼을까?

한수원의 정규직원들은 순환보직이기 때문에 숙련도가 높아지기 전에 자리를 떠난다. 그래서 높은 숙련도를 필요로 하는 관리 업무를 용역사 직원들에게 맡기는 것이다. 영광 핵발전소에서 일했던 한 용역업체 직원은 "새로 온 한수원 직원은 어떤 판단이 맞는지 틀린지 구분하기 힘들다. 그러니 계속 근무해온 용역사 직원더러 판단하라는 거다. 한수원 직원이 제대로 판단하지 못하는 상황이 되면 용역업체 직원들이 판단해서 결재해달라고 계정을 공유해주는 것이다."

울진 원전 제2발전소에서는 비상용 보조 보일러의 운전과 보수 관리까지 용역업체 직원이 맡았다. 보조 보일러는 핵발전소가 가동을 멈췄을 때 필요한 증기를 지원해주는 비상 설비다. 울진 핵발전소의 용역업체 직원으로 일했던 C 씨는 "보조 보일러의 설비, 운전, 유지, 보수, 관리까지 우리가 다 했다"고 증언했다. 이 직원 역시 한수원 직원의 아이디와 비밀번호를 공유했다. 또 SAP의 계정도 공유됐다. C 씨는 "운영 일을 할 때 SAP에 기록해야 할 문서들이 상당히 많았다. 우리가 문서 관리도 하는데, 사번이 없으니 한수원 직원의 사번으로 들어가 일을 했다"고 말했다.

또 한수원 간부가 일찍 퇴근하는 등 자리에 없을 때도 용역 직원이 업무를 대신 처리하기 위해 계정과 비밀번호를 공유하기도 했다. 한수원은 내부 보안 강화를 위해 한 달에 한 번꼴로 직원들에게 컴퓨터 접속 비밀번호를 재설정하도록 요구하고 있었다. 그러나 전화 통화 단 한 번으로 바뀐 비밀번호를 다시 공유하는 상황이니 이런 조치는 아무 소용이 없었다.

마음만 먹으면 원전 설계도까지

용역업체 직원들은 자신의 계정으로 컴퓨터에 접속할 수 있지만 접근할 수 있는 정보가 제한되어 있다. 대외비나 비밀 자료도 볼 수 없다. 그러나 공유된 한수원 직원의 계정과 비밀번호로 접속하면 수십만 장에 이르는 핵발전소의 설계 도면도 쉽게 열람할 수 있다. 자신이 근무하는 발전소뿐만 아니라 국내 핵발전소 전체의 설계 도면까지 열람할 수 있다. 이는 정부 1급 보안으로 분류된 자료들이다.

이런 사실은 전직 영광 원전 용역업체 직원의 제보로 알려졌다. 그는 "도면을 보면 문의 길이는 2.5m, 방호벽의 두께는 5cm 하는 식으로 다 명시되어 있다. 철재의 종류는 뭘 써야 하는지도 정리되어 있다"고 말했다. 설비, 자재 등 핵발전소 운영과 한수원 본부 내 각종 대외비 정보에도 쉽게 접근할 수 있다. "SAP 안에는 모든 데이터가 들어 있다. 업무 일지, 배출 허가서, 부품 반출입 등을 다 관리하고 있고, 절차서도 거기에 다 있다. 도면, 밸브 등까지 모두 확인할 수 있다. 엄청나게 방대한 데이터망이라고 보면 된다."

다른 핵발전소는 어떨까? 취재진은 어렵게 고리 핵발전소의 용역업체 직원을 만나 증언을 들을 수 있었다. 그곳에서도 오래전부터 용역업체 직원들이 한수원 직원의 내부 컴퓨터 접속 계정과 비밀번호를 공유하고 있었다. 제보자는 "고리 원전이 영광 원전보다 심할 것이다. 업무 일지 말고도 대신 하는 업무가 많다"고 말했다.

한수원 직원들의 편의를 위해 핵발전소 내 보안 규정은 철저히 무시된 상황이었다. 보안 전문가 김인성 교수는 이에 대해 "국가 최고 보안 시설인 핵발전소에서 도저히 있을 수 없는 일이 벌어졌다"고 말했다. "보안 등급은 불신을 기초로 한다. 누구도 믿을 수 없는 환경에서 안전을 확보하기 위한 것이 보안이다. 그러니까 모든 사람을 믿을 수 없지만 보안 규정만 지킨다면 안전할 수 있다는 뜻이다. 그런데 그것을 현장에서, 편의성 때문에 무너뜨렸다. 곧 전체적인 보안이 다 망가진 것이고, 누구라도 접근해서 데이터를 가져갈 수 있다고 생각할 수밖에 없다."

원자력안전위원회 김혜정 비상임위원의 말도 의미심장하다. "국가의 1급 기밀 시설이라면서 지역 주민의 감시기구조차 제대로 출입하지 못하게 했다. 엄격한 허가를 얻어 제한된 지역에만 들어갈 수 있도록 평소에는 보안과 관리를 그렇게 강조해놓고 실제로 내부에서는 그런 일들이 이뤄지고 있었다." 또 김혜정 위원은 "핵심적인 문제는 원자력발전소의 안전이 그만큼 허술하게 관리되고 있는 것"

이라고 지적하면서 안전사고의 책임 문제를 우려했다. "대리 결재로 인해 단계별 책임이 무너진 상태다. 각 단계에서 책임에 맞게 확인을 하고 결재를 해야 하는데 이게 무너진 상태라면 어느 단계에서 문제가 생긴 건지 확인할 수가 없다. 책임 소재도 불분명해진다. 이렇게 허술한 관리 실태가 결국 안전 문화의 실종, 안전사고로까지 이어질 수 있다."

한수원에 보안 문제를 묻다

사정이 이런데도 한수원 관계자는 "그럴 리 없다. 그래선 안 된다"는 원칙적인 답변만 내놨다. 그러나 뉴스타파의 취재 이후 한수원 본부는 문제가 된 고리와 영광의 핵발전소 등에서 기존 비밀번호를 더 이상 공유하지 말라는 내부 지시를 내린 것으로 파악됐다.

산업통상자원부도 조사단을 꾸려 현장 조사를 실시하며 보안 규정을 위반한 사람들을 엄중하게 문책하겠다고 나섰다. 산업통상자원부는 영광 핵발전소에 감사관 등 7명의 조사단을 파견해 발전소 간부 등이 용역업체 직원들과 비밀번호를 공유한 경위와 함께 보안 업무 실태를 집중 조사했다. 또 고리를 비롯한 모든 원전에서 이같은 행태가 이뤄졌는지 확대 조사하겠다고 발표했다. 산업통상자원부 관계자는 그 후 취재진과의 통화에서 "현장 조사가 아직 끝나지 않았지만, 비밀번호 공유가 일회성이 아닌 일상적으로 벌어진 것으로 파악된 만큼, 대외비 등 자료 유출 가능성도 살펴보고 있고 다른 원전을 조사해야 할 필요성도 더 커졌다"고 말했다.

파장이 커지자 한수원은 내부 전산망 보안에 대한 관리 부실의 책임을 물어 김원동 본부장을 직위 해제했다. 또 산업통상자원부의 현장 실태 조사에 따른 결과가 나오는 대로 보안 규정을 위반한 직원을 엄중하게 문책할 것이며, 일선 핵발전소에서 이뤄지는 방사선 관리 업무를 엄격히 관리하는 등 근본 대책을 수립하겠다고 했다. 국정감사에 나선 조석 사장은 "업무 분장과 업무 범위를 명확히 하고 직원을 증원하거나 해서 그런 일이 일어나지 않도록 제도적으로 개선하겠다"고 선언했다.

그러나 일각에서는 한수원이 이미 계정 공유를 인지하고 있었다는 의혹을 제기했다. 한수원이 제출한 국정감사 자료와 자체 입수 자료를 분석한 새정치민주연합 오영식 의원은 "한수원은 근로자 지위 확인 소송 등을 통해 영광 핵발전소 전산망의 아이디 및 비밀번호 공유 사실을 알고 있었다는 것이 거의 확실하다"고 주장했다. 오영식 의원은 이어 "지금까지 어떠한 조치도 취하지 않고 있다가 뉴스타파의 보도가 나간 후에야 사실을 인지한 것처럼 진상 조사 및 대응 조치에 나섰는데, 이는 명백한 거짓으로 사건을 축소하고 은폐하려는 의도로 볼 수밖에 없다"고 말했다.

실제로 2013년 한수원을 상대로 근로자 지위 확인 소송을 제기한 영광 핵발전소 방사선 관리 용역업체 직원 13명은 2014년 3월 18일 핵발전소의 간부들과 직원들의 내부 전산망 아이디와 비밀번호를 공유해 그들의 대리 결재를 해왔다는 사실을 서면 증거 자료로 재판부에 제출한 바 있다. 당시 한수원 법무팀도 이 내용을 확인했다. 게다가 용역 직원들이 서면 자료를 재판부에 증거로 제출할 무렵, 한수원 내부 컴퓨터망에도 아이디와 비밀번호 공유 관련 내용 등 불법 파견을 입증하기 위한 게시글이 올라와 있었다.

2011년 서울중앙지법에서 열린 울진 핵발전소 용역업체 직원에 대한 증인 심문 자료에서도 이런 정황은 여실히 드러났다. 자료에는 한수원 직원과 용역업체 직원의 업무들이 뒤섞여서 분간이 되지 않았다는 증언이 여러 차례 등장했다. 용역업체 화학시료 채취원으로 일했다는 증인은 정규직원들과 똑같은 화학 분석 업무를 담당했다고 증언했다. 화학 분석 업무를 하려면 한수원 직원의 아이디와 비밀번호가 반드시 필요하다.

울진 핵발전소에서는 심지어 핵심 설비인 변전소 운전 업무까지 용역업체 직원이 도맡았다. 그곳의 전 용역업체 직원 B 씨의 말에 따르면, 변전소 업무는 "스위치 조작 하나만으로" 발전소가 정지될 수 있는 일이다. 그래서 이 업무를 비정규직이 담당하는 것은 문제가 있다는 것을 울진 핵발전소가 2009년 2월에 작성한 〈스위치 야드 보조운전원 운영 개선안〉에서도 지적되고 있었다. 이 보고서는 "다른 발전소는 전문성 있는 운전원이 변전소에 투입되지만 울진에는 비전기 전공자가 전문 경력이 없는 상태에서 투입된다"고 그 현황을 전했다. 그 이유로 "기술 습득 및 교육의 기회가 없으며 전문성이 낮다"고 진단했다. 또 "한수원 전기부 직원을 변전소에 투입할 때 근무를 기피하는 현상이 심했다"고 분석하기도 했다.

결국 한수원은 이런 어이없는 업무 실태를 수년 전부터 이미 알고 있었던 것이다. 2014년 11월 산업통상자원부도 핵발전소의 관제

시스템과 보안 관리에 구멍이 뚫렸다는 사실을 시인했다. 그해 9월 24일부터 13일 동안 핵발전소에 대한 전면적인 보안 감사를 실시한 결과, 핵발전소 직원 19명이 아이디 등을 유출한 사실을 공식 확인한 것이다. 또 외부 용역업체가 유출된 계정을 이용해 한수원 직원이 해야 할 작업 허가서의 승인 업무와 폐기물 반출 허가 업무를 대리한 사실을 인정했다.

산업통상자원부는 "전체 핵발전소에서 내부 업무용 컴퓨터의 아이디와 비밀번호가 유출된 개연성을 배제할 수 없다"면서 "원전 시설에 대한 안전 불감증이 여전한 것으로 확인됐다"고 밝혔다. 또 핵발전소의 내부 전산망에 "내부 접속자를 추적하는 장치가 없어서 무단 접속자를 적발하거나 사고 발생 시 책임자를 규명하는 데 제 기능을 하지 못하는 상태"라고 지적했다. 산업통상자원부는 외부의 전문기관에 추가적인 정밀 조사를 의뢰하고 관련자 전원을 엄중 문책하겠다고 했다.

뉴스타파와 더불어 문제 제기에 나섰던 새정치민주연합 오영식 의원은 이렇게 강조했다. "2~3년 주기로 보직을 순환하는 한수원 직원들보다 같은 핵발전소에서 10년 이상 근무하며 같은 일을 해온 용역업체 직원들의 전문성과 업무 숙련도가 높다. 그렇기 때문에 한수원 직원들이 업무를 보다 손쉽게 할 목적으로 보안 규정을 관행적으로 어겨온 것이다. 직원 몇 명을 징계하는 수준의 꼬리 자르기로 문제를 덮으려 하지 말고, 원전의 안전과 직결된 업무조차 용역 직원에게 맡겨야 하는 구조적인 문제점의 해결책을 모색해야 한다."

05 부패의 집결지,
한국수력원자력(주)

이번에는 논란의 중심에 선 한수원을 집중 취재했다. 2008년부터 취재가 본격적으로 이뤄진 2014년까지 7년간 한수원이 발주한 계약의 현황과 그 계약을 수주한 기업에 재취업한 원전 관련 공기업의 퇴직자 명단을 입수했다. 7년간의 한수원 납품 계약 자료는 당시 정의당 김제남 의원실이 한수원으로부터 제출받은 것이다. 자료를 분석한 결과, 한수원은 이 기간 동안 모두 4,394개 업체와 총 26,163건의 납품 계약을 맺은 것으로 나타났다. 업체당 평균 6건으로, 총 계약 금액은 약 18조 6,272억 원이었다. 한 해 평균 2조 6,000억 원 규모였다(외국 기업은 제외).

계약 금액 가운데 가장 규모가 큰 것은 신규 원자로 주 설비공사의 계약금이었다. 그래서 주 설비공사의 계약이 이뤄진 2009년, 2010년, 2014년의 계약 금액이 가장 많았다. 계약 현황으로만 보면

7년간 한수원 계약 총액 현황 (단위 : 억 원)

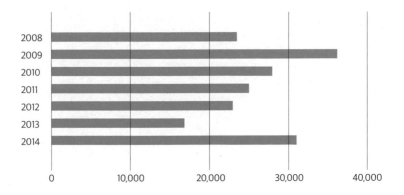

한수원의 계약 업체 중 상위 4곳 (2008~2014년)

순위	업체명	계약 총액
1	두산중공업	5,079,907,980,846원
2	한전KPS	2,564,151,472,252원
3	현대건설	1,228,871,719,427원
4	한국전력기술	1,138,609,101,146원

원전 산업은 0.1%인 상위 4개 업체가 전체 계약 금액의 54%가량(약 10조 115억 원)을 차지하는 구조라는 것을 알 수 있었다. 이 기간 동안 300억 원 이상을 한수원에서 수주한 기업은 62개였다. 이 62개 원전 기업들의 납품 계약의 액수와 건수 등에 관한 자료를 뉴스타파 홈페이지에 공개했다(newstapa.org/19597).

이와 함께 한수원, 한국전력공사, 한전기술, 산업통상자원부 등 원전 관련 공기업 및 정부 부처의 퇴직자가 원전업체에 재취업한 현황도 공개했다. 해당 기간 동안 총 46개 업체에 72명이 재취업한 것으로 나타났다. 퇴직자를 영입한 업체가 7년간 수주한 계약 건수는 2,144건으로 전체의 8%에 불과했지만 계약 금액은 약 11조 2,656억 원으로 전체 계약 금액의 60%나 차지했다.

한수원 출신을 영입하면 매출이 오른다!

확인해본 결과, 한수원 퇴직자 등이 재취업한 것으로 나타난 46개 업체 가운데 78%인 36개 업체의 계약 실적이 영입 전년도에 비해 크게 증가한 것으로 나타났다. 한수원 직원을 영입한 시기에 따른 원전 기업들의 납품 계약 추이를 분석했더니 상관관계가 극명하게 드러났다. 2009년부터 조금씩 증가한 재취업자 수는 2012년에 17명이 되었다. 그런데 원전 건설의 설비를 납품한 한 원전 기업이

계약 업체의 원전 관련 공기업 퇴직자 재취업자 수 (단위 : 명)

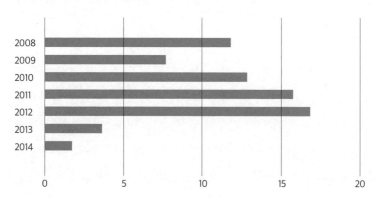

2008년에는 7,200만 원, 2009년에는 0원의 계약 금액을 기록하다가, 2009년 한수원의 퇴직자 세 명을 영입한 이후 2010년에 39억 원, 2011년에 181억 원으로 계약 규모가 수직 상승했다. 또 다른 원전 기업은 한수원 출신이 입사한 2012년에 전년보다 3배 가까이 계약 규모가 늘었다.

재취업이 이뤄진 다른 원전 기업들도 비슷한 경향을 보였다.

- **A 기업의 납품 계약** 재취업 전(2009~2010년) 0원 → 재취업 후(2011년) 5억 2,000만 원
- **B 기업의 납품 계약** 재취업 전(2012년) 95억 원 → 재취업 후(2013년) 277억 원
- **C 기업의 납품 계약** 재취업 전(2011년) 8억 3,000만 원 → 재취업 후(2012년) 24억 3,000만 원
- **D 기업의 납품 계약** 재취업 전(2010년) 0원 → 재취업 후(2011년) 44억 2,000만 원
- **E 기업의 납품 계약** 재취업 전(2010년) 16억 4,000만 원 → 재취업 후(2011년) 28억 5,000만 원

이렇게 한수원 퇴직자를 영입한 업체들 대부분이 영입 첫해와 그 이듬해에 걸쳐 한수원 계약 실적이 증가했다. 한수원 퇴직자를 영입하고도 납품 계약의 건수와 금액이 오히려 줄어든 업체는 4개에 불과했고, 나머지 6개는 별 변동이 없었다. 이런 분석 결과는 한수원과 납품 기업 사이에 퇴직자 영입을 통한 유착 관계가 존재한

다는 사실을 극명하게 보여준다. 좋은기업지배구조연구소 채이배 회계사는 이렇게 설명했다. "원전 사업의 수혜를 받기 위해 기업들은 적극적으로 개입하려고 노력할 것이다. 결국 한수원이나 정부기관에 있는 인맥을 활용할 수밖에 없다. 따라서 한수원에 있던 사람들이 사기업에 재취업함으로써 인맥과 담합 고리가 형성된다고 볼 수 있다."

그러나 당사자들은 납품 계약과 한수원 출신 영입에는 관련성이 없다고 주장했다. 한 업체에 재취업한 한수원 1직급 출신은 자신은 술도 로비도 하지 못하고 오직 기술자문 역할로 영입됐다면서 "한수원 퇴직자가 있다고 수주 잘되는 시절은 지났다"고 말했다. 한수원 및 퇴직 관료 8명을 영입하고 한수원과 총 5조 799억 원의 계약을 맺은 두산중공업은 "고문 등을 영입한 경우 기술자문 역할로 오는 경우가 대부분"이라면서 "원전 입찰의 모든 사항들이 투명하게 공개되고 있는 지금 시기에 로비는 사실상 가능하지도 않고 실제로도 그렇게 할 수 없다"고 대답했다. 한수원 출신 한 명을 영입하고 한수원에 1조 2,288억 원을 납품한 현대건설 홍보팀은 "필요에 의해 영입했지만 로비를 할 수 있는 단계는 아니다"라고 밝혔다.

"퇴사 후에도 나는 한수원 본부장"

이런 변명들과 달리, 한수원 출신 재취업자들은 여전히 한수원과 끈끈한 관계를 맺고 있었다. 취재진이 찾아간 서울의 한 원전 관련 중소업체는 2009년부터 원전 사업에 본격적으로 진출하면서 한수원 출신 세 명을 영입했다. 그중 한 명은 이 회사의 부사장이었다. "원자력 사업에 진출하니 노하우를 잘 아는 사람을 고문으로 영입하려고 한다면서 몇 개월 전부터 와달라고 계속 연락이 왔다. 그래서 1년간 고문으로 계약을 했다. 회사에서 나를 몇 번 활용하더니 1년 좀 지나서 부사장을 해달라고 요청했다." 한수원에서 1직급 고위직인 핵발전소 본부장이었던 그는 2011년에 퇴직했다. 그리고 퇴직 당일 이 회사에 재취업했다. "내가 퇴직 대기 상태에 있을 때 회사에서 파악을 한 것 같다. 가능한 한 빨리 오시는 게 좋겠다고 연락이 와서 퇴직하고 바로 왔다."

그는 집무실에 있는 응접 테이블에 자신이 근무하는 회사의 조직도가 아닌, 한수원 2직급 이상 간부들의 전화번호가 적혀 있는 조직도를 붙여놓고 있었다. 그 조직도에 대해 묻자, 그는 "일하면서 한수원에 관련된 부서 사람들의 이름이 필요해서 붙여놓은 것"이라고 말했다. 게다가 한수원을 떠난 지 3년이 지났지만 한수원의 옛 부하직원들이 여전히 그를 본부장으로 부르는가 하면, 한수원 직원들을 만나 입찰 등 주요 정보를 얻는다고도 했다. "모든 일은 사람 안면이다. 아무도 모르는 사람이 한수원에 가서 얘기할 수 있겠나. 그래도 얼굴 아는 사람이 가면 말이라도 할 수 있고, 그러다 보면 좋은 정보도 얻을 수 있다. 가끔 점심이나 하자고 만나서 소주 한잔 하다 보면 알 수 있다. 사전 준비도 할 수 있고."

2008년부터 2014년까지 원전 관련 사기업에 재취업한 공기업 관료 출신 72명 중에서 본부장 등 1직급의 고위 간부직 출신은 49명으로 전체의 68%였다. 관련 사기업들이 주로 고위직 출신을 영입하는 이유는 기술자문보다 수주 등 영업 활동에 도움을 받기 위해서였다. 한 원전업체의 이사 A 씨 역시 "1직급 이상, 차장급 이상인 사람들은 기술력보다는 영업 활동을 위해 재취업하는 경우가 있을 것"이라고 말했다.

특히 폐쇄적인 원전 산업의 특성상 새롭게 시장에 진입하는 업체의 경우 한수원 퇴직자를 영입하는 일이 필수라는 말도 나왔다. 한 한수원 납품업체 관계자는 "신생 회사들은 정보가 없으니까 한수원 퇴직자들을 취업시켜서 인맥으로 사업 등을 따내려고 한다. 신규 회사들이 그렇게들 많이 하는 걸로 알고 있다"고 말했다.

이렇게 모셔가기 경쟁이 치열하다 보니 금품 제공 등 비리도 심심치 않게 일어났다. 인터뷰에 응한 A 씨의 회사 대표는 취재 당시 구속 수감된 상태였다. "친밀감이 없으면 힘들겠다"고 취재진이 묻자, A 씨는 "그렇다. 영업 활동으로 이어지는 거라 현금이 오갈 때도 있고 편의를 제공하는 경우도 있다"고 답했다. 또 "한수원 직원들에게 뇌물을 제공한 경우도 있지 않았느냐"는 질문에는 "관례라는 표현이 부적절하지만, 그 나쁜 관례를 좇았다"면서 "대부분의 업체들이 지금까지 그것을 영업력이라고 생각했다. 잘못된 거라고 인정한다"고 답했다.

'나쁜 관행'이 계속되는 사이, 업무 관련 금품 수수 등의 혐의로 기소된 한수원 직원은 2012년부터 2014년 6월 취재 당시까지 77명이나 됐다. 환경운동연합 에너지기후팀 양이원영 처장은 "설비, 토목, 건설, 기기, 이와 관련된 연구개발 등에 연루된 집단이 얼마나 많은가. 원전 하나를 더 건설하는 것, 그리고 수명 연장을 더 하는 것에서 나오는 돈이 얼마나 많은가. 그러니까 거기에 이해관계가 있고 카르텔이 생긴다"고 진단했다.

한수원 뇌물은 수주액의 3.5%

이 '나쁜 관행'의 결과를 확인하기 위해 한수원 임직원들이 연루된 뇌물 수수, 비리 등과 관련한 법원 판결문 187건(2011~2014년)을 입수해 분석했다. 187건의 판결문에 등장하는 피고인은 총 226명이었다. 그중 한수원 직원이 57명, 한수원의 납품업체와 용역업체 임직원이 152명이나 됐다. 또 한수원의 기기 검증 업무를 주로 맡은 한국전력기술 직원이 7명, 정치인과 브로커 등 기타 인물이 10명이었다.

한수원 직원들은 총 45억 원의 뇌물을 받아 챙겼다. 직원 한 명당 평균 8,000만 원가량을 받은 셈이다. 비리에 연루된 한수원 직원들의 소속 부서를 보니 고리 원자력 본부가 28명(35억 7,000만 원)으로 가장 많았고, 한수원 본사 소속 임직원이 10명(4억 6,000만 원), 영광 원자력 본부 직원이 9명(3억 8,000만 원), 월성 원자력 본부 직원이 9명(6,000만 원)으로 뒤를 이었다. 직급도 다양했다. 한수원 사장, 발전본부장(전무) 등 임원급 인사가 2명, 감사실장 등 한수원 최고위급인 1직급도 2명이었다. 차장에 해당하는 3직급은 25명으로 가장 많았다. 일반직 가운데 가장 말단인 4(을)직급도 2명이 포함되어 있었다. 직급별로 봤을 때, 1인당 평균 뇌물 수수액은 2직급(부장)이 2억

비리에 연루된 한수원 직원의 직급

직급	인원 (직책)	1인당 평균 뇌물 수수액
임원급	2명(사장, 전무)	1억 5,000만 원
1직급	2명(본부장, 발전소장급)	6,000만 원
2직급	11명(팀장, 부장급)	2억 1,000만 원
3직급	25명(차장급)	3,000만 원
4(갑)직급	15명(과장급)	6,500만 원
4(을)직급	2명(사원, 대리)	500만 원

1,000만 원가량으로 가장 높게 나타났다.

범죄에 연루된 기업은 89개였다. 이 업체들은 2008년부터 2014년 초까지 한수원과 4,679건의 계약을 따냈다. 계약 총액은 1조 9,485억 원이었다. 납품업체의 뇌물을 받은 한수원 직원들은 부품 검수 등 납품 과정에서 그 업체에 도움을 주는 경우가 많았다. 이 같은 대가성 계약 내역이 구체적으로 명시된 판결문을 별도로 집계했더니 한수원 직원 14명이 모두 7억 200만 원을 받고 37건의 계약에 편의를 봐준 것으로 드러났다. 총 계약 액수는 202억 8,100만 원이었다. 수주액에서 3.5%가량의 돈이 한수원 비리 직원들의 호주머니로 들어간 셈이다. 즉 업체들은 뇌물로 준 돈의 약 30배를 수주를 통해 회수한 것이다.

사장부터 말단까지, 뇌물 왕국 한수원

2008년 한수원은 '제1호 국가품질명장'을 배출했다. 명장 호칭은 엔지니어에게 가장 큰 명예 중 하나다. 주인공은 한수원 고리 제1발전소 기계부 이 모 차장이었다. 이 씨의 상사인 제1발전소 김 모 기계부장과 제2발전소 김 모 기계부장은 같은 자리에서 대통령상 은상을 받았다. 당시 이 내용을 다룬 신문기사에는 고리 핵발전소 본부장 전 모 씨까지 모두 네 명의 이름이 등장했다. 원자력 강국을 만들겠다던 이들은 지금 어디서 무엇을 하고 있을까?

앞서 입수한 판결문을 보니, 명장 이 차장은 납품업체의 뇌물을 받고 2012년에 징역 3년형을 받아 복역 중이었다. 명장의 상사인 김 부장도 이 차장과 같은 건에 연루되어 벌금형을 받았고, 함께 상을 받은 옆 발전소 기계부장도 뇌물을 받고 감옥에 갔다. 당시 본부장은 여권 국회의원에게 인사 청탁을 했다가 실패하고 핵 발전 관련 사기업으로 재취업했다. 2008년 훈훈한 미담의 주인공이었던 네 명의 한수원 임직원들이 모두 뇌물이나 청탁 비리에 휘말린 것이다.

명장 이 차장에게 뇌물을 준 업체를 찾아가봤다. 이사했다는 주소까지 수소문해 접촉을 시도했지만 해당 업체의 대표는 취재에 응하려 하지 않았다. 그는 한수원 직원들에게 뇌물을 준 혐의로 8개월을 복역하고 벌금 1,000만 원을 냈다. 이 차장은 명장 지위를 얻기 직전인 2007년에 이 납품업체와 짜고 원전의 핵심 부품인 터빈밸브의 국산화에 성공했다고 속였다. 이후 이 업체는 발전소 측에 가짜 국산화 장비를 137억 원 어치 납품했다. 이 차장이 업체에게 받은 뇌물은 3,000만 원이었다. 국민의 생명을 담보로 검증되지 않은 부품을 사용한 대가가 고작 그만큼이었다.

또 다른 판결문에 등장한 업체는 아예 한수원 직원 출신이 대표였다. 그는 뇌물과 횡령 등의 혐의로 징역 2년형에 집행유예 3년형을 받았다. 그런데 취재진을 만난 그는 뜻밖에도 "한수원은 돈밖에 모르는 조직"이라며 한수원을 강하게 비난하고 나섰다. "한수원 직원들이 술 안 사주냐, 거마비(교통비) 안 주냐고 묻는다. 봉투를 받으면 자기 상사한테 간다. 그 라인으로 돈을 주고 진급한다. 그런 일이 10년 동안 벌어졌다. 그러니 위에서는 해먹는데 나는 왜 못 해먹느냐는 소리가 나온다. 그런 조직이 어떻게 정화가 되겠나."

취재 도중 만난 또 다른 전직 한수원 직원은 한수원이 납품업체로부터 받는 리베이트가 정해져 있다고 폭로했다. 그는 "고위직과 관계됐으면 무조건 10%"라면서 "설비 담당자가 기안해서 1억짜리를 8억으로 부풀렸다면, 8억의 10%인 8,000만 원은 설비 담당자가 갖고 나머지는 윗사람들에게 나눠준다. 거의 2억~3억 원씩 나눠주는 셈이다"라고 설명했다.

이 밖에도 팀장 아들이 유학 간다고 2,000만 원, 간부 인사 청탁해야 한다고 7,000만 원, 부서 회식한다고 200만 원, 태국 골프여행 경비로 200만 원 등 한수원 임직원들은 갖가지 방법으로 납품업체에게서 돈을 뜯어냈다. 돈을 뜯긴 업체들은 뇌물의 대가로 한수원에 부품을 납품했다.

그들의 거래가 이뤄지는 사이, 국민의 안전은 온데간데없어졌다. 원전 납품업체 관계자들은 이 같은 비리 문제가 결국 핵발전소의 안전에 심각한 악영향을 주고 있을 거라며 우려했다. "차장, 부장, 본부장까지 '이 업체 써라' 하고 찍어 내려온다. 군대 조직과 똑같다. 위에서 내려오면 그냥 하는 거다. 만약 내가 일 잘하는 업체가 하나 있는데 떡고물도 필요 없이 국민의 안전을 위해 이 업체와 일하고 싶다고 해도 결재가 되질 않는다."

그들의 재산은 얼마일까

그렇다면 민간 기업에 혜택을 주는 대가로 막대한 돈을 챙긴 한수원 주요 인물들의 재산은 얼마나 될까? 2013년 부품 시험성적서 위조 등 각종 원전 비리 사건이 불거지면서 정부는 한수원 등 6개 원전 관련 공기업의 2직급 이상 간부 1,500여 명을 재산등록 대상자에 새로 포함시켰다. 금품과 향응 수수 등의 직무 관련 비리를 차단하겠다는 조치였다.

2014년 11월 취재진은 정부가 공개한 원자력 관련 주요 기관장들의 재산을 조사, 분석해봤다. 분석 대상 기관은 원자력 안전 규제와 관련한 최고 결정기관인 원자력안전위원회, 원전 관련 안전 규제기관인 한국원자력안전기술원과 한국원자력통제기술원, 정부 연구기관인 한국원자력연구원과 한국원자력의학원, 그리고 원전 공기업인 한국전력공사, 한수원, 한전원자력연료, 한전KDN, 한국원자력환경공단 등 모두 10곳이다.

분석한 결과, 10개 기관의 전·현직 주요 임원 42명의 평균 재산이 20억 9,245만 원으로 나타났다. 이는 2014년 3월 정부 고위공직자 정기 재산공개를 통해 집계된 전체 재산공개 대상 공직자들의 평균 재산인 12억 원보다 60%가량 많은 액수였다. 2008년부터 2014년까지 기관장 등을 지낸 이 42명의 재산 내역을 뉴스타파 홈페이지에 공개했다(newstapa.org/21593). 재산공개 대상자의 연도별 재산 증감 내역도 볼 수 있다.

06 핵피아를
말한다

원전 산업을 둘러싼 공공기관과 업계의 유착 실태를 집중 취재하면서 두 가지 문제점을 확인할 수 있었다.

첫째는 원전 산업의 폐쇄적인 구조다. 일례로 한수원이 수백만 명 혹은 수천만 명의 생명과 직결된 중대한 사안을 숨긴다 하더라도 이를 외부에서 알아내기란 거의 불가능해 보였다. 30년 설계 수명이 끝난 월성 1호기의 수명 연장에 관한 논의 과정이 비밀주의의 대표적인 사례다. 한수원은 월성 1호기의 수명 연장에 결정적인 역할을 하는 안전성 평가보고서 등을 외부에 공개하지 않았고, 심지어 수명 연장 여부를 최종 결정하는 원자력안전위원들에게조차 사본 열람만 허용했다. 이런 비밀주의로는 핵발전소 내 중대 사고가 은폐와 축소로 이어지기 일쑤다. 2012년 2월 고리 1호기에서 일어난 정전 사고도 마찬가지다. 냉각수 작동이 멈춰 자칫 후쿠시마 원전처럼 핵연료가 녹는 큰 사고로 이어질 뻔했지만 한수원은 사고를 은폐하는 데만 급급했다.

둘째는 한 해 매출액만 20조 원이 넘는 원전 산업의 정책 결정이 소수의 이권으로 뭉친 카르텔에 의해 주도되고 있다는 점이다. 게다가 이런 상황은 이명박·박근혜 정부의 잇따른 원전 확대 정책에 힘입어 더욱 강화됐다. 2008년 이명박 정부 출범 이후, 한국의 원전 산업은 고속 성장을 거듭해왔다. 2011년 최악의 후쿠시마 원전 사고 후에도 마찬가지였다. 2007년 2조 5,000억 원이던 원자력 공급업체의 매출액은 2012년에 5조 2,000억 원대를 기록하며 127% 성장했다. 한전과 한수원의 발전 매출액을 합산하면 2012년 기준으로 원전 산업의 전체 매출액은 21조 원에 이르렀다. 5년 전보다 60% 증가한 것이다. 박근혜 정부에 들어서도 원전 산업은 탄탄대로를 달렸다. 2014년 초 정부는 2035년까지 핵발전소 16개를 새로 건설해 모두 39개까지 늘린다는 계획을 심의, 확정했다. 여기서 나오는 막대한 이권은 소수의 원전업계가 독차지한다. 한수원과 정부 등 원전 당국과 기업 사이에서 이익공동체는 더욱 강력해졌고, 원전 정책과 운영 과정의 폐쇄성과 비밀주의는 날로 심해졌다.

모피아, 관피아, 법피아 등등 이익을 중심으로 유착된 집단에 '마피아'라는 명사를 붙여 '○○피아'라고 부른다. 여기서는 '핵피아'라는 이름을 사용하기로 한다. 이권으로 똘똘 뭉친 핵피아가 우리 원전의 안전과 정책 변화에 어떤 걸림돌로 작용하고 있을까? 취재를 통해 그동안 알지 못했던 진실을 하나둘 밝혀봤다.

'방사선 마피아'가 전기료 2,300억 원을 드시는 방법

우리나라에는 건설 중인 것까지 포함해 전국에 26개의 핵발전소가 있다. 핵발전소를 돌리면 누군가가 방사성 폐기물과 오염물질을 처리하고 제거해야 한다. 한수원은 방사선 관리 업무를 직접 하지 않고 하청을 준다. 2개씩 묶어서 관리하기 때문에 방사선 관리 하청은 13개 업체에게 나뉘진다. 한 번 입찰하면 대개 3년 치를 하는데, 총 입찰 규모는 2,300억 원이 넘는다. 여기서 낙찰을 받을 수 있는 등급의 용역업체는 전국에 9개다. 3년 입찰 금액이 2,300억 원이니 1년에 760억 원 정도이고, 이를 9개 업체로 나누면 85억 원쯤 된다. 단순 계산하면 업체 한 곳당 1년에 85억 원을 벌어들이는 꼴이다. 말 그대로 '황금알을 낳는 거위'다.

방사선 업계의 사정을 듣기 위해 한 업체를 찾아갔다. 그러나 건물 입구에서부터 아예 취재를 거부당했다. 그 업체는 2007년 고리 1, 2, 3, 4호기 방사선 안전관리 용역을 따낸 곳이었다. 3년에 240억 원짜리 계약이었다. 2010년에는 월성 3, 4호기 안전관리 용역으로 80억 원을, 고리 1, 2호기 안전관리 용역으로 120억 원을 계약했다. 2011년에는 울진 5, 6호기로 130억 원, 2012년에는 신고리 3, 4호기로 100억 원, 2013년에는 영광 1, 2호기로 140억 원의 계약을 따냈다. 2007년부터 2015년까지 한 번도 쉬지 않고 전국 발전소의 일을 따냈는데, 총 금액이 810억 원에 달했다. 중소기업청의 자료에 의하면, 2013년의 경우 이 회사의 매출액은 150억 원 정도였으며 그중 핵발전소 방사선 관리 용역으로만 120억 원을 벌어들였다.

다른 업체들도 마찬가지였다. 9개 업체가 13개 구역을 돌아가면서 해마다 수주를 했다. 이런 방식은 2004년 이래 고착화됐다. 한 용역업체 관계자는 이렇게 설명했다. "우리나라에서 방사선 관리 용역의 실적으로 쓸 수 있는 게 동일 용역 실적과 유사 용역 실적이다. 하던 일을 계속 하는 동일 용역 실적으로 기존 업체들이 계속 계약을 따낼 수 있는 반면, 유사 용역 실적을 가질 만한 업체는 국내에 약 4개밖에 없기 때문에 이런 상황이 벌어진다." 1999년에는 공정거래위원회가 방사선 관리를 담당하는 6개 용역업체에 대해 입찰 담합을 이유로 과징금을 부과한 적도 있다.

용역업체들은 3년에 한 번꼴로 발전소를 바꿔가면서 막대한 돈을 번다. 그러나 실제로 현장에서 일하는 비정규직들은 움직이지 않는다. 회사 간판만 3년에 한 번씩 바뀐다. 용역업체들이 기존에 파견된 인력들을 이용해 돈만 벌고 있다는 비판이 나오는 이유다. 한 용역업체가 입찰에 참가하면서 한수원에 제출한 실제 용역비 산출 내역서를 보니, 한 해 50억 원이 넘는 용역비 가운데 '직접인건비'는 25억 원으로 절반 정도에 불과했다. 하지만 용처를 제대로 알 수 없는 '제경비'는 무려 15억 원이 넘었다(국회가 한수원에 이 제경비의 구체적인 내역을 요구했지만 한수원은 해당 업체들의 영업비밀이라며 제출을 거부했다). 영광 핵발전소의 비정규직 해고 노동자 전용조 씨는 "한수원이 용역을 발주하면서 원청사 직원들을 사용하는 금액보다 더 많은 금액을 용역사에 준다. 그런데 실질적인 노동자들은 그 절반에도 못 미치는 금액을 받는다"고 토로했다. 그는 나머지 절반 또는 그 이상의 금액이 용역업체의 주머니 등으로 흘러들어갔으리라고 예상했다.

실제로 해당 사업체에는 한수원, 한전, 정부 유관 부처 출신 간부들이 회전문처럼 드나들고 있었다. 9개 업체 가운데 8곳에 전직 관료들이 진출했으며 취재 당시 확인된 사람만 18명이었다. 대부분 전무, 부사장, 사장 등 고위직으로 이직했다. 한 해에 800억 원 규모가 넘는 방사선 안전관리 용역 시장, 10개도 되지 않는 업체들, 한 번 들어오면 거의 퇴출되지 않는 구조, 간판만 새로 걸면 원래 있던 인력이 알아서 일하는 손쉬운 사업, 여기에 한수원과 한전 간부들의 유착까지, 이는 전형적인 핵피아의 공생 구조다.

이런 구조 속에서 핵피아들은 핵발전소의 용역 사업을 독점하면서 국민이 낸 전기료를 나눠 먹고 있었다. 9개 용역업체가 전국 26개 핵발전소의 용역을 사이좋게 나눠 가지며 3년마다 2,000억 원이 넘는 전기료를 가져간 것이다.

원전 입찰의 비밀, 한수원과 원전업체의 '사전 회의'

핵발전소의 안전 대책 사업도 한수원과 민간 원전업체들의 대표적인 거래 대상이었다. 2011년 후쿠시마 원전 사고 이후 핵발전소의 안전 문제가 국민적 화두로 떠오른 당시, 정부는 안전 대책으로 50여 개 사업에 예산만 1조 원이 넘는 금액을 책정했다. 이 사업들의 일환으로 국내 핵발전소의 중대 사고와 관련한 연구용역이 이뤄졌고, 그 발주는 한수원 중앙연구원이 담당하게 됐다.

2011년 9월, 한수원 중앙연구원에서 핵발전소의 안전 대책과 용역 발주를 위한 모임이 열렸다. 용역 과제는 '정지저출력 PSA', 즉 핵발전소 내 확률론적 안정성 평가였다. 그런데 한수원이 마련한 이 회의에 한수원 책임연구원 외에 원전업체 3곳의 간부들이 초대받았다. 당시 한수원 담당자가 각 기관에 보낸 안내 이메일이다.

안녕하세요. 한수원 중앙연구원 신뢰도기술팀 황○○입니다. 유선상으로 말씀드린 바와 같이 다음 주에 각 기관별로 논의할 수 있도록 준비해주시기 바랍니다. (2011년 9월 29일)

그리고 수신자 목록에 미래와도전, 액트, 에네시스 등 핵발전소 안전평가 사기업의 관계자들도 추가했다. 이들은 모두 PSA 개발 용역 사업에서 입찰 가능성이 높았던 민간업체들이었다. 한수원과 민간업체들 사이의 사전 회의가 이뤄진 셈이다. 그러나 여기서 끝나지 않았다. 2012년 3월 한수원이 주최한 두 번째 회의에서도 마찬가지였다.

용역 상세 scope 등 기관별 용역 발주 서류 협의를 위해 회의를 하고자 합니다. (2012년 3월 26일)

이번에는 첫 모임에 초대받았던 세 민간 기업을 포함해 한전기술, 한국원자력연구원 등 공공기관까지 모두 5곳이 초대됐다. 이들 모두 PSA 개발 사업 입찰이 유력했다. 이 자리에서 전출력 분야는 한국원자력연구원과 한수원 중앙연구원이 준비하고, 정지저출력 분야는 한전기술이 준비하기로 하며 역할을 분담했다. 이렇게 사전 회의를 통해 PSA와 관련한 용역 발주 내용이 구체적으로 결정됐다.

7개월 뒤인 2012년 10월, 용역 발주를 일주일 앞둔 시기에 한수원 담당자는 또다시 관련 기관 5곳에 이메일을 보냈다. 이번에는 용역 발주 공고일자까지 미리 알려줬다.

수고 많으십니다. 다름이 아니오라 상기 과제와 관련하여, 늦어도 다음 주에는 발주가 될 것 같습니다. 이 점 참고로 하시고요. 용역 1, 2가 함께 발주될 것 같습니다. (2012년 10월 16일)

또 이런 이메일을 보내기도 했다.

정지저출력 SAMG(중대사고관리지침서)에 필요한 정보 공유 관련입니다. 업무에 참조하시기 바랍니다. (2012년 2월 16일)

이 한수원 담당자는 1년 동안 10회에 걸쳐 원전 사기업 3곳과 한전기술, 한국원자력연구원 등에 이메일을 보냈다. 그는 이렇게 PSA 용역의 진행 과정을 공유하고 사전 회의도 수차례 진행했다.

그리고 2012년 10월 한수원 홈페이지에 관련 용역의 발주 공고가 났다. 한국원자력연구원이 128억 원에 월성과 울진 원전의 PSA 개발을, 한전기술이 205억 원에 고리와 영광 원전의 사업을 단독으로 낙찰받았다. 하지만 표면상으로만 단독 낙찰이었다. 실제로 월성과 울진의 용역 발주는 한국원자력연구원과 민간업체 '액트'가 용역금 128억 원을 50 대 50으로 나눠 공동용역을 수행하는 방식으로 이뤄졌다. 고리와 영광의 205억 원짜리 계약도 한전기술과 민간업체 '미래와도전'이 각각 절반 정도의 지분으로 공동용역을 맡았다. 두 사기업이 공기업과 정부 연구기관을 정면에 내세워 핵발전소 2개의 용역을 사이좋게 나눠 가진 것이다. 더구나 이 용역 사업은 모두 경쟁 입찰이 아닌 수의계약 방식으로 낙찰자가 정해졌다. 이 때문에 사전 논의를 통한 담합 의혹마저 제기됐다.

한수원의 내부 규정을 보면 입찰과 관련해 어떠한 사항에 대해서도 경쟁자들과 사전에 협의, 연락, 합의, 조정 등을 한 사실이 없음을 서약하라고 입찰업체에 요구하고 있다. 입찰업체가 이를 위반해 담합한 사실이 인정될 경우, 입찰 무효는 물론 검찰 고발 조치를 하도록 규정하고 있다. 그런데도 한수원은 오히려 입찰 예정 업체들을 여러 차례 불러 사전 논의를 하면서 내부 규정을 어겼다.

당시 민변의 박주민 변호사는 이런 사실에 대해 이렇게 지적했다. "입찰은 국가계약법에 따라서 공정하게 이뤄져야 한다. 특정 업체에 사전 정보나 형성될 가격을 미리 알려줘서는 안 된다. 그런데 지금 진행된 것을 보면 계약의 내용과 취지에 대한 정보뿐만 아니라 가격 정보도 제공한 것으로 보인다. 국가계약법 등 관련법을 위반한 것이다." 또한 박 변호사는 "실제로 업체들이 어떤 능력을 가졌는지는 공정한 입찰 과정에서 판단되어야 한다. 사전에 '이 업체들밖에 할 수 없다'고 판단을 내린 것 자체가 이미 일종의 담합이라 볼 수 있다"고 말했다.

입찰 관련 문건도 수시로 유출

2011년 9월 한수원 중앙연구원이 작성한 내부 문건은 정지저출력 PSA와 SAMG 개발 등 핵발전소 내 중대 사고에 대비한 용역 발주 계획을 상세히 담고 있었다. 용역의 예상 금액은 물론이고 추진 방안과 추진 일정까지 나와 있었다. 각 핵발전소의 조치 계획도 시기별로 기재되어 있었다.

그런데 이 내부 문건은 작성된 지 열흘 만에 입찰이 유력한 민간기업 3곳으로 흘러들어갔다. 당시 연구과제를 담당한 중앙연구원 황 모 연구원이 미래와도전, 액트, 에네시스에 이메일로 전달한 것이다. 황 연구원이 업체에 전달한 내부 문건은 모두 6개로 정지저출력 PSA와 SAMG의 개발 수리 관리회의록, 추진 일정, 기술 확보 검토 의견, 개발 기본계획안 등이었다. 한국원자력안전기술원, 한국원자력연구원, 한전기술 등 안전 규제기관과 한수원 연구원이 참여한 내부 회의록도 포함됐다.

확인해보니 한수원이 민간업체에 내부 문건을 제공한 것은 2011년 9월부터 2012년 3월 말까지 7개월이나 계속됐다. 자료를 미리 받은 업체는 입찰 관련 정보를 미리 파악할 수 있어 사실상 특혜를 받은 것과 다름없다. 한 원전업체 임원은 "사전에 입찰 시방서 같은 한수원 자료를 제공받으면 업체로서는 입찰을 준비할 시간이 충분해 기술 심사에서 유리할 수 있다. 업체에게는 대단한 이득이다"라고 말했다.

그러나 해당 업체들은 이를 전면 부인했다. 미래와도전 관계자는 한수원 중앙연구원이 주최한 회의에 참석한 일에 대해 "한수원이 독자적으로 사업 계획을 세울 수 없다"고 말하면서 "PSA 평가를 할 수 있는 곳은 한국에서 4개 업체밖에 없다. 그래서 회의에 참석하고 용역 계약도 진행할 수 있는 것이다"라고 답변했다. 공공기관의 용역 나눠 먹기가 아니냐는 질문에는 "제3자가 보면 오해할 수 있다. 그렇지만 기간은 짧고 해야 할 일은 많다 보니 어느 한 기관이 수행할 수 없다. 다 같이 기여하는 것으로 생각해주면 좋겠다"고 말했다.

담합이 아닌 역할 분담으로 봐야 한다고 주장하기도 했다. "잘 아는 쪽을 맡는다는 식의 역할 분담으로 이해해야지, 파이를 나눠 먹었다고 하는 것은 부당한 해석"이라는 것이다. 또 입찰 정보를 미리 받은 것은 "특혜가 아니고, 4개 업체 외에 할 수 있는 데가 대한민국에 없기 때문"이라고 변명했다. 또 다른 업체인 액트의 관계자 역시 기술력 있는 기업이 자신들뿐이기에 정보를 사전에 제공받은 것은 일종의 관행이라고 말했다.

취재진은 1급 기밀문서인 한수원 내부 문건을 유출한 황 연구원과 접촉을 시도했다. 민간 기업에 내부 문건을 제공한 경위가 무엇인지, 문건 유출이 한수원 내부 규정을 위반한 것은 아닌지 묻자 황 연구원은 내부 문건을 업체에 제공하는 데 "관여하지 않았다"고 주장했다. 그러나 유출된 문서에 기재된 황 연구원의 이메일 주소를 제시하자 "정식 루트를 통해 문의하라"며 답변을 피했다. 취재진은 다시 한수원 중앙연구원을 찾아 확인을 요청했지만 담당자는 만남 자체를 거부했다.

원전 기업의 주식을 무상으로 받은 교수들

이제 그동안 밝히기가 매우 어려웠던 원자력 학계의 핵피아 실태를 고발하고자 한다. 한수원 직원이 1급 기밀문서를 유출할 정도로 파워를 자랑하는 민간업체들은 핵피아의 다른 한 축인 원자력 학계와도 관련이 깊었다. 국내 원자력 학계는 몇 개 되지 않는 학교에서 핵정책을 결정하는 정부와 산업계 전반에 인력을 배출하고 있다. 그만큼 원자력 학계의 학맥 집중도는 매우 높고 교수들의 영향력도 막강하다.

한수원 중앙연구원으로부터 특혜를 받은 원전업체 액트를 조사해봤다. 1999년 설립된 액트는 핵발전소의 안전 평가를 전문으로 하는 회사다. 일반인들에게는 다소 생소하지만 원전업계에서는 '원자력 벤처 1호 업체'로 통한다. 그런데 홈페이지에 나온 주주 현황을 살펴보니 전체 지분의 27%가량을 갖고 있는 사외주주 중에 한동대 장순흥 총장, 카이스트 성풍현 교수 등의 이름이 등장했다.

당시 주식 17.09%를 보유한 장순흥 총장은 회사 대표 조 모 씨에 이어 액트의 2대 주주에 이름을 올리고 있었다. 장순흥 총장은 서울대 원자핵공학과 출신으로 1993년부터 원자력위원회 위원, 국가과학기술자문회 자문위원, 한국원자력안전기술원 의장과 제24대 원자력학회 회장 등을 지낸 원자력계의 거물이다. 2009년 이명박 정부 시절에는 아랍에미리트 원전 수출 프로젝트에 적극 참여했으며, 박근혜 대통령 인수위원회에서도 교육과학 분과위원으로 활동했다. 박근혜 정부에 들어서는 원자력 정책을 총괄했다. 장 총장은 원자력안전위원회 원자력안전 전문위원장 등 20여 년간 원자력 관련 기관의 요직을 두루 거쳤다.

장 총장은 2000년 초에 액트의 주식을 받아 보유했다. 액트 관계자는 "교수들에게 무상으로 주식을 줬다. 이름을 올리고 그 이름값을 하게 하기 위해서다. 우리가 모셔야 하는 입장이다"라고 말했다. 그러나 장 총장이 하는 말은 전혀 달랐다. 장 총장은 "주식을 무상으로 받은 것이 아니다. 내 돈이 들어간 거나 다름없다"고 주장했다. 또 자신은 배당도 받지 않았고 주주총회에도 참석하지 않는 등 액트의 사업에 전혀 관여하지 않았다고 했다. "액트 주식은 상장도 되지 않은 것이고 배당이 있는 것도 아니다. 아무런 의미가 없다"고도 했다.

같은 시기에 성풍현 교수도 액트 주식 2,400주, 3.37%를 소유하고 있었다. 4대 주주였다. 성풍현 교수는 2007년부터 2009년까지 원자력안전위원회 위원을 지냈고, 원자력학회 수석부회장을 거쳐 2015년에는 원자력학회 회장을 역임했다. 그 역시 2009년 아랍에미리트 원전 수출에 깊이 관여했다.

성풍현 교수도 액트의 무상 주식에 대해 애매한 답변을 내놨다. 성 교수는 "취재진의 문의를 받고 깜짝 놀랐다"면서 "나는 300주로 알고 있었는데 어떻게 2,400주가 됐는지 모르겠다"고 반문했다. 제자들로부터 일종의 성의 차원에서 주식을 받았을 뿐이라고 해명하기도 했다. "제자들이 회사를 차리면 도와줬는데, 주식이 그 대가라기보다 제자들이 미안해서 성의를 보인 것이다." 또 주식을 통해 경제적 이득을 보지도 않는다고 말했다.

장 총장과 성 교수는 제자들의 업체에 기술자문을 해줬을 뿐 용역 수주에는 어떠한 영향력도 행사하지 않았다고 했다. 그러나 한 원전업계 관계자는 "직접적으로 몇 억짜리 일을 주라고 하지는 않는다. 대신 학회 같은 곳에서 만나면 한수원 간부들에게 제자들을 소개하면서 한번 만나라는 식으로 얘기한다. 그런 식으로 인적 커넥션을 만든다"고 증언했다. 뉴스타파가 본격적인 취재를 시작하자, 제자 업체의 주식을 보유하는 것이 문제없다고 했던 장순흥 총장은 액트의 주식을 사회에 기증하겠다고 밝히기도 했다.

이외에도 액트에서는 최 모 씨가 16.95%, 한국원자력연구원 김 모 책임연구원이 3.37%, 경희대 허균영 교수가 1.07%의 지분을 보유하며 사외주주 명단에 올라 있었다. 모두 장순흥 총장의 카이스트 제자들이다. 이들은 "당시 창업을 하면서 선물을 받은 것"(허균영 교수)이라거나 "정식으로 주식을 투자한 것"(김 모 책임연구원)이라고 해명했다.

연구원 김 모 씨는 "연구원은 주식 투자를 못 하느냐"고 반문하기도 했다. 그의 말대로 순수한 주식 투자라고 볼 수 있을까? 한국원자력연구원 황순관 홍보팀장은 "임직원은 직무상 알게 된 정보로 개인의 이익을 취하는 행위를 하면 안 된다는 규정이 있다"고 말했다. 그러나 규정은 규정일 뿐, 직원 개개인이 주식을 어떻게 취득하고 처분하는지는 관여하기 어렵다고 했다.

학계에도 '핵피아'

액트는 왜 이들에게 주식을 무상으로 줬을까? 액트는 2001년부터 취재 당시인 2014년까지 모두 18차례에 걸쳐 한국원자력연구원의 연구용역을 받았다. 1년에 한 번 이상, 액수로는 16억 원가량이었다. 장순홍 총장은 2002년 액트로부터 모두 2차례에 걸쳐 7,000만 원의 연구용역을 받았고, 성풍현 교수 역시 2000년 초반에 액트와 공동 연구를 진행해 2~3차례 연구용역을 받았다. 2008년부터 2014년까지는 한수원(326억), 한전기술(38억)과 총 360억 원이 넘는 용역 계약을 맺었다. 원전 관련 안전진단 업체로서는 상당한 규모의 계약이다.

안전 분야에서 수주액 1위 기업인 미래와도전은 어떨까? 2013년 10월 국회 국정조사에 나선 민주당 노웅래 의원은 2008년부터 미래와도전이 한수원에서 16개의 용역 사업을 따낸 것을 지적했다. 한국원자력안전기술원이 발주한 원자력 연구개발 기금 286개 연구용역 중에 15%인 41건도 미래와도전으로 갔다. 당시 이름도 제대로 알려지지 않았던 이 작은 업체로 대거 연구용역 계약이 이뤄진 배경에 대해 노웅래 의원은 의혹을 제기했다. 노 의원은 한수원과 한국원자력안전기술원이 미래와도전과 수의계약 방식으로 연구용역을 맡긴 경위에 대해서도 해명을 요구했다. 당시 한국원자력안전기술원 김무환 원장은 용역 계약이 잘못됐음을 시인했다.

그런데 국회가 미처 파악하지 못한 중요한 사실이 하나 더 있었다. 바로 김무환 원장이 2013년 10월 원장에 취임하기 직전까지 미래와도전의 주식을 보유했다는 점이다. 김 원장은 당시 포스텍 교수

직에 있으면서 2005년 7월부터 2013년 9월 말까지 미래와도전의 주식 800주를 소유하고 있었다. 2011년부터 2014년까지 3년 연속 미래와도전으로부터 연구용역을 받기도 했다.

미래와도전은 서울대 원자핵공학과 출신들이 만든 원전 안전평가 전문업체다. 같은 학교 같은 과 출신인 김무환 원장의 제자들이 차린 회사인 것이다. 그 인연은 김 원장이 2005년 서울대생들의 박사논문 지도교수로 참여하면서 시작됐다. 김 원장은 자문을 해주고 자문료 대신 주식을 받았다고 주장했다. 그러나 제자들로부터 연구용역을 받고, 공기업의 대표가 되어 다시 제자들의 기업에 용역을 준 사실은 부정할 수 없었다.

김 원장도 한국원자력안전기술원 원장직에 취임하면서 주식 전량을 처분했다. 재산공개 대상이 됐기 때문이다. 김 원장은 "원자력 관련 규제기관장으로 가게 되면서, 적은 액수라도 원전 사기업의 주식을 갖고 있는 것 자체가 도리가 아니라고 생각해 취임 전에 주식을 매각했다"고 밝혔다.

더 확인한 결과, 미래와도전의 주주 명단에는 서울대 원자핵공학과 출신 교수들이 여러 명 있었다. 정창현 명예교수는 18.81%, 정창현 명예교수의 아들은 16.53%를 보유하고 있었고, 박군철 교수는 0.93%에 해당하는 800주를 가지고 있었다. 중앙대 김신 교수도 0.7%인 600주를 소유하고 있었다. 모두 지도교수와 제자로 연결된 관계였다. 미래와도전 대표의 1996년 서울대 박사학위 논문 중 지도교수에게 보낸 감사의 글을 보면 정창현 교수, 박군철 교수, 김무환 교수가 등장한다. 이들 교수는 4년 뒤인 2000년 그가 설립한 원전 기업의 주식을 소유했다.

원자력안전전문위원회 위원장, 원자력학회 회장, 한국원자력통제기술원 이사장 등 관련 요직을 지낸 박군철 교수는 현재 한국전력 국제원자력대학원 총장직에 있다. 박 교수는 원자력 안전 규제기관인 원자력안전통제기술원의 이사장을 맡은 상황에서 제자가 차린 사기업의 주식을 보유했다. 그러나 박 교수는 "창업 초기에 기술자문을 해줬고, 지금 주식을 가진 것은 아무런 의미가 없다"면서 별 문제가 없다는 반응이었다.

미래와도전은 2008년부터 2014년까지 한수원(200억), 한전기술(170억)과 총 370억 원에 달하는 용역 계약을 따냈다. 덕분에 2012년 매출액은 100억 원을 달성했다. 원전 안전평가 업체로는 이례적이었다. 해당 업체는 한수원 등의 계약을 따내는 과정에서 교수들로부터 어떠한 도움도 받지 않았고 금전적 혜택도 제공하지 않았다고 주장했다. 미래와도전 대표는 "전적으로 우리 힘으로 모든 걸 했다. 사업 개발을 하는 데 도움을 달라는 말을 한 적도 없다. 그건 내 양심으로도 허락이 안 되는 문제다"라고 말했다.

당사자들은 모두 부인했지만 한 원전업계 관계자는 학맥에 얽힌 원전업계의 폐쇄성을 우려했다. "제일 큰 문제가 사람이다. 규제기관, 공무원, 대학교수 등 한정된 인맥을 가진 사람들이 지배 세력을 구축하고 있으면 결국 모든 방향이 원전의 안전성보다는 그룹의 안전성 위주로 진행된다."

특히 주식을 받은 원자력 학계의 주요 교수들이 다시 규제기관의 주요 직책을 맡은 경우가 많아서 이해 상충의 문제가 제기될 수밖에 없다. 참여연대 박근용 협동사무처장은 "주식 보유 등 경제적 이해관계가 있으면 공정하게 감독하거나 규제하기가 힘들다"면서 "이해 관계자의 주식 보유 문제는 공무원의 기본적인 역할을 훼손하는 중대한 문제"라고 일갈했다.

이런 상황을 자성의 계기로 삼겠다는 교수들도 있었다. 경희대 허균영 교수는 무상으로 받은 주식에 대해 "그냥 예전에 선물로 받은 것"이라면서도 "문제는 충분히 공감이 되고, 고민해서 처신해야 될 것 같다"고 답했다. 김무환 원장 또한 "원자력 분야 중에서 특히 규제와 관련된 분야는 절대적인 도덕성이 필요하다. 그래서 도덕적 기준을 높일 필요가 있다"고 말했다. 특정 학연을 매개로 주주 관계까지 형성해 그들만의 이익공동체를 만든 원전 핵피아. 이제 원자력 학계 스스로가 헤쳐 나가야 할 때다.

1조 7,000억 원짜리 연구개발 예산, 누가 받았을까

이번에는 2003년부터 2014년까지 미래창조과학부가 발주한 원자력 관련 연구개발 사업 자료를 분석했다. 미래창조과학부가 2014년 9월 국회 미래창조과학방송통신위원회 문병호 의원에게 제출한 자료다. 이 가운데 2014년 자료는 집행 내역 결산이 아닌 계획 예산이었으므로 분석에서 제외했다. 또 산업자원통상부를 통한 관련 예산도 제외했다.

11년간 집행된 원자력 연구개발의 예산 총액은 무려 1조 7,492억 원이었고, 미래창조과학부가 발주한 원자력 연구개발은 모두 3,527 건이었다. 연평균 1,590억 원 정도가 집행된 셈이다. 모두 1,159명의 연구 책임자들이 이 연구개발을 수주받았다. 연구개발 사업 한 건당 평균 예산은 약 4억 9,000만 원이었다. 이 예산은 모두 미래창조과학부의 원자력 연구개발 기금에서 나왔고, 한국연구재단을 통해 집행됐다.

먼저 연도별로 해당 예산의 총액 추이를 살펴봤다. 신월성, 신고리, 신한울 핵발전소 건설 사업이 본격적으로 시작된 2005년과 2007년에 가장 많은 사업 예산이 집행됐다. 노무현 정부 시절인 2005년이 1,695억 원으로 가장 많았다. 이후에는 한 해 1,500억 원 대로 떨어졌으나 후쿠시마 원전 사고와 아랍에미리트 원전 수출 이후인 2011년부터 해마다 1,600억 원이 넘게 집행됐다. 연구개발 수주 현황을 건수별로 보면, 2008년 이명박 정부 출범 이후 꾸준히 증가해 아랍에미리트 원전 수출 직후인 2010년에는 가장 많은 460건을 기록했다.

이 연구개발 사업을 수주한 사람들은 누구였을까? 11년간 3,527건의 연구용역 가운데 15건 이상을 수주한 연구자는 20명이었다. 가장 많이 수주한 사람은 26건을 받은 경희대 원자력공학과 정범진 교수였다. 정 교수는 미래창조과학부 정책조정위원회 위원을 맡았고, 한국연구재단의 원자력 분야 연구관리를 총괄하는 한국연구재단 국책연구본부 원자력단장을 지내기도 했다. 그다음으로는 한국원자력연구원 이병철 연구원이 25건, 서울대 원자핵공학과 황일순 교수가 21건으로 뒤를 이었다. 또 연구 책임자 개인별 수주 액수가 가장 많은 사람은 한국원자력연구원 백원필 당시 본부장이었다. 원자력안전위원회 전문위원을 맡았던 그는 연구과제 8건으로 약 526억 원을 수주했다.

원자력 연구개발 사업의 수주 건수도 기관별로 분석해봤다. 대학, 원자력 관련 기관, 공기업 및 정부기관 등 해당 기관들을 8가지 유형으로 나눴다. 대학이 2,523건으로 71.5%를 수주해 비중이 압도적으로 높았다. 다음으로 한국원자력연구원이 546건으로 15.4%, 한수원과 한국원자력안전기술원 등 공기업 및 정부기관이 178건으로 5%를 차지하며 뒤를 이었다. 수주 금액 면에서도 기관별로 살펴보니 한국원자력연구원이 1조 1,369억 원으로 64.9%를 차지했다. 이어 대학이 1,938억 원으로 11%, 공기업 및 정부기관이 1,846억 원으로 10.5%를 차지했다. 이에 대한 더 자세한 내용은 뉴스타파 홈페이지에서 확인할 수 있다(newstapa.org/22431).

07 세뇌된 원전

1992년 원자력을 홍보하기 위해 설립된 한국원자력문화재단은 산업통상자원부 산하 공공기관이다. 한국원자력문화재단의 예산은 시민들이 전기요금을 낼 때 함께 납부하는 이른바 '전력기금'으로 전액 만들어진다. 전력기금은 정부가 전력 산업의 기반 조성에 필요한 재원을 확보하기 위해 만든 기금으로, 전기요금에 3.7%를 덧붙여 부과하는 준조세다. 예를 들어 한 달 동안 쓴 전기요금이 5만 원이라면, 그 요금의 3.7%인 1,850원을 전력기금으로 추가 지불해야 한다. 이렇게 해서 재단에 지원된 돈은 2012년 85억 원, 2013년 76억 원, 2014년 56억 원에 달했다. 그렇다면 한국원자력문화재단은 어떤 일을 할까? 새정치민주연합 박완주 의원실에 제출된 자료를 확인해 보니, 재단이 원자력을 홍보하는 '친원전 프로그램'을 만드는 데 막대한 돈을 사용하고 있었던 사실이 드러났다.

드라마, 다큐멘터리, 퀴즈쇼까지 넘쳐나는 PPL

시청률 40%를 넘기며 인기리에 방영됐던 KBS 주말드라마 〈넝쿨째
굴러온 당신〉. 드라마의 흐름과 크게 상관없어 보이지만 병원 장면
이 종종 나올 때마다 의사로 등장하는 인물들의 대사에 '방사선 치
료'의 장점을 설명하는 내용들이 등장한다.

"세기 조절 방사선 치료가 더 안전하고 정확해. 정상 조직 손상
도 최소화할 수 있고. 컴퓨터로 계산된 방향과 세기로 종양 조직만
치료할 수 있으니까."

"최근엔 미국에서도 세기 조절 방사선 치료가 훨씬 더 각광받고
있어요. 치료 시간도 획기적으로 줄일 수 있고요."

"이 양성자를 이용한 방사선 치료를 받으면 어린이 환자는 10년
완치율이 무려 80%에 이릅니다."

한국원자력문화재단은 이 대사들을 넣기 위해 1억 6,500만 원을
협찬했다. 드라마에는 원자력 에너지 관련 내용이 총 8회 등장했으
니, 대사 하나에 2,000만 원꼴인 셈이다. 한국원자력문화재단은 "8
회에 걸쳐 에너지 절약 에피소드를 노출했다"고 주장했지만 그 에피
소드를 모두 확인한 결과, 절반가량이 에너지 절약이 아닌 방사선
홍보로 채워져 있었다.

후쿠시마 원전 사고가 발생한 2011년, 원전의 안전에 대한 관심
과 경각심이 컸던 당시에 KBS가 연말에 방송한 다큐멘터리 〈원자
력, 그 도전과 응전의 역사〉도 홍보의 도구로 사용됐다. 프로그램은
원자력 1세대라 할 수 있는 과학자들의 이야기를 소개하며 한국이

세계 6위의 원전 대국으로 성장했다고 치켜세웠다.

"캄캄하기만 했던 전쟁의 폐허 속에서 과학자들은 제3의 불, 원자력을 밝히기 위해 사투를 벌여왔다."

"현재 한국은 원전 21기를 보유한 세계 6위의 원전 강국으로 우뚝 섰다."

이 다큐멘터리는 탈핵의 여론이 높아지던 시기에 엉뚱하게도 한국의 원자력 도입 과정을 미화하는 방송이었다. 여기에도 한국원자력문화재단의 돈 3억 3,000만 원이 들어갔다. 시기적으로 민감한 시기에 이런 방송을 제작한 이유에 대해 KBS 다큐멘터리 제작진은 "민감한 부분은 다루지 않겠다고 이야기하고 시작했다"고 변명했다.

이 밖에도 2013년 7월 전력 문제를 다룬 YTN 스페셜 〈전력 위기 해법, 에너지믹스〉에서는 원전의 안전성에 대해 상식 이상으로 과신하는 내용이 등장했다.

"원자력발전소 앞에서 가족들이 캠핑을 즐기고 있다. 이들에게서 원전에 대한 거부감은 찾아볼 수 없다. 이 지역의 학생들은 원자력발전소로 수학여행을 갈 만큼 원전의 안전을 확신하고 있다."

"그렇다면 앞으로 우리는 원전 정책을 어떻게 가져가야 할까? 세계적인 에너지 경제학자이자 옥스퍼드대 에너지연구원 알숍 원장. 그는 에너지 수요와 보유 자원 부족을 고려하면 한국이 원전 비중을 높이는 정책은 필연적이라고 말한다."

이 프로그램에 지원된 한국원자력문화재단의 예산은 5,500만 원이다. 2012년부터 2014년까지 한수원, 한국원자력문화재단, 한국

원자력환경공단이 방송사에 제작 지원과 협찬 명목 등으로 지불한 돈은 줄잡아 50억 원이 넘었다.

한수원의 홍보 예산 집행 내역에서는 '친원전 다큐'를 지원한다는 노골적인 문구까지 찾아볼 수 있었다. 한수원은 1년 동안 한 달에 한 차례, '원자력 관련 문제 출제', '한수원 직원 출연', '협찬 자막 광고'를 조건으로 KBS 2TV의 퀴즈쇼 〈1 대 100〉에 4억 원이 넘는 돈을 지불하기도 했다. 2012년에는 한국원자력환경공단이 같은 프로그램에 3,000만 원을 협찬했다. 같은 해에 한국원자력문화재단은 KBS 1TV 〈퀴즈 대한민국〉에 역시 3,000만 원을 협찬했다. 공공기관의 세금, 즉 전기료가 고스란히 원자력 홍보에 쓰인 것이다.

한국원자력문화재단은 일방적으로 원자력만 홍보한 것이 아니라고 했다. 재단 관계자는 "최근에는 재단에서도 다양한 에너지원을 소개한다. 프로그램 제작 지원 시 그 내용만 제공하고 선택과 판단은 국민들이 하도록 한다"고 했다. 하지만 프로그램들의 결론은 대개 에너지 문제의 유일한 대안은 원전이라고 말하고 있었다. 박완주 의원은 "원자력이 깨끗하고 안전하다는 원자력 안전 신화를 만드는 데 이런 비용이 들어가는 것을 재검토해야 한다"고 지적했다.

주요 신문들이 핵피아의 나팔수?

후쿠시마 원전 사고 1년 뒤인 2012년 4월, 조선일보의 특집 섹션 제목은 "원전 강국 코리아"였다. 총 8페이지의 지면이 원자력 관련 내용으로 가득 채워졌다. 원자력의 역사부터 생활 속 방사선 활용까지 20여 건의 기사가 망라되어 있었다. 교사들에게 학습 자료로 활용하라며 만든 지면의 내용은 친원전 일색이었다.

"저비용, 고효율… 국가 경쟁력 높이고 환경오염 낮추는 원전."

"원자력 발전의 이산화탄소 배출량은 석탄 발전의 1% 수준으로 온실가스 배출 문제를 해결할 수 있는 가장 현실적인 대안."

"우리나라 원자력발전소의 안전성은 세계 최고 수준."

후쿠시마 원전 사고 이후 높아진 우려의 목소리를 담은 기사는 없었다. 한국원자력문화재단은 이 기사의 대가로 5,500만 원을 조선일보에 지불했다. 하지만 기사 어디에도 한국원자력문화재단으로부터 협찬을 받았다는 고지는 없었다.

같은 해 3월에는 조선일보의 공기업 특집 섹션에 한국원자력문화재단 천병태 이사장의 인터뷰 기사가 실렸다. "화력 발전으로 대기오염이 커지는 것을 막고, 값싸고 안정적인 에너지를 제공하는 것은 현재로선 원전밖에 없다"는 내용이었다. 이사장의 사진까지 한국원자력문화재단이 제공했다. 이 인터뷰 기사의 대가로 한국원자력문화재단은 조선일보에 1,100만 원을 지불했다.

한국원자력문화재단은 2013년에도 조선일보에 3건의 기사를 싣는 데 5,500만 원을 지급했다. 한 건당 1,800만 원이 넘었다. 2건의 기사는 재단 관계자의 이름으로 기고한 에너지 관련 글이었고, 나머지 한 건은 조선일보 관계자가 한국원자력문화재단이 운영하는 꾸러기 기자단을 동행 취재한 것이었다. 역시 어떤 기사에도 한국원자력문화재단에서 돈을 받고 쓴 기사라는 언급은 없었다(꾸러기 기자단의 기사는 기자가 아닌 PD가 취재한 것으로 되어 있었지만, 확인해보니 여기서 PD는 기자가 아니라 마케팅 담당 부서 사원이었다).

다른 신문사의 사정은 어땠을까? 2013년 동아일보에는 3건의 단신 기사와 한국원자력문화재단이 개최하는 행사를 알리는 광고가 실렸다. 여기에 이 재단의 돈 4,400만 원이 지원됐다. 재단의 활동을 소개하는 기사와 재단이 진행한 체험 캠프를 소개하는 1단짜리 기사였다. 기사의 건당 가격은 1,100만 원꼴이었다. 동아일보 관계자는 "다른 것에 비하면 가격이 적다"면서 "공익적 차원에서" 기사를 냈다고 답했다.

한국원자력문화재단은 2012년부터 2년 동안 14개 신문사에 언론 매체의 현안 관련 취재 참여 사업 명목으로 3억 6,000만 원의 예산을 썼다. 이 중 3분의 1인 1억 2,000만 원은 조선일보에 지원됐다. 이에 대해 재단 측은 언론사와 기관 사이의 관행이라는 입장을 밝혔다. "언론사에서 요청이 올 때도 있고, 필요에 따라 우리가 언론사에 요청하는 경우도 있다. 기획 보도 등은 언론 홍보에서 보편화된 방식이다. 타 기관과 민간에서도 사용하고 있다."

하지만 독자는 이 기사만으로는 돈으로 언론사를 움직이는 이익집단의 실체를 알 수 없다. 핵발전소와 한국원자력문화재단의 홍보를 위해 언론사에 돈을 지불했으니 오히려 광고라고 볼 수 있다. 그러나 한국원자력문화재단 관계자는 광고비는 절대 아니라고 말했다. "기관의 설립 목적인 원자력에 대한 객관적인 정보 제공을 위한 사업"이라는 것이다.

반대로 민주언론시민연합 조영수 협동사무처장은 "객관적인 기사인 것처럼 인식하게 하지만, 실상은 기사를 돈으로 사고파는 매매 행위"라고 꼬집었다. "법적으로는 문제가 되지 않더라도 언론윤리 측면에서 굉장히 심각한 문제"라고도 주장했다. 정의당 김제남 의원도 "원자력 홍보는 대단히 왜곡되어 있다"면서 "예산 집행과 홍보 내용도 일방적"이라고 지적했다. "원전이 환경적이고 안전한 것처럼 계속 반복해서 홍보하는 것은 대단히 큰 문제"라는 것이다.

뉴스타파는 나라살림연구소와 함께 한국원자력문화재단 등 원자력 관련 정부 부처와 공공기관의 광고, 홍보 사업의 예산을 모두 추려봤다. 2014년 한수원이 편성한 원자력 홍보 예산만 100억 원에 달했다. 원전 주무 부처인 산업통상자원부, 한국원자력문화재단, 한국원자력환경공단 등 관련 부처와 공공기관의 홍보 예산을 모두 합산하면 200억 원이 넘었다. 핵피아들이 자신의 이익을 지키기 위해 원전이 안전하고 깨끗한 에너지라는 환상을 유지하고 강화하는 작업을 하고, 거기서 언론이 떡고물을 받아 챙기며 핵피아의 홍보기관을 자임하고 있었던 것이다.

교과서로도 '원전 세뇌'

원자력계의 홍보 활동은 신문과 방송을 넘어 미래 세대에게로 향했다. 교과서를 자신들의 입맛에 맞게 고쳐 사실상 세뇌하려고 든 것이다.

숭문중학교에서 환경을 가르치는 신경준 교사는 2013년 중학교 환경 교과서의 공동집필에 참여했다. 그런데 교과서가 출판된 이후 외부로부터 내용을 수정해달라는 요청을 받았다. 원자력 표시를 '방사성 경고' 마크에서 우라늄 모양으로 바꿔달라는 요구였다. 신 교사에게 이런 요구를 한 곳은 한국원자력문화재단이었다. 신 교사는 한국원자력문화재단이 "아이들에게 원전의 위험성을 강조할 수 있다는 이유"에서 수정을 요구했다고 말했다. 그러나 이 같은 요구가 원전을 홍보해달라는 것이라고 생각해서 거절했다고 한다. "교과서는 아이들을 위한 것이지 기관의 홍보를 대신 하기 위한 것이 아니며, 홍보의 피해는 아이들이 받게 된다"는 생각에서였다.

왜 이런 일이 생기는 걸까? 한국원자력문화재단은 해마다 초·중등 교과서를 모니터링하는 연구용역을 실시한 뒤 교육부에 수정을 요구했다. 교육부는 사단법인 한국검인정교과서를 통해 각 출판사에 공문을 내려보냈다. 이 과정에서 실제로 교과서가 어떻게 얼마나 친원전 내용으로 바뀌었는지 알아보기로 했다. 취재진은 한국원자력문화재단이 2008년부터 2013년까지 수행한 교과서 연구용역 보고서 전문을 입수해 분석했다.

우선 2010년과 2011년에 발행된 교학사의 고등학교 화학 교과서를 살펴봤다. 대기오염을 막는 방법들이 소개되어 있는데 2010년판에 실린 풍력 발전 사진이 2011년판에서는 핵발전소 사진으로 바뀌었다. 핵 발전이 대기오염을 방지한다며 사진을 교체해달라는 한국원자력문화재단의 요구가 그대로 반영된 것이다.

지학사의 고등학교 경제지리 교과서에서도 비슷한 흔적이 나타났다. 2010년판에는 우리나라를 대표하는 산업으로 '조선 공업'이 소개되어 있었다. 그런데 2011년판에서 '원자력 공업'으로 바뀌었다. 이와 함께 우리나라가 세계 여섯 번째 원전 수출국이 됐으며, 아랍에미리트 원전 수출 프로젝트가 단일 수출 계약으로는 사상 최대를 기록했다는 내용이 실렸다. 한국원자력문화재단이 요청한 수정 내용 그대로였다. 지학사 관계자는 "단순한 오탈자는 출판사 측이 알아서 하지만, 내용이 바뀌는 부분은 저자에게 보내서 최종 결정을 하게 한다"면서 책임을 미뤘다.

하지만 일부 저자들의 증언은 달랐다. 출판사가 자신들의 동의 없이 일방적으로 수정했다는 것이다. 일례로 2008년과 2009년의 법문사 사회 교과서를 보면, 2008년에 발행된 교과서에는 "원자력 발전 폐기물이 환경에 부정적인 영향이 크다"는 의미로 'ㅇ' 표시가 되어 있었다. 그런데 2009년 교과서에서는 '△' 표시로 바뀌었다. 한국원자력문화재단이 "방사성 폐기물은 철저히 격리되므로 환경에 영향을 줄 염려가 없다"고 주장하면서 'ㅇ' 표시를 'Ⅹ'로 바꿔달라고 요구한 것을 '△'로 반영한 것이다. 이에 대해 해당 사회 교과서의 저자로 참여했던 청주대 김재한 교수는 관련 내용에 대해 "연락을 받은 적도 없다"고 말했다. 그리고 저자의 동의 없이 교과서가 수정된 것에 대해 "공공기관이나 정책 당국의 횡포"라고 했다.

심지어 저자가 수정을 거부했는데 수정된 사례도 있었다. 2010년 교학사 경제지리 교과서에는 "1차 석유파동 이후 원자력 발전이 급증하고 있다"고 썼는데, 2011년 교과서에서는 이 구절의 "원자력 발전" 앞에 "에너지 효율이 높고 환경오염이 적다"는 수식어가 붙었다. 이 또한 한국원자력문화재단의 요구였다. 이 교과서의 저자로

교학사가 발행한 고등학교 화학 교과서. 대기오염을 막는 방법으로 2010년판(왼쪽)에는 풍력 발전 사진이 실렸지만 2011년판(오른쪽)에서는 핵발전소 사진으로 바뀌었다.

	도시	○	○	○	○		갯틸		도시	○	○	○	○	○		갯
	댐/하구언	×	○	×	×	×	호E		댐/하구언	×	○	×	×	×		호
	고속 국도	△	×	×	×	×	생E		고속 국도	△	×	×	×			생
	원자력 발전소	×	×		×	△	해임		원자력 발전소	×	×	△	×	△		해
	농촌	×	○	○	○	×	하천		농촌	○	○	○	○			하
	공단	○	○	○	○		하천		공단	○	○	○	○			하
	도시						하천		도시	○	○	○	○			하

법문사가 발행한 고등학교 사회 교과서. 2008년판(왼쪽)에 핵발전소의 폐기물이 환경에 주는 영향이 크다는 의미로 '○' 표시가 되어 있던 것이 2009년판(오른쪽)에서는 다소 완화된 '△'로 바뀌었다.

참여한 잠실여고 김혁제 교사는 전화를 받고 수정을 거절했는데도 수정이 이뤄졌다며 "있을 수 없는 일"이라고 말했다. 취재진은 해당 출판사를 찾아가 어떻게 된 일인지 확인하려고 했지만 담당 직원들이 모두 퇴사한 뒤라 구체적인 상황을 알 수는 없었다.

실제로 교과서에 반영되지는 않았지만 황당한 수정 요구도 많았다. 해수욕장 사진을 원전 인근의 해수욕장 사진으로 교체해달라거나(2008년 교육과학기술부 초등 5학년 1학기 사회과 탐구), 우리 고장을 대표하는 자랑거리의 사례로 고리 원전을 넣어달라고 하기도 했다(2010

2008년 교육과학기술부가 발행한 초등 5학년 1학기 사회과 탐구 교과서. 해수욕장 사진을 원전 인근의 해수욕장 사진으로 바꿔달라고 요청했다. 해수욕장 뒤로 원전이 보인다.

우리 고장을
대표할 수 있는
자랑거리

↑ 고리 원자력발전소

2010년 교육과학기술부가 발행한 초등 3학년 1학기 사회 교과서에 '우리 고장을 대표할 수 있는 자랑거리'로 지평선 축제 대신 고리 원전을 넣어줄 것을 요구했다.

년 교육과학기술부 초등 3학년 1학기 사회). 이명박 정부 시절에는 원전 수출 내용을 넣어줄 것을 집요하게 요구했다. 또 후쿠시마 원전 사고가 발생한 뒤에는 "핵발전소에 내진 설계가 되어 있다"는 내용을 넣고 후쿠시마 원전 폭발 사진은 삭제해달라고 요청하기도 했다(2013년 성림출판사 중1 기술가정).

가장 왼쪽 위 사진 <지진에 의한 후쿠시마 원전 폭발> 삭제 요청

2013년 성림출판사의 중1 기술과정 교과서. 후쿠시마 원전 폭발 사진을 빼달라고 요청했다.

교과서 수정, 얼마나 이뤄졌을까

그렇다면 한국원자력문화재단의 수정 요청은 교과서에 얼마나 반영됐을까? 해당 재단이 발행한 보고서 〈원자력 관련 교육과정 교과서 자료 개발 연구〉 6년 치를 입수해 분석해봤다.

2008년부터 2013년까지 6년 동안 한국원자력문화재단이 보낸 교과서 수정 요청은 총 1,615건이었다. 이 중 핵 발전과 관련된 수정 요청이 960건(59%)을 차지했고, 친원전 성향의 수정 요청이 398건(25%)으로 나타났다. 교과서 반영 여부를 알 수 있는 2008년부터 2012년까지의 수정 요청 내역을 살펴봤다. 이 기간에 총 1,267건의 수정 요청이 있었고, 그중 19%에 해당하는 241건이 실제로 교과서에 반영됐다. 221건은 수정 요청 내용이 완전히 반영됐고, 20건은 일부만 반영됐다.

같은 기간 동안 친원전 내용으로 수정해달라는 요청도 21% 반영됐다. 해당 수정 요청 360건 중 68건은 완전히 반영됐고, 9건은 일부 반영됐다. 뉴스타파는 이 같은 한국원자력문화재단의 친원전 수정 요청 내역 전체를 홈페이지에 공개했다(newstapa.org/22236).

그러나 교과서 수정을 요청한 당사자들은 상황의 심각성을 인지하지 못하는 듯했다. 2011년까지 한국원자력문화재단에서 교과서 연구용역을 총괄한 서울대 박성혁 교수는 "의견 제시일 뿐"이라고 했다. 그러나 취재진의 정식 인터뷰 요청은 거절했다. 교육부도 수정 여부는 출판사가 자율적으로 결정할 일이라면서 책임을 떠넘겼다. 교육부 관계자는 "교육부는 공문이 오면 검인정협회에 전달하고 출판사가 그걸 보고 자율적으로 한다. 출판사에 고쳐라 마라 할 수 없다"고 대답했다. 하지만 교육부의 생각과 달리, 출판사는 교육부의 공문에 부담을 느끼고 있었다. "교육부의 공문 내용을 웬만하면 다 반영한다"는 것이다. 수정 요구를 받았던 신경준 교사는 "교과서 시장이 영세하기 때문에 기관에서 공문을 받다 보면 출판사가 자세를 낮출 수밖에 없다"고 지적했다.

한국원자력문화재단이 이처럼 교과서에 집착하는 이유는 원자력계가 사업을 계속하기 위해서는 여론이 중요하기 때문이다. 환경운동연합 에너지기후팀 이지언 부장은 "원자력계는 원자력에 대한 부정적인 여론이 과학적 지식에 기반한 것이 아니라 막연한 불안감에서 비롯됐다고 생각한다"면서 "장기적으로 교육을 한다면 부정적인 인식이 낮아질 거라고 판단하고 있다"고 진단했다.

핵피아를 찾아라

최승호(앵커), 김경래(기자),
이강준(에너지기후정책연구소 위원)

2014년 뉴스타파는 한국의 원전 산업계를 조망하고 핵피아의 실체를 찾기 위한 대담의 자리를 가졌다. 핵피아는 누구이고 그들이 움직이는 작동 방식은 무엇인지를 규명해보고자 했다. 이 자리에는 뉴스타파의 최승호 앵커와 '원전묵시록' 시리즈를 맡은 김경래 기자, 에너지기후정책연구소 이강준 위원이 자리를 함께했다. 수개월에 걸친 자료 조사 결과와 현장 취재 등을 바탕으로 원전업계의 고질적인 병폐와 마주할 수 있었다.

최승호(이하 '최') : 체르노빌 사건이 일어나기 전까지 원자력에 특별한 문제의식을 갖지 못했다. 인류의 미래 에너지라는 정도의 느낌이었다.

김경래(이하 '김') : 해방 이후, 자원이 부족하니 원자력을 키워야 한다는 정책적인 의지와 함께 국민적 관심이 높아졌다. 1960년대 박정희 정권 시절에 본격 추진됐는데, 1968년에 고리 1호기의 부지 선정에 관한 용역보고서가 처음 등장했다. 대중매체에서도 원자력을 긍정적으로 표현하는 만화가 자주 상영됐다. 1986년 MBC에서 방영된 〈메칸더 브이〉가 대표적이다. 주제가에 "원자력 에너지의 힘이 솟는다"는 가사가 나오고, 원자력을 동력으로 돌아가는 로봇의 이마에 원자로 마크가 붙어 있다. 국산 애니메이션 〈로보트 태권브이〉에서도 로봇이 원자로에서 나온다. 1950년대에 일본에서 만들어진 〈아톰〉도 그렇다. 아톰의 여동생 이름은 우라늄(일본어로 '우란')이다. 결과적으로 이렇게 대중매체를 통해 원자력과 관련된 긍정적인 이미지들이 꽤 만들어졌다. 원자력은 작지만 효율적이고 강력한 에너지, 우리가 미래에 사용해야 할 에너지라는 이미지를 만든 것이다.

최 : 노무현 정부 시절, 원자력 중심의 정책을 재고하는 시도가 있었다. 그런데 이명박 정부에 들어 급격한 변화를 겪었다.

이강준(이하 '이') : 흔히 핵 발전 산업체로 한수원이나 한전을 생각하기 쉬운데, 민간 영역에도 소수의 산업체가 있다. 현대건설이 대표적이다. 1988년 동력자원위원회의 한국전력에 대한 국정감사에 당시 현대건설 회장이었던 이명박 전 대통령이 증인으로 나오기도 했다. 전두환 정부가 계획한 영광 3, 4, 5호기가 수조 원에 달하는 역대 최고의 금액으로 현대건설과 수의계약을 맺었는데, 전두환 정부의 비자금 조성 때문이 아니냐는 이야기가 흘러나와 그 의혹을 밝히기 위해 국정감사에 출석한 것이다.

이 : 한국 원자력의 역사를 오랫동안 연구한 박인수 박사의 책을 보

면 "세간에는 원전 건설의 수주액 5%는 커미션"이라는 말이 고리 1호기 때부터 나왔다고 한다. 당시 이명박 전 대통령은 국정감사에 증인으로 출석해 계약 의혹과 관련해 한 점 부끄럼이 없다는 요지의 증언을 했다. 또 자신은 1971년부터 17년 동안 원자력 사업을 해왔고 제일 잘 알고 있다고 말했다.

최: 이명박 정부에서 핵 산업은 어떤 변화를 보였나?

이: 연평균 매출액이 김대중 정부와 노무현 정부 때보다 2배 늘었다. 2조 3,000억 원에서 5조 3,000억 원으로 늘어난 것인데, 이는 핵발전 산업체 중 메이저인 현대건설, 삼성물산, 두산중공업 등의 매출을 가리킨다. 그런데 2030년까지 세운 에너지 계획에서 원자력 발전 설비를 전체 에너지원의 41%로 늘리겠다고 했다. 여기서 중요한 것은 발전 비중이 아니라 설비 비중이라는 점이다. 즉 원자력발전소를 더 짓겠다는 소리다. 2018년까지 신규 원자력발전소 6개를 짓기로 결정했다.

최: 이전 정권에서는 어땠나?

이: 2006년 노무현 정부가 내놓은 3차 전력수급기본계획에 따르면 원자력발전소 한 개만 신규로 짓고, LNG 발전소 10개를 짓겠다고 했다. 그런데 불과 2년 사이에 LNG 발전소는 하나만 짓고 원자력발전소를 6개 더 짓겠다고 이명박 정부가 발표한 것이다. 원자력발전소는 하나를 지으면 끝나는 것이 아니다. 영원히 유지 관리를 해야 한다. 시장도 기하급수적으로 커지는데 여기에 참여할 수 있는 업체가 많지 않고 누구도 제대로 감시하지 않는다. 매출은 전기료 등 국가 예산으로 보장된다. 이명박 전 대통령은 원전 산업계의 생리를

너무나 잘 알고 있는 것 같다. 그렇지 않고서야 당장 5년 안에 매출을 2배로 늘리고 미래 시장까지 안정적으로 확보할 수 있었겠나.

김: 이명박 정부 때 자원외교와 아랍에미리트 원전 수출 등으로 해외 시장이 생기자 공무원들도 대거 원전업계로 진출했다. 공직자윤리위원회의 〈퇴직공직자 재취업 심사현황〉을 보면 2001년부터 2006년까지는 한 명도 없었던 국정원 직원도 원전업계로 가는 사례가 생겼다. 2007년 한 명으로 시작해서 2008년부터 많이 갔다. 기업에 가서 "국정원 퇴직자가 와 계시다는데 무슨 직함을 갖고 계시냐"고 물어보면 홍보실에서는 모른다며 알아보겠다고 말하고 대답이 없다. 2013년부터는 한수원, 한전, 산자부 등 관련 부처의 간부들이 퇴직 후 원전업계로 일종의 재취업을 한다는 말이 나왔다. 여기서 핵피아, 관피아라는 말이 등장했다.

최: 박근혜 정부의 핵 산업은 어떻게 평가하나?

이: 지금까지의 행보만 보면 이명박 정부가 설계한 원자력 중심, 핵발전 중심의 정책을 계속 유지, 고착시키고 있다고 본다. 단적인 예로 2014년 1월 수립한 2차 에너지기본계획에서 확인할 수 있다. 여기서 2035년까지 핵발전소의 비중을 29%로 낮추겠다고 했는데, 내용을 보니 전혀 그렇지 않았다. 2035년까지의 장기수요 예측을 굉장히 높게 잡고 있어서 오히려 이명박 정부 때보다 핵발전소를 더 지어야 할 상황이다. 이명박 정부가 계획한 1차 에너지기본계획에 따르면 추가로 최소 6개 이상의 핵발전소를 더 짓는다고 한다. 2035년이 되면 40개 내외의 핵발전소가 생기는 것이다.

최: 이런 계획이 세워지면 그 과실은 어디로 가는 건가?

국가정보원 간부 재취업 현황

연도	기업명	직책
2007	두산중공업	상근고문
2008	GS칼텍스 경남기업 두산중공업 일진전기	상임고문 감사 상임고문 고문
2009	KT 대한전선 두산중공업 현대건설	윤리경영실 상임고문 사외이사 비상근자문
2010	대우건설 GS칼텍스 에스원	비상근고문 상근고문 상임고문
2011	현대건설	자문역
2012	GS칼텍스 대한전선	고문 고문
2014	현대제철	비상임고문

이 : 원자력 매출이 있는 500개 업체가 사실상 5조 3,000억 원을 나눠 갖는다. 그곳에도 한수원과 한전의 재취업자들이 상당하다.

김 : 아예 매출이 없었는데 재취업자가 들어오고 나서 갑자기 매출이 뛴 곳도 있다. 말하자면 한수원을 중심으로 관료와 관련 업체가 인적 교류, 물적 교류를 해온 것인데, 이 관계가 상당히 끈끈해서 네트워크를 이루고 있었다. 이른바 핵피아가 만들어진 것이다.

이 : 얼마 전 일본에서 후쿠시마 이후에 대해 '아카하타'라는 매체가 분석한 자료가 책으로 나왔다. 국내에는 《일본 원전 대해부》라는 제목으로 번역되어 나온 책인데, 핵 산업계와 정치, 관료, 언론, 학계

가 1950년대에 핵발전소 운영을 시작할 때부터 어떻게 일본에서 카르텔을 유지해왔는지를 분석하고 있다. 여기서는 "원자력 이익공동체" 혹은 "원자력 촌"이라고 표현한다. 이 책을 보면 우리나라와 비슷한 점이 많다. 핵 산업체를 둘러싼 공동체의 형성 과정, 소수의 이해 관계자들이 핵 산업 정책을 비밀스럽게 결정하고 미래 시장까지 나눠 갖는 구조, 관료와 언론과 정치가 견제하지 못하는 상황 등이 그렇다. 일단 이 구조들을 드러내는 작업이 중요하다.

최: 이런 핵피아의 실체는 언제 처음 드러났나?

이: 2010년에 국회 보좌관으로 일하면서 산업자원위원회에서 에너지 분야를 담당한 적이 있었다. 당시 국정감사를 준비하면서 관련 자료를 보다가 우연히 〈한수원 V2 프로젝트 문건〉이라는 자료를 입수했다. 전북 부안의 방사성 폐기물 처분을 둘러싸고 사회적 갈등이 심했던 시기였는데, 그 문건을 보니 2000년부터 2003년까지 한수원이 제일기획과 금강기획에 방폐장 부지 선정을 유리하게 하기 위한 일종의 용역을 줬다는 내용이 있었다. 용역을 준 행위 자체는 크게 문제삼기 어려웠지만 그 내용과 금액은 충격적이었다. "국가 안전보장회의 과장, 대검 계장 등을 동원해서 전북 지역의 정보기관원을 교섭한다"라든가, "2004년 총선 대응을 위해서 반대 여론을 주도하고 있는 야당 후보를 견제할 후보 출현을 제시한다" 등과 같은 내용이 있었는데, 이는 즉 총선에 개입했다는 말이다. 또 부안대책위에 반대하는 참여 인사 20명 등의 현지 정보를 수집한다거나 국정감사에 대비해 산자부 장관에게 전략서를 만들어준다는 내용도 있었다. 한수원은 이런 용역을 주고 3년 동안 제일기획과 금강기

획에 115억 원을 줬다. 한수원을 정점으로 핵 산업계가 움직이고 있는 느낌이었다. 굉장히 큰 문제구나 싶었다. 2004년 당시 산자부의 원자력사업기획단 단장도 공교롭게 한수원 조석 사장이었다.

김 : 한수원, 한국원자력문화재단, 한국원자력환경공단 등 원자력 유관 기관이 쓴 홍보비도 한 해에 200억 원 정도였다. 드라마에 대사 몇 번을 넣거나 퀴즈 프로그램에 원자력을 긍정하는 문제를 내게 하는 식이다.

최 : 이런 홍보비가 전부 우리가 내는 전기료에서 나오는 것인가?

김 : 부처에서 썼으니 세금이다.

이 : 이런 예산은 아깝기도 하지만 사람들을 현혹시키는 측면도 있다. 언론 본연의 기능인 감시와 견제에 어떤 영향을 주는지도 봐야 한다. 이런 협찬 구조에서는 비판적으로 다뤄야 할 내용도 제대로 비판할 수 없다. 실제로 후쿠시마 원전 사고 이후 주요 보수 언론사의 사설에서 "그럼에도 불구하고 원자력 수출을 해야 한다"는 이야기가 나왔다. 언론사가 홍보비와 연결되어 자유롭지 못한 것이다.

최 : 예전에 핵발전소가 있는 지역 방송사에서 강연을 한 적이 있었다. 후쿠시마 원전 사고를 이야기하면서 핵발전소에 대한 취재를 통해 견제해야 하지 않겠느냐고 말했다. 그런데 돌아온 대답은 "어렵다"였다. 한수원이 원전이 있는 지역의 방송사들에 매년 상당한 금액을 협찬하기 때문이다. 이러니 어떻게 비판 보도가 나오겠나.

김 : 원자력을 홍보하거나 긍정적으로 표현한 기자들과 PD들은 문제의식을 갖고 있지 않았다. 협찬받은 건데 뭐가 잘못된 거냐고 했다. 그런데 그런 기사와 프로그램을 보면 패턴이 명확하다. "후쿠시

마에 사고가 났다. 위험하다. 전 세계가 대안에너지, 재생에너지로 관심이 쏠리고 있다. 하지만 우리는 자원이 부족하다. 결론은, 우리의 대안은 원자력이다." 게을러서일 수도 있지만, 의도된 패턴이 아닌가 싶다.

최 : 실제로 그렇게 생각하는 사람들이 많을 것이다.

이 : 체르노빌과 후쿠시마가 준 교훈은 핵발전소라는 존재 자체가 항구적인 위험이라는 것이다. 후쿠시마 원전 사고 당시 국정 최고 책임자였던 간 나오토 총리는 "사고 처리 과정에서 핵 산업계가 보고도 하지 않는 것을 보면서 위협을 느꼈다"고 말했다. 게다가 원자력은 비단 우리만의 문제가 아니다. 2035년까지 추가하기로 한 원전 건설 계획은 22세기 후손들에게 핵발전소 처리 문제를 떠넘기는 것이다. 한반도만의 문제도 아니다. 동아시아를 포함해 전 지구에 재앙거리를 만드는 셈이다. 모든 기계는 고장이 나고 사람은 실수를 한다. 그런데 이 두 가지가 안전하게 관리될 수 있다는 핵 산업계의 호소는 비현실적이지 않나. 특히나 폐쇄주의와 카르텔로 유지되고 있는 그들이 말이다.

최 : 무엇보다 위험한 것은 수천만 명의 생명을 좌지우지할 수 있는 일을 소수의 핵피아들이 결정하는 구조라고 본다. 좀 더 많은 전문가와 시민이 견제하는 구조로 탈바꿈하는 것이 급선무다.